INTRODUCTION TO SOCIAL WELFARE

사회복지개론

심의보 이민표 장우심 김준환 오정아 박봉정 정상규 오호진 배극수 정윤태 최태은 공저

양서원

머 리 말

현대사회는 역사적으로 거대한 사회변동 속에서 변화해 왔다. 산업사회에서 탈산업사회로 이행되는 과정에서는 신사회적 위험요소들이 출현하였다. 또한, 가족구조의 변화와 노동시장의 변화 및 인구변화와 더불어 사회가치관의 변화는 사회복지에 대한 패러다임의 변화를 요구하고 있다. 이러한 문제해결에 있어 다양한 사회문제와 인간의 사회적 욕구를 해결하기 위한 정책적 노력과 서비스를 연구하는 사회복지학은 매우 중요한 위치에 놓여 있다. 이러한 시류에 동승하여 사회복지사의 전문성에 대한 요구도 증가하고 있다.

이에 국가적 차원에서 사회복지사의 전문성 제고를 위한 노력들이 이루어지고 있는 현실에서 이 책은 사회복지학에 입문하는 독자들에게 사회복지란 무엇인가에 대해 알기 쉽게 접근할 수 있도록 개괄적인 내용을 담아 대학교재용으로 집필되었다. 이 책의 구성은 독자들이 사회복지학을 이해하는 데 있어 알기 쉽게 이해할 수 있도록 크게 총론과 실천 두 부문으로 이루어졌다. 먼저 총론부문은 사회복지 이해, 사회복지역사와 발달과정, 사회복지정책, 사회복지 행정, 사회보장과 사회보험, 지역사회복지 등으로 구성되었고, 그 다음으로 아동복지, 장애인복지, 노인복지, 의료・정신보건복지, 학교사회복지, 군사회복지, 교정복지 등 사회복지실천부문으로 구성되었다.

우리 저자들은 사회복지학을 접하게 되는 독자들에게 조금이나마 도움이 되길 희망하며 이 책을 집필하였다.

2017년 2월

집필진 일동

차 례

Part 01

사회복지 총론

01 사회복지의 이해

제1절 현대 한국사회에서의 복지의 필요성

현대 한국사회는 신자유주의에 기초한 자본주의와 세계화의 영향으로 끊임없이 경쟁이 되풀이 되는 사회이다. 이러한 사회는 진화론의 적자생존(the survival of the fittest)의 사회체제로 구성되어 있어 적자생존의 승자와 패자가 존재한다. 사회경제적으로 안정된 삶을 누리는 승자가 있는 반면 빈곤층이나 비정규직 등 패자는 차별이나 불평등 속에서 사회적 배제를 경험하게 된다.

그렇다면 사회적 약자는 빈곤과 배제가 되풀이 되는 사회구조적 틀에 갇혀 계속해서 패자로서의 삶을 살아야 하는 것인가? 그렇지 않다. 인간은 누구나 기본욕구와 사회적 욕구가 충족되길 바라며 평등하게 행복할 국민으로서의 권리를 가지고 있기 때문이다. 이는 1980년 헌법을 계수한 현행 헌법에서 명확하게 드러난다. 헌법 제10조에서는 인간으로서의 존엄과 가치를 위한 행복추구권이 명시되어 있다. 그 내용은 다음과 같다. "모든 국민은 인간으로서의 존엄과 가치를 가지며 행복을 추구할 권리를 가진다. 국가는 개인이 가지는 불가침의 기본적 인권을 확인하고 이를 보장할 의무를 진다." 또한, 헌법 제34조에서는 생존권 보장의 원칙을 명시하고 있다. 그 내용은 다음과 같다. ① 모든 국민은 인간다운 생활을 할 권리를 가진다. ② 국가는 사회보장 사회복지의 증진에 노력할 의무를 진다. ③ 국가는 여자의 복지와 권익의 향상을 위하여 노력하여야 한다. ④ 국가는 노인과 청소년의 복지향상을 위한 정책을 실시할 의무를 진다. ⑤ 신체장애자 및 질병 노령 기타의 사유로 생활능력이 없는 국민은 법률이 정하는 바에 의하여 국가의 보호를 받는다. ⑥ 국가는 재해를 예방하고 그 위험으로부터 국민을 보호하기 위하여 노력하여야 한다. 이상에서 살펴본 바와 같이 사회복지는 헌법으로부터 도출된 권리이다.

그러므로 정부에서는 빈곤이나 사회적 배제가 구조화되는 추세에 대응하여 다양한 제도를 마련하고 시행할 의무를 가지며 국민은 사회복지를 통해 행복할 권리를 가진다. 사회적 약자에게 사회보장에 의한 복지서비스를 국가적 차원에서 제공하는 것이 사회복지의 출발이므로 현대 한국사회에 있어서 사회복지는 사회적 약자의 자립과 자활을 통한 사회통합의 방안이 되어야 한다.

제 2 절 사회복지의 정의

1. 사회복지의 목적 개념과 실체 개념

사회복지는 학자마다 다양하게 정의하고 있어 현재까지 통일적 개념에는 이르지 못하고 있다(Zastrow, 1996). 그 이유는 사회복지라는 용어가 매우 모호하고 변천하는 개념으로서 범 세계적으로 각각 다른 사회나 국가마다 사회복지라는 용어 안에서 활동이 다르고, 그에 대한 견해, 목표, 구체적인 프로그램 등이 다르기 때문이며(Macarov, 1978 : 22-24), 또한 변천하는 제도에 대한 변하는 관점을 나타내는 것이기 때문이다(Compton, 1980 : 25). 즉, 국가나 지역마다 사회복지를 받아들이는 것이 다르며 사회 · 문화적 요인에 따라서도 다르게 이해하고 있기 때문이다. 이는 용어에서도 드러난다. 사회복지는 사회보장, 상호부조, 사회서비스, 사회정책, 대안복지서비스 등 여러 가지 명칭으로 혼용되어 사용된다.

그러나 사회복지는 이상적 상태 혹은 목적을 나타내는 목적적 개념과 실제로 존재하는 실체적 개념 구별의 필요성이 있다. 그 이유는 이 두 가지 의미가 중첩되어 사용되고 있어 용어의 정립이 혼란스러운데, 특히 사회복지제도의 발달과 사회복지(=삶의 질, 복지)의 향상을 동일시하기 때문이다(임덕영, 2010). 따라서 사회복지의 목적과 개념과 실체개념에 대해 살펴보도록 한다. 먼저, 사회복지의 목적 개념은 보다 행복한 삶을 지향해야 할 목적이나 이념을 의미하는 것이다. 여기에서 문제가 도출된다. 현실과 이념에는 간극이 존재하기 때문이다. 그러므로 사회복지는 양자 간의 간극을 완화 및 해결하려는 사회적 노력으로서의 개념이다. 앞서 언급한 헌법 제10조의 행복추구권이 사회복지의 목적 개념으로써 그 예가 될 수 있다. 그 다음으로 사회복지의 실체개념이 있다. 복지목표를 실현하기 위한 국가의 다양한 노력이 시행되는 것과 관계가 있다. 제도나 시행주체 및 대상 그리고 재원 등의 방법으로 사회복지의 실체를 제도로 구현하는 것을 의미한다. 사회복지의 주체에 초점을 맞추면 실체로서의 사회복지를 구분할 수 있다.

공적 사회복지(국가 및 공공단체)와 민간의 자발적인 복지로 구분할 수 있는데, 김응렬(2005)이 제시한 실체개념의 내용을 살펴보면 다음과 같다. 복지국가의 경우 공적 사회복지의 영역이 확대되는 특징이 있지만, 복지국가의 실패 후에는 민간의 자발적 부문의 활동이 주목을 받고 있다는 것이다. 다원적 주체에 의한 공급은 복지서비스 공급의 주체로 이루어지는데, 공공부문과 민간 비영리부분 그리고 민간 영리부문이 그 예이다. 뿐만 아니라 최근에는 가족이나 지역사회 및 이웃과 같은 비공식 부문을 그 주체에 포함시켜 복지다원주의 혹은 복지혼합이란 학술 용어를 사용하여 실체개념의 사회복지를 다양하게 표현하고 있는 추세이다. 다시 말해, 사회복지의 목적 개념이 사상이나 이념적 성격을 가지고 있는 반면에 사회복지의 실체개념은 사회복지를 구현하기 위한 제도와 실천적 활동으로 설명할 수 있다. 예로, 빈곤층이나 사회적 배제를 경험하는 사회적 약자의 행복을 실현하기 위한 국민기초생활보장제도나 국민연금제도에 의한 소득보장을 들 수 있다. 사회복지를 실현하기 위해 구체적인 목적을 가지고 국가라는 시행주체가 국민 가운데 사회적 약자를 대상으로 하여 조직을 통해 재원과 수단 및 정책을 시행한 결과이기 때문이다.

2. 사회복지 변천에 따른 사회복지의 개념

사회복지에서 복지란 무엇인가에 대한 견해가 다양하지만 그에 대한 학자들 간의 접근 양태별로 살펴보도록 한다. 먼저 사회복지는 자비의 전통에서 나온 것으로 인도주의적 동기에서 도움을 주는 것으로 생각되어지기도 한다(Titmuss, 1980). Mishra의 경우에는 복지의 본질에 대한 접근방법을 다섯 가지로 소개하고 있는데 이는 경험학파, 시민권으로서 복지, 수렴이론, 기능주의 견해, 마르크스주의 관점이다. 여기에서 사회복지가 무엇인가에 대한 해답을 직접적으로 다룬 것은 경험학파, 시민권으로서의 복지론이고, 수렴이론, 기능주의 및 마르크스주의는 그들의 일반 이론에 비추어서 복지와의 연계를 설명하고 있을 뿐이다(Mishra, 1977; 전남진, 1983 : 16-17 재인용).

이처럼 사회복지란 무엇인가라는 질문에 학자마다 다양하게 그 의미를 파악하고 규정하기 때문에 사회복지에 대한 명확한 해답을 내리기는 쉽지 않다. 이는 사회복지가 사회변화에 따라 개념을 인식하고 학술용어로 사용하는 것이 변화되어 왔기 때문이다. 다시 말해 사회복지의 개념은 시·공간의 흐름에 따라 변천된 것으로 사회복지발달사를 통해 살펴볼 수 있다.

르네상스와 산업혁명 이전 중세의 봉건체제 사회에서 농노들은 자유나 계약권 및 행복추구권 등에서 자기결정에 대한 선택권이 부여되지 않았다. 생계보장을 위해 영주를 위해 일을 하는 것이 주 임무였으며 자기결정권이 배제된 상태였다. 그러나 르네상스에 의해 종교 중심의 중세가 저물고 근대시민사회가 떠올랐다. 산업혁명과 자본주의의 경제체제가 등장하여 신분제에서 벗어나 새로운 노동자계급이 탄생하는 등 사회 전체가 급변하였다. 부자유스럽던 농노의 지위에서 벗어나 개인의 행복 추구를 위해 자기결정권이 획득되었다. 다만, 봉건사회체제에서 유지되던 생계유지는 자유와 자기결정권이 획득된 대신에 자신의 노동을 시장에 상품으로 팔아야 하는 상태가 되어 생계유지가 어려워졌다. 노동의 상품화가 출현한 것이다. 현대사회에서는 자본주의 경제체제에서의 노동자들은 노동인구의 과잉과 노동상품 및 기업의 특성에 기인하여 산업구조의 최저변에 위치하여 빈곤에 덫에 빠지게 되는 경우가 늘어났다.

여기에서 사회복지의 개념이 변화한 것을 유추할 수 있다. 전통적 사회복지가 시혜적 의미의 사회복지였다면 산업혁명 이후에는 보편적 사회복지의 개념이 태동하여 현대사회에서 중요하게 받아들여지고 있다. 한편, 사회복지가 국민을 위해 체계적으로 이루어지고 있는 사회를 복지사회라고 부른다. 복지사회라는 학술용어는 영국의 템플이 제2차 세계대전 당시에 영국과 독일을 비교한 것에서 유래되었다. 나치독일을 '전쟁국가'로 규정한데 반해 영국은 국가적 차원에서 그 이념을 유지하므로 '복지국가'라고 언급한 것에서 비롯된 것이라고 한다. 오늘날 복지사회는 서유럽과 북유럽 국가들이 대표적으로 실현하고 있다. 예로, 서유럽의 영국 · 프랑스 · 독일 등과 스웨덴을 비롯한 스칸디나비아반도의 국가들을 들 수 있다.

이상에서 살펴본 바와 같이 현대사회에서 사회복지의 개념은 사회구성원의 행복을 보장하기 위해 일정한 생활수준이나 보건상태를 확보하기 위한 직 · 간접적인 국가적 노력으로 사회정책 및 제도 구축을 통한 조직적인 체계라고 할 수 있다.

그러나 사회복지의 발달사에 의해 변화된 사회복지에 대한 개념은 이처럼 다양하다. 그것은 사회복지가 사회와 나라마다 각기 다른 전통을 가지고 발전되었으며, 학자들에 따라, 혹은 그들이 지향하는 이념에 따라 사회복지가 추구하는 내용이 다르기 때문이다. 따라서 사회복지의 개념은 시대에 따라, 사회의 경제적 발전 정도에 따라, 학자들의 추구하는 이념에 따라 이에 대한 견해의 차이가 있다. 그러므로 사회복지의 개념을 보다 정확하게 이해하기 위해서는 '사회복지'라는 용어에 내포되어 있는 뜻에 따른 어의적 관점과 역사를 통해 사회복지의 활동이 전개해온 내용을 토대로 파악하려는 역사적 관점, 그리고 학자들의 견해인 이론적 관점에서 두루 살펴보아야 할 것이다.

1) 어의적 관점에서의 사회복지

'사회복지'를 영어와 한자를 중심으로 어의적 관점(語義的觀點)에서 살펴보면, 인간 공동체인 사회에서 구성원들이 전 생애에 걸쳐 건강하고 행복한 삶을 추구하는 사회적 노력이라고 할 수 있다.

김상규(1984 : 28-29)에 의해 제시된 사전류를 기초로 한 개념 정의로, 권위 있는 사전에 따라 그 말의 뜻을 살펴보면 행복, 다행이란 뜻이 있고, 또 종교적인 의미에서는 생명의 번영, 위기에서의 생명 구출 등으로 풀이되어 있다. 그런데 오늘날 우리들이 사회복지라 할 때 사용하고 있는 복지에 해당하는 영어는 'welfare'인데 물론 이것은 우리들이 사회복지를 도입할 때 welfare의 택어(擇語)로 복지를 선택하였기에 서로 관계되었다고 보는 것이 옳을 것이다. 여기서 welfare의 뜻을 표준적인 영어사전을 통해 살펴보면, "satisfactory state, health and prosperity, well-being", 즉 "만족한 상태, 건강과 번영, 안녕"으로 되어 있고 또 다른 사전을 참고해 보면, ① the state or condition of doing or being well, ② good fortune, happiness, well-being(of a person, community, thing)으로 되어 역시 비슷한 내용으로 되어 있다(윤석경·권정만, 2012). 웹스터사전(Webster's Dictionary)에서도 복지는 "건강하고 행복하며 안락한 상태"라고 정의[1]되어 있다. 즉, 복지란 건강하고 안락한 인간의 이상적인 상태, 즉 안녕(well-being)의 상태를 나타내는 개념이라고 할 수 있다.

사회적이란 의미의 social은 '지역사회나 집단 속에서 같이 지내다'란 뜻을 가지고 있다. '사회적'이란 사회 안에서의 삶의 질과 개인, 집단, 사회 전체 간의 사회 내적인

1) Merriam-Webster's Dictionary, Definition of welfare: "the state of doing well especially in respect to good fortune, happiness, well-being, or prosperity"

관계를 뜻한다. 여기서 '사회 내적인 관계'란 개인 대 개인, 개인 대 집단, 개인 대 전체사회, 집단 대 집단, 집단 대 전체사회의 비이기적인 상호관계를 의미한다. 이 경우에 있어 '사회적'이란 의미는 물질적이거나 영리적인 요소보다는 비영리적이며, 이타적 속성의 공동체적 삶의 요소에 관심을 기울이는 것이라고 하겠다.

사회복지의 한자 표기인 社會福祉는 社會와 福祉의 복합어이다. 福祉의 福[2]을 부수(部首)로 나누어 보면 시(示)는 신에게 공물을 얹어 놓은 상을 옆에서 본 형태로 시(示)가 붙은 자는 대개 신(神)과 관계되는 자가 많다. 전(田)은 곡물을 수확하는 밭을 의미하고, 그 위의 구(口)는 고(高)자의 약자로 곡물이 높이 쌓여 있는 모습을 상징하여 물질적인 풍요를 의미한다. 이것이 자연, 즉 신으로부터 받은 선물이기에 시(示)가 붙어 있는 것이다. 그리고 祉는 신에게 마음의 안정을 기원하는 자세로 지(止)는 욕망의 추진을 멈추는 의미를 지니고 있는데, 이는 마음을 비우는 것이 심리안정의 길이라는 것을 암시하고 있다. 따라서 福祉는 물질적 풍요와 심리적인 안정을 내포하고 있다고 하겠다(김만두 · 한혜경, 1994 : 19-20). 그리고 社會의 어원은 고대 중국에서 25가구를 社(사)라고 불렀고, 이 사들이 많이 모인 것을 사회라고 하였다.

이렇게 어의적 관점에서 사회복지의 개념을 접근하면, 사회복지는 한 사회를 구성하고 있는 국민들에 대한 복지, 즉 인간생활의 만족스런 이상(理想)상태를 뜻함과 동시에 그 이상상태를 지향하는 구체적인 실천활동까지 포함하는 개념이다. 따라서 사회복지의 언어적 의미는 "공동체 사회에서 사회 내적인 관계를 기초로 구성원들의 전 생애에 걸쳐 건강하고 안락한 바람직한 삶을 추구하는 사회적 노력"이라고 하겠다(김기태 외, 1999 : 3-5).

---

2) 조선시대 이전까지 福祉(복지)란 낱말은 일상생활 속에서 거의 사용되지 않았고 福(복)이 흔히 사용되었다. 삼국유사나 고려사에서 복지란 낱말을 사용한 실례가 없고, 조선왕조실록에서 7번 사용되고 있다. 이때 복지는 장수, 현물의 제공, 소망의 충족이라는 의미를 갖고 있다(박경일 외, 2000 : 18-19). 오늘날에도 설날 인사로 "새해 복 많이 받으세요"라는 말을 쓸 정도로 복이란 말은 매우 포괄적인 의미를 갖고 있는데, 그 중 대표적인 복인 오복은 오래 삶(壽), 넉넉한 재산(富), 건강하고 편안함(康寧), 덕을 좋아하며 즐겨 덕을 행하는 일(攸好德), 제명대로 살다가 편히 죽음(考終命) 등을 말한다.

2) 역사적 관점에서의 사회복지

사회복지는 고정되어 있는 것이 아니라, 시대와 사회에 따라서 변화될 수밖에 없다. 이는 사회복지의 개념이 역사의 흐름에 따라 수혜대상의 범위 및 내용이 변할 수밖에 없음을 의미한다. 시대와 사회에 따라 어떻게 변해왔는지 시대적 비교를 통해 사회복지의 개념을 역사적 관점(歷史的觀點)에서 파악할 필요가 있다. 사회복지의 어원을 찾는 것만으로는 사회복지의 개념을 파악하는 것은 한계가 있기 때문이다.

어느 시대이든 인간사회의 시작과 함께 빈곤, 질병, 범죄 등으로 인해 사회생활이 불가능한 사람은 이미 존재하였을 것이지만, 이러한 사회문제는 원시사회나 농경사회에서의 해결방식은 자본주의의 성장과 함께 달리 할 수밖에 없다. 즉, 사회나 국가가 조직적인 차원에서 정책적으로 문제를 해결하고자 노력하게 되었다. 이러한 사회복지의 역사적 진화과정은 J. M. Romanyshyn에 의해 설명된다. 그는 근현대 이전과 이후로 나누어 사회복지의 역사적 변천을 바라보았다. 특히, 국가적인 차원에서 이루어지는 이러한 사회복지의 내용과 정책의 변화를 Romanyshyn은 다음의 일곱 가지의 사회복지 개념의 변화로 설명하고 있다. 첫째, 잔여적 사회복지에서 제도적 사회복지로, 둘째, 자선을 베푸는 자선적 사회복지에서 시민의 당연한 권리의 사회복지로, 셋째, 특수한 봉사활동의 사회복지에서 보편적 활동의 사회복지로, 넷째, 최저조건의 충족을 위한 사회복지에서 최적(最適) 조건의 충족을 위한 사회복지로, 다섯째, 개인적 차원의 사회복지에서 사회적 차원의 사회복지로, 여섯째, 자원적인 사회복지에서 공공적인 사회복지로, 일곱째, 빈민구제의 사회복지에서 복지사회의 건설을 위한 사회복지이다(Romanyshyn, 1971 : 3-4). 즉, 고도로 복잡하고 상호 의존적인 산업화 이후의 사회로 변천함에 따른 사회적 개입의 인식확대의 결과로 보여진다(김훈, 2008).

한편, 사회복지라는 학술용어는 우리 사회에서도 널리 사용되고 있는데, 이 학술용어의 개념이 과학적이고 전문적인 사업의 뜻으로 발전된 것은 복지선진국이라 할 수 있는 구미사회(歐美)에 있어서 최근의 사실이 되고 있다. 각 국가별로 사회복지의 역사적 발달을 살펴보면 다음과 같이 요약된다. 영국은 산업화를 경험하고 빈민법(Poor low: 1601년 제정 · 1834년 개정), 베버리지 보고서(Beveridge Report: 1942)를 근거로 사회보장제도를 만들었으며, 복지국가로서 선두적인 역할을 하였다. 그리고 미국은 초기 식민지시대에는 영국의 1601년 엘리자베스 빈민법 적용에 의한 빈민정책과 구휼활동, 20C 초까지의 민간 복지활동으로서 전문사회사업, 제1 · 2차 세계대전 이후 공공부조와 사회복지서비스에 대한 연방정부의 개입, 1980년대 이후의 사회복지체계의 민영화, 1990년대 이후에는 보충적 관점의 생산적 복지가 강조되었다(김훈, 2008). 여기에서도 살펴볼 수 있듯이 구미사회에서도 그 역사는 결코 오랜 것은 아니며, 사회문제의 중대성에 비추어 그 대책도 조직화되고 체계화되어야 할 필요성이 인정된 것은 불과 100년 전의 일이다. 그때부터 정부는 사회복지에 대한 정부의 책임성을 강화하여 오늘에 이르고 있다. 이것은 지난날 자선사업, 박애사업, 구제사업 및 사회사업으로 불리어 오던 것이 시대를 달리한 근대적 산업사회에 즈음하여 사회문제와 관련된 그 문제에 대한 대책으로 발전된 새로운 개념으로 발전한 것이다. 빈곤이나 질병과 같은 인간생활상의 문제나 사회변동에 수반하는 사회생활상의 여러 가지 문제는 동서고금을 막론하고 늘 인류역사와는 마치 필연적인 것 같이 되어 있다. 이에 대해 인류는 고대 민생구휼사업에서 비롯하여 근대 사회보장제도에 이르기까지의 여러 가지 다양한 형태로 그 대책을 강구해 오고 있다. 특히 산업혁명 이후 19~20세기의 구미사회에 있어서는 그러한 문제들이 너무나도 복잡하게 또 심각성을 띠고 발생하여 사회문제화 되기에 이르렀고 이에 대해 그때까지의 가족, 지역사회와 같은 전통적인 인간단체나 시설로서는 미흡하여 그 문제를 원만히 해결할 수가 없게 되었다. 따라서 보다 적극적인 대책이 강구되지 않을 수 없게 되었는데, 여기서 등장된 것이 사회복지의 착상이라 하겠다(김상규, 1984; 윤석경 · 권정만, 2012 재인용).

〈표 1-1〉 역사적 관점에서 바라본 사회복지 개념의 변화

개념	사회체계	사회복지대상	사회복지대책
상호부조	원시사회	촌락단위의 궁핍자	근친, 촌락에서 구제
자선사업	고대 · 중세사회	개개의 궁핍자	자선 · 박애사업 (종교적 인도적 동기)
구제사업	근세사회	빈민	구빈법
사회사업	근대시민사회	5대 사회악(빈곤, 질병, 무지, 불결, 실업)	자선조직협회(구빈법)
사회복지	현대산업사회	전국민의 생활문제	사회보장 및 사회복지사업의 체계화

출처: 大田徹郎(1975); 최향순 외(1997); 윤석경 · 권정만(2012) 재인용.

〈표 1-1〉에서 살펴본 바와 같이 사회복지의 발전과정을 요약해 보면 자선이나 박애활동 등으로부터 시작하여 인도주의적 사상의 성장에 따라 발전하였고, 그 후 빈곤에 대한 책임을 그 개인에게 돌리기보다는 그 사회에 돌리는 사회연대성에 대한 관념의 인식으로 발전했으며 다시 자선조직협회의 사업 이후에는 인간의 존엄성을 바탕으로 사람은 누구나 할 것 없이 천부의 권리가 평등하게 있어 인간인 이상 다같이 생존할 권리가 있다고 하는 생존권 사상의 발전에 힘입어 더욱 발전해 온 것으로 볼 수 있다. 요컨대, 오늘날 사회복지는 인간의 자유와 개인의 자립 속에 건강하고 문화적인 생활을 영위할 수 있도록 도와주는 사회시책의 개념으로 발전해 온 것으로 볼 수 있다(김상규, 1984; 윤석경 · 권정만, 2012 재인용).

사회복지가 해결하고자 하는 사회문제는 시대에 따라 변화되어 왔다. 구체적으로는 사회복지의 개념과 영역은 확대되고 있는 추세이다. 따라서 사회복지라는 개념은 획일적으로 고정적인 것이 아니며, 앞으로도 해당 사회의 변화와 사회문제의 성격변화에 대응하면서 계속 변화하고 발전해 나갈 것이다.

3) 이론적 관점에서의 사회복지: 대상범주주의, 제도범주주의, 이념범주주의

앞서 언급한 바와 같이 사회복지의 개념은 학자들의 관점에 따라 조금씩 상이하게 표현된다. 사회복지에 대한 국내외 학자들의 정의를 몇 가지 살펴보면 다음과 같다. Friedlander와 Apte는 "사회복지는 국민의 복지에 기본적인 것으로 인정된 사회적 욕구를 충족시키기 위하여, 그리고 사회질서의 회복을 위하여 제반 급부를 확보하거나 강화시키는 법률, 프로그램, 급여 및 서비스 체계이다"라고 했다. Barker는 사회사업사전에서 "사회복지는 사회를 유지하는데 기본적인 사회적, 경제적, 교육적, 건강의 욕구를 사람들에게 충족시키고, 지역사회와 전체 사회의 집단적인 복지상태를 유지하기 위한 국가적 프로그램, 급여, 서비스 체계이다"(Robert L. Barker, 1987)라고 개념을 설명하고 있다. 장인협(1988)은 "사회복지란 사회구성원들이 기존의 사회제도를 통하여 자신의 기본적인 욕구를 충족시키는 데 어려움을 겪고 있거나 어려움이 예상될 때, 그 욕구를 충족시킬 수 있도록 도움을 제공하는 조직화된 사회적 활동의 총체"라고 기술하였다.

하지만 이론적 관점(理論的觀點)에서 사회복지의 개념은 대상범주주의와 제도범주주의 및 이념범주주의로 구분할 수 있는데, 이와 관련된 자세한 내용은 김훈(2008)의 연구에서 자세하게 살펴볼 수 있다. 먼저 대상범주주의 관점에서의 사회복지를 정의하면 다음과 같다.

사회복지가 직업적 노력으로서의 전문적 활동인 사회사업(Social work)을 포함할 때는 사회서비스로도 불리고 있는데, 이는 사회복지가 사회사업보다 보다 넓은 의미를 가지고 있다고 할 수 있다. 대상범주주의 관점에서 바라보면 첫째, 한정적 개념으로서의 사회적 복지와 광의적 개념으로서의 사회복지로 구분할 수 있는데, 전자는 제한된 사회적 취약계층이나 요보호 대상자들로 한정지어 실천하는 소극적인 개념이다. 이는 후술하는 잔여적 개념에 해당한다. 그리고 후자는 사회구성원 전체의 복지를 정부나 사회가 책임지는 것이다. 즉, 국민의 복리와 사회질서 기능유지를 위한 기초로서 인정되는 사회적 욕구를 충족하기 위한 공급을 강화하기 위한 법, 프로그램 급부 및 서비스체계라고 할 수 있다.

다음으로 제도범주주의 관점에서 사회복지의 개념을 설명하면 그 내용은 다음과 같다. 대표적인 학자로는 Wilensky와 Lebeaux(1965)로서 이들이 제시한 잔여적 복지개념과 제도적 복지개념으로 구분할 수 있다. 전자의 관점에서 사회복지의 개념은 가정이나 시장경제가 정상적인 공급기능이 원활하게 작동하지 않을 때 파생되는 사회문제를 완화 및 해결하기 위한 제도, 즉 공공부조나 사회서비스로서 필요한 것이라 접근한 것이다. 이는 잔여적 복지개념이 욕구충족에 필요한 자원 확보가 어려운 취약계층에게 필요한 자원을 보충해 주어야 한다는 입장임을 의미한다. 따라서 잔여적 복지의 개념은 일상생활을 영위하는 데 있어 어려움을 가지고 있는 시민은 자기 스스로 혹은 주변 지인이나 지역사회가 욕구충족을 위해 최대한 노력해야 하며 그럼에도 자원이 부족한 경우에만 별도의 복지서비스가 제공되어야 한다는 보충적 관점인 것이다.

반면 후자의 관점인 제도적 복지개념을 살펴보면 다음과 같다. 산업사회로의 전환이 이루어짐에 따라 생산과 분배의 불균형으로 인해 예상치 못한 실직이나 상해 그리고 빈곤 등이 발생하게 되었을 때 전체 국민과 가정의 경제적 안정을 통한 사회통합을 도모하기 위한 수단, 즉 사회제도로서 기능한다는 것이다. 제도적 사회복지란 전체적으로 사회보장을 제도화하도록 유지하며 모든 사회구성원들의 복지를 위해 제공하는 영구적인 사회 프로그램을 말한다. 이것은 주로 공공교육과 노인을 위한 의료보호제도와 사회보험과 같은 사회의 보편적 프로그램으로 대표된다고 할 수 있다. 그러므로 자산조사나 특별한 상황을 다루어 일시적으로 급여 또는 서비스를 시행하는 프로그램 등은 제외되며 일반적으로 보편적 사회복지와 같은 의미를 가진다고 할 수 있다.

제도적 개념의 사회복지는 사회를 유지하는데 필수적인 기능을 수행하며, 제도화되는 것이 당연하다고 인식한다. 사회복지의 필수적인 기능이란 사회구성원 간의 상호부조로서, 이러한 기능은 다른 사회제도가 수행하는 기능과 구별되며 독립적으로 수행된다. 현대 산업사회의 핵가족 제도가 아동의 양육과 노인, 장애인의 보호 및 그들의 사회화를 전적으로 책임질 수 없음을 인정한다. 또한, 시장의 분배원칙은 기본적으로 사회구성원 개개인의 욕구를 고려하는 것이 아니기 때문에 시장경제 원리에 의한 일차적 분배의 수정 보완이 필수적이다. 가족과 시장이 그 주요 기능을 수행하는 것과 동등한 차원에서 사회복지제도는 상호부조의 기능을 수행한다고 바라보는 것이다.

제도범주주의 관점으로 사회복지의 개념을 간추려 설명하면 잔여적 개념은 그 대상을 사회적 취약계층으로 한정시키고, 제도적 개념은 그 대상을 전체 사회구성원으로 보고 있다. 또한 사회복지의 실천주체에서도 잔여적 개념은 민간 차원에서의 자발적인 활동을 장려하지만 제도적 개념은 국가를 사회복지의 주체로 강조하며 그 역할을 강화할 것을 주문한다. 역사적 맥락에서는 고대와 중세 이후 근현대의 사회복지의 개념은 잔여적 개념에서 제도적 개념을 중시하는 경향이 나타나고 있다. 이는 사회복지의 개념이 특정 사회나 국가가 처한 시대적 · 사회적인 상황에 따라 변화하는 것임을 의미한다.

마지막으로 이념범주의 관점을 살펴보도록 하겠다. 여기에는 선별주의 혹은 예외주의 복지개념과 보편주의 복지개념이 대표적이다(Ryan, 1971). 전자는 다수 국민 가운데 특정집단 다시 말해 아동, 노인, 장애인 및 빈곤자 등 공공부조의 대상이 되는 취약계층의 욕구를 충족시키려는 정책이나 급여 및 프로그램 그리고 사회서비스를 제공하는 것을 의미한다. 후자는 사회문제의 발생원인이 해당 사회의 체제의 불완전성과 불평등에 있다고 간주하고 이를 완화 및 해결하기 위해 공적 차원에서 개입해야 한다는 관점으로서 사회의 모든 구성원을 대상으로 간주한다. 이러한 관점 하에서는 선별적 복지와 비교했을 때 소득위험으로부터의 사회적 보호가 보다 광범위하게 이루어질 수 있다. 거시경제 수준에서의 경기변동과 각 개인에게 발생하는 개별적 위험이 존재하는 상황에서 일정수준의 복지급여가 주어질 경우 가처분소득의 변동성을 줄여주고 이로 인해 소비의 변동성이 줄어들어 위험회피자가 대부분인 국민들의 후생을 증진시켜 주는 효과를 기대할 수 있다. 특히, 이러한 후생증진 효과는 기존 제도 하에서 복지혜택을 받은 저소득층뿐만 아니라 중간소득계층 이상에게도 확대될 수 있다는 장점이 있다. 그러나 복지급여 수준이 일정수준 이상이 아니면 저소득층을 보호하는 효과가 제한적이므로 복지급여 수준을 높이게 되는 것이 불가피하다. 복지급여 수준의 상향조정은 조세부담의 증가가 수반되어야 하며, 높은 수준의 조세부담은 거시경제를 위축시키고 경제주체들의 후생을 저해하는 부정적 효과가 발생한다는 점에서 단점으로 지적된다(전영준 · 김성태 · 김진영, 2013).

제 3 절 사회복지의 가치와 이념

1. 사회복지의 가치

사회복지는 한 사회를 구성하고 있는 국민들에 대한 복지를 의미한다. 가치는 우리가 지향하고자 하는 목표의 척도로 해당 사회의 사회체계들과 관련된다. 따라서 사회복지에 있어 가치란 해당 사회가 지향하고자 하는 궁극적인 목표를 의미한다고 할 수 있다.

주지하다시피 사회복지에서는 사회통합을 이루기 위해 가치에 기반하여 불평등한 사회구조 속에서 부조와 통제를 시행해 왔다. 사회복지의 기능에는 사회부조와 사회통제라는 두 가지 측면이 존재하지만 일반적으로 사회부조 측면이 부각될 뿐 사회통제기능을 크게 언급되지 않는다. 그 이유로는 평등이라는 이념 속에 가려져 있기 때문이다. 사회는 사회구성원 각자에게 주어진 책임과 의무를 수행할 때 공동체가 유지되기 때문에 사회통제가 필요하다. 하지만 사회통제는 부정적 측면이 존재하는데 이는 N. Brill이 언급한 내용에서 잘 드러난다. 그는 “모든 인간은 평등하지만 일을 하지 않는 사람들은 덜 평등하며, 타인에게 의존하는 사람은 덜 가치가 있다"라고 언급하였다. 이처럼 사회통제는 사회적 보호를 필요로 하는 사회적 약자에게 상처를 준다. 가치에 따라서 사람들의 생각과 행위가 결정되며, 한 사회의 복지정책도 어떤 가치를 추구하느냐에 따라서 다르게 전개된다. 이처럼, 사회복지는 가치 지향적이고, 많은 사람들이 공감하는 주된 가치로는 평등, 자유, 연대, 정의, 이타주의, 인간존중사상, 자기결정권 등이 있다.

1) 평등(equality)

평등은 사회복지의 가장 기본적인 가치로[3] 사회적 자원의 재분배를 통해 사회구성원들의 삶의 질을 동등한 수준으로 향상시킴으로써 모든 인간이 인간답고 만족스런 삶을 영위할 권리를 추구하는 것을 기본 이념으로 한다. 이러한 가치를 반영하듯 사회복지에서 추구하는 평등은 보편주의 관점을 토대로 국가에서 제공되는 사회복지서비스를 국민이 당연히 받아야 하는 사회적 권리로 보고 있다. 이에 평등은 사회복지 급여와 서비스를 통해 모든 국민이 개인의 출생이나 신분, 성별 그리고 재산 및 인종 등에 관계없이 사회적 불평등을 받지 않고 인간으로서 기본적인 삶을 보장받는 것을 기본 이념으로 한다. 이러한 평등은 수량적 평등, 비례적 평등, 기회의 평

〈표 1-2〉 평등의 유형

유형	내용
수량적 평등	산술적 평등, 가장 적극적인 평등의 개념을 의미한다.
비례적 평등	개인의 욕구, 능력, 기여에 따라 사회적 자원을 다르게 배분하는 것을 의미한다.
기회의 평등	결과는 무시하고 과정상의 기회가 평등하게 주어지는 것을 의미한다.

3) 수량적 평등은 모든 사람을 똑같이 취급하여 욕구나 능력의 차이에 관계없이 사회적 자원을 분배하는 개념으로서 가장 적극적인 평등개념이다. 비례적 평등은 개인의 욕구, 능력, 기여 정도에 따라 사회적 자원을 다르게 분배하는 개념이다. 기회의 평등은 결과는 무시한 채 과정상의 기회만 똑같이 해주는 개념이다.

등 등 주요한 세 가지 형태가 있다.

2) 자유(freedom)

자유의 개념을 이야기할 때는 크게 소극적 자유와 적극적 자유 그리고 심리적 장유로 구분하면서 논의된다. 즉, 자유는 개인이 어떠한 구속에서 벗어날 수 있다는 소극적 자유와 무엇인가를 할 수 있다는 적극적 자유임과 동시에 선택할 수 있다는 심리적 자유가 그것이다(윤철수 외, 2011). 즉, 영국의 John Locke나 John Stuart Mill, 프랑스의 Benjamin Constant de Rebecque, Alexis Charles Henri Maurice Clérel de Tocqueville 등이 제창한 자유주의를 그 전형으로 하고 있는 소극적 자유는 개인이 타인으로부터 간섭을 받지 않고 자신이 원하는 일을 하는 것을 말한다. 반면, 적극적 자유는 자기지배 혹은 자기결정이라는 의미에서 자유를 말한다.

3) 연대(solidarity)

연대는 독자적으로 생존할 수 없다는 인간의 속성과 관련된 기본적인 가치로 인간의 사회성에 대한 신념을 내포하고 있고, 동시에 상호 책임을 강조한다(강용구 외, 2007). 프랑스 사회학자 Durkheim은 개인들 간 유사성이 기반이 된 형태로 미발달된 사회에서 나타나는 연대를 기계적 연대[4]라고 하였고, 노동의 분화와 개인들 간 상호보완 등 근대산업사회에서 나타나는 연대를 유기적 연대[5]라고 한다. 이러한 유기적 연대는 사회적 분화가 급격하게 이루어지는 현대사회에서 흔히 나타나고 유기적 연대의 사회에서 연대성 가치는 사회구성원들 간 합의와 상호의존성을 의미하며 위험성을 공동 부담하는 것으로 신뢰와 협력, 책임감을 의미한다(김응렬 외, 2004).

4) 기계적 연대는 가족이나 부족사회에서 흔히 나타나는 연대로서 구성원들을 결속시킬 수 있는 공통의 대인관계나 가치 그리고 신념이 존재할 때 가능하게 된다.

5) 유기적 연대는 사회적 분화가 급격하게 발생하는 현대사회에서 질서를 유지하기 위해서 사회구성원들 개개인이 상이하게 평가되는 상이한 역할을 수행할 필요성을 갖게 되는데, 이러한 상이성에 근거한 연대가 유기적 연대이다.

4) 정의(justice)

정의는 현대사회에서 중요하게 여겨지는 가치로 평등의 실현을 핵심으로 한다. 그러나 정의가 무엇인가는 분명하지 않아 이에 대한 개념은 종종 논쟁에 휩싸이곤 한다. 정의에 대한 다양한 정의가 존재하지만 가장 뛰어난 정의론은 Aristoteles에 의한 규정이다. Aristoteles는 정의란 개인이 자기의 것을 취하고, 법이 정하는 바대로 하는 미덕이라고 규정하였다(박종현, 1997). Aristoteles는 정의의 본질은 평등에 있다고 주장하며 '평균적 정의'와 '일반적 정의'와 '배분적 정의'로 구분했다. 평균적 정의는 모든 사람이 동등한 대우를 받아야 한다는 가치로 현대에서는 정치 · 사법 분야에서 강하게 적용된다. 평균적 정의는 개인 상호 간의 매매와 손해 및 배상 또는 범죄와 형벌의 균형을 찾아내려는 것이다. 둘째, 사회의 일원으로서 개인이 사회 때문에 져야 할 의무에 관한 일반적 정의이다. 셋째, 배분적 정의는 각자가 개인의 능력이나 사회에 공헌 · 기여한 정도에 따라 다른 대우를 받아야 한다는 가치로 사회 · 경제적인 측면에 적용된다.[6)]

이러한 정의의 개념은 사회구성원의 행복실현과 사회구성원의 자유보장적 측면에서 사회복지학에 중요한 가치로 볼 수 있다.

5) 이타주의(altruism)

이타주의[7)]는 특정 행위의 목적을 타인을 위한 선(善)에 두고 있는 윤리적 이념으로 복지국가 실현의 가치이다. 타인을 돕고자 하는 이타주의적 가치는 사회복지에 대해 상대방으로부터 대가를 요구하지 않는 것에 기초하고 있고, 타인을 위한 선(이익)의 행동에 기초한 이타주의적 가치는 사회복지에 대해 상대방으로부터 대가를 요구하지 않는 것을 기본으로 하고 있다(김응렬, 2004).

---

6) 위키백과, https://ko.wikipedia.org/wiki 2016년 1월 22일 검색.

7) 종교의 율법에서 볼 수 있으나 이기주의와는 달라서 그 순수한 학설 형태는 발견하기 어렵다. 영국 감정학파(感情學派), 공리주의 그 밖의 많은 입장은 부분적으로 이타주의를 포함하나, 사실상 인간의 이기적 경향은 부정할 수 없으므로 극단적인 이타주의는 독단(獨斷)이 된다.

6) 인간존중사상

인간존중사상은 인간이 생래적(生來的)으로 부여되는 가치임과 동시에 사회복지 실천의 본질적인 가치이다. 모든 인간은 성별과 종교, 인종, 사회경제적 지위 그리고 자신과 상이한 생각을 하거나 동일한 생각의 여부에 관계없이 존중되어야 한다.

인간존중사상은 14~15세기 르네상스 운동에서 출발한다. 르네상스 운동을 통해 신 중심의 사고방식이 인간 중심의 사고방식으로 전환되었고, 17세기 절대군주의 탄압에서 인권을 보호하기 위한 움직임의 토대가 되었다. 또한 이는 계몽사상가들로 하여금 천부인권론을 주장할 수 있는 기본이 되어 프랑스와 미국의 시민혁명의 도화선이 되었다. 이를 계기로 많은 나라에서 인간존중사상을 헌법에 명시하였다.

우리나라에서도 헌법 제10조에 "모든 국민은 인간으로서 존엄과 가치를 가지며 행복을 추구할 권리"를 명시하고 있다. 동시에 동법은 "국가는 개인이 가지는 불가침의 기본적 인권을 확인하고 이를 보장할 의무를 가진다"고 명시하였다. 이를 통해 인간존중사상이 인권사상으로 발전하였다는 것을 알 수 있다.

헌법에 명시된 것 외에도 사회복지에서도 인간존엄의 가치는 사회복지 실천의 기본 가치임과 동시에 목적이 된다. 즉, 인간존중사상은 클라이언트에 대한 수용과 공감 그리고 종교와 인종 그리고 사회적 지위 및 경제상황에 관계없이 클라이언트 서비스를 지원하는 클라이언트 중심의 실현 가치를 구현하는 것으로 구체화되었다.

7) 자기결정권

자기결정권은 모든 개인은 자신의 삶에 대해 스스로 결정할 수 있는 권리와 욕구가 있다는 것을 말한다. 이는 사회복지사가 클라이언트에게 제공되는 모든 서비스를 결정하는 것이 아니라 클라이언트 스스로의 자기결정권을 존중한다는 것이다. 이에 Zastrow(1989)는 클라이언트의 자기결정권 실현을 위해 클라이언트가 자신의 문제해결을 위한 대안을 알고 있어야 한다는 것, 클라이언트가 문제해결 중심에 있어야 한다는 것, 법이 정한 범위 내에서 클라이언트의 자기결정권을 보장받아야 한다는 것을 제안하면서 클라이언트의 자기결정권이 사회복지사가 어떤 의견도 제안해서는 안 된다는 것이 아니라는 것도 함께 제시하였다. 이는 자기결정권이 클라이언트가 자신에게 제공될 서비스에 대해 적극적이고 바람직한 방향으로 결정을 내릴 수 있지만, 수혜자의 능력이나 사회제도의 능력에 따라 제약이 따를 수 있다는 것을 의미한다.

2. 사회복지의 이념

사회복지학계에서 주목하는 사회복지 이념의 주류로는 보수주의, 자유주의, 신자유주의, 사회민주주의, 진보주의, 급진주의가 있다. 이는 다시 개인과 자유를 주요 기치로 내세우는 자유주의 유형과 집단과 평등을 강조하는 사회주의 유형으로 구분할 수 있다. 좀 더 세분화해서 살펴보면 보수주의와 자유주의 및 신자유주의는 자유주의 유형으로 볼 수 있으며, 사회주의 유형으로는 진보주의와 급진주의가 있다. 그 중간 형태로는 사회민주주의가 해당한다.

1) 보수주의(Conservatism, 保守主義)

보수주의는 기존 사회질서의 유지를 위해 관습적인 전통적 가치를 옹호하는 이념이다. 이러한 보수주의는 사회복지에 지대한 영향을 미친 이념으로 자본주의 이데올로기의 다른 표현이다. Esping-Andersen(1990)은 20세기 초반까지 이루어진 사회복지 발전의 대부분은 보수주의에 의해 주도되었음을 언급하였다.

보수주의의 근본 철학은 개인의 자유에 초점을 둔 것으로 개인의 삶에 있어 책임은 그 자신에게 있다는 자유방임주의와 그 맥을 함께 한다. 보수주의는 사회의 체제 유지, 이기주의, 자율적 인간, 전통적 가족제도 유지, 자유경쟁시장, 불평등을 근본적인 사회가치로 추구한다. 개인주의에 기초한 보수주의자들에게 있어 우선적 가치는 경제성장과 부의 극대화이다. 때문에 계약과 합의에 있어 개별적 선택을 강조한다. 소득과 부, 교육, 의료서비스 및 그 밖의 보호형태는 생산제도에 의하여 좌우되고 그것이 약자를 보호하든 강자를 보호하든 최소한의 국가개입을 강조한다(김응렬, 2005). 즉, 빈곤으로 사회적 낙오자가 다수를 차지하고 생활수준이 최저생계비 이하로 떨어질 때 비로소 정부가 개입함을 의미한다. 이처럼 보수주의자들이 잔여적 태도로 복지를 접근하는 것은 인간이 게으르고, 자기중심적이며 불성실하다고 간주하기 때문이다. 이들의 입장에서 인간은 통제가 필요한 집단으로 여긴다.

2) 자유주의(Liberalism, 自由主義)

자유주의 가치는 계몽주의를 배경으로 탄생되었으며 산업혁명과 더불어 전 유럽으로 확산된 역사적 배경을 가지고 있다. 자유주의는 보수주의 가치와 유사하게 자유나 개인주의 및 사기업에 대한 신념들을 강조하므로 시장의 중요성을 인정하면서 정부책임은 최저수준으로 접근하는 것을 선호한다. 자유주의자들은 자본주의 경제체제가 그 자체로 사회적 결함을 해결할 수 없기 때문이다. 자유주의자들의 관점에서 빈곤은 부르주아 세계관을 반영한다. 자유방임주의적 관점에서 빈곤은 다음과 같이 세 가지를 전제로 한다(이재술, 2013 재인용). 첫째, 빈곤문제는 인간의 내면, 특히 본성에 그 근원을 두고 있기 때문에 죄업과 악덕 없는 세계를 상상할 수 없듯이 빈곤 없는 세계도 상상할 수 없기 때문에 빈곤은 인간생활에 있어 불가피한 조건이라는 것이다. 둘째, 인간의 생활조건은 그 자신의 도덕성의 반영이다. 곧 빈곤은 개인의 정신 및 성격상의 결함에서 야기되기 때문이다. 셋째, 빈민의 합법적인 욕구는 임의적인 민간자선에 의해 구제되어야 한다. 이 입장은 부자들에게는 어려운 동료를 원조해야 할 도덕적 의무와 함께 빈민들을 '가치 있는 빈민'과 '가치 없는 빈민'으로 구별해야 할 필요성을 인식시켰다. 빈곤상태에 있는 개인은 자립과 근면을 통해 자신의 복지와 안녕을 달성하는 것이 부르주아 세계관의 규범적 처방이었다. 따라서 이들에게 있어 빈민들의 빈곤은 사회적 원인에서 비롯된 구조적 문제가 아니라 빈곤의 상태를 자신의 노력으로 극복하지 않고 방치한 개인의 탓이었다. 이들 자유주의자들에게 빈곤은 정책을 통해 해결할 문제가 아니라 근로의욕과 부의 창출을 위해서 그 자체로 의미 있는 인간 삶의 한 유형으로 이해되었다. 이들의 관점에서 사회복지는 자선이 아닌 개인의 권리, 다시 말해 모든 국민들이 최저한의 인간다운 생활을 할 수 있는 사회권의 개념이다. 그러나 자유주의는 국가에 의한 적극적 복지대책이 부도덕하고 비효과적인 결과를 가져오면 선택의 자유를 파괴한다고 바라본다(김응렬, 2005).

3) 신자유주의(neoliberalism, 新自由主義)

신자유주의는 1970년대 두 차례에 걸친 석유파동에 따라 세계경제와 복지국가의 위기로 인해 현대사의 전면에 부상한 개념으로 신우파라고 지칭한다. 신자유주의는 개인주의, 시장의 효율성, 시장의 자유를 강조하며 세계화의 추세로 인해 전 세계에 확산되었다.

신자유주의의 이해를 좀 더 쉽게 하기 위해서는 역사적인 부분을 살펴볼 필요가 있다. 신자유주의 복지정책의 상당부분은 신빈민법을 통해 집행된 자유주의적 빈민정책의 유산이다. 신빈민법이 제정된 과정을 통해 이러한 사실은 여과 없이 드러난다. 신빈민법은 자유경쟁에서 패배한 가난한 자들에 대해 처절한 자기 책임의 원리를 적용하여 이들을 방임하고 학대 및 처벌하는 정책을 유지하였다(이재술, 2013). 자유주의 빈곤정책과 유사한 신자유주의의 빈곤정책은 빈민의 처우개선에 목적을 두기보다는 빈민을 통제하고 노동시장에 종속시키는 데 있다.

이러한 신자유주의는 20세기 후반에 발생한 복지국가의 위기와 재편에 관한 논의 과정에서 신자유주의자들이 내세운 대안은 사회보장제도의 축소와 폐지였다. 복지국가가 지속되는 동안 국가의 지나친 개입으로 인해 관료화, 비효율성, 비민주성이 보편화되고 결국 정부의 방만한 경영과 재정건전성이 파탄되는 현상이 발생하였다고 판단하여 국가의 역할을 최소화하는 소극적이고 제한적인 기능으로 한정시키고자 한 것이다. 즉, 복지제도의 프로그램의 지나친 확대가 근로자들의 일할 수 있는 동기를 약화시키고 저축과 투자를 감소시켜 경제성장을 둔화시킨다는 논리이다(김응렬, 2005). 이에 따라 최소한의 복지와 잔여적 복지모형의 부활이 시도되었으며 복지의 민영화가 추진되었다. 작은 정부의 추구와 자유시장원리의 옹호는 신자유주의의 기치라고 할 수 있다.

4) 사회민주주의(social democracy, 社會民主主義)

사회민주주의는 자본주의와 사회민주주의 경제체제의 양극적 대립에 대한 비판으로 태생된 이념으로 서구 선진국가들에게서 보편적으로 추구되고 있다. 즉, 자본주의와 민주주의 간에 이견으로 인한 구조적 갈등과 긴장을 해결하고자 하는 대안적 이념인 것이다. 사회민주주의자들의 관점에서는 시장이라는 제도가 가지고 있는 구조적 결함으로 인해 빈곤 등 다양한 사회문제가 필연적으로 발생할 수밖에 없다고 주장한다. 이들이 제시한 해결책의 주요 논점은 시장제도가 원활한 기능을 수행하기 위해서는 국가(정부)의 적절한 개입이 반드시 필요하다는 것이다. 특히, 공공재에 있어서는 국가의 개입을 통한 역할이 반드시 중요하며 재분배 기제에 입각하여 분배를 조정하고 합리적 선택을 할 수 있는 국가의 적절한 개입을 역설한다.

다만, 사회민주주의자들은 시장 그 자체의 근본적인 개혁을 추구하는 사회주의자들과는 달리 시장제도를 인정한다. 국가의 적절한 개입을 통한 시장경제의 공적 관리를 추구하는 것이다. 즉, 사회민주주의는 생산수단의 공적 관리를 민주주의적 방법으로 개조하고자 하는 이념이다. 이들의 이러한 관점은 복지사회를 실현하는 것에 있어서도 개혁적 방법을 선호하기 때문에 혁명적 방법을 선호하는 사회민주주의자들과의 차이를 보인다.

사회민주주의는 완전고용의 실현을 목표로 하며, 계층 간 타협과 합의를 통해 정책을 결정함과 동시에 분배를 통한 평등을 실현하는 데 주된 관심을 두며, 시민들의 이타적 의무감을 강조한다(김응렬, 2005). 모든 인간이 평등한 삶을 보장하기를 추구하는 보편적 복지가 이들이 추구하는 이상향이다.

5) 진보주의(Progressivism, 進步主義)

진보주의는 기존 정치 · 경제 · 사회체제에 대항하면서 점진적 변혁을 통해 새롭게 바꾸려는 성향이나 태도를 말한다. 진보주의는 기존 사회체제의 안정적인 발전을 추구하기 위해 사회질서 유지와 경제적 자유를 기치로 삼는 보수주의와 달리 자율성과 경제적 평등이라는 가치를 옹호한다. 보수주의자들과 마찬가지로 사회를 하나의 유기체로 간주하지만 사회체제가 공정하고 개방적인 경쟁을 유지하기 위해 규제가 필요하다고 바라보는 점에서 차이를 보인다. 이러한 태도를 견지하는 이유는 인간의 본성이 낙관적이지만 사회환경의 변화에 따라 사회체제에 적응하지 못하는 인간들은 소외되고 낙오될 가능성이 높다고 바라보기 때문이다.

사회문제에 있어 예방과 완화 및 해결방안에 관한 이들의 시각은 사회복지제도를 통해 사회정의를 실현할 수 있다고 바라본다. 즉, 진보주의자들은 시장경제에 대한 국가의 개입은 정당한 것이다. 그러므로 정부의 개입을 수반한 소득재분배 정책은 사회복지를 실현하기 위한 방법이다.

6) 급진주의(Radicalism, 急進主義)

급진주의는 특정 이념을 실현하는 것에 있어 과격 · 급진적인 방법을 통해 사회 변화를 바람직한 것으로 여기는 이념이다. 급진주의의 중요한 가치는 정치적 · 사회적 · 경제적 활동의 참여에 있어 평등과 공동체의 가치이다. 급진주의자들이 생각하는 인간의 본성은 기본적으로 선하다는 입장이지만, 사회적 환경에 의해 타락할 수 있어 양면성을 가지고 있다고 바라본다. 그렇기 때문에 이들은 사회체계를 이분법적으로 간주한다고 할 수 있다. 즉, 권력과 부를 가진 집단이 빈곤한 집단을 이용함으로써 불평등할 수밖에 없다고 바라보는 것이다. 따라서 급진주의자들은 공평한 사회를 실현하기 위해 특정 집단이 가지고 있는 부와 권력을 재분배하기 위해 현존하는 사회체계를 완전히 재구성해야 한다고 주장한다.

이들은 사회복지가 대중을 기만하고, 사회변화를 가로막는 권력층들의 의도적인 음모라고 간주하며 정부나 정치의 힘으로 노동자 계급을 위해 과감한 사회정책을 통하여 자본주의사회의 모순과 결함을 통해 이를 극복할 수 있다고 바라본다(김응렬, 2005).

참고문헌

강용구, 김희성, 배은영(2007). 사회복지개론. 경기: 공동체.

김응렬, 김은경, 김지범, 노길명, 이용모, 송영민, 송인한, 이철우, 이별렬(2004). 사회복지학의 초대. 서울: 고려대학교 출판부.

김훈(2008). 사회복지의 개념 및 법체계에 관한 고찰. 토지공법연구, 41, 521-544.

박종현(1997). 플라톤의 국가·정의. 서울: 서광사.

법제처(1988). 대한민국 헌법.

윤석경, 권정만(2012). 사회복지에서의 복지 개념과 조선왕조실록의 복지 용례의 비교와 함의. 한국공공관리학보, 26(2), 63-87.

이재술(2013). 자유주의적 빈민정책과 가톨릭 사회교리-영국의 자유주의적 빈민정책과 『새로운 사태』를 중심으로. 신학전망, 181, 73-100.

임덕영(2010). 사회복지라는 단어의 쓰임새에 대해. 정세와 노동, 60, 75-99.

전남진(1983). 사회복지 개념의 이론적 통합체의 정립을 위한 일고찰. 한국사회복지학, 4, 15-31.

전영준, 김성태, 김진영(2013). 복지패러다임 전환의 경제적 효과－보편적 복지 vs 선택적 복지－. 경제학연구, 61(2), 69-111.

Compton, Beulah(1980). *Introduction to Social Welfare*. Homewood, Ill.: Dorsey Press.

Macarov, David(1978). *The Design of Social Welfare*. New York: Holt, Reinhardt & Winston.

Ryan, W.(1971). *Blaming the Victim*. New York: Random House.

Wilensky, H. L. & Lebeaux, C. N.(1965). *Industrial Society and Social Welfare*. New York: The Free Press.

Zastrow, C.(1989). *The Practice of social work*. Chicago: The Dorsey Press.

02

사회복지의 역사와 발달과정

제 1 절 영국의 사회복지 역사

1. 구빈정책의 발전

1) 엘리자베스 구빈법

영국 최초의 구빈법은 과거 튜터시대 구빈법을 근거로 완성된 것으로 영국의 대재앙으로 일컬어지는 흑사병에 대한 대안으로 만들어졌다. 즉, 영국은 1348년과 1349년 흑사병으로 전체 인구의 약 2/3가 사망하면서 노동력 감소와 그로 인한 경제적 불황 등을 겪게 된다. 또한 백년전쟁과 장미전쟁의 종전되면서 많은 부랑민과 빈민이 급증하였고 이로 인한 범죄가 급증하게 되었다. 이에 영국정부는 이러한 사회적 문제에 대응하기 위한 방안을 찾게 되었고, 이에 빈민구호를 목적으로 엘리자베스 구빈법이 제정되었으며, 그 원칙은 다음과 같다.

① 빈민구제를 정부의 책임으로 인식

② 구빈의 재정과 행정을 담당하는 행정적 기관 수립

③ 구빈을 위한 조세징수

④ 빈민을 노동력 유무에 따라 규정하고 차별하여 처우

⑤ 요부양 아동을 보호함과 동시에 도제제도 도입

⑥ 친족부양의 책임 강조

⑦ 작업장과 구빈원의 활용

엘리자베스 구빈법의 피보호자의 자격은 빈민을 노동력 유무에 따라 셋으로 구별하여 차별대우하고 구빈의 대상자격을 노동능력이 있는 빈민과 없는 빈민, 요보호아동으로 구분하여 각이 상이한 처우를 하였다.

〈표 2-1〉 구빈법의 피보호자 자격

피보호자 자격	내용
노동능력이 있는 빈민	이들은 교정원 또는 작업장에서 강제노동을 시켰고, 노동을 거절하였을 때에는 형벌에 처함
노동능력이 없는 빈민	이들은 병자, 노인, 장애인, 어린 아이가 있는 여자들 이였으며, 집이 있는 경우 음식과 의류 및 난방을 위한 현물을 지급
요보호아동	도제수습의 기회를 제공하거나 고아원에 수용・보호

출처: 남찬섭(2011). 복지국가의 사상과 이론.

엘리자베스 구빈법은 복지의 주체가 교회로부터 귀족에게로 이행된 점과 국가입법으로서 국가가 적극적으로 관여하기 시작하였다는 점, 부랑자를 가능한 한 노동에 종사하게 함으로써 자활시키려는 노동 정책적 측면을 가지고 있다는 점에서 사회복지 발전의 역사적 의미를 가지고 있다.

2) 구빈법의 변화

구빈법 변화의 대표적인 것은 정주법, 작업장법, 길버트법, 스핀햄랜드법 등을 들 수 있다.

① 정주법

정주법은 인구의 이동을 금지하는 것으로 목적으로 1662년 제정되었다. 산업이 발달하면서 영국사회는 도시를 중심으로 인구가 집중되는 현상이 나타났다. 이에 도시 내 빈민이 증가한 반면, 농촌지역은 상대적으로 인구가 감소하여 노동력 부족의 문제가 발생되었다. 특히 도시지역에 빈민이 증가하면서 불결한 환경과 범죄 등의 문제도 급증하게 되었다. 이에 도시 내 빈민의 유입을 막고 농촌의 노동력을 확보하기 위한 목적으로 인구의 이동을 금지하는 정주법이 제정된 것이다. 그러나 이 법안은 향후 인간의 거주이전의 자유를 침해했다는 점에서 지적을 받고 있다.

② 작업장법

작업장법은 1722년 제정된 것으로 노동이 가능한 빈민을 고용하여 국부를 증진하기 위한 목적으로 제정되었다. 1696년 영국 브리스톨시에서는 여러 교구들이 모여 하나의 연합체를 구성하여 공동작업장[1)]을 설치하여 빈민들에게 수입을 줄 수 있는 일자리를 마련해 준 것이다.

③ 길버트법

길버트법은 1782년 제정되었다. 이 법은 작업장에서의 빈민의 비참한 생활과 착취를 개선할 것을 목적으로 하여, 노동은 가능하나 자활능력이 없는 빈민을 작업장에 보내는 대신에 자기 가정 내에서 또는 인근의 적당한 직장에서 취업하도록 알선해 주는 법이다.[2)]

④ 스핀햄랜드법

스핀햄랜드법은 1795년 제정된 것으로 최초 임금보조정책으로 버커셔주 스핀햄랜드 지역의 치안판사에 의해 만들어 제정되었다. 이 법은 버커셔 주의 빵 가격을 기준

---

1) 사회복지서비스를 클라이언트에게 제공하는 방법에는 원내구호(indoor relief)와 원외구호(outdoor relief)가 있다. 작업장은 원내구호의 시초라고 할 수 있다.

2) 김동국, 『서양사회복지사론』, 2004, 유풍출판사, pp.122-123.

으로 하였다고 하여 버커셔 빵 법이라고도 한다.

스핀햄랜드법은 빈민에 대한 처우개선책인 임금보조제도로, 최저생활 기준에 미달되는 임금의 부족분을 보조해 주는 것을 목적으로 하고 있고, 구빈세를 재원으로 하여 저임금을 받고 있는 노동자들에게 표준임금의 미달 부분을 보조해 주는 일종의 최저생활 보장제도이다. 오늘날의 가족수당 또는 최저생활 보장의 기반이 되었다.

3) 신구빈법

1843년에 구빈법을 개정하게 되었고 이를 신구빈법이라고 하였다. 신구빈법의 6가지 기본원칙, 스핀햄랜드법의 임금보조제도 철폐, 노동이 가능한 자는 작업장에 배치, 병자, 노인, 아동을 거느린 과부에게만 원외구호 제공, 교구단위의 구호행정을 구빈법 연맹으로 통합, 구빈 수혜자의 생활조건은 자활하는 최하급 노동자의 생활조건보다 높지 않아야 한다는 열등처우의 원칙이다.

여기서 주목할 것은 노동능력이 있는 빈민에 대한 재가구호를 폐지하고 구제를 작업장 내에서의 구제로 제한함으로써 작업장은 열등처우의 원칙이 적용되는 유일한 장소가 되었다. 또한 전국적 통일의 원칙은 다른 말로 균일처우의 원칙이라고도 하며 이는 각 교구에 따라 상이하게 시행되고 있는 구빈행정을 전국적으로 통일시켰다는 점에서 의미가 있다. 마지막으로 열등처우의 원칙이다. 이는 구빈법으로부터 구제받는 빈민의 상태는 구제받지 않는 최하층 노동자의 생활보다 낮은 수준이어야 한다는 것이다. 그 근거는 구제받는 빈민의 생활수준이 상대적으로 더 높을 경우 임금노동자가 구제를 받는 쪽을 선택하게 되어 태만과 악덕을 초래한다는 이유로 그렇게 제정된 것이다.

2. 사회개량운동

사회개량운동은 산업혁명과 때를 같이하여 일어난 것으로 이 운동 중에서 가장 중요한 것은 챠티스트 운동과 노동조합 운동이다. 챠티스트 운동은 1830년경 노동자들이 보통 선거권을 비롯하여 무기명 투표, 의원들의 재산자격 및 세비지급의 폐지, 평등선거구안 등의 정치적 요구를 관철시키기 위한 운동이었으나 실패로 돌아갔다. 또한 1830년대 초부터는 광부 · 건축공 · 도자기공의 노조 결성이 상당히 증대하고 투쟁과정에서 모든 노동자를 망라하는 전국 일반 노조의 중요성이 크게 부각됨에 따라 1834년에 전국노조대연합이 결성되면서 노동조합 운동이 시작된다.

3. 자선조직협회

영국에서 빈민이 증가하는 것과 함께 많은 자선단체도 증가하게 되었다. 그러나 여전히 빈민들의 상황은 좋아지지 않았다. 더욱이 중복서비스를 받는 빈민이 있는가 하면, 서비스를 지원받지 못하는 빈민들이 있는 등 서비스 지원에 따른 문제와 중복지원으로 인한 예산 낭비 등의 문제가 발생하게 되었다. 1861년 당시 런던에는 640개의 자선단체가 있었는데, 이들 단체의 년 수입은 250만 파운드로 추계되고 있다. 이 금액은 런던에서 빈민구제에 지출된 공공자금의 총액을 초과하는 것이었다. 이에 이러한 문제에 대응하기 위한 목적으로 자선조직협회가 조성된다.

이에 자선조직협회 활동은 자선과 구빈법, 자선단체 간의 협력, 모든 케이스에 대하여 조사와 타당한 활동, 걸식의 억제였다. 구체적인 목적을 보면 다음과 같다.

첫째, 자선과 구빈법 간의 협력은 동 협회의 구분에서 나타났다. 협회는 원조대상을 구제할 만한 가치가 있는 빈민에 한정하였다. 이때 가치 있는 빈민이란 장애인, 고아, 비자발적 실업자 등과 같이 어려울 때를 대비하여 모든 노력을 기울였지만 여전히 불행에 빠져 있는 자를 말하며, 이들에 대해서는 그들을 자립시키기 위해 자선적 구제가 제공되어져야 한다.

둘째, 자선단체 간의 협력은 지구위원회를 통해서 이루어졌다. 지구위원회의 주요목적은 각 자선협회와 개인에게 정보교환의 수단을 제공하고, 구제가 중복되는 것을 방지하고, 원조에 적절한 기관에 신청서를 전달하기 위하여 각 케이스에 대한 조사를 명확히 하고 걸식을 억제하는 것으로 하고 있다.[3)]

이러한 자선조직협회는 다음과 같은 원칙을 기본으로 한다. 첫째, 각 보호위원의 책임 하에 극히 소수의 요보호자를 둔다. 둘째, 빈민보호의 관리와 감독을 중앙집권화한다. 셋째, 보호위원이 장기적으로 근무하여 전문적 서비스를 제공토록 한다. 넷째, 극빈자의 방지와 재활에 주력한다. 다섯째, 시설과 원외의 모든 기관을 하나의 중앙위원회가 통할한다. 여섯째, 구빈업무 관련자의 회의를 활성화한다는 것이다.

4. 인보관 운동

자선조직협회 운동과 더불어 새로운 사회운동으로 나타난 것이 인보관 운동이다. 인보관 운동은 빈민지구를 실제로 조사하여 그 지구에 대한 생활실태를 자세히 파악하고 구제의 필요가 있는 사람들에게 조력해 주며, 인도주의적 · 박애주의 정신을 바탕으로 하는 상류층들이 빈민지구에 이주하여 자선활동을 한 것이다.[4)]

1) 인보관의 사회적 기능

인보관 운동은 사회조사를 통해 다수의 통계자료를 확보함으로써 법률제정에 활용할 수 있도록 하였다. 또한 지역주민들에 대한 위생과 보건교육 그리고 소년소녀들에 대한 기술교육, 문명퇴치 및 성인교육 등의 교육사업을 수행하였다. 뿐만 아니라 체육관을 설치하여 옥외활동을 장려하고 오락 및 예술활동을 권장하였다. 그리고 인보관을 설립하여 주택과 도서관, 시민회관 등으로 활용하였다.

---

3) 박병현, 『사회복지의 역사』, 2007, 공동체, p.57.

4) 도움을 필요로 하는 사람과 함께 사는(idea of living among the people who need help) 인보관 사상을 가장 잘 구현한 인물은 바네트(Canon Samuel Augustus Barnett) 목사이다. 1844년 브리스톨(Bristol) 시에서 태어나 옥스퍼드 대학에서 신학을 공부했다. 목회를 하면서 빈민문제에 관심을 갖게 된다.

2) 사회조사 활동

1880년대의 부스의 런던 빈민굴 조사와 라운트리에 의한 요크시 조사를 대표적으로 들 수 있다. 이들 사회조사에 의해서 빈곤은 개인적 속성에 의해서 결정되는 것이 아니고 사회적 · 구조적 결함에 의해서 발생하는 것이라는 점이 입증되었으며, 이와 같은 조사결과는 사회개혁을 위한 효과적 대책의 필요성과 보다 나은 사회복지 정책이나 계획을 실시하기 위해서는 과학적이고 합리적인 사회조사가 선행되어야 함을 명시해 주었다.

5. 사회보장의 시대

19세기 중반 이후 북미의 국가들은 실업, 불완전고용, 저임금, 질병, 열악한 주택 등의 유사한 사회문제를 겪고 있었다. 이러한 문제에 대한 새로운 해결책은 사회보험이었다. 이들 국가들의 사회보험을 살펴보면, 1884년 독일의 비스마르크는 최초의 사회보험인 질병보험 제도를 도입했다. 이어 1884년 재해보험법과 1889년 노령폐질보험법 등 일련의 사회보험을 도입했다. 이러한 유럽의 사회보험 도입의 동향은 영국에도 많은 영향을 미쳤다.

영국은 1907년 산업재해보상보험법을 도입했다. 또한 1909년 노령연금법이 제정되었다. 정부부처가 각기 독립적으로 소득보장을 실시하고 있었고 이러한 불합리한 상황을 시정하려는 여러 가지 제안들이 등장했으며, 그 결과 1941년 Beveridge를 위원장으로 하는 사회보험 및 관련 서비스에 관한 위원회가 설치되었고, 그 성과가 1942년 11월 '사회보험 및 관련서비스'로 발간되어 국회에 제출되었다.[5)]

전후 영국의 사회보장제도는 Beveridge의 권고를 기초로 하여 성립되었는데 이

5) 베버리지는 사회보장의 본질을 소득보장이라고 보았으며, 사회보장의 일부라고 생각되는 아동수당, 보건의료서비스, 사회복지서비스 자체를 소득보장이라고 보기보다는 그 전체를 이루는 것으로 보아 사회보장을 소극적으로 해석했다는 평가가 있다.

보고서는 모든 사회성원들이 어떠한 경우에도 항상 빈곤으로부터 빠져나갈 수 있게 보장하기 위한 종합적 계획을 포함하는 것이었다. 이 보고서에서 강조한 주요원칙은 다음과 같다.

① 통합적 행정화
② 적용범위의 포괄화
③ 기여의 균일화
④ 급여의 균일화
⑤ 수급자의 기본적 욕구를 충족할 수 있는 급여의 적절화
⑥ 대상의 분류화 등이다.

1) 베버리지 보고서에 의한 사회보장

실업, 질병 및 재해로 인한 소득의 중단, 또는 노령, 은퇴, 부양자의 사망, 출산, 결혼 및 사망 등의 예외적 지출의 경우에 대비할 수 있는 일정소득의 보장을 의미한다. 이와 같은 사회보장은 모든 국민으로 하여금 궁핍, 질병, 무지, 불결, 나태 등 5대 사회악에서 벗어나게 하는 것을 목적으로 하였다.[6]

6. 복지국가의 위기와 대처

영국은 세계적인 경제호황 속에서 안정적인 경제성장을 이루어 사회복지서비스를 확대시켰으며, 복지국가를 계속 발전시켜 나갔다. 그러나 1970년대 이후 세계석유파동과 경제침체로 영국은 위기를 맞이하게 되었고, 1970년대 후반에는 복지국가의 위기론이 등장하였다. 따라서 베버리지 접근방법으로 전 국민의 복지를 국가의 책임으로 했던 보편주의의 원칙을 포기하고 선별주의의 정책을 채택함으로써 제도적 접

6) 이인재, 『사회복지학』, 2009, 나남, pp.85-86.

근에서 보충적 접근으로 전환하게 되었다.

1997년 노동당이 집권하면서 전통적인 사회민주주의 노선을 대폭 수정하게 되었다. 노동당은 '제3의 길'이라는 새로운 정책노선을 추구하면서 적극적인 복지사회 건설을 주장하였다. 즉, 복지국가의 원칙은 그대로 두면서 수행방법은 개혁한다는 것으로서 교육과 노동을 통합한 복지 그리고 개인의 저축을 강조하였다.

제 2 절 미국의 사회복지 역사

1. 초기 사회복지의 역사

1) 식민지 시대(The U. S. Colonial Period) : 1601~1776년

17C초부터 미국이 독립하기 이전까지를 말하는데, 영국으로부터 종교적 자유를 찾아 이주해 온 청교도들과 경제적 또는 정치적인 이유로 이민 온 사람들이 자유와 평등의 가치를 존중하며 신대륙을 개척했던 시기이다. 식민지시대의 구빈법은 1601년에 제정 공포된 영국의 엘리자베스 구빈법에 기초를 두고 있다. 1642년에 신세계에 최초로 플리마우스(Plymouth) 식민지에서 구빈법을 제정하였고, 1646년에는 버지니아에서, 1673년에는 코네티컷에서, 1692년에 매사추세츠 등에서 구빈법이 제정되었다.

2) 국가형성의 시대(Nationalization) : 1776~1860년

국가형성의 시대는 독립된 국가로서 면모를 갖춘 시기임과 동시에 산업이 발달하고 미국인의 국민의식이 확고해지는 시기이다. 이 시기 사회복지는 종교적 그리고 인도주의적 관점에서 빈곤에 대해 인도적으로 대우해야 한다는 의견들도 있었지만, 기본적으로 개인의 책임에 더 많은 비중을 두었다. 이는 개인의 복지문제에 대해 국가적 차원에서 책임을 지지는 않았지만, 빈곤에 대한 관심을 갖기 시작했다는 것을 의미한다. 이를 반영하듯, 장애인과 요보호아동 및 청소년을 위한 시설과 제도들이 분화되어 발전하였다.

또한 산업화의 영향은 인구의 대도시 집중현상을 초래하였고, 1837년의 경제공황과 1843년의 혹한으로 실업자가 증가, 그로 인해 노동자의 생활수준이 저하되면서 노동운동이 시작되었다. 뿐만 아니라 이 시기 뉴욕에서는 교회와 자선협회의 무조직적이고 무질서한 자선활동을 조정하기 위해 1843년에 빈민 생활상태 개선협회(AICP)가 설립되어 수혜자의 조건을 조사하고 빈곤자 구제를 개선하는 역할을 수행하였다. 이것은 후에 자선조직협회(COS)의 설립에 모체가 되었다.

3) 국가의 확장 시대(National Expansion) : 1860~1900년

국가의 확장시대는 시민전쟁(1861~1865)이 끝나고 흑인 노예가 해방되면서 미국이 세계의 강국으로 부상하게 되는 바탕이 마련되던 시기이다.[7] 이 시기는 정치적으로 근대 민주정치를 실현하면서 공업화가 신속히 진전되었으며 대규모의 기업체들이 속출하게 되었다. 또한 인구가 증가하여 서부개척이 가능해졌고 영토가 확장되어서 국내시장이 넓어지므로 북부의 공업이 더욱 발전하게 되었으며 그 결과 독점자본주의가 성립되었다.

독점자본주의는 부의 편재현상을 가져와 새로운 사회문제로 대두되었고 제2의 산업혁명 및 두 차례의 경제공황으로 실업자가 늘어나기 시작, 이들 실업자들의 생활수준이 저하되자 노동운동이 활발하게 일어나면서 새로운 사회문제를 유발되었다.[8] 뿐만 아니라 산업화가 인구의 도시집중을 가져오게 되어 도시지역에는 슬럼지역이 형성되고 또 새로운 도시문제를 발생시켰다.

이러한 시대적 배경은 사회문제 해결을 위한 자선조직협회활동과 인보사업이 등

7) 미국의 남부와 북부 양 지역이 노예제도의 존폐를 둘러싸고 벌였던 미국의 내전이다. 남북전쟁으로 남부의 후진적인 노예제도에 기반을 둔 농장제도가 붕괴하고 북부의 산업자본가들이 주도한 자본주의가 급속하게 성장하였다.

8) 남찬섭, 『복지국가의 사상과 이론』, 2011, 한울, pp.85-86.

장하는 계기가 되었고, 이에 영국의 자선조직화 활동을 잘 알고 있던 Gurteen 목사가 1877년 미국 최초로 버팔로에 자선조직협회(COS)를 창립하였다. 1882년까지 미국 내에 22개의 자선조직협회가 설립되었다. 미국의 자선조직협회들의 활동양상은 조사, 등록, 협동, 우애 방문의 원칙을 기초로 이루어졌으며 빈곤은 빈곤자에 대한 구호품의 분배에 의해서가 아니라 빈곤자에 대한 개인적 재활에 의해서 해결될 수 있다고 보았다. 자선조직협회 활동은 미국의 전문적인 케이스워크와 지역사회조직사업의 기초가 되었다.

그러나 인보관은 자선조직협회와는 달리 사회문제의 원인을 개인의 나태와 무절제에 기인하는 것으로 보지 않고 사회적인 환경에 그 결정적인 원인이 있다고 보았다. 이에 인보관 운동은 사회연대의식을 기초로 한 사회개량주의 입장을 취했고, 이를 위해 인보사업은 노동조합의 결성을 조장하고, 탁아, 교육, 공중위생 등 다양한 분야의 활동을 전개하였다.

4) 진보의 시대(The Progressive Era) : 1900~1929년

진보의 시대 미국은 경제적 · 사회적 · 정치적으로 급진적인 성장을 이룩했다. 1914년부터 1918년까지 계속되었던 제1차 세계대전에서 미국은 중립을 지키고 전쟁 물자를 수출함으로써 산업이 더욱더 발전하게 되었으며, 빈부의 격차가 심화되고 대규모 기업체들이 부를 독점하는 현상이 나타나면서 18C 이후 미국을 지배해 오던 자유방임주의 사상이 쇠퇴하기 시작하였다.

한편 자유방임주의에 대치하는 진보주의 사상이 John Dewey와 같은 사상가들에 의해 주창되었고, 법적인 규제와 보호를 통해 사회정의를 실현하는 방안이 제기되기 시작했다. 이 시기는 사회복지에 대한 보충적 관점이 바뀌면서 주정부뿐 아니라 연방정부도 빈곤문제 및 사회문제에 서서히 개입하고 공공 또는 민간의 사회복지시설 및 기관이 증가함에 따라 여기에서 일하는 유급 사회복지사가 급속하게 증가하였다.

2. 현대 사회복지의 역사

1) 대공황과 뉴딜정책시대(The Great Depression and the New Deal)[9] : 1930년대

이 시기는 세계적인 대공황이 발생하여 대량의 실업자와 빈곤자가 생겨났고 이러한 사회문제의 해결을 위해 연방정부의 적극적인 개입이 시작됨으로써 사회복지의 제도적 관점이 나타나게 된 시기이다. 1929년의 대공황은 미국의 정치, 경제, 사회적 상황뿐만 아니라 사회복지 부분도 근원적으로 뒤흔들어 놓았다.

한편 루즈벨트 대통령은 사회복지문제에 연방정부의 개입이 기대되었고 뉴딜(New Deal)이라는 대담한 정책을 펴나갔다. 실업자를 위한 지출과 공공사업을 옹호하고 뉴딜정책을 지탱하는 철학은 연방정부가 복지를 민간부분에만 의존하려는 보충적 관점으로부터 탈피하여 제도적 관점에서 공공복지에 더 많은 투자를 하여야 한다는 것이다. 루즈벨트는 개인의 성격결함이 더 이상 빈곤의 원인이 아니기 때문에 경제 침체로 인해 고통받는 사람들은 징벌적이 아닌 인간적으로 다루어야 한다고 믿었다.

2) 뉴딜정책의 결과

① 여러 가지 노동입법, 연방정부 주도의 경제보장제도를 수립하였다.

② 그리고 1935년 루즈벨트 대통령에 의해 선포된 사회보장법(Social Security Act)이 제정되었다.

③ 1935년에 사회보장법이 제정되면서 미국의 사회복지 역사는 크게 변화되기 시작했다.

④ 사회복지정책과 공적 사회복지체계가 급격하게 강화되어 사회복지의 사회화와 국영화가 이루어졌다.

9) 원석조, 『사회복지발달사』, 2014, 공동체, pp.85-86.

3) 전후복지개혁시대(Postwar Welfare Reform) : 1940~1950년대

연방정부가 수많은 정책을 취했던 뉴딜시대도 제2차 세계대전에 의해서 완전하게 종식되고 말았다. 1950년대 사회복지제도를 살펴보면 사회보장법을 개정하여 노령부조, 맹인부조, 아동부조, 중장애부조 등을 받고 있는 피보호자에 대한 의료비의 일부를 연방이 보조하도록 했다. 사회적 여건의 변화로는 1950년대는 남부의 도시와 농장의 아프리카계 미국인들이 대거 북쪽으로 이주했으며 시민권운동이 시작되었다.

흑인지도자들은 백인지배사회에서 흑인들이 이류시민으로 차별을 받고 가난한 처지에 놓이게 된 데 대한 항거하는 소리를 높였다. 이 시대 대표적인 흑인민권운동지도자는 침례교파의 Martin Luter King 목사였다. 이후로 민권운동은 1960년대까지 연결되었다.

4) 위대한 사회와 빈곤전쟁시대(The Great Society and War on Poverty) : 1960년대

1963년 케네디 대통령이 암살되자 당시 부통령이던 Lyndon Johnson이 대통령직을 계승하였다. Johnson 대통령은 빈곤정책을 선언하고 소위 '위대한 사회'를 만들기로 국민 앞에 약속하였다. 1964년 Johnson 대통령은 국민에 대한 대통령 연설에서 미국민의 1/5이 빈곤 속에 살고 있으며 흑인이 거의 반 정도가 가난하다고 발표했다.

사회복지 프로그램을 위한 자금은 급격히 증가했고 많은 새로운 프로그램이 만들어졌다. 예로서 경제기회법이 제정되고 경제기회사무처(OEO)가 설치되었으며, 국내평화봉사단이라고 할 수 있는 비스타(VISTA), 학교중퇴자를 위한 직업안정단(Job Corps), 슬럼지역의 우수한 아이를 대학에 보내기 위한 장학사업(Upward Bound), 직업이 없는 10대 청소년을 위한 근린 청소년단(Neighborhood Youth Corps), 여성들에게 직업훈련을 주선하고 탁아소운영을 담당했던 직업유인 프로그램(WIN), 미취학 아동의 훈련과 저소득 농촌가정과 이주 노동자에 대한 보조금을 제공하는 헤드스타트 프로그램(Head Start Program), 포괄적인 지역사회행동 프로그램이 마련되었다.

한편 사회복지 분야에서 1960년대 후반은 클라이언트로 하여금 그들의 생활환경에 잘 적용하도록 돕기보다는 클라이언트의 욕구를 더 잘 충족시키기 위한 환경 또는 제도를 변화시키는 데 새로운 관심을 가졌다. 1964년에는 흑인들의 투표권을 인정하고 인종차별을 금지하는 시민권법이 통과되었고, 식품권 프로그램(Food Stamp Program)이 제정되었다. 사회개혁을 위한 정치적 조직가로서 사회행동가들이 적극적으로 행동함에 따라서 사회행동(social action)은 다시 사회사업의 중요한 부분이 되었다.

5) 신보수주의 시대(Neo-conservastism) : 1970~1980년대

1970년대에는 정부의 공공 프로그램이 우리 사회의 병폐를 치료할 수 있다는 1960년대의 희망과는 대조적으로 많은 문제들이 정부의 해결능력 밖에 있다고 생각하는 철학이 나타났다.

① Jimmy Karter 재임중(1976~1980) 연방정부는 아무리 돈을 많이 써도 단순히 온 나라의 사회적 병폐를 치료할 수 없다는 인식이 증가하였다. 따라서 정부는 사회복지 프로그램에 소비하고 있는 세금액을 대폭 감축하지 않으면 안 되는 상황에 이르렀다.

② 1980년 미국은 경제적 어려움에 직면해 있었고 레이건 대통령은 경제를 재건하고, 군사력을 강화하기 위한 많은 변화를 추구하기 시작하였다. 변화내용은 다음과 같다(Zastrow, 1990 : 20-21).

가. 세금은 개인 및 법인 모두에 대해 대폭 감축되었다. 이와 같은 세금 감축으로 기업과 개인은 소비할 더 많은 돈을 갖게 되었으며 이로 인해 경제성장이 촉진되고 실업률이 감소되었다.

나. 군사비는 대폭 증가되었는데 이는 미 군사력의 강화를 가져왔다.

다. 사회적 프로그램 비용이 대폭 감축되었다. 이와 같은 대량 삭감은 미국 역사상 최초로 연방 사회복지를 대규모로 삭감한 것이었다.

③ 1988년 George Bush 대통령은 Reagan 행정부의 "평화와 번영"정책을 계속 추

구해 나갔다. Bush 대통령은 Reagan 행정부에 의해 취해진 사회복지 프로그램과 똑같은 보충적 관점의 보수주의적 접근을 계속해 밀고 나갔다. 그러나 이와 같은 보수주의적 정책의 결과 사회문제는 더욱더 심각해졌다.

가. 많은 만성정신질환자가 병원으로부터 퇴원하여 지원적 서비스도 받지 못하고 불결함 속에서 살게 되었다.

나. 도시 한복판에 살고 있는 사람들의 형편은 1960년대처럼 황량해졌고 편부모가정은 계속 늘어났으며 환경오염 문제는 더욱더 심각해졌다.

6) 복지개혁시대(Welfare Reform) : 1990년대

Clinton 대통령은 과거의 보충적 보수주의 정책으로부터 탈피하여 제도적 개혁주의적 관점을 가지고 정책을 추진하기 시작하였다. 그 첫 정책이 의료보험제도였다.

출산율이 감소하면서 사회보험수혜자의 증가율이 청·장년층의 노동인구증가율보다 더 높기 때문에 사회보험의 수입보다 지출이 더 많아져 사회보험의 재정에 심각한 압박을 받고 있다.

이런 현상은 앞으로 베이비붐 세대의 은퇴와 함께 더욱 악화될 것으로 예상되고 있다. 실제로 많은 젊은 근로자들은 자신들이 은퇴하였을 때 연금을 받지 못할 것을 우려하고 있다. 따라서 현행 사회보험제도를 개선해야 한다는 주장이 계속 제기되고 있으나 아직까지 과거의 사회보험제도의 틀은 그대로 유지되고 있다.

공공부조를 중심으로 한 복지제도에 대한 개혁이 주요한 쟁점이 되었는데, 보수주의의 입장은 현재의 공공부조제도가 빈곤을 영속화시키고 근로 동기를 파괴한다고 주장했으며, 개혁주의적 진보주의 입장은 공공부조제도의 혜택이 크지 않아서 빈부의 격차가 심화되고 있다고 비판했다.

복지제도 개혁으로 이전에는 자녀가 있는 가구 중에서 자격이 있는 가구에는 복지혜택을 보장하던 요부양아동가족부조(AFDC)와 교육·직업훈련 프로그램인 직업기회·기본기술 프로그램(JOBS)은 없어지고 이를 대신해 빈곤가족 일시부조(Temporary

Assistance To Needy Families : TANF) 프로그램이 만들어져 빈곤가족이라도 일생에 걸쳐 최대 60개월 동안만 수급이 가능하고 시민권자가 아닌 경우 보충소득보장(SSI), 식품권(Food Stamp), 그리고 의료보호(Medicaid)의 혜택을 받지 못하게 되었다.

7) 복지개혁시대(Welfare Reform) : 2000년대 이후

공화당에 George W. Bush가 대통령으로 당선된 이후 지금까지 미국의 사회복지는 대체로 이전의 틀을 유지하고 있으며 2001년 9.11사태 이후, 그리고 2003년 3월 대 이라크 전쟁 발발 이후 국가재정의 많은 부분이 전쟁과 국가안보에 쓰여지고 있다. 또한 Bush 대통령이 재당선되어 2005년 1월 부시 정부 2기 출범의 취임연설에서 Bush 대통령은 자유의 확산과 Ownership Society를 제창하면서 복지에 대한 개인의 책임을 강조함으로써 여전히 국가개입의 복지제도에 상당한 한계를 시사하고 있다.

제 3 절 우리나라의 사회복지 역사

1. 근대 이전의 사회복지

1) 고조선의 사회복지

고조선 시대에 있어 사회복지적인 요소는 다분히 공동체 내에서 상부상조의 정신을 띠고 있었는데, 여기서 획기적인 거시적 차원의 사회정책의 흔적으로 보이는 「8조법금」은 사회의 안녕과 질서 유지의 차원에서 국민의 생명, 신체, 재산, 정조 등 이른바 생존권적 기본권을 지향하는 우리나라 최초의 복지제도라 할 수 있다. 그러나 이 시대의 구제제도 및 유사제도는 따로 마련되지 않고 상부상조의 정신을 기반으로 공동체 내에서 자생적으로 이루어졌던 것으로 보인다.

2) 삼국시대

삼국시대는 국가 재난에 대해 왕의 통치능력의 문제로 보았다. 이에 천재지변과 같은 각종 재난이 있을 때 왕은 어진 정치를 베풀기 위한 대안으로 창의 비축양곡을 내어 백성들에 대한 구제사업을 하였다. 고구려의 경우 고국천왕 16년(AD194)에 진대법이 제정하여 빈곤에 대응하였다. 진대법은 춘궁기에 빌려주고 가을에 다시 받는 제도이다. 즉, 춘궁기(3~7월)에 빈곤한 백성들에게 그 가족의 가구원 수에 필요한 양의 관곡을 나누어 주었다가 추수기인 10월에 납입하도록 하는 제도이다(하상락, 2011). 이는 훗날 고려의 의창과 조선의 환곡으로 이어지게 된다.

백제는 고구려처럼 법제화시킨 것은 없지만 그에 비해서 빈민을 위해서 비공식적 행동으로 보여준 예가 있다.[10] 다루왕 11년 10월에 왕이 동부와 서부를 순행하며 백성을 위무하고 가난해 스스로 생활할 수 없는 이들에게 곡식 2석을 각기 내려주었다는 이야기나 무령왕 6년에 창고를 열어 구휼했다는 이야기(원석조, 2014) 등 비공식적 이야기가 삼국사기에 보이고 있다. 하지만 국가에서 정식으로 그리고 대대적으로 백성을 위하여 어떠한 구휼정책에 대한 서비스를 해준 것은 보이지 않고 있다. 그냥 그때그때 위급한 상황에 대해서 임시변통적으로 국고를 풀어서 민중을 구제했던 것에 지나지 않는 원시적 시혜방법에 불과하였다. 하지만 이는 이 논문이 「삼국사기」 백제본기의 내용을 주로 삼았기 때문에 그러한 것인데, 백제본기에 나오는 주된 내용들이 대개가 외국과의 외교서환, 고구려와의 전쟁, 신리와의 전쟁 등 주로 외부와의 교류에 그 역사 서술의 초점이 맞추어져 있기 때문이다. 이는 백제가 고구려, 신라보다 주변국과의 외교가 활발하였음을 보여주는 단적인 면이며 그렇기 떠문에 내부적으로 백성에 대한 시혜나 구휼지책에 대한 내용이 고구려나 신라보다 그 빈도수가 극히 빈약할 수밖에 없었다.

신라는 고구려나 백제와 마찬가지로 임시적이며 비공식적인 구휼책을 시행하였

10) 원석조, 『사회복지발달사』, 2014, 공동체, p.278.

다. 하지만 통일 전 신라시대의 가장 큰 빈민 구휼지책은 바로 거대한 제방의 건축에 있다. 바로 벽골지(碧骨池)인 것이다. 성덕왕 시기의 가장 큰 사건이라는 것은 바로 과거로부터 이어져 내려오던 '왕토사상'이라는 불교 이데올로기에 의한 공전(公田)개념을 파기했다는 것이다. 성덕왕 21년 8월에 대대적인 토지 개혁이 이루어지는데 바로 '정전제'가 그것이다. 이는 20세 이상 60세 미만의 남자에게 밭을 나누어 준 것을 의미한다. 이는 종래의 공동체적인 토지점유관계나 노예제적인 생산관계에서 국가에 의한 농민의 직접적인 지배 형태로 전환되어 간 것을 나타내는 것이다. 이제 국가는 마을 단위로 가옥 채수와 남자의 수, 토지나 가축 그리고 수목의 수량까지도 조사·파악이 가능함으로써 수취체제의 확립을 가져오게 되는 계기를 마련하게 되었다. 이렇듯 국가의 재난구제사업은 고대, 중세까지 부분적으로 시행된 예를 찾아볼 수 있으나 고려시대에 들어와서부터 본격화되었다.[11)]

3) 고려시대

관료적 봉건체제가 확립된 고려시기 역대 왕들은 구제사업을 나라를 다스리고 백성들을 이끄는 국가사업으로 인식하기 시작하였다. 이에 따라 구제사업을 위한 전문기관을 마련하였으며 그 기관을 통해 본격적인 구제사업을 수행하게 되었다.

고려시대 대표적 구빈사업으로는 5대 진휼사업과 상설구빈기관을 들 수 있다. 5대 진휼사업으로는 은면지제와 재면지제 그리고 수한질여진대제, 납속보관제 및 환과고독진대제가 있고, 상설 구빈기관으로는 흑창과 제위보, 상평창, 의창, 동서대비원, 혜민국 및 유비창이 있다. 5대 진휼사업과 상설구빈기관은 〈표 2-2〉와 〈표 2-3〉에 구체적으로 제시하였다.

11) 하상락, 『한국사회복지사론』, 2011, 박영사, pp.38-42.

〈표 2-2〉 5대 진휼사업

5대 진휼사업	내 용
은면지제	개국, 즉위, 불사, 경사 등의 시기에 왕이 결채를 탕감해 준다.
재면지제	천재지변 시에는 이재민의 조세, 부역을 감면해 준다.
수한질여진대제	이재민에게 질병을 치료해 주고 행려자에게 숙식을 제공해 준다.
납속보관제	흉년, 재해 시에는 일정관직을 주고 금전을 상납받는다.
환과고독진대제	사궁을 우선적으로 보호하고 세금을 면제해 주었다.

출처: 김기태(2014). 사회복지의 이해.

〈표 2-3〉 상설구빈기관

상설구빈기관	내 용
흑창	태조 때 고구려의 진대법의 영향을 받은 것으로 흉년이 들었을 때에 국가가 비축한 양곡으로 무상으로 백성을 구제하던 제도이다.
제위보	광종 때 일정한 재화를 원금으로 설정하고 그것을 대부 활용하여 거기에서 생기는 이익으로 기관을 운용하고 아울러 빈민과 이재민 구제사업도 실시하는 최일선기관이다.
의창	흑창을 성종5년에 개칭한 것으로 각주와 군에 두어 평상시에 곡물을 쌓아두었다가 흉년, 전쟁, 질병 등 비상시에 사용하였다.
상평창	성종12년에 개경, 서경 및 12주의 행정 중심지에 설치한 것으로 곡식의 매매를 통한 물가조절기능과 빈민에게 곡식을 대여하고 추수기에 갚게 하는 구빈사업이다.
동서대비원	문종 때 설치. 환자치료나 빈민구제를 위주로 노인, 고아, 환과 고독 등도 수용하여 진휼하였으며 오늘날의 병원과 복지원(수용시설)을 겸한 기관이다.
혜민국	빈민을 치료하고 약품을 지급하는 국립구료기관이다.
유비창	재난으로 인한 빈민구제와 물가조절 등 의창과 상평창의 복합적 기능을 한 구제기관이다.

출처: 원석조(2014). 사회복지발달사.

그 외에도 임시구빈기관으로는 예종 때 만들어진 것으로 재난 시에 빈민구휼과 병자치료를 담당하는 동서제위도감과 곡물, 면포, 의류, 식염 등을 저장하여 필요한 때에 빈민을 구제하는 구제도감, 고종 때 기근을 대비하여 만든 구급도감 및 충목왕 때 영유아를 보호하고 양육하는 최초의 관설 영아원인 해야도감이 있다.

4) 조선시대

조선시대에 들어와 불교를 탄압하고 유교를 장려하게 됨에 따라 구빈사업도 유교의 왕도주의에 입각하여 왕이 재해 및 빈민구제를 대단히 중요시하게 되었다. 조선 초기에는 빈민구제를 왕의 책임으로 하는 것을 기본 원칙으로 하고 구제의 신속성에 초점을 두었다. 이 시기는 구빈행정 실시의 일차적 책임을 지방관에게 두었고, 중앙정부는 상시로 구제에 대한 교서를 내림으로써 필요한 관계법을 제정 및 공포하며 지방행정을 지도 · 감독하였다

조선시대 대표적인 구제제도는 비황제도와 구황제도 그리고 구료제도로 구분하여 살펴볼 수 있다. 먼저 비황제도는 상평창과 의창(환곡), 사창 등의 창제가 있다.

〈표 2-4〉 조선시대 비황제도

비황제도	내 용
상평창	조선시대에 들어와 곡물 이외에 포목을 더하여 곡물과 포목의 가격을 조절함으로써 백성의 의식생활의 평형을 유지하기 위해 설치된 제도이기 때문에 직접적인 구제제도는 아니지만 나라를 다스리며 백성의 생활을 안정되게 하려는 목적으로 설치되었다는 점에서 넓은 의미의 구제제도로도 볼 수 있는 제도이다.
의창	조선시대에도 고려시대에서와 같이 재난을 대비하기 위하여 각종 곡물을 비축하여 재난 시에 사용하는 제도와 시설이었다.
사창	고종 때부터 시행되었는데 각 지방의 사(현재의 면)단위로 설립하여 양곡을 공동 저축하였다가 대여해 주는 자율적 조직으로 구제의 적절과 신속을 기할 수 있었고 또 관에 의하지 않고 보다 용이하게 큰 혜택을 사민들에게 주었다.

출처: 김기태(2014). 사회복지의 이해.

그러나 이와 같은 창제도는 1910년 한일합방과 더불어 폐지되었다.

그 다음으로 구황제도는 사궁(환과고독)에 대한 보호, 노인보호사업, 음식제공, 진휼 및 진대사업, 관곡의 염가매출과 방곡사업, 혼례나 장례를 치르지 못하는 자에게 비용을 조달해 주는 고조제도, 흉년 또는 재해를 당한 백성에게 지세, 호세, 부역 등을 감면하거나 대부된 환곡을 면제 또는 감해주는 견감제도, 부유한 민간인으로 하여금

구제를 위한 곡물을 납입하게 하고 이를 납입한 자에게 관직의 첩지를 주는 원납제도, 향약 및 계제도, 식용식물을 조사 연구하여 제시한 구황방제도 등이 있다(이영환, 2005 : 79). 여기서 향약은 덕업상권, 과실상규, 예속상교, 환난상휼 등의 4개 덕목의 실천을 근본목적으로 하는데, 그 중에서도 환난상휼은 복지의 제공에 중점을 두고 있다(남세진 · 조흥식, 1995 : 88). 이러한 구황제도는 오늘날의 사회복지제도에 비하여 조금도 뒤떨어지지 않았으나 계속 발전되지 못하였음은 애석한 일이다.

마지막으로 구료제도(의료사업)로서 전의감과 혜민서 그리고 동서대비원, 제생원, 광제원, 의학교 및 대한의원 등이 있다.

〈표 2-5〉 구료제도

구료제도	내 용
전의감	태조원년에(AD1392)에 설립한 의료기관
혜민서 및 동서대비원	세조 12년(1466년) 일반백성의 의료기관
제생원	태조 6년(AD 1397)에 설립된 의학연구소

출처: 김기태(2014). 사회복지의 이해.

이 외에도 고종 31년(AD1894)에는 광제원, 의학교 및 대한의원 등을 설치하여 신식의료사업을 보급하였고, 지방에는 융희 3년(AD1909)에 자혜의원을 개설하여 현대의료를 시작하여 전염병 예방을 위한 종두예방과 관련된 규정도 제정하였다.[12)]

2. 일제 강점기 및 미군정시기의 사회복지

1) 일제 강점기의 사회복지

일제시의 구제사업은 인간존엄이라는 근대적인 복지이념의 토대에서 시행되었다

12) 남세진 외, 『한국사회복지의 역사』, 2005, 나남, p.88.

기보다 조선에 대한 식민정책의 일부로 시행되었다. 즉, 이 시기 복지정책은 우리 민족의 충성을 유도하고 조선을 통치하기 위한 정치적인 목적을 갖은 시혜 또는 자선의 의미가 더 크다고 볼 수 있다. 이 시기 일본 본토에서는 1874년에 제정된 구휼규칙을 1929년에 폐지하고 구호법을 새로 제정하여 보다 향상된 현대적 구빈행정을 시행하였으나, 한국에서는 이 법을 시행하지 않고 유사시에 은전을 베푸는 형태로 극히 한정된 범위의 요구호자에 대한 구빈사업을 실시하였다.

1944년 3월 군사적 목적을 위하여 우리 국민에게 징병과 노무징용을 강요하면서 일본 본토에만 실시해 오던 구호법을 우리나라에도 확대 시행키로 하고 조선구호령을 제정 · 실시하였다(원석조, 2014). 이는 일본의 구호법을 기초로 하고 모자보호법과 의료보호법을 부분적으로 부가해서 종합화시킨 법이다.

〈표 2-6〉 조선구호령 적용대상 및 급여내용

구 분	내 용
적용대상	65세 이상의 노쇠자, 13세 이하의 유아, 임산부, 불구, 폐질, 질병, 상이, 기타 정신 또는 신체의 장애로 인하여 노동을 하기에 지장이 있는 자
급여내용	생활부조, 의료, 조산, 생업부조

출처: 원석조(2014). 사회복지개론 재구성.

이 구호는 신청주의를 기본으로 하고 대상자를 심사하기 위해 자산조사, 거택구호가 원칙으로 되어 있으며 거택구호가 불가능하다고 인정되는 경우에는 구호시설수용, 위탁수용 또는 개인의 가정 혹은 적당한 시설에 위탁수용할 수 있도록 규정하고 있다(원석조, 2014). 조선구호령은 근대적 의미에서 공정부조의 근간으로 볼 수 있고, 해방 이후 전개되는 생활보호법의 모태가 되었다는 점에서 의미가 있다.

2) 미군정시대

1945년 해방 후 미군정 3년간의 구호행정은 형식적으로는 일제하의 조선구호령을 계승하였으나 실제로는 미군정 법령에 의하여 이북피난민, 해외에서 귀환한 전재민 등에 대하여 주로 외국 민간 원조단체의 도움으로 구호사업을 실시하였다. 1948년 대한민국 정부수립 후 국민생활을 보장하는 관계법률이 제정되기도 전에 1950년 6·25동란이 발생하게 되어 전쟁기간 중은 물론 전후 1960년대 초까지도 주로 전재민 구호사업에 치중하게 되었다.

이 기간 중 구호행정은 우리나라 보건사회부와 유엔 민간원조사령부의 공동노력으로 이루어졌는데, 초기에는 주로 전재민의 응급생계구호에 치중하였고, 1952년 이후에는 장기사업으로 난민정착사업을 실시하여 농축사업 등에 종사케 하였다. 또 미군정기간 동안 복지에 대한 행정대책이 크게 부족했으나 민간 구호단체와 시설이 증가하였고 외국자선단체와 기관들도 많이 들어왔다. 그리고 근대적이고 민주주의에 입각한 새로운 사회사업의 사조와 기반을 우리 사회에 도입하게 된 것은 이 시기부터이다.[13)]

3. 대한민국정부수립 이후의 사회복지

1) 1950년대(제1-2공화국)

1948년 남한에서 합법적인 정부가 들어서게 되어 제1공화국이 출범하게 된다. 이를 전후하여 좌우의 이념적 대립이 지속되다가 1950년 한국전쟁의 과정을 통해 사회경제적으로 극도의 혼란과 불안정 상태에 놓이게 되고, 국가 재원이 부족하여 복지정책에 대한 배려는 거의 없었다.

6·25전쟁은 우리나라 사회복지에 두 가지 큰 변화를 가져오게 하였는데, 첫째, 정부수립 후 단계적·계획적으로 준비되어 왔던 사회부의 모든 정책이 6·25전쟁으로 무산되어 버린 채 임시적·응급적 정책으로 전락되었다는 점이고, 둘째는 막대한

13) 이혜원 외, 『한국사회복지학』, 1998, 한국사회복지학회 제36호, pp.309-338.

외국 원조로 인해 전시 및 전후에 우리 국민의 자활에 큰 활력소가 되었으나 우리 사회에 의존적 구제방식을 심화시켜 놓은 점이 있다(손준규, 1983 : 32). 즉, UNICEF와 같은 국제기구에 의해 실시된 원조 외엔 실질적인 복지정책이 존재하지 않았다고 할 수 있다.

2) 1960년대

근대적 의미의 사회보장제도는 1960년대 초 군사정부에 의하여 몇 가지 의욕적인 사회보장 입법들이 이루어졌다. 군사정권은 자신들의 정권에 대한 정당성을 확보하기 위한 다양한 복지정책들을 제시하게 된다. 즉, 그 당시 군사정부는 1962년에 사회보장심의위원회 규정(대통령령)을 제정하여 사회보장심의위원회를 구성하여 이러한 사회보장 입법을 추진하였다. 그러나 그 당시의 경제적 여건으로는 이러한 입법들을 뒷받침할 만한 수단이 마련되지 못하여 제대로 시행되지 못하는 경우가 많았다.

3) 1970년대

본격적인 의미의 사회보장의 추진은 어느 정도 경제적 성장을 이룩한 1970년대 중반 이후, 즉 제4차 경제개발 5개년 계획부터라고 할 수 있다. 정부의 당초계획은 제1, 2차 경제개발 5개년 계획 기간까지는 성장위주의 경제개발을 추진하여 국력을 우선 배양하는 것이 급선무이며, 제3차 5개년 계획 기간부터 사회개발을 병행해 나갈 계획이었다. 그러나 제1차 석유파동으로 인하여 제3차 5개년 계획까지도 성장위주의 계획을 추진하지 않을 수 없었다(김정렴, 1992).

3차에 걸친 성장위주의 5개년 계획 추진으로 고도성장을 이룩하였으나 그동안 고도성장에 따른 경제적 · 사회적 불균형이 나타났고, 이러한 불균형을 시정하는 것이 곧 계속적인 경제발전을 가능케 하는 원동력이 된다고 보고 1977년을 시발로 하는 제4차 경제개발 5개년 계획부터 사회개발을 병행 추진해 나가되, 우선적으로 국민의 의료문제 해결을 위하여 의료보장정책에 중점을 두고 추진하였다(원석조, 2014).

1970년대 국가는 비로소 「복지」를 법적으로 제도화하고 또 복지는 생산관계내부로의 본격적인 진입을 이루었으나, 아직 국가는 이것을 경제정책의 시각에서 보려하지도 않았다. 복지에 대한 국가의 태도는 가능한 한 비개입적이라 할 수 있고 복지에 대한 자본의 태도 역시 주변적인 점이 유신체제하에서의 복지노력의 특징이라 할 수 있겠다.

4) 1980년대

제5공화국 정부는 국가안보를 전제조건으로 민주주의 정착과 정의사회의 구현, 복지국가의 건설 그리고 교육개혁과 문화 창달 등 새로운 사회건설의 국정지표를 제시하였다. 6공화국이 출범한 이래 사회복지정책은 주요한 정치현안으로 떠오르게 되었으며 또한 1980년대 후반부터 한국형의 복지모형론이 등장했다.

한국형 복지모형은 국가개입을 가능한 최소화하고 가족의 기능을 강화하며 요보호자 자신의 자조와 재활을 강조하며 자원봉사의 참여를 장려하는 내용으로 구성되었다. 이러한 프로그램의 구체적 내용을 보면, 지금까지는 사회복지서비스를 주도해오던 시설수용보호 중심에서 크게 탈피하여 지역복지와 재가복지 사상이 도입되기 시작한다.

첫째, 국민연금제도, 최저임금제도, 그리고 전국민의료보험제도의 실시 등 소득 및 의료보장의 확대가 이루어지기 시작하였다.

둘째, 1988년 서울 장애자올림픽 이후 장애인 종합대책을 수립하였으며 이어서 장애인 고용촉진 등에 관한 법률을 제정하여 장애인 복지에 대한 변화를 시도하였다.

셋째, 영유아보육법이 아동복지법과는 별도로 제정되면서 영유아보육사업이 크게 부각되었다.

5) 문민정부

1993년 등장한 김영삼 대통령의 문민정부는 신경제 5개년 계획의 사회복지 부문에서 우리나라 제7차 경제사회발전 5개년 계획 복지정책의 기본방향을 국가발전수준에 부응하는 사회복지제도의 내실화에 두고 국민복지를 증진시킬 것을 제시하였다. 그러나 사회복지와 관련해서는 소극적으로 대처하다가 1995년 초에 와서야 성장위주의 정책에서 벗어나 삶의 질과 생산적인 국민복지에 적극적인 관심을 기울여야 할 것이라고 강조하였다.

문민정부 이후 국민의 정부에 걸친 사회복지제도의 획기적인 변화는 사회보험제도의 정비이다. 전국민을 대상으로 국민연금제도의 확대실시(1998)와 더불어 전 사업장에 대한 고용보험제도의 적용, 의료보험의 통합으로 인한 국민건강보험제도의 출발 등으로 기본의 산재보험제도를 포함한 4대 보험이 제도로서 정착되어 발전되고 있다. 또한 공공부조제도로서 국민기초생활보장제도의 도입이다. 국민기초생활보장제도는 국가의 도움이 필요한 빈곤한 모든 국민들에게 기본적인 생활을 제도적으로 보장하게 된다. 그리고 사회복지서비스 관련법의 제정 및 개정 등으로 각종 사회복지서비스가 지속적으로 확대, 발전되고 있으며 사회복지관을 비롯한 민간 사회복지조직이 급증하고 있고, 민간 사회복지의 자율성이 강화되고 있다. 사회복지제도의 기능은 경제성장에 저해되는 것이 아니라 경제성장과 조화를 이루어가며 경제를 활성화시키는 것으로 볼 때 정책당국은 사회복지제도의 발전에 지속적인 관심을 갖고 지원을 아끼지 말아야 할 것이다.

6) 참여정부

참여정부는 사후대응 중심의 소비적 지원에서 벗어나 사회투자형 서비스를 개발·확충하고 인적자본에 대한 투자를 통해 국민의 경제활동 참여기회 확대와 경제성장과 사회통합을 동시에 추구하였다. 또한 시장에서의 좋은 일자리 창출－재정투자는 구매력 보전·지원 등 사회서비스 초기 시장형성 촉진제로서의 역할을 담당하였다. 뿐만 아니라 국가비전 2030 등 미래 국가발전 전략의 구체화－국민들에게 안정된 미래에 대한 희망을 제시하였다.[14] 이에 대한 3대 실행전략은 다음과 같다.

① 사회서비스 확충 전략으로 국민의 건강 · 생명 · 안전 보장을 위한 공공부문의 역량 강화 및 독거노인 · 중증장애인 돌봄 등 필수적인 서비스를 우선 확충하고, 인적 · 사회적 자본에 대한 사회투자도 강화하였다.

② 사회서비스 시장형성 전략으로 공급자에 대한 재정지원방식에서 소비자에 대한 바우처 제공방식으로 전환하여 시장에서의 서비스 구매 촉진과 과감한 규제 혁파와 제도 개선을 통해 다양한 서비스 공급자 출현 및 공급자 간 경쟁을 유도하였다.

③ 사회서비스 품질 제고 전략으로 서비스 인력의 전문성 제고 및 자격관리체계 정비, 국가 품질 표준 설정 및 모니터링 · 평가체계 구축, 지역사회가 주도할 수 있는 서비스 개발 및 재정지원 방식을 도입하였다.

7) 이명박 정부

이 정부에서는 능동적 복지를 지향하는 사회복지정책을 추진하였다. 능동적 복지란, 시장기능에 복지 개념을 도입한 것으로 수혜자들이 기다리지 않도록 적극적으로 찾아가서 서비스를 제공하는 것을 의미한다. 모든 복지시스템에 원스톱 복지전달체계를 구축해, 태아에서 노후까지 맞춤형 복지를 제공한다는 뜻이다. 또 여기에는 시혜적이고 사후적인 복지투자를 벗어나 예방적으로 소외계층의 출현을 막겠다는 내용도 포함하고 있다.

〈표 2-7〉 이명박 정부의 복지정책

복지정책	내 용
보편적 복지	빈곤층뿐만 아니라 중산층 이하의 일반국민 대다수를 국가의 복지정책의 직접적 수혜계층으로 설정함
예방적 복지	실직이나 교육사각지대에 처하기 전에 절실한 도움을 제때에 받을 수 있도록 함. 이는 장기적으로 복지수혜계층을 줄여 복지비용의 효용성을 높이고자 함

14) 김연명, 『참여정부의 사회복지의 정책』, 2003, 한겨레신문 기고문.

복지정책	내 용
맞춤형 복지	교육, 의료, 주거, 직업훈련, 노후생활 기반 등 한 개인의 삶의 질을 위협하는 각각의 요소에 대해서 개인별로 맞춤형 지원을 하고, 완전히 문제를 해소할 때까지 지속적으로 지원하도록 사회복지 전달체계 개선에 힘씀

출처: 한겨레신문(2008) 2.11자 '이명박정부의 복지정책'.

참고문헌

권오구(2004). 사회복지발달사. 서울: 홍익재.

김기태(2014). 사회복지의 이해. 서울: 박영사.

김연명(2003). 참여정부의 사회복지정책. 서울: 한겨레신문 기고문.

김태진(2001). 사회복지 발달사. 대구: 대구대학교출판부 .

남기민(2011). 현대사회복지학의 이해. 경기: 양서원.

남세진(2005). 한국사회복지론. 경기: 나남출판.

남세진(2005). 한국사회복지의 역사. 경기: 나남출판.

류상열(2002). 사회복지역사. 서울: 학지사.

박광준(2002). 사회복지의 사상과 역사 마녀재판에서 복지국가의 선택. 경기: 양서원.

오완섭(2014). 사회복지학개론. 서울: 고시동네.

원석조(2014). 사회복지발달사. 경기: 공동체.

이영희(2007). 사회복지개론. 경기: 공동체.

이혜원(1998). 한국사회복지학. 서울: 한국사회복지학회제36호.

인경석(2000). 한국 복지국가의 이상과 현실. 경기: 나남출판.

임춘식(2012). 사회복지학 개론. 경기: 공동체.

장정순(2012). 사회복지개론. 경기: 광문각.

하상락(2009). 한국사회복지사론. 서울: 박영사.

한겨레신문(2008). 이명박 정부의 복지정책. 서울: 한겨레신문기고문.

03

사회복지정책론

제 1 절 사회복지정책의 개념

사회복지정책은 그 개념과 관련하여 학자 간에 많은 논의가 이루어졌으나 명확한 정의를 내리기가 쉽지 않다. 사회복지정책은 사회·문화적 요인에 의해 해당 사회, 즉 국가나 지역마다 사회복지정책의 범위에 대한 차이가 있으며, 사회복지정책에 대한 관점이 학자마다 다소 상이하기 때문이다.

사회복지정책은 '사회복지(social welfare, 社會福祉)'와 '정책(policy, 政策)'이 합성된 학술용어이다. 그러므로 어의적 관점(語義的觀點)에서 낱말 용어의 배열순서에 따라 각각의 용어가 지닌 의미를 살펴보면 사회복지정책의 개념을 도출할 수 있다.

먼저 사회복지는 '사회(society, 社會)'와 '복지(welfare, 福祉)'이 합성된 학술용어이다. 각각의 학술용어가 의미하는 어의를 살펴보면 다음과 같다. '사회'라는 용어는 학문분야에 따라 다양하게 의미가 정리된다. 사회학, 경제학, 정치학, 행정학, 인류학 등 여러 학문분야의 정의는 다소간에 차이를 보이고 있어 명확하게 개념 정의를 규정하기에는 어려움이 있다. 하지만 사회를 의미하는 영어의 어원을 살펴보면 'society'는 유럽 중세시대의 소시에타스(societas)를 뜻하는 라틴어에서부터 그 유래를 찾을 수 있다. 동료 · 공동 · 동맹 · 연합을 의미하는 소시에타스(societas)는 인간의 집합성의 형식을 나타내는 말이다. 현재 사용하는 '사회'는 14세기 후반경부터 중세정치질서가 붕괴되면서 사회(society)라는 말로 사용되기 시작했으며, 특정한 제도와 조직 형성은 해당 사회의 질서를 유지하게 한다. 즉, 사회는 '인간이 살아갈 수 있도록 공동생활을 영위하는 집단으로서 특정한 제도와 조직 형성을 통해 개인의 사고와 행동을 구조화시키는 곳'으로 정의할 수 있다

'복지'는 인간을 대상으로 인간을 위한 가치를 지닌 학술용어이다. 영어로 'welfare'는 각각 행복과 생활해 나가는 것을 뜻하는 well과 fare의 합성어로 보다 좋은 더 나은 삶 혹은 행복한 삶을 영위하는 것으로 해석할 수 있다. 한자로 '복지'는 '福'자는 편안하고 만족한 상태와 그에 따른 의미하고, '祉'는 하늘에서 내리는 행복을 뜻한다. 살펴본 내용을 바탕으로 사회복지를 정의하면 다음과 같다.

사회복지는 '사회'와 '복지'로 구성된 학술용어이며 그 의미가 학자마다 다양하게 사용되고 있으며 합의된 개념 정의에는 도달하지 못하고 있다(Zastrow, 1996). 사회는 일정한 경계로 구분된 영토로 이루어져 있으므로 각각의 해당 사회에는 고유의 사회 · 문화적 요인이 존재하고 있으므로 사회복지의 의미를 다르게 해석하고 있다는 것을 반영한 것이다. 하지만 인간을 대상으로 하고 있다는 점에서 공통분모를 가지고 있다고 할 수 있다. 그러므로 사회복지라는 학술용어는 '사회'와 '복지'를 결합하여 '해당 사회의 구성원들이 행복하게 살아가는 것'으로 정의할 수 있다.

그 다음으로 '정책(policy)'의 의미를 살펴보도록 하겠다. 사전적 의미로 정치나 정무를 시행하는 방침을 뜻하는 정책은 'police'라는 그리스어에서 파생되어 1530년경 영어권에 유입된 학술용어이다. 'police'는 'polis: 도시'에서 유래된 고대 그리스어 'politeia: 시민권, 행정조직'이 후에 라틴어로 유입되면서 'politia: 국가, 정부'라는 의미로 변화되었다. 아담 스미스(Adam Smith, 1723-1790)는 법학강의를 통해 행정(police)이란 단어의 의미를 설명하였다. 본래 행정이란 명칭은 프랑스어지만 정치의 하급 부문들: 청결, 치안, 빈곤, 풍요에 관한 규정을 의미한다고 언급한 것에서 볼 수 있듯이

'시민 정부의 정책'으로 이해하고 있었다. 한편, 정책학의 창시자라 불리우는 라스웰(H. Lasswell)은 "목적가치와 실행을 투사한 계획(course of action)"이라 정의하였으며, 이종수 등(1993)은 공공문제를 해결하거나 목표달성을 위해 정부에 의해 결정된 행동방침으로 정책개념을 규정하였다. 이처럼 정책이란 학술용어를 어원적으로 살펴보면 공공문제 해결을 위해 국가나 정부에 의한 목적가치와 실행을 투사한 계획적 활동이라 할 수 있다.

정리하여 살펴보면 사회복지정책은 사람들의 행태에 제한을 가하거나 어떤 특정한 방향으로 행동하도록 유인동기를 부여하여 사회복지를 실현시키려는 제도적 장치로 정의할 수 있다(Gardenhire & Nelson, 2003). 즉, 개인과 가정을 위한 원활한 사회서비스 제공을 위해 사회제도를 강화시키거나 개선시키려는 국가나 정부의 계획적인 개입활동이다.

한편, 사회복지정책은 사회정책과 공공정책 등과 혼용되어 사용되고 있으나 정책내용의 범위에 따라 살펴보면 차이가 있다. 가장 광범위한 거시적 개념은 공공정책이고, 중범위적 개념은 사회정책이며, 가장 좁은 범위로 한정된 미시적 개념이 바로 사회복지정책이다(Gilbert & Specht, 1974). 예로 한 사회에는 다양한 정책의 영역이 존재한다. 사회정책이나 사회복지정책 이외에도 국방정책, 경제정책, 외교정책 등을 포함한 것이 공공정책인 것이다. 이러한 정책들은 국민의 복지와 직 · 간접적으로 관련된다. 경우에 따라 사회복지정책보다 국방정책이나 경제정책 혹은 외교정책이 국민의 복지에 중요한 역할을 수행할 수 있다. 이러한 측면을 고려해보면 사회복지정책과 사회정책을 구별하는 것 자체는 그리 중요하지 않다고 할 수 있다(김응렬, 2005).

제 2 절 사회복지정책의 발달이론

응용이론이라 할 수 있는 사회복지정책 발달이론은 기초이론들과 밀접한 관련성을 보이고 있다. 먼저 구조기능주의적 맥락의 응용이론으로는 사회양심론, 합리이론, 사회정의론, 수렴론이 있다. 갈등론적 맥락의 응용이론으로는 종속이론과 음모이론이 있다. 한편, 다원주의이론과 조합주의론은 위의 이론들이 가지고 있는 한계점을 보완한다는 면에서 중도이론이라고 지칭할 수 있다.

1. 사회양심론(The Social Conscience Theory)

사회양심론은 사회구성원들의 사회적 양심이나 이타심을 바탕으로 사회정책을 설명하는 견해로 사회정책의 자비적 특성을 강조한다. 사회복지정책과 관련된 일반적인 이론들이 해당 사회의 거시적인 변화나 권력 및 집단갈등에 초점을 두고 설명하는 반면에 사회양심론은 집합적 지지와 동의라는 사회적 가치관을 강조한다는 점에서 그 독특성이 인정된다(조영훈, 2016). 이러한 사회양심론이 사회적 통설로 널리 애용된 시기는 1950년대로 영국의 사회정책에 커다란 영향력을 행사하였다.

하지만 이후의 사회양심론은 사회정책과 복지국가의 발전을 설명하는데 핵심적 이론으로 여겨지기보다는 학자들 간에 암묵적으로 동의하는 수준에 머무르고 있었으나 영국 사회복지정책에 지대한 기여를 한 런던경제대학(London School of Economics)의 초대학과장을 지낸 Richard Titmuss에 의해 사회정책학에 적용되었다. 보다 체계적인 적용은 영국의 사회학자인 John Baker에 의해 이루어졌다. Baker는 Thomas Humprey Marshall, Richard Titmuss, Robert Pinker, Muriel Brown 등 영국을 대표하는 사회정책학자들이 저술한 교과서 및 연구를 분석한 결과 다섯 가지 명제들 가운데서 최소 한 가지 혹은 그 이상의 명제들에 기초하고 있음을 밝혀냈다.

그 명제들을 살펴보면 다음과 같다.

첫째, 사회정책은 사회구성원들이 타인에 대한 사랑을 국가를 통해 실현하는 것으로 국가는 공동체 전체를 위해 급여를 제공한다. 둘째, 사회정책의 확대는 사회적 의무감의 심화와 더불어 사회적 욕구에 대한 시민들의 지식이 향상될 때 이루어진다.

셋째, 사회정책의 시행으로 인해 사회변화는 지속적으로 축적되며 사회정책은 관대성을 강화하고 범위를 점차 넓히는 방향으로 진행된다. 넷째, 사회정책으로 인한 생활상의 개선은 불가피하며 현재 행해지는 사회복지서비스가 최선의 것이다. 다섯째, 비록 현재의 사회복지서비스가 완전한 것은 아닐지라도 사회복지와 관련된 핵심적인 사회문제들은 해결되어 왔으며, 사회는 지속적으로 향상될 수 있도록 구성되어 있다(John Baker, 1979 : 178).

2. 합리이론(The Rationality Theory)

합리이론은 산업화의 맥락에 비추어 사회복지제도의 생성 및 전개의 필연성을 역설한 이론이다. 사회가 어떤 형태를 가지고 있더라도 산업화가 되는 과정에서는 각종 사회문제가 필연적으로 부각되게 되고 이에 대응한 해결책은 사회복지정책이라는 것이다.

이를 설명한 T. H. Marshall에 따르면 산업화에 따라 사회의 기존 생활양식이 급변하게 되므로 사회복지정책도 산업사회로의 이행단계에서 발생하는 자연스러운 결과라는 것이다.

그러나 합리성이론은 몇 가지 한계를 가지고 있다. 첫째, 각각의 사회가 가진 이데올로기로 인해 사회복지의 발달 정도가 상이함에도 사회정책을 탈가치적인 것으로 간주한 것이다. 둘째, 사회에서 특정 구성원이 어떤 문제로 인해 삶의 질이 낮음에도 사회문제화되지 않는 경우에는 사회복지정책이 적용되지 않을 수 있다는 부분을 설명하기 어렵다는 것이다. 셋째, 산업화만이 사회적 변화를 이끄는 것이 아님에도 이를 간과한 부분이다. 넷째, 사회문제가 발생했을 때 문제해결을 위한 원동력을 합리성에서 찾고 있는 것이다. 사회에서 발생하는 모든 문제의 인식과 해결책에 있어 항시 합리적으로 합의가 도출되는 것은 아니기 때문이다.

3. 수렴론(Convergence Theory)

수렴론은 복지국가의 변화를 설명하는 이론이다. 이상적으로 발전된 국가양식은 복지국가이기 때문에 모든 국가에서 일정한 방향으로 수렴되는 형태로 발전할 것이라고 보는 견해이다. 이를 뒷받침하는 이론으로는 Wilensky 등이 주장하는 산업화이론과 신마르크스주의이론이 있다.

그러나 세계화의 압력으로 인해 서구 복지국가의 재편은 일정한 수렴현상을 보일 것이라는 주장에 대해 비판받는다. 세계화에 따른 수렴론은 각국의 생산과 분배의 정치과정을 무시한 것이다. 실제로 서구 선진복지국가들은 세계화에 대응하는 방식에 있어 다양한 경로로 그 충격을 흡수하며 재구조화를 이루고 있다. 그 이유로는 한 국가의 생산체제와 복지체제는 경제체제나 노동시장체제와 유리되어 발전된 것이 아니라 서로 밀접하게 연관되어 다른 조정의 양식(coordinated economy/liberal market economy)을 가지고 상호 영향을 주면서 발전을 거듭해왔기 때문이다(정흥모, 2004).

4. 시민권이론(The Citizenship Theory)

시민권의 어원은 로마의 civitas에서 유래하였으며 T. H. Marshall(1963 : 87)이 이론을 제시한 선구자이다. Marshall은 공동체 구성원에게 부여된 지위라고 규정하였다. 이는 모든 시민이 시민권을 전제로 지위에 따르는 권리와 의무에 대해 평등한 자격을 가진 것을 의미한다. 마셜은 시민권의 발전이 역사적 시기에 따라 다른 형태로 나타났다고 언급하면서 공민적, 정치적, 사회적 요소를 가지고 있다고 밝혔다. 18세기에는 법 앞의 평등으로 인해 시민적 권리인 공민권(자유권)이 확립되었으며, 이는 주로 법정을 통해 보호되었다. 19세기에는 선거권과 같은 정치권이 발전을 하였는데 의회를 통해 표출되었다. 20세기 중반에는 복지권과 같은 사회권이 확대되었다. 마셜은 현대사회는 복지국가를 지향한다고 간주하며 사회권을 그 핵심요소로 보았다.

사회권은 모든 시민에게 최저한의 삶을 보장하는 것에 있다.

시민권의 발달은 복지국가의 원칙을 제공하여 사회복지제도의 발달에 기여한 것으로 평가받는다. 즉, Marshall의 시민권이론은 자선과 박애를 기초로 하여 빈민에게 구호를 제공했던 전통적 인식을 권리의 관념에 기반한 모든 국민을 위한 보편적 복지라는 패러다임의 전환을 이룬 것으로 평가를 받았다(김윤태, 2013).

그러나 Marshall의 이론은 한계를 가지고 있다. 사회복지발달을 사회진화의 불가피성으로 단정한다는데 문제가 있다. 사회복지의 내용과 본질이 미리부터 정해져 있는 것이 아니기 때문이다. 또한, 사회복지를 시민의 보편적인 권리로 보는 사회권이 사회적인 산물이라 해도 공민권과 정치권의 발달 결과에 의한 것은 아니라는 점에서 비판을 받고 있다(김응렬, 2005).

5. 사회정의론(The Social Justice Theory)

사회복지의 중요한 가치로 인식되는 사회정의는 사회정책 변화가 사회정의의 개념 변천으로 보는 관점으로 현대 사회복지정책에 많은 영향을 미쳤다. 여기에서 사회정의는 분배의 정의와 직결된다. John Rawls는 합리성에 기초한 사회정의론을 통해 사회는 어떻게 구성되어야 하는지 어떠한 논증을 거쳐야 하는지를 주장하였다. D. Miller는 사회정의를 법적 정의와 구별하면서 법체계를 통한 개인의 권리보호, 주택, 의료, 임금, 이윤 등의 배분과 같은 사회제도를 사회정의로 언급하였다. 한편, R. Pinker는 사회복지가 사회정의로 규정되는지는 그 사회에 형성된 지배적 가치기능이 무엇인지, 즉 사회체제에 의해 달라질 수 있음을 밝혔다. 자본주의사회에서는 개인의 능력에 따른 소득 정도가 사회정의로 규정되는 반면에 사회주의사회에서는 소득의 공평한 분배가 사회정의이다.

이러한 사회정의론은 몇 가지 한계점을 가지고 있다. 첫째, 사회정의 개념이 다양함에도 불구하고 특정한 정의에 의해 사회가 지배되는 현상을 설명하기 어렵다. 이는 사회 내에서 합의된 원칙으로 사회정의가 존재하고 있다고 가정한 것이다. 분배의 정의로써 사회정의가 실현되기 위해서는 지배계급의 양보를 통해 사회복지가 이루어져야 함에도 실제 사회에서는 지배계급에 의해 상황에 맞게 사회정의가 규정되기 때문이다. 둘째, 정책입안자들의 공약에 의해 선언된 사회정책과 실제 행해지는 복지정책 간에는 간극이 존재하는데 이를 설명하기에는 충분치 않다.

6. 종속이론(The Dependency Theory)

종속이론은 제2차 세계대전 이후 식민국가들에 대한 복지문제를 설명하려는 시도에서 출발한다. 식민국가가 종주국가의 이익이 되는 방향으로 복지정책이 입안 및 형성되었고 이러한 제도는 타 식민국가에 모방되거나 식민국가에서 탈피한 이후에도 그 사회에 답습되어 제도가 그대로 유지되는 현상을 의미한다(홍완표 · 박공명, 1999).

종속이론은 서구에서 발전한 이론이 제3세계의 사회정책을 설명하기에는 부적절하다는 것을 설명하는 이론으로 서구를 중심으로 설명되던 사회복지에 대한 영역이 제3세계로까지 확대되는데 반향을 일으켰다. S. Macpherson에 따르면 제3세계 국가들에서 나타나는 불평등의 심화는 국민의 욕구와 합치하는 경제성장에 따른 분배정책이 아니라 중심국(선진국)의 발전전략에 기초해 도입한 것에 주목하였으며, J. Midgley는 제2차 세계대전이 종식된 이후에 개발도상국가들을 중심으로 사회보장제도의 확장을 시도하였으나 빈곤의 만연과 자원의 재분배의 실패로 귀결되어 불평등이 더욱 심화되었음을 밝혔다.

종속이론은 몇 가지 한계를 가지고 있다. 첫째, 국가 간 갈등을 복지제도의 종속으로 설명하기 어렵다는 것이다. 둘째, 식민지였던 국가들의 복지정책의 방식이 종속이론에서 설명하는 것처럼 모두 동일하지는 않다는 것이다.

7. 음모이론(The Conspiracy Theory)

음모이론은 복지제도 발달에 있어 음모론적 유인동기로 작용하는 것으로 사회양심론과 이론적상으로 정면으로 배치된다. 음모론적 관점에서의 사회정책의 이상향은 사회안정이나 질서유지를 위한 사회통제에 있다. 정치지배계층은 피지배계층의 지지가 필요치 않을 때에는 정부가 복지에 개입하고자 하는 통치적 유인동기가 약화된다는 논리이다. 즉, 지배계층의 정치적 이익추구를 위한 동기로서 현대국가의 형태에서 개발도상국가나 저개발국가에서 주로 나타나고 있는 복지정책변천의 유인동기이다(홍완표 · 박공명, 1999).

이러한 음모이론을 설명하는 학자들의 견해는 다음과 같다. F. F. Piven과 R. A. Cloward에 의하면 대공황에 따른 대량실업은 빈번한 시민의 소요사태를 불러왔으며 이로 인해 새로운 사회복지제도가 시행되거나 기존의 복지제도가 확장된다. 하지만 사회가 정치적으로 안정되면 사회복지제도는 감축되거나 폐지되어 버린다. V. George와 P. Wilding은 마키아벨리의 관점에서 접근하여 설명하였다. 즉, 사회통제로부터 실시되는 복지는 지배계층이 근로계층으로부터 요구받을 수 있는 사회적 요구를 미리 상쇄시킬 목적으로 미리 양보하는 것을 사회정책이라고 해석하였다. 맑시스트 학자인 J. Saville은 사회정책을 자본주의에 절대 필요한 안정과 효율의 유지를 위해 필요한 물리적인 강압책의 대안으로 설명하였다. 또한, J. O'conner는 정부의 사회복지지출액은 시장의 법칙에 의해 결정되는 것이 아니라 계급이나 집단 간에 갈등으로 인해 발생하는 사회 · 경제적 힘의 논리에 의해 결정된다고 간주하였다.

그러나 음모이론은 몇 가지 한계점을 가지고 있다는 비판에 놓여 있다. 첫째, 사회복지는 복잡한 행정과정에 기인한 결과물인데 이를 전혀 무시하고 정책결정자의 의도에 따른 산물로만 바라보고 있다. 이는 정치적 현실을 제대로 인식하지 못한 것이다. 둘째, 현대정치의 다원화 특성과 민주정치의 압력과 제한에 의해서 사회복지가 생겨남을 간과하고 있다는 것이다. 셋째, 사회안정에 위협이 되지 않는 존재인 노인이나 아동 및 환자 등 노동시장에서 배제된 대상들에 대해 사회복지제도가 향상되고 있음을 설명하기 어려워 비판을 받는다(김응렬, 2005).

8. 조합주의이론(The Corporatism Theory)

조합주의의 사상적 전통은 고대 그리스 정치사상에서 출발하였다. 정치 · 사회적 의미가 부여된 것은 1920년대에서 1930년대까지 파시즘체계의 한 제도적 장치를 뜻하는 정치용어로서 그리고 전후에는 이베리아(스페인과 포르투갈)와 남미의 독특한 정치문화를 지칭하는 것으로 사용되었다. 1960년대부터 조합주의는 서구산업사회에서 의회민주주의를 통하여 발전되고 있는 특징적인 이익집단의 대표체계를 지칭하는 의미로 사용되기도 하고 한편으로는 제3세계에의 NICs에서 권위주의적 정치 · 행정체계가 나타나는 사회통제메커니즘으로 이해되고 있다(곽효문, 2004). 조합주의는 자본주의나 사회주의와 마찬가지로 산업화와 같은 맥락에서 발생한 것을 역사적 배경으로 한다.

조합주의는 두 가지 측면에서 사회정책과 연관된다. 첫째, 정책결정모델로서의 다원주의의 부정이라는 점이다. 둘째, 서구에서 발생한 복지국가 위기론 이후에 새로운 대안으로써의 사회체계를 강구한다는 것에서이다. 한편, P. C. Schmitter는 조합주의를 정의하기 위해 다원주의와 비교하여 설명하였다. 이익집단의 대표성을 인정한다는 부분에서 양 이론은 유사하지만 조합주의는 이익집단의 수가 제한적이고 집단 간의 경쟁보다는 타협과 협조를 중요시 여긴다는 점에서 다원주의와 대별된다. 그리고 국가의 역할에서도 양 이론은 차이를 보인다. 다원주의론은 이익집단 사이의 중재자 역할에 머무르는 반면에 조합주의이론에서 국가는 임금문제나 환경문제 등 각각의 주요문제에 대해 협력관계를 유지하면서 정책결정을 내린다. 다시 말해, 각 집단의 대표들(국가, 노동자, 자본가)은 사회정책이나 경제정책에서 주요 부분을 상호 간에 협의하고 결정하는 것이다. 이러한 측면에서 조합주의적 사회체계는 경제성장과 사회정책의 발전을 도모할 수 있는 체계라는 점에서 복지국가 위기론의 대안으로 여겨지고 있다.

그러나 조합주의이론은 시론적인 이론에 머무르고 있다는 지적을 받는다. 모든 국가에 적용하기에는 이론적으로 여전히 많은 문제점을 가지고 있기 때문이다.

9. 다원주의이론(The Pluralism Theory)

다원주의는 본래 정치학에서 생성된 이론으로 사회복지의 원천은 다양하다는 전제에서 출발한다. 다원주의자들이 사회복지를 바라보는 관점은 다음과 같다. 지배층 혹은 소수의 엘리트의 이익만이 배타적으로 관철된 것이 아니라 여러 집단 나아가서는 복지수혜자 조직까지 포함한 여러 이익집단 간의 민주적 타협의 결과로 이해한다. 즉, 국가가 지배계급만을 위한 도구적 수단에 그치지 않고 있다는 것으로 복수의 이익집단들이 국가를 통해 점진적인 사회개혁을 달성하는 것이 가능하다고 보는 것이다.

그러나 다원주의이론은 다음과 같은 비판에 직면한다. 이들의 이론적 전제는 복수의 이익집단들의 영향력에 의해서든 이들 간의 타협에 의해서든 사회복지제도가 발전한다는 것이다. 이는 대부분의 국가에서 나타나는 정치적 결정과 조세권에 관한 장악력을 가진 국가 혹은 소수의 집단에 의해 사회복지가 발전됨을 무시한 것이다(김응렬, 2005).

제 3 절 사회복지정책의 형성과정

정책은 공공문제를 해결하고자 정부에 의해 결정된 행동방침으로 제도나 상황의 변화라는 의미를 가지고 있다. 이러한 준거의 틀에 비추어 사회복지정책의 속성을 살펴보면 사회복지정책은 '사회복지를 실현하기 위해 정부가 행하는 일련의 행동방침'라고 할 수 있다. 이는 사회복지정책 형성과정에 대한 이해가 필요하다는 것을 의미한다.

한편, 사회문제로 인한 정책의 필요성에 대해 사회적 담론이 형성된다고 하더라도 해당 사회가 가지고 있는 정치적·사회적 환경에 따라 정책이 실현되는 방식은 다소 차이가 발생될 수 있다. 그러므로 사회복지정책 형성과정에 관한 논의는 학자들마다 차이가 있으며 이로 인해 각 국가마다 사회복지정책의 형태는 다양하다. 그 내용을 살펴보면 다음과 같다.

〈표 3-1〉 사회복지정책과정 모델별 단계 비교

<table>
<tr><th>학자</th><th>kahn</th><th>Gilbert & Terrell</th><th>Dinitto & Dye</th><th>Hefferman</th><th>Jansson</th></tr>
<tr><td rowspan="5">모델별 단계</td><td>기획
탐색
기획과업의 정의</td><td>문제의 발견</td><td>정책문제 확인</td><td>문제의 발견 및 인지</td><td>정책이슈 제시</td></tr>
<tr><td>정책형성</td><td>문제분석
일반계층의 홍보
정책목표 개발</td><td>정책대안 형성</td><td>정치적 여과</td><td>정책이슈 처리</td></tr>
<tr><td>프로그래밍</td><td>대중의 지지와 정당화 구축</td><td>정책의 정당화</td><td>입법화</td><td>정책결정</td></tr>
<tr><td rowspan="2">평가 및 환류</td><td>프로그램 디자인 실행</td><td>정책집행</td><td>행정적 실행</td><td rowspan="2">정책집행 및 사정</td></tr>
<tr><td>평가와 사정</td><td>정책평가</td><td>새로운 문제의 발견</td></tr>
</table>

출처: Gilbert, N. & Terrell, Paul(1998)과 김응렬(2005)의 자료를 재구성.

1. 사회복지정책문제의 형성

사회제도나 사회구조의 결함 혹은 모순으로 발생하는 문제들이 확대되어 사회문제화되었을 때 사회통합을 위한 열쇠로써 사회복지정책은 형성된다. 즉, 부정적인 상황이나 조건으로 인해 인간으로서 누려야 할 기본적인 생활이 침해받을 때 사회문제의 완화 및 해결의 필요성은 사회복지정책이 형성되는 토대가 된다.

다만, 사회복지정책으로 발전하기 위해서는 해당 사회문제에 관한 사회적 담론을 조성하고 정치적 논점으로 부각하는 것이 유리하다. 바로 사회적 쟁점인 이슈(issue)화가 필요한 것이다. 이에 따른 전략은 다음과 같다. ① 왜 그러한 사회문제와 욕구가 발생하였는지를 살펴보고 그에 따른 이슈를 어떻게 정의할 것인지 파악해야 한다. ② 발생한 이슈에 대해 적절한 시점을 파악하여 제기해야 한다. ③ 이슈는 누가 제기할 것인지에 대한 논의가 필요하다. ④ 어떤 방법으로 사회적으로 쟁점화할 것인지 모색해야 한다. ⑤ 사회문제화에 따른 이슈로 인해 정책의제화되는 것을 거부하는 반대진영을 견제할 수 있는 전략에 대해 고려해야 한다.

2. 사회복지정책 어젠다(agenda) 형성

정책의제란 정치공동체가 바람직한 상태에 도달하려는 정책목표와 이를 달성하기 위해 필요한 수단을 갖고 해결하려는 쟁점항목이라고 정의할 수 있다. 통상 정책의제와 정책어젠다를 같은 개념으로 쓰기도 하지만 학자에 따라 정책의제를 정책어젠다에 포함된 개별 쟁점항목으로, 정책어젠다는 이런 항목들의 모음으로 구분하기도 한다(송근원, 1994).

이러한 정책의제 형성은 사회문제의 인식에서부터 시작되어 정책문제로 전환되는 과정이다. 의제결정자나 이해당사자는 어떤 정책을 결정하기에 앞서 사회적 쟁점을 공공의 이슈가 될 수 있도록 토론의 장에 올려놓게 된다. 이 과정에서 정책의제라는 개념이 등장한다. '쟁점'은 둘 또는 그 이상의 식별 가능한 집단이 자원이나 지위의 배분, 사회질서나 구조 변경 등과 관련된 절차나 실질적인 내용을 둘러싸고 벌이는 갈등을 일컫는다. 또 여기서 '의제'란 해결이 필요하다고 인식되거나 논의되는 쟁점항목을 의미한다(이규연, 2015).

3. 사회복지정책대안의 형성

정책대안의 형성과정은 문제해결 방안을 위한 모색과정이다. 정책대안은 정책문제에 대해 파악하고, 그 문제를 둘러싼 상황을 고려하여 정책목표를 상정하고 난 후 개발한 정책대안들 중 최선의 정책대안을 선정하기 위해 비교분석하는 과정을 의미한다. 이를 통해 정책대안 형성의 성격을 유추해보면 합리적 · 기술적인 부분이 중요함을 알 수 있다.

한편, 특정한 사회문제가 심각하다고 해도 그 문제를 해결할 수 있는 대안이 부재할 때 그 문제는 정책의제로 채택되기 어렵다. 그러므로 정책대안을 탐색할 때는 정책의제 채택과정을 검토하는 것이 중요하다. 이때, 우선적으로 고려해야 할 사항으로는 먼저 정책의제에 관해 찬반진영 간 타협된 대안들을 검토하는 것이다. 다음으로는 정치적 지지를 받았던 대안들이 있다면 이를 우선적으로 고려하는 것이 방안이다.

4. 사회복지정책의 결정

정책결정이란 사회문제 해결을 위한 정책결정자의 정책결정 형태를 뜻한다. 여러 가지 대안이나 이미 결정된 사항들을 집행할 때 우선순위를 확정짓는 과정 혹은 우선순위를 정하기 위해 대안이나 결정사항들을 비교 분석하는 과정 역시 정책결정과정으로 볼 수 있다. 한편, 정책과정에서의 참여자, 정책결정구조, 정책대안의 존재여부, 다른 정책과의 관계, 당시의 정치 · 경제 · 사회적 상황은 정책결정에 영향을 미치는 요인이 된다(김응렬, 2005).

정책결정 행태에 관해 개발된 대표적인 이론모형으로는 합리모형(rational model), Simon(1955)의 만족모형(satisfying model), Wildavsky(1964)와 Lindblom(1959)의 점증모형(incremental model), Etzioni(1967)의 혼합주사모형(mixed-scanning model), 최적모형(optimal model), Cohen, March & Olsen(1972)의 쓰레기통모형(garbage can model)이 있다.

5. 사회복지정책의 집행

정책집행이란 합의된 정책을 실천으로 옮기는 구체화된 활동과정을 말한다. 즉, 정책집행자인 관료들과 복지대상자 간의 직접적인 상호작용을 통하여 정책목표를 구체화시켜 나가는 기술적 과정이다. 다만, 해당 사회문제의 해결에 있어 이해집단들의 관여가 필연적으로 나타나므로 정치적 과정이기도 하다.

사회복지정책 집행과정에는 다양한 요인들이 영향을 미친다. ① 정책 환경적 요인: 정책집행자인 관료들의 행태에 영향을 미치는 변수를 의미하며 정치, 경제, 사회적 상황과 같은 환경적 변수들로 구성된다. ② 정책 내재적 요인: 정책이 형성되었을 때 그 내용과 관련된 요인을 의미하며 정책목표의 타당성과 구체성, ③ 정책 행태적 요인: 정책 자체의 규정과는 무관한 변수이며 정책 형성 및 집행과 관련된 정책참여자들의 정치행태와 밀접하다. 예를 들어, 정치기관의 지지, 정책집행자와 정책집행기관, 상급관청이나 경쟁적 위치에 있는 공공부서의 태도, 서비스대상자들의 태도, 이익집단 등이 있다.

6. 사회복지정책의 평가

평가는 사회정책이 지지하는 가치에 부합되는 사회적 문제에 대한 정책개입의 효과성 판단을 목표로 한다. 사회적 문제의 원인이 되는 요인들을 정확히 찾아낼 수 있는 능력을 좌우하는 핵심 요소가 효과성이기 때문이다(Macdonald, 2000). 무엇보다 여타 정책들과 마찬가지로 사회정책 또한 지속적인 수정과 변화를 요구하는 내재적 불완전성을 안고 있기 때문에(Chambers, 2000) 정책결정자와 의사결정자들에게 사회정책의 영향에 관한 정보를 제공해 주는 것이 평가의 본질적인 목표다(이성우 · 곽병훈 · 오수길, 2015).

이러한 정책평가는 정책활동의 범위에 따라 넓은 의미 또는 좁은 의미로 구분된다. 넓은 의미에서 바라본 정책평가는 정책결정 이전부터 정책집행이 이루어지고 난 후까지의 정책과정 전반에 걸쳐 이루어진다. 즉, 정책 전반에 걸친 평가활동인 것이다. 좁은 의미에서의 정책평가는 정책이 문제해결에 어느 정도 영향을 미쳤는지에 대한 평가활동 다시 말해, 정책집행에 따른 결과에 대한 평가인 것이다.

제 4 절 사회복지정책의 분석

1. 정책분석의 정의

정책분석은 정책행위를 시점으로 사전적 분석과 사후적 분석으로 구분된다. 정책분석을 사전적 분석으로 바라보는 관점에서는 정책분석의 개념을 정책행위가 시작되기 이전의 지적활동으로 정의하여, 보다 바람직한 정책을 결정하는 데 필요한 정보를 창출하기 위한 분석으로 한정한다(정정길, 2000; 강근복, 2002; 이희선, 2011 재인용). 반면 정책분석을 사후적 분석으로 바라보는 관점은 전통적으로 사회과학에서 정책분석을 인식하는 것과 일치한다. 이러한 관점에서 다이(Dye, 1976)는 정책분석을 정책행위가 이루어지고 난 후 이와 관련하여 경험적 인과관계, 즉 정책의 원인과 결과 간의 관계를 규명하고자 하는 지적활동으로 정의하였다. 정책이 가져올 사실상의 혹은 잠재적인 영향력을 체계적인 방법으로 정책의 형성과 결정 및 집행 그리고 평가과정에서 발생하는 다양한 문제를 정치체계나 행정체계가 해결하는데 과학적 추론방법에 기초하여 객관적이고도 합리적인 정보를 제공하는 것이다.

2. 정책분석의 세 가지 접근 분석방법(3Ps)

N. Gilbert와 H. Speccht는 1974년 「사회복지정책의 차원(Dimension of Social Welfare

Policy)」 제1장에서 정책연구의 세 가지 접근법인 3Ps를 제시하였다. 3Ps는 과정(Process)분석연구, 산출(Product)분석연구, 성과(Performance)분석연구로 구성되어 있으며, 첫 글자인 대문자 'P' 세 개를 지칭한다.

(1) 과정(Process)분석 : 형성과정분석

과정분석은 사회복지정책과 관련된 다양한 변수들이 가진 영향력과 관계를 살펴보는 분석이다. 즉, 계획과 관련된 자료가 정책형성에 어떠한 영향을 미쳤는지, 행정부나 정치권 및 각각의 이익집단 간의 관계가 정책형성에 어떻게 영향을 미치는지를 이해하는 데 초점을 둔다.

이러한 과정분석은 사회복지정책에 영향을 주는 다양한 변수, 예를 들어 사회적, 정치적, 경제적 요인들을 파악할 수 있다는 장점을 가지고 있다. 다만, 연구자의 관점과 가치 및 편견에 의해 달리 분석될 수 있다는 한계점을 가지고 있다.

(2) 산출(Product)분석 : 내용분석

산출분석은 정책 선택(policy choice)에 초점을 두고 프로그램, 관련 법률, 기획안 등을 분석하는 것이다. 여기에서 고려되어야 할 사항은 ① 정책대안을 선택할 시에 그 형태와 내용은 무엇인가? ② 이때 제외시킬 조건에는 어떤 것들이 있는가? ③ 이와 같은 선택을 하는데 있어 지지하는 가치나 이론 및 가설은 무엇인가?를 분석하는 것이다. 즉, 정책과정을 통해 선택된 정책의 내용을 특정한 기준 혹은 분석틀로 분석하는 것이다(N. Gilbert & H. Speccht, 1974).

(3) 성과(Performance)분석 : 평가분석

성과분석은 정책선택의 계획적 결과에 대한 서술과 평가, 즉 산출의 평가이다. 성과분석은 결과에 관한 분석이기 때문에 명확하여 과정분석이나 산출분석에 비해 객관적이고 구조적이라는 특징을 보인다.

성과분석은 다음과 같은 두 가지 질문에 유의해야 한다. 첫째, 정책프로그램의 진행은 원활하게 이루어졌는가? 둘째, 정책프로그램의 효과성과 관련된 것이다. 전자는 정책프로그램이 어떻게 구성되어 있으며, 표적 집단에 제대로 전달이 이루어졌는가를 분석하는 것이다. 반면에 후자는 정책프로그램의 개입효과를 측정하기 위해 정책프로그램을 실시하기 전·후의 측정치를 비교하는 것이다(N. Gilbert & H. Speccht, 1974).

3. 정책분석의 준거 틀

1) Gilbert와 Speccht 그리고 Terrell의 사회복지정책 분석틀의 요소: 선택의 차원[1)]

사회복지정책분석은 N. Gilbert와 H. Speccht 그리고 P. Terrell에 의해 제시된 분석틀에 의해 일반적으로 사용된다. 분석틀이 간단명료하면서도 구체적으로 구성되었음에도 필요한 분석요소를 모두 포함하였기 때문이다. 이들은 세 가지 분석방법 중에서 산출분석(내용분석)에 관한 분석틀을 제시하였으며, 이를 위해서는 네 가지 선택차원(dimension of choice)의 질문을 고려해야 한다고 언급하였다(N. Gilbert & H. Speccht, 1974).

① 사회적 할당의 기초는 무엇인가?: What are the bases of social allocation?

② 할당된 사회적 급여의 형태는 무엇인가?: What are the types of social provisions to allocation?

③ 급여의 전달을 위한 전략은 무엇인가?: What are the strategies for the delivery of these provisions?

④ 급여의 재원조달을 위한 방법은 무엇인가?: What are the ways to finance these

---

1) 길버트와 스펙트는 1974년에 「사회복지정책의 차원(Dimension of Social Welfare Policy)」을 초판 발행하였고, 1986년에 수정·보완하여 2판을 출간하였다. 테렐이 합류된 시기는 1993년에 3판이 출간되면서부터이다. 하지만 스펙트가 사망하여 1998년부터는 길버트와 테렐에 의해서 계속 출간되었다. 5판은 2002년에, 6판은 2005년에 출간되었으나 내용이나 일부 사례가 보충된 것 이외에는 길버트와 스펙트에 의해 설계된 초판의 기본 분석틀이 그대로 제시되고 있다.

provisions?

한편, 네 가지 차원(할당, 급여, 전달, 재원)의 선택은 정책대안, 가치, 이론에 의해 입체적으로 분석될 수 있다. 보다 구체적으로 설명하면 a. 네 가지 차원에서 선택되는 정책대안, b. 정책대안을 지지하는 사회적 가치, c. 정책대안을 지지하는 이론으로 구성된 세 가지 측면에서의 상호작용의 결과인 것이다(N. Gilbert & H. Speccht, 1974).

(1) 할당

할당은 '복지급여를 누구에게 제공할 것인가?'에 관한 문제로써 급여대상자의 선정과 연관이 있다. 이를 위해 다양한 선택의 기준(소득이나 자산 정도, 연령, 직업, 성별, 자녀 유무 등)으로 급여대상자를 선정한다. 하지만 여기에서 보다 중요한 사항은 '어떤 원칙(선별주의 혹은 보편주의)이 급여자격을 결정하는 기준이 되는가?'이다.

(2) 급여

급여는 '급여대상자에게 무엇을 급여로 제공할 것인가?'에 관한 문제이다. N. Gilbert와 H. Speccht(1973)는 급여에 관한 분석을 형태와 본질에 관한 것으로 분석하였다. 현금과 현물로 이루어진 전통적 급여 형태 이외에도 권력, 기회, 신용(변제), 증서(물품교환권) 등의 다른 형태의 급여가 존재하기 때문이다.

(3) 전달

전달은 급여의 전달방법에 관한 것으로 '어떻게 전달할 것인가?'라는 전달체계에 대한 질문이다. 즉, '누구에게', '무엇을'에 관한 할당과 급여의 문제를 결정하고 나면 '어떻게 전달할 것인가'에 관한 전달체계에 관한 문제에 이르게 된다.

(4) 재정

재정은 '재정을 어디서, 어떻게 충당할 것인가?'에 관한 것으로 재정조달의 형태와 원천에 대한 선택에 관한 질문이다. 사회복지에 있어 재원체계는 공공부문의 재원과 민간부문의 재원 그리고 공공재원과 민간재원이 다양한 수준으로 결합된 혼합형이 있다.

2) 정책분석의 통합적 준거 틀

정책분석의 통합적 접근을 위한 준거 틀은 다음과 같다.

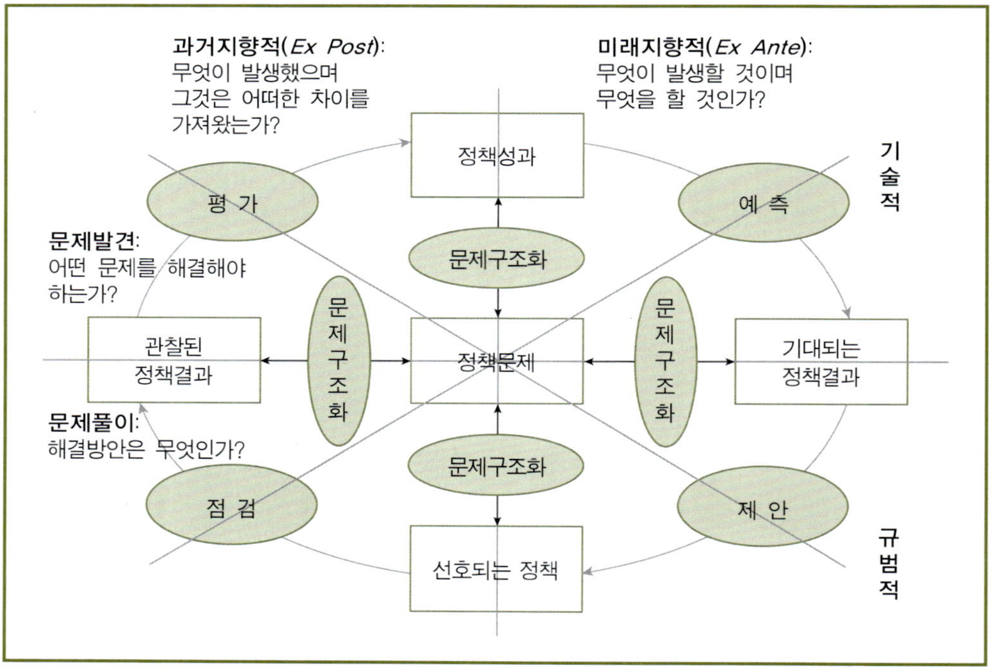

출처: William N. Dunn(2008). *Public Policy Analysis: An Introduction*. 4th ed. p. 4 & 11; 이희선(2011) 재인용.

[그림 3-1] 정책 분석의 통합적 준거 틀

미래지향적 정책분석(prospective policy analysis)과 과거지향적 정책분석(retrospective policy analysis)으로 구분하여 살펴본다. 먼저 미래지향적 정책분석이란 가장 선호도가 높은 정책을 집행하기 이전에, 즉 정책행위가 시작되기 이전에 어떤 상황이 발생할 것인지, 이때 어떻게 할 것인지에 관하여 정보의 생산과 전환이 이루어지는 사전적 의미의 성격을 지닌 분석을 말한다. 반면에 과거지향적 정책분석이란 가장 선호도가 높은 정책을 집행한 이후의 분석을 의미한다. 이는 정책행위가 이미 이루어지고 난 후 어떤 상황이 발생하였는지 구체적으로는 어떠한 차이를 가져왔는지에 관해 정보의 생산과 전환이 이루어지는 사후적 성격을 지닌 분석이다.

참고문헌

곽효문(2004). 조합주의와 복지국가의 접합에 관한 연구. 한영신학대학교 교수논문집, 8, 353-382.

김응렬(2005). 사회복지학에의 초대. 서울: 고려대학교출판부. 1-389.

송근원(1994). 아젠다 형성의 의미와 성격. 고시계, 9월호, 189-204.

이규연(2015). 대통령 어젠다의 전개과정에 관한 연구: 저탄소 녹색성장을 중심으로.

이성우, 곽병훈, 오수길(2015). 사회정책 평가에서 질적 평가의 의의와 정합성. 한국사회정책, 22(3), 165-196.

이희선(2011). 통합적 정책분석의 정향. 정책분석평가학회보, 21(4), 13-35.

조영훈(2016). 리차드 팃머스의 사회양심론 : 선물관계(The Gift Relationship)를 중심으로. 사회보장연구, 32(1), 83-101.

정흥모(2004). 동구 국가사회주의 생산레짐과 복지체제의 발전: 폴란드와 헝가리. 한국사회복지학회 학술발표대회지. 937-947.

홍완표, 박공명(1999). 한국의 복지제도 발전과정에 관한 역사적 고찰(식민통치시대를 중심으로). 안성산업대학교 논문집, 31, 43-58.

Chambers, D.(2000). *Social policy and social programs: A method for the practical public policy analyst*. Needham Heights: Allyn & Bacon.

Gardenhire, A. & Nelson, L.(2003). Intensive qualitative research: Challenges, best uses and opportunities. MDRC Working Papers on Research Methodology.

Gilbert, N. & H. Specht(1974). *Dimension of Social Welfare Policy*.(1st ed.) Prentice-Hall.

Gilbert, N. & Speccht, H.(1986). *Dimension of Social Welfare Policy*.(2nd ed.). Prentice-Hall.

Gilbert, N., Specht, H., & Terrell, P.(1993). *Dimension of Social Welfare Policy*.(3rd ed.). Prentice-Hall.

Gilbert, N. & Terrell, Paul.(1998). *Dimension of Social Welfare Policy*.(4th ed.). Allyn and Bacon.

Gilbert, N. & Terrell, Paul.(2002). *Dimension of Social Welfare Policy*.(5th ed.). Prentice-Hall.

Gilbert, N. & Terrell, Paul.(2005). *Dimension of Social Welfare Policy*.(6th ed.). Allyn and Bacon.

Karolina Rostek & Gareth Davies(2007). "The impact of Union Citizenship on national citizenship policies", *Tulane European and Civil Law Forum*. 94.

Macdonald, G.(2000). Social care: Rhetoric and reality. In H. Davies, S. Nutley & P. Smith (Eds.), *What works?: Evidence-based policy and practice in public services*. Bristol: The Policy Press. 117-140.

Philippe C. Schmitter(1974). "Still the Century of Corporation". *in the review of Politics*, 36, 96.

http://terms.naver.com/entry.nhn?docId=2169378&cid=50854&categoryId=51042

04

사회복지 행정

제 1 절 사회복지 행정의 개념과 이념

1. 사회복지 행정의 개념

사회복지 행정은 학자들마다 그 정의하는 바가 다양하다. 먼저 국외 학자들의 견해를 살펴보면, Kidnegh(1950 : 58)는 사회복지 행정을 사회복지 서비스로 전환하는 과정의 일환으로 보고 행정에서 경험을 다시 서비스 수행에 참여하도록 제의하는 것으로 보았다. 이는 행정과 서비스가 상호 양방향의 과정 속에 있는 것으로 이해될 수 있다. 또한 Donnison(1964 : 40)은 행정관리의 과정과 더불어 사회정책의 결정과정과 전문적, 기술적 실천과정을 사회복지행정이라고 하였고, Stein(1970)은 사회복지 조직이 조정과 협력활동의 체계를 통해서 목표를 설정하고 달성하는 것이 사회복지 행정이라고 정의하였다. Patti(1983 : 24-25)는 조직 목표를 달성하기 위해 관리자가 수행하는 상호교환적인 과업, 기능, 활동 등의 체계라고 했다.

Titmuss(1974 : 57)는 사회복지 행정을 '사회정책과 관련되어 있어 행정의 방법이나 서비스의 전달과정, 조직구조를 통해서 사회정책에 영향을 미치는 하나의 통합과제',

라고 하면서 사회에서 일어나는 다양한 문제의 예방과 더불어 사회복지 증진에 목적을 두고 아래와 같이 몇 가지 특징을 구분하였다.

첫째, 사회복지 행정은 국가의 책임 하에 거시적이며 또한 정책적인 면과 가치지향적인 것에 목적을 두어야 한다.

둘째, 사회복지 행정은 인간이 요구하는 욕구가 무엇인가를 파악하여 그 욕구를 충족시키기 위한 자원동원을 통해서 문제를 해결하는 방법이다.

셋째, 사회복지 행정은 클라이언트가 가지고 있는 다양한 복합적인 욕구충족을 비롯하여 인간의 존엄성에 관련된 윤리적인 부분과 더불어 행정적인 책임 등에 역점을 둔다.

넷째, 사회복지 행정은 사회복지 정책의 목표를 달성하는 실천수단이다.

반면, 국내 학자들 가운데 장인협과 이정호(1993 : 13)는 사회정책을 사회적 서비스로 전달하는 전반적인 과정이 사회복지 행정이라고 하면서 사회복지 행정의 협의적 개념을 사회사업의 한 방법으로 간주하여 '사회사업행정, 사회사업기관행정, 사회서비스 행정, 인간서비스조직의 관리'로 규정하였다. 또한 황성철 등(2014 : 18)은 사회복지 정책을 서비스로 전환시키는 사회복지 조직의 목표달성을 위한 조직구성원의 협력적인 활동의 체계화 과정이 사회복지 행정이라고 하였다.

이상에서 살펴본 바와 같이 여러 학자들이 주장하고 있는 사회복지 행정의 개념을 간략하게 정의하면 사회복지 행정이란, 사회복지 조직을 중심으로 사회복지 정책이 서비스로 전환하는 과정이며, 또한 이를 달성하기 위해서는 인적 자원, 물적 자원을 관리해야 하며, 조직구성원들의 협력과 더불어 조직이 변화되고 발전시키는 사회복지 실천의 방법으로 이해될 수 있다.

2. 사회복지 행정의 주요이념

사회복지 행정의 이념은 행정가들이 추구하는 최고의 가치와 사고를 의미한다. 이러한 이념은 사회복지 정책을 서비스로 전환하는 행정과정에 있어서 기준이 되고 목표가 되며 그 실천방향을 제시해 주는 역할을 한다.

1) 효과성

효과성(effectiveness)이란 사회복지 실천과정 속에서 복지기관이 정한 목표가 얼마나 달성되었는가를 보는 결과를 의미한다. 그러나 사회복지 조직 내에서 인력과 재정, 전달체계에 따라서 그 효과성은 달라질 수 있다. 즉, 인력과 재정, 전달체계가 잘 갖추어져 있다면 효과성이 크게 나타날 수도 있지만 그렇지 못한 경우 효과성이 적게 나타날 수도 있다.

2) 효율성

효율성이란(efficiency) 사회복지 조직 내에서 적은 비용을 들여서 최대의 이익을 낼 때 효율성이 크다고 말한다. 그러므로 효율성이란 조직체계 내의 투입과 산출의 합리적인 비율에 대한 개념을 말한다. 사회복지 행정은 최소의 비용을 가지고 최대의 효과를 내는 것을 강조하고 있다. 그러므로 효율성은 주어진 비용과 인원을 가지고 최대의 성과를 내려고 노력하는 행정활동을 평가하기 위한 것이라 할 수 있다.

3) 합법성

합법성(lawfulness)이란 행정작용이 법에 근거하여 이루어지는 것을 의미한다. 즉, 어떤 견해나 주장, 행동 등이 법 규범에 들어맞는 성질을 말한다. 또한 자연이나 사회, 사물 따위에 내재하는 법칙들에 따라 변화하고 발전하는 성질이나 특성을 말한다. 그러므로 사회복지 행정에서 합법성이란 사회복지를 담당하는 행정가의 재량권보다 사회규범을 바탕으로 사회복지관련 법들의 의도 내지 취지를 적극적으로 실천하는 것을 말한다.

4) 접근성

접근성(accessibility)이란 사회복지 서비스를 받는 대상자가 사회복지 기관의 설비와 기능, 또한 행정기관을 이용할 때 쉽게 접근할 수 있도록 하는 것을 말한다. 즉, 아무리 좋은 설비를 갖추어 놓았다 할지라도 사회복지 서비스를 이용하는 자가 서비스를 쉽게 이용하지 못한다면 접근성에 있어서 문제를 야기할 수 있다. 그러므로 사회복지 서비스의 대상자가 설비를 이용할 때는 적은 액수의 자금을 가지고 이용할 수 있어야 하며, 또한 교통을 이용할 때도 쉽게 이용할 수 있어야 접근성이 좋다고 말할 수 있다.

5) 민주성

민주성(democracy)이란 국민이 권력을 가지는 동시에 권리를 행사하는 성향을 보이는 특성을 말한다. 그러므로 사회복지 행정에서 민주성은 사회복지 서비스를 이용하는 클라이언트 입장에서 그들의 뜻을 따라 서비스를 전달하는 것을 말한다.

이상과 같이 사회복지 행정의 이념은 사회복지 서비스를 받는 클라이언트 입장에서서 사회복지 행정을 할 때 클라이언트의 인권존중과 민주주의적인 절차에 따라 그들이 쉽게 서비스를 이용할 수 있도록 합법적인 틀 안에서 사회복지 행정의 가치를 실현시켜야 하는 것이 기본 이념이라 할 수 있다.

제 2 절 사회복지 행정의 전개과정

사회복지 행정의 전개과정은 기획, 조직, 인사, 지시, 조정, 보고, 재정, 평가 순으로 이루어지고 있다.

1. 기획

기획(planning)은 행정가에 의해서 목표의 설정과 목표달성을 위한 과업과 활동, 과업수행을 위한 방법을 결정하는 것을 말한다. 사회복지 기관의 목적은 공공기관과 민간기관의 목적으로 나누어 볼 수 있다. 공공기관의 경우에는 그 목적은 해당 법령에 기술되고, 민간기관인 경우에는 정관에 기술된다. 사회복지 행정가는 해당 사회복지 기관의 활동에 따라 과업을 계획하고 분명하게 목표를 제시해 주고, 목표달성을 위해서 필요한 방법을 기획해야 한다.

2. 조직

조직(organization)은 구성원들의 각 개인들에게 과업활동에 대해서 공식적으로 규정되고 조정되는 것을 말한다. 사회복지 기관의 조직의 구조는 일반적으로 정관에 의해서 규정되어 있다. 그 이유는 조직의 역할과 책임이 분명하지 않을 경우에 구성원들 간에 갈등이 초래되기 때문이다. 만약 구성원들 간의 갈등이 초래되면 조직에 있어서 비효율적이고 비효과적인 결과를 가져오기 때문이다. 그러므로 행정관리자가 조직을 효율적이고 효과적으로 운영하기 위해서는 조직의 구성원들이 먼저 조직의 목표를 명확하게 이해하고, 기관목표의 변화와 능력, 또한 과업과 수행방법의 변화 등에 적응해야 한다.

3. 인사

인사(staffing)는 조직활동에 있어서 직원의 채용에서부터 직원의 해고, 직원의 교육과 훈련 등의 활동조건을 유지시키는 것을 말한다. 사회복지 기관에서 행정관리자는 공공기관인 경우에는 행정기관의 장이 선정하고, 민간기관인 경우에는 이사장, 또는 회장이 선정한다. 특히 행정관리자는 직원의 임명에 대해 책임성을 가지고 그들의 교육 및 훈련, 분위기 조성 등에도 책임을 져야 한다. 그러므로 행정관리자는 기관이 잘 운영될 수 있도록 조직 내 구성원 간의 개방적인 의사소통을 유지하고 갈등을 해소해야 한다.

4. 지시

지시(directing)는 행정관리자가 기관을 효과적으로 운영하기 위해 하위 구성원들에게 업무를 부여하는 기능을 말한다. 이러한 행정관리자의 지시능력을 몇 가지 제시하면 다음과 같다. 첫째, 사회복지 기관과 관련된 모든 사실을 면밀히 검토한 후 합리적인 결정을 내리는 능력이다. 둘째, 기관의 목적에 대한 적극적인 관심과 목표달성을 위한 헌신적인 능력이다. 셋째, 기관 내의 구성원의 공헌에 대해 칭찬하고 그들의 지위향상을 도와주는 능력이다. 넷째, 자신의 책임과 권한을 효과적으로 위임하는 능력이다. 다섯째, 행정관리자로서 기관 내 개인과 집단의 창의성을 고취하는 능력이다.

5. 조정

조정(coordinating)이란 사회복지 기관의 활동에서 다양한 부분을 상호 보완하고 연결시키는 중요한 기능을 말한다. 사회복지기관에서 의사소통의 통로는 가장 광범위하게 사용되는 위원회의 발족과 활용 등이다. 위원회는 상설위원회와 특별위원회가 있는데 상설위원회는 사회복지 프로그램, 인사, 재정 등을 취급하고, 특별위원회는 사회복지 기관의 긴급한 과업이나 단기간 내에 수행 가능한 임시적인 활동을 다룬다. 그러므로 행정관리자는 기관조직 내의 여러 부서의 구성원들과 관계에서 효과적인 의사소통의 통로를 마련하여 조직 내의 기능을 잘 유지할 수 있도록 해야 한다.

6. 보고

보고(reporting)는 행정관리자가 기관에서 일어난 상황을 이사회, 직원, 지역사회 등 기타 기관 등에 알리는 것을 말한다. 사회복지 기관의 보고를 위한 세 가지 주요 활동으로는 첫째, "기록유지"로서 인사기록, 위원회의 활동, 대상자의 사례기록을 보고해야 하며, 둘째, "정기적인 감사"로서 기관이 어떻게 기능하고 있으며 이를 통해 새로이 요청되는 부분을 개선해야 한다. 셋째, "조사연구"로서 기관에서 행하는 서비스를 제대로 수행하고 있는가? 그렇지 않은가? 즉, 서비스의 수행 여부, 또한 현재 기관에서 서비스를 수행하는 데 있어서 그 서비스가 실제적으로 필요한가? 그렇지 않은가? 즉, 서비스의 필요성 여부, 또한 앞으로 요구되는 서비스의 종류는 어떠한 것들이 있는가? 즉, 새로운 서비스의 종류, 또한 서비스를 할 때 그 서비스가 제대로 전달되고 있는가? 즉, 서비스의 효율성과 효과성 등을 조사해야 한다.

7. 재정

재정(budgeting)은 사회복지 기관의 운용에서 급여의 스케줄, 수입확보의 방법, 지출통제의 방법 등을 말한다. 기관 조직의 재정활동의 세 가지 요소는 다음과 같다.

첫째, 사회복지 기관의 "합리적인 조직 계획"으로써 재정절감에 역점을 두어야 한다.

둘째, 사회복지 기관의 "구체적인 재정계획"으로써 예산정책에 기초하여 업무수행이 이루어져야 한다.

셋째, 사회복지 기관의 "건전한 재정운용"으로써 기관 내 모든 부서와 지출을 위한 권위와 책임 하에 소기의 목적을 달성해야 한다.

8. 평가

평가(evaluation)란 사회복지 기관이 세운 목표달성 여부를 측정하는 것으로서 사회복지 기관의 전반적인 활동을 보는 것을 말한다. 사회복지 기관을 정확하게 평가하기 위해서는 먼저 "효과성의 척도"로서 사회복지 서비스에 대한 욕구와 관련되며 기관의 서비스가 수행된 정도를 평가하는 것이고, 두 번째로 "효율성의 척도"로서 현재 기관이 활용할 수 있는 자원을 통해서 최대의 서비스를 수행하였는가를 보는 평가하는 것이다.

제 3 절 사회복지 서비스의 전달체계

사회복지 전달체계(delivery system)란 '사회복지 서비스의 공급자와 소비자(client : 고객, 수혜자)를 연결시켜 주는 조직적 장치(organizational arrangement)'이다(홍봉수 외, 2013 : 279). 사회복지 전달체계는 사회복지 정책이 사회복지 서비스로 이어질 수 있도록 행정의 일부분으로서 직접적인 서비스를 요구하고 있는 클라이언트(대상자)들에게 자원을 효율적 · 효과적으로 제공해 주는 것이 중요하다.

1. 사회복지 전달체계의 개념

사회복지 전달체계는 사회복지 서비스를 대상자들에게 어떻게 제공할 것인가를 말한다. 이에 대해 Gillbert와 Specht(1986 : 119)는 급여 또는 서비스를 효율적으로 수혜자에게 전달하기 위해 어떠한 조직을 통해서 실천할 것인가를 선택하는 것이 사회복지 전달체계라고 했다. 이는 사회복지 전달체계를 사회복지 공급자인 공공기관 또는 민간기관과 사회복지 수혜자인 클라이언트(소비자)들에게 자원을 연결시켜 주는 조직적인 체계적 장치로 본 것이다. 박용순(2010 : 85)은 사회복지 전달체계란 '사회복지 공급자와 소비자인 클라이언트를 연결하는 유기적 체계'라고 했다. 허영만(2004 : 242-243)은 사회복지 전달체계의 과정을 '공급자와 수요자의 욕구조사→공급자에서 전달체계→수요자→피드백 과정'으로 구분했다.

2. 사회복지 전달체계의 구성요소

Gilbert와 Specht(1974 : 31-32)는 사회복지 전달체계의 구성요소를 할당(allocation), 급여제공(provision), 전달(delivery), 재원(finance) 등 4가지로 구분하였다.

1) 할당

할당(allocation)이란 급여를 누가 받을 것인가? 선별적으로 선택된 사람들인 소수의 사람들에게 전달할 것인가? 아니면 전 국민에게 전달할 것인가? 등의 문제를 말한다.

2) 급여제공

급여제공(provision)이란 급여대상자에게 무엇을 제공할 것인가? 급여를 현금으로 제공할 것인가? 아니면 현물로 할 것인가? 아니면 바우처 등으로 할 것인가?

3) 전달

전달(delivery)이란 서비스를 공급을 공공에서 할 것인가? 아니면 민간에서 할 것인가이다. 전달체계에서 중요한 것은 서비스를 공급하는 주체자는 권한과 전문성을 가지고 있어야 하며, 또한 수급자에게는 편리하게 받을 수 있는 접근 용이성과 또한 서비스가 일회성으로 끝나는 것이 아니라 연속성을 가지고 있어야 한다.

4) 재원

재원(finance)이란 클라이언트들에게 서비스를 공급할 때 재원을 어떤 방식으로 만들어 낼 것인가, 즉 사회보험제도를 통해서 할 것인가, 아니면 공공부조를 통해서 할 것인가이다.

우리나라 사회보험제도는 고용자와 피고용자 및 자영자가 부담하는 것을 원칙으로 하고 있다. 그래서 일정 소득수준 이하의 국민에게는 비용의 전부, 일부를 국가 및 지방자치단체에서 부담하고 부담능력이 있는 국민은 수익자 부담원칙을 규정하고 있다(이명남, 2010 : 179).

3. 사회복지 전달체계의 구분

사회복지 전달체계의 구분은 구조 기능적 차원에서의 구분과 운영주체별로 구분하고 있다.

1) 구조 · 기능적 구분

(1) 행정체계

행정체계란 서비스 전달을 기획, 지원, 관리하는 체계로 서비스를 간접적으로 전달하는 것이다(박용순, 2010 : 87-88).

즉, 행정체계는 중앙정부에서부터 체계적으로 읍 · 면 · 동에 이르기까지 하향적으로 전달하는 체계이다. 사회복지를 예로 들자면 보건복지부 → 광역자치단체 → 시 · 군 · 구 → 읍 · 면 · 동 → 대상자로 이어지는 전달체계이다. 여기서 중앙정부는 시 · 군 · 구에 이르기까지 계획, 지시, 지원, 관리, 감독을 하기 때문에 행정체계라 한다.

(2) 집행체계

집행체계란 서비스가 클라이언트(수급자)인 대상자에게 직접 전달되는 체계이다.

집행체계는 읍·면·동에서 근무하고 있는 사회복지 공무원들이라 할 수 있다. 이들은 중앙정부와 시·군·구의 행정체계를 일선에서 집행하는 자라 할 수 있다.

행정체계와 집행체계의 장점으로는 일관성 있는 행정이 정부로부터 읍·면·동에까지 일관성 있게 전달된다는 장점이 있다. 그러나 단점으로는 중앙정부에서 실제 클라이언트가 원하는 서비스가 전달되지 않을 수도 있다는 것이다.

2) 운영주체별 구분

(1) 공적 전달체계

공적 전달체계란 정부나 공공기관이 직접관리, 운영하는 기관을 말한다. 그러나 공적 전달체계는 민간단체에 위탁하여 서비스가 전달되도록 하는 경우가 많다. 이러한 경우에는 행정체계 성격이 강하게 나타난다.

(2) 민간 전달체계

민간 전달체계란 개인이나 민간단체가 직접 관리, 운영하는 사적 전달체계이다. 가장 대표적인 것은 사회복지 법인이 운영하는 사회복지 기관들이나 복지재단, 자원봉사단체 등이 여기에 속한다. 민간 전달체계는 서비스를 대상자에게 직접 전달하는 면에서 집행체계성격을 갖고 있다.

공적 전달체계는 재원을 쉽게 확보하여 전달할 수 있다는 장점이 있으나 빠른 시일 내에 전달되지 못하고 많은 시간이 걸린다는 단점도 있다. 반면 민간 전달체계는 공적 전달체계보다 빠른 시일 내에 전달될 수 있다는 장점도 있지만, 재원문제에서는 쉽게 확보되지 않는 단점도 가지고 있다.

3) 서비스 종류별 구분

서비스의 종류별 구분은 서비스의 수급자에 따라 아동복지서비스 전달체계, 노인복지서비스 전달체계, 정신보건서비스 전달체계, 국민기초생활보장 전달체계로 구분할 수 있다(김영종, 2013 : 395-396).

(1) 아동복지서비스 전달체계

아동복지서비스 전달체계는 공공기관, 공동모금회, 종합사회복지관, 보육원, 특수학교 등이다.

(2) 노인복지서비스 전달체계

노인복지서비스 전달체계는 공공기관, 공동모금회, 장애인재활협회, 종합사회복지관, 경로우대프로그램, 직업재활프로그램 등이다.

(3) 정신보건서비스 전달체계

정신보건서비스 전달체계는 공공기관, 공동모금회, 정신보건가족협회, 종합사회복지관, 직업재활프로그램, 특수학교 등이다.

(4) 국민기초생활보장 서비스 전달체계

국민기초생활보장 서비스 전달체계란 공공기관, 종합사회복지관, 직업재활프로그램, 보육원 등이다.

4. 사회복지 전달체계의 원칙

사회복지 전달체계의 구축의 원칙은 학자들마다 다양하게 나타나고 있다. Gate (1980 : 52-54)는 사회복지 전달체계의 원칙을 5가지로 구분하고 있다.

① 포괄성 : 포괄성은 충분한 양과 질을 갖추어야 하고 충분한 기간에 걸쳐서 서비스가 이루어져야 한다.

② 접근성 : 접근성은 서비스를 이용하는 클라이언트에게 장애요인을 없애주는 것

을 말한다.

③ 계속성 : 계속성은 전체적인 프로그램이 연속적으로 이루어지는 것을 말한다.

④ 비단편성(통합성) : 이용 가능한 서비스 내에서 프로그램 간의 갭이나 프로그램에 대한 불확실성이 있은 것을 통합해서 전달체계가 이루어져야 한다는 것이다.

⑤ 책임성 : 이용자들의 문제나 욕구, 불만이나 불평등을 처리할 수 있는 책임감을 가지고 일을 처리해야 된다.

최성재와 남기민(2006 : 76-80)은 사회복지 전달체계의 원칙을 다음과 같이 8가지로 구분하고 있다.

① 전문성 : 사회복지 서비스의 핵심적인 업무는 반드시 전문가가 담당해야 한다.

② 적절성 : 사회복지의 양과 질, 또한 제공하는 기간이 클라이언트가 가지고 있는 욕구충족과 서비스 목표달성에 충분해야 한다.

③ 포괄성 : 다양한 욕구나 문제에 대해 다양한 서비스를 필요로 해야 한다.

④ 지속성 : 지역사회 내에서 다양한 서비스를 계속적으로 받을 수 있도록 서비스가 상호 연계되어야 한다는 것이다.

⑤ 통합성 : 클라이언트가 가지고 있는 문제해결을 위한 다양한 서비스들이 서로 연관되어 있어야 한다.

⑥ 평등성 : 성별, 연령, 소득, 지역, 종교, 지위에 관계없이 모든 국민에게 서비스를 제공해야 한다.

⑦ 책임성 : 사회복지 조직은 일반적으로 사회복지 서비스를 전달하도록 위임받은 조직이다. 그러므로 책임성을 가지고 서비스를 제공해야 한다.

⑧ 접근용이성 : 사회복지 서비스를 이용하는 클라이언트들이 쉽게 접근할 수 있는 거리, 또한 장소이어야 한다.

Gilgert & Spechtt(1986 : 121-122)는 전달체계 원칙을 3가지로 구분하고 있다.

① 통합성 : 다양하게 제공하는 서비스 체계 및 프로그램을 효과적인 서비스망에 의해 모두 제공되어야 한다.

② 전문성 : 사회복지에 대한 전문성을 가진 사회복지사가 담당해야 한다. 그러므로 사회복지 서비스는 전문가가 전문적인 능력을 발휘할 수 있도록 조직 환경을 만들어야 하고 적절한 전문인력이 확보될 수 있도록 전달체계를 개선해야 한다.

③ 접근용이성 : 정보제공이나 시설을 이용함에 있어서 지리적, 심리적, 장애가 발생하지 않도록 해야 하며, 또한 성별, 연령, 소득, 지식에 관계없이 누구에게나 동등하게 사회복지 서비스가 제공될 수 있도록 접근이 용이해야 되며, 이것은 평등성의 원칙과 밀접한 관계가 있다는 것이다.

고재욱(2013 : 139)은 전달체계를 조직구조적 측면과 관리운영적 측면으로 전달체계를 구분했다.

① 조직구조적 측면 : 첫째는 권리성, 둘째는 전문성, 셋째 통합성, 넷째 접근용이성, 다섯째 기능부담의 체계성, 여섯째 지역사회 참여성, 여섯째 문화적 특수성으로 구분했다.

② 관리운영적 측면 : 첫째 평등성, 둘째 포괄성, 셋째 책임성, 넷째 재활 및 자활, 다섯째 목표, 여섯째 계획성, 일곱째 적절성, 여덟째 지속성, 아홉 번째 가족중심의 서비스제공이다.

박용순(2010 : 90-93)은 사회복지 전달체계를 8가지로 말하고 있다. 전문성의 원칙, 포괄성의 원칙, 적절성의 원칙, 통합성의 원칙, 지속성의 원칙, 책임성의 원칙, 평등성의 원칙, 접근성의 원칙이다.

이상의 내용들을 종합하여 살펴볼 때 사회복지 행정의 전달체계는 다음과 같이 크게 10가지로 구분할 수 있다.

① 전문성

전문성은 사회복지 서비스는 전문성을 가진 사회복지사가 전문적인 능력을 발휘하여 지역사회의 클라이언트의 현안문제를 해결할 수 있도록 노력해야 한다.

② 포괄성

포괄성의 원칙은 클라이언트가 가지고 있는 문제는 한 가지 문제만 아니라 다양한 문제를 가지고 있다. 그러므로 클라이언트의 다양한 문제를 포괄적으로 운영하여 체계적으로 관리해야 한다.

③ 통합성

통합성의 원칙은 클라이언트의 문제는 복합적으로 상호 연관되어 있기 때문에 이러한 문제해결을 위한 서비스들도 서로 연관시켜서 통합적으로 제공되어야 하며 서로 네트워크를 통해 협조체계가 갖추어져야 한다.

④ 지속성

사회복지 대상자인 클라이언트에게 있어서 사회복지 서비스가 단회적으로 이루어지는 것이 아니라 계속해서 이루어져야 한다. 그리하여 그들의 생활문제를 안정시켜 사회적 혼란이 일어나지 않도록 해야 한다.

⑤ 적절성

사회복지 서비스는 그 양과 질에 있어서 클라이언트의 욕구 전부를 충족시켜 줄 수는 없지만 적절하게 제공되어야 한다.

⑥ 책임성

사회복지 조직은 시민의 권리를 인정한 사회복지 조직서비스를 전달하도록 위임

받은 조직이므로 서비스 전달에 있어서 서비스 제공에서 평가과정까지 책임을 져야 한다.

⑦ 평등성

사회복지 서비스는 지역, 성별, 종교, 소득, 지위 등에 관계없이 모든 국민을 대상으로 평등하게 제공되어야 한다.

⑧ 접근성

사회복지 전달체계는 클라이언트가 쉽게 이용할 수 있는 장소나 또는 프로그램을 만들어야 한다.

⑨ 문화적 특수성

사회복지 서비스는 대상자별로 다르게 운영해야 한다. 즉, 아동, 청소년, 노인, 장애인에 맞는 문화적 특수성에 맞추어서 전달체계가 이루어져야 한다.

⑩ 권리성

권리성의 원칙은 클라이언트가 선택할 자신이 원하는 프로그램을 선택할 수 있는 권리를 부여해 주어야 한다는 것이다.

5. 사회복지 전달체계의 영역

1) 공적 전달체계

(1) 공적 전달체계의 역할

공적 전달체계의 운영주체인 중앙정부의 구체적인 역할은 다음과 같다(양승일 · 정혁일, 2009 : 150-151). 첫째, 국가보조금은 지방정부나 민간사회복지기관 등에 지원하는 역할을 한다. 둘째, 중앙정부는 사회복지 관련 법규를 통해서 민간사회복지 시설 등을 규제한다. 셋째, 사회복지 인력의 고용자로서의 역할이다. 또한 공적 전달체계는 사회복지 법령에 의거하여 사회복지 담당공무원이 사회복지를 실천하게 하거나 사회복지법인 등에 국고나 지방비를 지원 또는 보조해서 정부의 복지기관을 민간에게 위탁하여 서비스를 전달한다(김형식 · 이영철 · 신춘섭, 2008 : 55-56).

(2) 공적 사회복지 전달체계이론

공적 사회복지 전달체계이론은 종속형, 대립형, 파트너형으로 구성되어 있다(박용순 2010 : 95-96).

① 종속형

종속형은 중앙정부에 광역자치단체가 종속되어 있고, 또한 광역자치단체에 기초자치단체가 하향적으로 종속되어 있는 것을 말한다. 종속형은 중앙정부에서 결정된 사회복지 급여나 서비스가 광역단체를 경유해서 지방기초단체에 전달되어 클라이언트에게까지 전달되는 경로이다. 그러므로 지방기초단체는 결정권이 없으므로 자치권이 위축될 뿐만 아니라 중앙정부의 행정을 수행하는 경향을 띠게 된다.

② 대립형

대립형은 중앙정부와 광역자치단체가 대등한 관계를 유지하는 가운데 광역자치단체의 자치권이 보장된다. 대립형은 중앙정부와 광역자치단체가 독립적으로 클라이언트에게 사회복지 급여나 서비스를 제공한다.

기초자치단체는 광역자치단체에 종속되어 있는 관계이므로 자치권의 제한을 받는다. 대립적인 경우에는 중앙정부와 광역단체가 같은 내용의 급여나 서비스를 사회복지 대상자에게 중복으로 제공할 수 있다.

③ 파트너십형

파트너십형은 중앙정부, 광역자치단체, 기초자치단체 등 동반자적 관계를 유지하고 있는 것을 말한다. 즉, 파트너십형은 중앙이나 광역 기초자치단체가 함께 정책에 접근하기도 하고 또한 각각 독립적으로 접근하기도 하면서 서로 파트너로서 협의체계를 유지한다.

파트너십형은 각각 자치권이 보장될 뿐만 아니라 각각 독립적으로 클라이언트에게 서비스를 제공할 수 있으므로 제공되어야 될 서비스의 공백이 최소화될 뿐만 아니라 서로 보완적인 관계에 있으므로 중복급여를 최소화할 수 있다. 그러므로 파트너십형이 경쟁과 협조를 이끌어 낼 수 있는 이상적인 형이라 할 수 있다.

(3) 공적 사회복지 전달체계의 필요성

① 중앙정부의 사회복지 전달체계의 필요성

중앙정부의 사회복지 전달체계의 필요성은 첫째, 사회복지는 공공재적 성격을 가지고 있기 때문에 모든 국민을 대상으로 보편적 서비스가 필요한 교육이나 의료 같은 영역은 중앙정부가 행하여야 한다.

둘째, 대규모의 경제성을 갖는 성격의 서비스는 지방정부보다 중앙정부가 하는 것이 유리하다. 예를 들면, 사회보험의 경우인데 사회보험은 급여대상도 대규모이고 또한 파생되는 경제적 재화도 대규모이기 때문에 이것을 관리하는 주체는 정부가 되어야 한다.

셋째, 사회복지 정책의 가치인 평등과 적절성의 가치를 구현하는 데에는 중앙정부가 유리하다. 즉, 누가 평등하게 분배하고 적절하게 제공할 수 있는가는 지방정부나 민간보다는 중앙정부가 유리하다는 것이다.

넷째, 사회복지 서비스의 지속성과 안정적 공급에 중앙정부가 유리하기 때문이다. 즉, 전 국민의 복지욕구를 지속적이고 안정적으로 공급하고 통제, 통합, 조정하는 일은 중앙정부가 유리하기 때문이다.

② 지방정부의 사회복지 전달체계의 필요성

첫째, 지방정부는 사회복지 최일선에 있는 관계로 인하여 클라이언트와의 관계에서 접근성이 용이하다. 둘째, 지방정부는 사회복지 수요자인 클라이언트와 직접적으로 대면할 수 있으므로 그들의 복지욕구를 쉽게 파악할 수 있고 대응할 수 있다.

셋째, 지방정부는 그 지역의 클라이언트의 특성에 따라 공적 전달체계를 구축할 수 있다.

2) 사적 전달체계

(1) 사적 전달체계의 이론

민간단체의 사적 전달체계의 이론은 크게 두 가지로 나눌 수 있다. 첫째는 순수 시장원리에 따라 필요로 하는 사람이 시장에서 스스로 선택하여 가격을 지불하는 경우이고, 둘째는 공공재적 성격을 감안하여 정부의 시장개입에 의한 전달체계이다(박용순, 2010 : 104-105).

① 순수 시장원리에 의한 사적(민간) 전달체계

순수 시장원리에 의한 민간 전달체계란 시장원리에 사회복지 재화의 공급을 맡기는 것으로서 수요자가 자유롭게 선택하여 서비스를 받도록 하는 것을 말한다. 즉, 사회복지 기관을 운영하는 공급자가 사회복지 서비스를 클라이언트가 원하는 서비스를 제공하는 것으로서 수요자가 자신의 비용으로 자신이 원하는 기관을 선정하여 그곳에 입소하여 서비스를 받는 것을 순수 시장원리에 의한 민간 전달체계라 할 수 있다.

② 정부의 시장개입에 의한 사적(민간) 전달체계

정부가 사회복지 시장에 개입할 때 자격조건이 되는 사람을 선정하여 서비스를 공급할 수 있도록 하는 것을 말한다. 그 이유는 사회복지급여나 서비스가 공공재의 성격을 가지고 있기 때문에 사회복지를 마냥 시장원리에 맡겨 둘 수 없고 정부의 개입이 필요하다. 이러한 경우는 대부분 사회복지법인이 정부로부터 위탁을 받아 운영하고 있는 경우에 해당된다. 또한 정부는 시장에 대한 감사와 감독을 통하여 사회복지 재화와 질을 통제하기도 한다.

(2) 사적 전달체계의 필요성

정부가 제공하지 않는 서비스에 대한 사적 전달체계의 필요성은 다음과 같이 일곱 가지로 정리할 수 있다(박용순 · 김성철 · 김세연 · 이명남, 2010 : 105-106).

① 정부제공 서비스를 받지 못한 클라이언트에 대한 서비스를 제공한다.

수혜자격이 있음에도 불구하고 수적인 제한으로 인하여 정부에서 행하는 서비스를 받지 못하는 사람에게 서비스를 제공하는 것을 말한다. 즉, 수혜자가 재산 정도, 연령의 미달, 또는 연령초과 등으로 인하여 실제로 필요로 하는 서비스를 받을 수 없는 사람들에게 서비스를 제공하기 위해서 민간의 사회복지 활동이 필요하다.

② 정부가 제공할 수 없는 서비스를 제공한다.

정부에서는 기본적이고 보편적인 서비스를 전달하여 클라이언트의 일차적인 목표를 달성하는 것이지만, 사적 전달체계는 정부에서 클라이언트의 욕구에 충족시켜 줄 수 없는 개인의 여러 문제나 욕구를 충족시켜 줄 수 있는 질 높은 서비스를 제공하기 위해서 필요하다.

③ 동일 종류의 서비스에 대한 선택의 기회를 제공한다.

클라이언트로 하여금 그들이 선호하는 것이나 또는 클라이언트가 살고 있는 지역에 따라, 클라이언트의 시간적 여건에 따라 다양하게 선택할 수 있는 기회를 제공해 주어야 한다. 그리하여 공적 · 사적 기관 간의 경쟁을 유발하여 서비스 질을 높일 수 있도록 해야 한다.

④ 사회복지 서비스의 선도적 개발 및 보급이다.

정부는 사적(민간) 기관으로 하여금 새로운 사회복지 서비스 도입을 위한 정보제공과 서비스 개발 및 보급해야 할 사적 민간기관을 육성해야 한다.

⑤ 민간의 사회복지 참여욕구 수렴이다.

지역에 많은 사람들이 사회복지 활동에 봉사자로, 재정적 후원자로, 또는 운영자로 참여시킬 수 있는 사적기관을 설립해야 한다.

⑥ 정부의 사회복지 활동에 대한 압력단체 역할이다.

사적(민간) 조직은 정부의 기관을 감시할 수 있는 압력을 가할 수 있는 연합체와 협의체를 통해서 정부의 서비스를 개선하거나 새로운 서비스를 도입하도록 해야 한다.

⑦ 국가의 사회복지 비용절약이다.

현대사회에서 국가가 일차적으로 국가의 재정을 통해서 사회복지 활동을 해야 될 의무가 있다. 그러나 국가의 재정적 비용 때문에 모든 사람들의 복지에 대한 욕구를 다 충족시킬 수 없다. 그렇기 때문에 정부는 사적(민간) 기관을 통해서 사회복지 활동할 수 있게 함으로써 정부의 사회복지 비용을 절약할 수 있도록 해야 한다.

6. 우리나라의 사회복지 전달체계의 문제점과 개선책

1) 공적 전달체계의 문제점

(1) 중앙정부의 사회복지 전달체계의 문제점

공적 전달체계에서 중앙정부의 사회복지 전달체계의 문제점을 정리해 보면 다음과 같다(박용순, 2010 : 102-103).

첫째, 전문인력의 부족이다. 전문인력은 중앙보다 지방정부로 갈수록 더 심각하다. 둘째, 전산망의 사업별 연계미흡이다. 현재 개인별·가구별 통합관리가 곤란하고 일선공무원의 업무 부담을 가중시키고 있다(관계부처합동, 2009 : 3). 셋째, 관료주의적 병폐이다. 모든 기획과 통제를 중앙에서 하다 보니 상의 하달식 행정이 이루어지고 있으며 경직성 등 획일주의, 권위주의, 관료주의적 병폐가 나타나고 있다. 넷째, 중앙의 독과점이 나타나고 있다. 중앙이 독점적 위치에 있다 보니 경쟁을 할 기회가 없다. 다섯째, 부처 간의 업무중복이 나타남으로써 일관성이 없다.

(2) 지방정부의 사회복지 전달체계의 문제점

첫째, 인력부족 및 업무부담 과중이다. 2014년 5월 현재 한국보건복지인력개발원(원장 류호영)에서 발간한 '사회복지인력의 소진실태와 대책' 연구자료에 나타난 것을 볼 때 사회복지전담공무원 1인당 사회복지관리세대수가 1천 세대가 넘는 공무원이 37.3%나 되었다. 최근 1년간 악성민원을 경험한 건수는 6~10건이 27.4%, 3~5건이 26.2%인 것으로 나타나 과반수의 사회복지전담공무원이 적지 않은 악성민원에 시달리고 있는 것으로 나타났다

둘째, 지역 간의 재정자립도의 편차문제이다. 지방정부의 재정자립은 매우 취약한 경우가 대부분이므로 중앙에 예속되는 경우가 많고 의존적인 경우가 많다.

셋째, 지방자치단체장의 복지마인드의 부족이다.

2) 사적 전달체계의 문제점

첫째, 민간 전달체계의 유사 중복 및 규모의 영세성이다. 즉, 유사중복 기능을 가진 영세한 사회복지 시설이 과다하며 또한 지역 간 불균형으로서 서비스 사각지대에 있는 농촌지역은 수용에 대비해서 시설이 크게 부족하다(관계부처 합동, 2009 : 4). 둘째, 사회복지 프로그램이 공적 전달체계에 예속되어 있는 경우가 많다. 즉, 민간 사회복지 전달의 최일선에 있는 사회복지관의 프로그램 운영은 대부분 중앙정부에서 규정한 필수프로그램과 일부 선택프로그램으로 운영이 되고 있다. 그러므로 지역의 특색에 맞는 운영이 필요하다. 셋째, 정부 의존도가 너무 크다. 사회복지 법인이 재정적으로 취약한 경우가 많다보니 정부에 의존할 수밖에 없는 것이 현실적인 문제이다. 넷째, 사회복지기관의 연계가 미흡하다. 이유는 서로 경쟁의식을 가지고 있기 때문이다. 다섯째, 신분보장이나 열악한 처우문제이다. 여섯째, 열악한 재정 때문에 전문인력을 충분히 확보하지 못하고 있다.

3) 공적 · 사적 전달체계의 개선방향

공적 · 사적 전달체계의 개선방향은 학자들마다 다양하다. 학자들의 내용을 종합하여 보면 다음과 같다.

(1) 공적 전달체계의 개선방향

① 사회복지 인력 충원 및 역할 강화이다.

② 전달체계의 과다한 계층을 단순화해야 한다. 즉, 보고, 지시, 감독, 통보 등을 완화하여 계층의 복잡성을 벗어나 단순화 시켜야 한다.

③ 사회복지 전달체계를 수직적이고 지시적, 감독적, 후견적 관계에서 상호보완 수평적 협동의 관계로 전환해야 한다.

④ 정부 담당업무 중 민간부분에서 담당해야 할 업무는 민간조직의 활성화를 위하여 이양해야 한다.

⑤ 사회복지 위원회를 그 조직과 운영면에서 사회복지 서비스의 효율성과 효과성을 위해서 활성화해야 한다.

(2) 사적 전달체계의 개선방향

① 공공 · 민간 협력체계 구축을 위해 공공, 주민, 학계, 전문가 연계의 지역사회복지 협의체의 육성 지원이 필요하다.

② 민간과 민간 협력체계의 구축을 위해 민간기관 간의 연계가 필요하다,

③ 민간 부분의 권한을 강화해야 한다. 서비스의 제공주체인 민간기관, 단체, 개인자원들이 수동적 상태에 있을 경우에는 국민들이 직접서비스 체감도가 높지 않기 때문에 민간의 권한을 높여 협력체계를 구축하는 것이 효과적이라고 할 수 있다.

④ 생활시설과 이용시설의 개선도가 시급하다. 즉, 시설의 전문적 수준 제고, 종사자 처우개선, 시설의 지역사회 개방, 복합적서비스를 지양하고 전문적인 서비

스의 선택, 집중시설 운영자와 종사자의 책임성 제로를 위한 각종 평가의 강화 등이 전제될 때 지역사회 주민들의 시설에 대한 이해와 인식이 증진될 것이며 서비스 효과성과 효율성도 극대화될 수 있다(이명남, 2013 : 102-104).

참고문헌

고재욱, 전선영, 황선영, 박성호, 이용환(2013). 사회복지 행정론. 서울: 정민사.

김영종(2013). 사회복지 행정론. 서울: 학지사.

김형식, 이영철, 신준섭(2008). 사회복지 행정론. 서울: 양서원.

박경일(1997). 아동복지행정과 전달체계. 아산사회복지사업재단. 아동복지편람.

박용순, 김성철, 김세원, 이명남(2010). 사회복지 행정론. 서울: 창지사.

양승일, 정혁인(2009). 사회복지행정론. 서울: 동문사.

이명남(2010). 사회복지 행정론. 서울: 창지사.

장인협, 이정호(1993). 사회복지행정론. 서울: 서울대학교 출판부.

최성재, 남기민(2006). 사회복지행정론. 서울: 나남출판사.

허만형(2004). 사회복지 행정론. 서울: 법문사.

홍봉수, 임현진, 임안나, 장승전, 전경란, 이해익, 황영희, 오현숙, 김한덕, 이순자, 정경수(2013). 사회복지 행정론. 서울: 공동체.

황성철, 정무성, 강철희, 최재성(2014). 사회복지 행정론. 서울: 정민사.

Donnison, D.(1964). *Social Policy and Administration.* London: Allen & Unwin.

Gate, B. L.(1980). *Social Program Administration the Implementation & Social Policy*. New Jersey: Prentice-Hall. Inc.

Gilbert N. & Specht, H.(1986). *Dimensions of Social Welfare Policy*. New Jersy: Prentice-Hall.

Gilbert N. & Specht, H.(1974). *Dimensions of Social Welfare Policy*. Englewood Cliffs. New Jersy: Prentice-Hall.

Kindeigh, J.(1950). Social Work Administration : An Area of Social Work Practice? *Social Work Journal*, 31.

Stein, M.(1970). Social Work Administration. im Harry A. Schatz(Ed.), *Social Work Administration : A Resource Book*. New York: CSWE.

Titmuss, R.(1974). *Social Policy*. London: Allen & Unwin.

05

사회보장과 사회보험

사회보장(social security)이란 국민이 안정적인 삶을 영위하는 데 위험이 되는 요소, 즉 빈곤이나 질병, 생활불안 등에 대해 국가적인 부담 또는 보험방법에 의하여 행하는 사회안전망을 말한다. 자본주의가 필연적인 야기하는 빈곤 등의 문제에 대해 국가가 이를 보증함으로써 자본주의 국가를 유지하고 안정을 도모하기 위한 것이다. 사회보장이란 용어의 사용은 세계대공황을 극복하기 위하여 제정된 미국의 사회보장법(Social Security Act)에서 비롯되었으며, 세계 각국에서 널리 사용되기 시작한 것은 제2차 세계대전 이후부터이다. 그러나 사회보장의 개념은 국가마다 상이하게 사용되고 있다. 영국이나 미국에서는 사회보장이라는 용어를 주로 소득보장의 의미로 사용하고 있는데 비해, 일본이나 국제노동기구(ILO)에서는 소득보장 이외에 의료서비스나 사회복지서비스를 포함하는 의미로서 사회보장이란 용어를 사용하고 있다.

우리나라의 경우 2012년 개정된 사회보장기본법 제3조에서 “사회보장이란 출산, 양육, 실업, 노령, 장애, 질병, 빈곤 및 사망 등의 사회적 위험으로부터 모든 국민을 보호하고, 국민 삶의 질을 향상시키는 필요한 소득 · 서비스를 보장하는 사회보험 · 공공부조 · 사회서비스를 말한다”고 정의하여 포괄적인 의미로 사용되고 있다. 즉, 사회보장기본법에 의하면 우리나라 사회보장제도는 사회보험, 공공부조, 사회서비스로 구분된다. 사회보험은 국민에게 발생하는 사회적 위험을 보험의 방식으로 대처함으로써 국민의 건강과 소득을 보장하는 제도를 말한다. 우리나라 사회보험은 공적연금(국민연금), 건강보험, 고용(실업)보험, 산업재해보상보험, 노인장기요양보험이 있다. 공공부조(公共扶助)란 국가와 지방자치단체의 책임 하에 생활유지 능력이 없거나 생활이 어려운 국민의 최저생활을 보장하고 자립을 지원하는 제도를 말한다. 국민기초생활보장제도가 우리나라 대표적 공공부조제도이다. 사회서비스란 국가 · 지방자치단체 및 민간부문의 도움이 필요한 모든 국민에게 복지, 보건의료, 교육, 고용, 주거, 문화, 환경 등의 분야에서 인간다운 생활을 보장하고 상담, 재활, 돌봄, 정보의 제공, 관련 시설의 이용, 역량 개발, 사회참여 지원 등을 통해 국민의 삶의 질이 향상되도록 지원하는 제도를 말한다. 사회서비스는 인간다운 생활보장과 국민의 삶의 질 향상을 지원하는 제도를 포괄하는 개념으로 종래 사회복지서비스를 사회서비스로 대체하였다. 복지, 보건의료, 교육, 고용, 주거, 문화, 환경 분야에서 새로운 복지수요인 돌봄, 정보의 제공, 역량 개발, 사회참여 지원을 사회서비스에 포함한다. 사회서비스 등에 관해서는 사회복지 각론에서 다루어지므로 여기서는 사회보장의 범주를 사회보험과 공공부조로 한정하여 그 내용을 살펴본다.

제 1 절 사회보장

1. 사회보장의 개념

사회보장이란 용어가 처음 사용된 것은 미국의 Roosevelt 대통령이 1934년 의회에서 뉴딜정책(new deal)을 설명한 데서 비롯되었다. 이것이 법률적인 용어로 처음 사용된 것은 1935년에 미국에서 제정된 사회보장법과 1938년 뉴질랜드에서 제정된 사회보장법이다. 이후 사회보장이란 용어가 보편적으로 사용되는 계기가 된 것은 1942년 국제노동기구(ILO)가 발간한 「사회보장의 길(Approaches to Social Security)」과 영국의 「베버리지 보고서(Beveridge Report)」, 1945년 프랑스의 「라로크(Laroque) 계획」 등이라고 볼 수 있다.

1929년 시작된 세계대공황은 미국이 실업과 경기침체를 극복하기 위하여 정부의 적극적인 개입을 촉발하는 계기가 되었다. 특히 Adam Smith 이후 자유방임적 사고를 비판하고 Keynes의 유효수요이론에 기초한 뉴딜정책이 정부의 적극적인 총수요관리정책으로 시행되면서 자본주의가 위기를 극복하고 다시 황금기로 접어들게 되었다. 이로써 사회보장정책은 각국에서 실업을 해소하고 경기를 활성화하는 최선책으로 각광받게 되었다. 많은 국가들이 1930년대 대공황을 타개하기 위해 내놓은 정책들이 오늘날 사회보장정책의 근간이 되고 있다.

현재 사회보장이란 용어는 전 세계적으로 사용되고 있지만, 관련 제도들이 정비되어온 역사가 비교적 짧고 각국의 역사 · 정치 · 경제 · 사회적 배경에 따라서 사회보장체계나 내용이 상이하며, 사회경제적 상황에 따라서 사회보장제도가 크게 변화하기 때문에 사회보장을 한 마디로 정의하는 데에는 어려움이 있다.

우리나라의 경우 사회보장은 사회복지정책과 유사한 개념으로 사용되며, 국가나 지방자치단체가 모든 국민에게 사회보험, 공공부조, 사회서비스를 통해 최저생활을 보장하고 삶의 질을 향상시키기 위한 제도이다.

사회보장에 대한 개념적 정의를 살펴보면, 우리나라 「사회보장기본법」 제3조 제1호 "출산, 양육, 실업, 노령, 장애, 질병, 빈곤 및 사망 등의 사회적 위험으로부터 모든 국민을 보호하고 국민 삶의 질을 향상시키는 데 필요한 소득 · 서비스를 보장하는 사회보험, 공공부조, 사회서비스를 말한다."라고 규정하고 있다. 동법 제2조는 "사회보장은 모든 국민이 다양한 사회적 위험으로부터 벗어나 행복하고 인간다운 생활을 향유할 수 있도록 자립을 지원하며, 사회참여 · 자아실현에 필요한 제도와 여건을 조성하여 사회통합과 행복한 복지사회를 실현하는 것을 기본 이념으로 한다."라고 하여 사회보장에 대하여 국가 책임을 명시하였다. 여기에 더하여 동법 제3조 제5호는

'평생사회안전망'에 대하여 "생애주기에 걸쳐 보편적으로 충족되어야 하는 기본욕구와 특정한 사회위험에 의하여 발생하는 특수욕구를 동시에 고려하여 소득 · 서비스를 보장하는 맞춤형 사회보장제도를 말한다."라고 명시하고 있다.

사회복지와 사회보장은 사회복지 대상자들에게 국가와 사회적 차원의 보호와 구제를 그 목표로 한다는 점에서 공통적이다. 사회보장은 사회보험과 공공부조를 핵심 내용으로 한다. 그러므로 엄격한 의미에서 사적 자원봉사기관이나 단체가 제공하는 보호조치는 사회보장에서 제외된다.

2. 사회보장의 범위

1) 협의의 개념과 범위

사회보장의 범위는 협의의 개념으로 설명할 것인가, 광의의 개념으로 설명할 것인가에 따라 그 범위가 달라진다. 영국이나 미국은 협의의 범위로서의 사회보장, 즉 사회적 소득보장을 의미하고 있다. 미국의 사회보장을 정의한 E. M. Burns는 "사회보장은 제1차적으로 소득보장계획과 관련된 것으로, 국민의 일부 또는 전부에게 일정의 최저소득을 보장하는 것을 목적으로 하는 공적 제도이며, 강조하고자 하는 것은 최저한도의 보장을 현금지불의 방법에 의하여 달성하고자 하는 여러 계획이라는 점에 있다."고 했다.

또한 제2차 세계대전 이후 영국 사회보장제도의 기초가 되었고, 많은 국가의 사회보장정책에 영향을 미친 베버리지 보고서에서는 사회보장을 다음과 같이 정의하고 있다. "사회보장이란 실업, 질병 또는 부상으로 인하여 수입이 중단된 환경에 대처하며, 또한 노령에 의한 퇴직이나 본인 이외의 자의 사망으로 인한 부양의 상실에 대비하고 나아가서는 출생, 사망 및 결혼 등에 관련된 특별한 지출을 보충하기 위한 소득의 보장을 의미한다."고 했다.

이와 같은 정의는 사회보장을 금전적 급여를 통하여 행해지는 사회적 소득보장제도라고 판단하고 있는 것으로 볼 수 있고, 특히 Beveridge의 정의에서 사회보장은 사회보험을 중심으로 구성되어야 하며 이를 보완하기 위해서 공공부조가 그 기능을 수행해야 한다는 견해를 가지고 있음을 알 수 있다. 그러나 이와 같은 사회보장에 대한 정의는 소득보장이 사회보장의 중요한 프로그램이긴 하지만 그 범위가 너무 좁게 설정되어 있다는 것을 알 수 있다.

2) 광의의 개념과 범위

사회보장의 범위를 광의의 개념으로 생각해 보면, 의료 · 고용 · 주거 · 환경 · 교육 분야와 같은 공적 서비스와 기타 보조 프로그램까지를 포함하게 된다. 국제노동기구(ILO)는 1952년에 채택한 '사회보장의 최저기준에 관한 조약'에서 사회보장의 범위를 ① 의료, ② 질병급여, ③ 실업급여, ④ 노령급여, ⑤ 산업재해급여, ⑥ 가족급여, ⑦ 출산급여, ⑧ 폐질급여, ⑨ 유족급여로 열거하고 있다.

일본은 1950년 사회보장제도심의회에서 사회보장에 대한 정의를 "질병, 부상, 분만, 사망, 질병, 기타 곤궁의 원인에 대하여 보험의 방법 또는 직접공적부담으로서 경제보장의 길을 강구하고 생활이 곤궁한 자에 대하여 국가부조에 의해서 최저생활을 보장함으로써 공중위생 및 사회복지를 향상시키고 모든 국민으로 하여금 문화적 사회의 성원으로서 가치 있는 생활을 영위할 수 있게 하는 제도"라고 규정하고 있다. 이를 정리해 보면 사회보험, 공공부조, 사회복지, 공중위생의 네 가지를 사회보장의 큰 줄기로 하고 있음을 알 수 있다.

우리나라의 경우 1963년 제정된 사회보장에 관한 법률 제2조에서 사회보장을 "사회보험에 의한 제 급여와 무상으로 행하는 공적 부조를 말한다"라고 규정하여 소득보장의 측면을 강조하고 있음을 알 수 있다. 그러나 1995년 제정된 사회보장기본법에서는 사회보험, 공공부조, 사회복지서비스 및 관련 복지제도로 그 범위를 확대하였고, 2012년 사회보장기본법 개정을 통해 사회복지서비스와 관련 복지제도를 사회서비스로 포괄하여 확대하였다(표 5-1 참조).

〈표 5-1〉 우리나라 사회보장법에 의한 각 보장제도의 구성 비교

구분	사회보험	공공부조	사회서비스
주체	국가	국가 및 지방자치단체	국가, 지방자치단체, 사회복지법인 등
대상	모든 국민	빈민	요보호자
재원	근로자의 기여금 및 사용자의 부담금 (자영업자의 기여금)	조세	국가보조금 · 공동모금 · 자기부담금 등
종류	국민연금 · 건강보험 산재보험 · 고용보험, 노인장기요양보험 등	생계급여 · 의료급여 · 주거급 여자활급여 · 교육급여 · 해산 급여장제급여 등	아동 · 영유아 · 노인 · 장애인 · 한무보 · 다문화 · 보건의료 · 교육 · 고용 · 주거 등
성격	보편주의	선별주의	보편주의+선별주의 (상호보완)

사회보험은 국민에게 발생하는 사회적 위험을 보험방식에 의하여 대처함으로써 국민건강과 소득을 보장하는 제도로, 국민연금, 국민건강보험, 산업재해보상보험, 고용보험, 노인장기요양보험 등이 이에 해당한다. 공공부조는 국가 및 지방자치단체의 책임 하에 생활유지 능력이 없거나 생활이 어려운 국민의 최저생활을 보장하고 자립을 지원하는 제도이다. 대표적인 공공부조제도로는 국민기초생활보장, 의료급여, 긴급복지지원, 기초연금, 장애인연금, 재해구호 등이 있다. 사회서비스는 국가 · 지방자치단체 및 민간부문의 도움이 필요한 모든 국민에게 복지, 보건의료, 교육, 고용, 주거, 문화, 환경 등의 분야에서 인간다운 생활을 보장하고 상담, 재활, 돌봄, 정보의 제공, 관련 시설의 이용, 역량 개발, 사회참여 지원 등을 통하여 국민의 삶의 질이 향상되도록 지원하는 제도를 말한다.

3. 사회보장의 이념

1) 최저국민수준의 보장

페비안 사회주의(Fabian Socialism)의 이론적 지도자였던 S. Webb은 1901년 저서 「20세기의 정치」에서 국민적 최저한론(national minimum)을 주창했다. S. Webb의 국민적 최저한은 주로 임금노동자를 염두에 둔 것이었다. 1905년 설치된 구빈법위원회에 참여한 그의 부인 B. Webb은 연금 등을 포함한 예방적 보장을 통해 사회성원이 건전한 생활을 보낼 수 있도록 해야 한다고 주장했다. S. Webb의 국민적 최저한 개념은 그 이후 더욱 정교하게 정리되었으며, 오늘날에 이르러서는 '정부가 생존, 의료, 교육, 주택, 영양과 관련된 사회서비스, 즉 최저임금법, 사회보험, 정부규제와 같은 수단을 통해 국민이 살아가는 데 필요한 최저의 수준을 정하고 빈곤의 원인을 제거해야 한다는 원리'로 정착되고 있다.

2) 보편주의

선별주의(selectivism)란 사회보장의 대상을 노동능력이나 자활능력이 없는 특수한 개인에 대한 자산조사(means test)를 통하여 선별하고, 이러한 개인을 열등처우의 원칙에 의해 구제하는 것을 말한다. 이에 대해서 보편주의(universalism)란 고령에 의해 퇴직하거나 중도장애인이 되었을 때 권리로서 연금 등이 보편적으로 지급되는 방식을 일컬으며, 원칙적으로 자산조사를 조건으로 사회보장 프로그램을 제공하지 않는다. 복지국가들은 보편주의적 이념을 바탕으로 최저국민수준을 보장하는 사회보장이 중심이 되고 있으며, 선별주의적 방식은 공공부조나 특정의 보충급여에 한정되어 있다.

3) 정상화 이념

북유럽을 중심으로 생성된 정상화 이념(normalization)은 오늘날 복지선진국과 일본

등에 있어 사회복지 서비스에 공통되는 지배적 이념이 되고 있다. 정상화 이념은 어느 누구나 보호를 필요로 하는 상태가 되어도 가능한 한 지금까지 생활해 온 주거환경과 인간관계 속에서 보호를 받으며 정상적인 생활을 하는 것이 바람직하다고 하는 생각에서 출발하고 있다. 이러한 생각에 기초하여 재가복지시스템을 정비하고 생활시설의 경우도 가능한 한 일반 주거공간의 환경과 유사하게 구성하여 클라이언트로 하여 심리적인 안정감을 가질 수 있는 시설을 만들고자 하는 배려가 요청되고 있다.

4. 사회보장의 목적과 기능

1) 사회보장의 목적

사회보장의 목적에 대한 학자들의 견해는 다양하다. Murphy(1979)는 사회보장 목적이 ① 질병, 장애, 노령, 실업과 같은 사회적 위험에 대처하고, ② 강제저축으로 각 개인의 위험에 대비하며, ③ 소득재분배로 사회의 불평등을 지양하고, ④ 개인의 손실을 보상하는 데 있다고 했다.

Robinson(1976)은 사회보장의 일차적 목적이 ① 공동체의 기준에 의거, 모든 개인 및 가족의 소득을 보장하고, ② 위험의 폭넓은 분산을 통해 소득의 유지를 보장함으로써 소득의 급작스러운 변화로부터 야기되는 곤란을 최소화하며, ③ 시민들의 사회경제적 위치를 향상시키는 데 있다고 했다.

Rejda(1999)는 사회보장의 경제적 목적을 다음의 네 가지로 꼽았다. ① 사망, 노령, 질병, 장애, 실업 등의 여러 사회적 위험에 처한 국민들에게 최저한의 경제적 보장을 제공한다. ② 빈곤을 예방한다. ③ 시민들의 소비, 저축, 투자 등에 긍정적인 영향을 미쳐 경제 안정화에 기여(예를 들어, 연금이나 실업보험 급여는 경기침체기에 유효수요를 창출)한다. ④ 근로 유인, 솔선수범, 근검절약 등 사회적으로 바람직한 가치들을 진작시킨다.

위 정의를 종합해 보면, 사회보장의 목적은 ① 빈곤의 예방과 감소, ② 최저생활보장, ③ 소득재분배, ④ 바람직한 사회적 가치 진작 등으로 볼 수 있다. 1980년 말 이후 현대사회는 위 학자들의 견해에 더하여 근로유인을 강조하는 근로조건부 복지, 적극적 복지, 근로장려세제(EITC)[1]와 같은 근로연계형 소득보장을 강조하고 있다.

2) 사회보장의 기능

사회보장은 사람들의 생존과 관계되는 기초적 욕구를 충족하며 생존권을 보장함에 있어 중요한 역할을 수행한다. 그리고 노령, 질병, 실업 등에 의한 소득의 급격한 감소를 완화시켜 생활의 안정을 유지하게 하며, 소득의 재분배에 있어서도 중요한 역할을 하고 있다. 특히 복지국가라고 일컬어지고 있는 국가에서의 사회보장 급여는 국민경제 속에서 커다란 비중을 차지하고 있어 사람들의 생활과 경제에 중요한 영향을 주고 있다.

사회보장의 기능은 인간의 최저생활보장, 경제적 안정, 소득의 재분배, 그리고 사회적 연대감의 증대 등으로 요약할 수 있다.

(1) 인간의 최저생활보장

사회보장제도의 가장 기본적인 역할은 사람들의 생존권을 보장하는 것이다. 즉, 사회보장제도는 자본주의 발전으로 인해 발생한 각종 사회문제와 사회적 위험으로부터 초래되는 여러 가지 경제적 불안을 해결하면서 국민들의 기본적 생활을 보장하는 것을 중요한 목적으로 한다. 사회보장기본법에 따르면 "사회보장은 모든 국민이 인간다운 생활을 할 수 있도록 최저생활을 보장하고 국민 개개인이 생활의 수준을 향상시킬 수 있도록 제도와 여건을 조성하여 그 시행에 있어 균형과 효율의 조화를 기함으로써 복지사회를 실현하는 것을 기본 이념으로 한다"고 명시하여 사회보장의 일차적 목적이 국민들의 최저생활보장에 있음을 명기하고 있다. 여기서 최저생활이

1) 근로장려세제(Earned Income Tax Credit)는 정부가 저소득 근로자에게 생계비를 지원하는 제도이다. 즉, 일정금액 이하의 저소득 근로자가구에 대하여 근로소득 금액에 따라 산정된 근로장려금을 지급하여 근로의욕을 높이고 실질소득을 지원하기 위한 근로연계형 소득지원제도이다.

란 인간의 기본적 욕구충족에 의한 기본적 생활보장을 의미한다고 볼 수 있다. 국민들의 기본적 생활을 보장한다는 것은 국민들의 기본적 욕구인 생존권 보장과 인간다운 생활을 보장하는 행복추구권 보장을 의미한다.

(2) 경제적 안정

1950년대까지는 영국이나 북유럽과 같은 복지국가에 있어서 국민적 최저한의 보편주의적 보장이 사회보장의 기본적 목적과 과제였다. 그러나 이 목적이 달성된 국가에서는 최저생활을 보장할 뿐만 아니라 노령, 실업, 질병 등에도 소득과 생활수준이 급격하게 감소하지 않고, 안심하며 생활할 수 있는 사회보장을 실시할 필요가 있다는 시각이 확산되어 왔다. 그리고 실업보험이나 공공부조 등의 사회보장은 실업이나 퇴직 등에 의한 소득의 감소를 완화시켜 불황이나 경기후퇴에 따른 소비수요의 저하를 완화시키며, 경기가 좋을 때는 실업수당이나 생활보호비용의 지출을 감소시켜 경기변동의 안정화에 기여한다.

(3) 소득재분배

사회보장제도의 중요한 기능 중의 하나는 소득재분배에 있다. 소득재분배란 한 개인 또는 한 집단으로부터 다른 개인이나 집단으로 이전되는 소득 또는 소득으로 간주되는 급여를 말한다.

소득재분배는 수직적 재분배, 수평적 재분배, 세대 간 재분배, 세대 내 재분배로 나누어진다. 수직적 재분배(vertical redistribution)는 소득계층들 간의 재분배 형태로서 누진적이거나 역진적인 형태를 취할 수 있다. 대체적으로 수직적 재분배는 소득이 높은 계층으로부터 소득이 낮은 계층으로 재분배되는 유형을 의미한다. 수평적 재분배(horizontal redistribution)는 집단 내에서 위험발생에 따른 재분배 유형이다. 예를 들어, 동일한 소득계층 내에서 건강한 사람으로부터 질병이 있는 사람으로, 자녀가 없는 계층으로부터 자녀가 있는 계층으로, 취업자로부터 실업자에게로, 사고를 당하지 않은 사람으로부터 사고를 당한 사람에게로 소득이 재분배되는 형태를 말한다.

반면 세대 간 재분배는 젊은 세대(근로 세대)에서 노년 세대로 소득이 이전되는 것을 말하며, 부과방식 연금을 말한다. 우리나라 국민연금은 현재 세대 내 재분배인 적립식 연금형태이며, 적립된 연금이 고갈될 경우 세대 간 재분배인 부과방식 연금으로 전환될 전망이다. 연금의 역사가 긴 유럽 대부분 국가의 경우 연금적립금 고갈로 부과방식 연금으로 진행되고 있고 있으며, 이는 세대 간 소득재분배 기능을 하고 있다.

사회보장에서 소득재분배 기능은 공공부조에서 가장 뚜렷하게 나타난다. 누진세율에 기초한 일반조세재원을 가지고 공공부조를 실시하면, 고소득계층에서 저소득계층으로의 직접적인 분배의 효과를 얻을 수 있다. 기여금을 재원으로 하는 사회보험은 정액보험의 경우 고임금근로자는 저임금근로자보다 더 많은 기여금을 납부하지만, 같은 액수의 급여를 받아 수직적 재분배 효과를 가진다. 또한 기여와 급여수준을 조정하여 소득을 재분배함으로써 소득격차를 좁히는 기능을 수행하기도 한다.

〈표 5-2〉 소득재분배의 유형

형 태	방 향	대표 사례
수직적 재분배	소득 계층 간	공공부조
수평적 재분배	위험 미발생 집단 ⇨ 위험 발생 집단	건강보험, 고용보험, 산재보험
세대 간 재분배	근로세대 ⇨ 노령세대	부과방식 연금
세대 내 재분배	한 세대 내에서 이루어지는 재분배	적립방식 연금

(4) 사회적 연대감의 증대

사회보장정책은 탈상품화와 연대의 정치 기반을 제공해 주며, 권력자원의 동원화를 가능하게 하는 최소한의 토대를 마련해 준다. 볼드윈(Baldwin, 1993)에 의하면 위험발생률과 자립능력의 정도나 크기가 집단 간의 연대를 결정하는 중요한 요소임과 동시에 이러한 집단 간의 연대는 재분배를 위한 사회적 기반임을 지적하고 있다. 국가의 재분배정책은 위험발생률이 높고 자립능력이 약한 집단들 간의 연대를 강화시키는 역할을 수행하는 정치적 의미를 가진다고 볼 수 있다. 다른 한편으로, 평등의 퇴조는 자유시장경제체제의 정당성을 옹호하고 기존의 재분배의 실현을 통해 이루어진 국가의 제도화된 정치적 요소들을 훼손시키는 것이며, 사회연대성을 심각하게 위협한다. 이처럼 사회보장의 목적이 소득 상실의 위험에 노출된 사람들에게 사회적 연대감을 보여주는 제도적 장치를 의미한다는 것이다.

5. 사회안전망

1997년 외환파동으로 시작된 경제위기를 극복하는 과정에서 사회적 관심을 끌었던 제도로 사회안전망(social safety net)이 있다. 사회안전망이란 용어는 세계은행(World Bank)이나 국제통화기금(IMF) 등의 국제기관이 즐겨 사용한다. 사회안전망이란, 광의로 볼 때 모든 국민을 실업 · 빈곤 · 재해 · 노령 · 질병 등의 사회적 위험에서 보호하기 위한 제도적 장치로서, 사회보험과 공공부조인 사회보장제도와 보완적인 장치로서 공공근로사업, 취업훈련 등을 포괄한다. 사회안전망은 대량실업, 재해, 전시 등의 상황에서 국가가 국민에게 기초생활을 보장해 줌으로써 이들이 안정된 사회생활을 할 수 있도록 하는 역할을 수행한다(김상균 외, 2013).

사회안전망은 정부에 의해 주도되는 공공사회안전망과 민간부문에 의해 주도되는 민간사회안전망으로 구분할 수 있다. 공공사회안전망은 〈표 5-3〉에서와 같이 세 가지 유형으로 구분할 수 있다. 또 공공사회안전망의 부족한 부분을 보완하기 위해 민간사회안전망 운동이 사회복지단체, 시민단체, 종교단체, 직능단체들에 의해 전개되고 있다.

〈표 5-3〉 사회안전망의 구분

<table>
<tr><th colspan="2">사회안전망</th><th>제도</th><th>사회적 위험</th><th>대상계층</th></tr>
<tr><td colspan="2" rowspan="4">1차: 예방(사회보험)</td><td>건강보험</td><td>질병</td><td>일반국민</td></tr>
<tr><td>국민연금</td><td>노령</td><td rowspan="3">근로자</td></tr>
<tr><td>산재보험</td><td>산업재해</td></tr>
<tr><td>고용보험</td><td>실업</td></tr>
<tr><td rowspan="4">2차: 기초생활보장</td><td rowspan="3">보완적
장 치</td><td>공공근로사업</td><td rowspan="3">실업</td><td rowspan="3">실직자</td></tr>
<tr><td>직업훈련</td></tr>
<tr><td>각종 대부사업</td></tr>
<tr><td>공공부조</td><td>기초생활보장</td><td>빈곤</td><td>저소득계층</td></tr>
<tr><td colspan="2">3차: 긴급구호</td><td>긴급식품권
긴급의료권</td><td></td><td>저소득계층</td></tr>
<tr><td colspan="2">민간사회안전망</td><td></td><td>실업, 빈곤</td><td>저소득계층</td></tr>
</table>

출처: 정경배 외(1988).

제 2 절 사회보험

1. 사회보험

우리나라 「사회보장기본법」 제3조 제2호에는 "사회보험이란 국민에게 발생하는 사회적 위험을 보험의 방식으로 대처함으로써 국민의 건강과 소득을 보장하는 제도를 말한다"라고 정의하고 있다. 우리나라 사회보험은 국민연금, 국민건강보험, 산업재해보상보험, 고용보험, 노인장기요양보험이 있다.

1) 사회보험의 개념

사회보험(social insurance)은 사회보장제도의 중요 구성요소로서 보험원리를 이용하여 사회복지정책을 실현하려는 경제사회제도이다. 「사회보장기본법」에 따르면 사회보험이란 국민에게 발생하는 사회적 위험을 보험방식에 의하여 대처함으로써 국민 건강과 소득을 보장하는 제도이다. 사회보험은 국민생활의 빈곤의 원인이 되는 사회적 사고에 폭넓게 대처하는 제도로서, 사회보험 사고 자체가 빈곤한 생활을 의미하지는 않지만, 이를 방치해 두면 언젠가는 빈곤한 생활에 처할 것이 명백하므로, 사회보험은 빈곤을 사전에 예방하기 위한 제도이며 그런 의미에서 방빈적(防貧的) · 예방적 기능을 가지고 있다.

구체적으로 살펴보면 사회보험은 국민을 대상으로 질병, 사망, 노령, 실업, 기타 신체장애 등으로 인하여 활동능력의 상실과 소득의 감소가 발생하였을 때에 보험방식에 의하여 그것을 보장하는 제도라고 할 수 있다. 이와 같이 사회보험은 운영과 방법론에 보험기술과 보험원리를 따르고 있다는 점에서 공공부조와 상이하다.

우리나라에서는 국민연금, 건강보험, 산업재해보상보험, 고용보험을 4대 사회보험

〈표 5-4〉 우리나라의 사회보험제도의 주요 특징 비교

	국민연금	건강보험	고용보험	산재보험	노인장기 요양보험
시행년도	1988년	1977년	1995년	1964년	2008년
기본성격	소득보장	질병치료	실업고용	산재보상	장기요양보장
급여방식	현금급여 소득비례	현물급여 균등급여	현금급여 소득비례	현물-균등급여 현금-소득비례	현물급여 균등급여
재정운영방식	적립방식	부과방식	수정적립방식	순부과방식	부과방식
관리단위	개인별관리	사업장 · 세대별 관리	사업장	사업장	사업장 · 세대별 관리
보험료 관장	보건복지부	보건복지부	노동부	노동부	보건복지부
운영주체	국민연금공단	국민건강보험공단	근로복지공단	근로복지공단	국민건강보험공단
자격관리방식	직장 · 지역 통합관리	직장 · 지역 통합관리	사업별관리 가입자관리	사업별관리	직장 · 지역 통합관리
보험료 부과단위	사업장 지역(개인별)	사업장 지역(세대별)	사업	사업	사업장 지역(세대별)

이라고 하는데, 2008년 7월부터 노인장기요양보험(long-term care insurance)이 시행됨으로써 5대 사회보험체계가 되었다. 노인환자는 원래 건강보험의 대상이었으나 인구의 급속한 노령화로 건강보험 재정에 심각한 부담을 주자 노인환자 중 장기요양을 요하는 사람을 병원이 아니라 자신의 집이나 요양시설에서 보호하고 그 비용을 사회보험 방식으로 조달하고자 한 것이 장기요양보험이다. 또한 퇴직금제도의 문제점을 개선하고 연급수급권을 보장하려는 목적으로 기업연금제도가 도입되었다.

2011년 1월부터 사회보험 징수통합 제도가 시행되어 3개의 사회보험공단(국민건강보험공단, 국민연금공단, 근로복지공단)에서 따로 수행하던 건강보험, 국민연금, 고용보험, 산재보험 업무 중 유사, 중복성이 높은 보험료 징수업무를 국민건강보험공단이 통합하여 운영하고 있다.

2) 사회보험의 특징

사회보험은 보험이기 때문에 민간보험과 유사한 점이 많고, 또 소득보장책이란 점에서 공공부조와 동일한 목적을 갖는다. 그러나 사회보험은 민간보험이나 공공부조와는 본질적으로 다른 특성을 지니고 있다.

첫째, 사회보험은 법에 의하여 강제적으로 가입된다. 사회적 위험, 즉 사망, 노령, 장애, 질병 등으로부터 사람들을 보호하기 위해 강제적으로 가입시킨 의무적인 제도이다. 이는 불균등한 생활수준의 격차, 소득의 격차, 지역 간 격차를 해소하기 위해 국가가 정한 가입요건에 의하여 강제적으로 가입하게 한다.

둘째, 사회적 위험에 대비하기 위한 소득보장제도로, 보험방식으로 운영된다. 보험 가입자의 기여(갹출)를 기반으로 하고, 위험 발생 시 급여를 제공함으로써 위험에 대처한다. 공공부조나 사회서비스가 무(無)기여에 기반을 두는 점과 대비된다.

셋째, 개인적 형평성보다는 사회적 충분성을 중시한다. 사회적 충분성이란 모든 가입자에게 최저생계 수준 이상을 유지토록 급여를 제공하는 것을 말하고, 개인적 형평성이란 자신이 낸 보험료에 비례하여 급여를 받는 것을 말한다.

넷째, 급여는 권리이며 자산조사가 없다. 사회보험 수급권은 수급자와 보험자 간의 계약에 의해 규정된 권리이고, 수급자가 수급에 필요한 제반 요건을 다 충족시켰기 때문에 수급하는 것이며, 사회보장 관련법에 의해 보장된 권리이다.

다섯째, 정부가 피보험자의 급여지급을 위한 재원조달 방법은 정부수입에 의한 것이 아니라 사용자나 피용자가 지불하는 기여금(갹출금)을 근거로 한다.

여섯째, 사회보험은 소득재분배 기능을 함으로써 국민통합과 사회안정을 지향한다.

일곱째, 사회보험은 국가의 법에 의해 안정적으로 운영된다. 사회보험은 정부의 강제 프로그램이므로 사전에 규정된 욕구에 따라 급여가 제공되며 입법을 통해서만 그 규정을 변경할 수 있다.

〈표 5-5〉 사회보험제도의 (가입자)자격관리 비교

구분	국민연금	건강보험	고용보험	산재보험
소득의 범 위	기준소득월액(국민연금의 보험료 및 급여 산정을 위하여 가입자가 신고한 소득월액에서 천원 미만을 절사한 금액)	보수월액(동일사업장에서 당해연도에 지급받은 보수총액을 근무월수로 나눈 금액)	임금총액	좌 동
소득 재결정 (계속 적용시)	연1회 정기 결정 (전년도 소득 기준)	매월의 보수총액으로 결정하되, 매년 2월말까지 전년도 보수총액에 의한 보험료를 재산정하여, 사후정산 실시	○연 1회 정기 결정 －개산보험료 : 당해연도 임금총액에 보험요율을 곱하여 산정한 금액을 그 보험연도의 3.31까지 신고·납부 ※ 분할납부 하는 사업주는 1기분은 3.31, 그 이후의 각각 그 분기의 중간월의 15일까지 납부 －확정보험료 : 전년도 확정보험료액을 다음보험연도의 3.31까지(보험연도중 소멸한 경우 다음날로부터 30일 이내)에 보고	
적용기간	당해연도 7월～ 다음연도 6월	당해연도 4월～ 다음연도 3월	당해연도 1월～ 다음연도 12월	좌 동
부과소득 상한선	28만원-434만원	28만원-7,810만원 (등급없음)	상한선 없음	좌 동

구분	국민연금	건강보험	고용보험	산재보험
보험료율	9%	6.12%(근로자 : 3.06%) 부과표준소득 (지역 : 부과점수×179.6원)	○ 실업급여 : 1.3% ○ 고용안정 · 직업능력 개발사업 : 0.25~0.85%	매년 업종별로 정함 (업종별 임금총액 대비 보험급여 총액 등)
보험료 부 담	○ 사업장가입자 – 사용자와 근로자가 각각 1/2씩 부담 ○ 지역가입자 – 가입자 본인	○ 사업장가입자 – 사용자와 근로자가 각각 1/2씩 부담 ○ 지역가입자 – 가입자 본인	○ 실업급여는 사용자와 근로자가 각 50%씩 부담 ○ 고용안정 · 직업능력 개발사업은 사업장 규모에 따라 사업주가 전액부담	○ 사업주가 전액부담
정기고지 주기	월	월	년 또는 분기	년 또는 분기
납부방법	월납	월납	연납 (분할납부 가능)	연납 (분할납부 가능)
납부의무자	사용자	사용자	사업주	사업주

3) 사회보험과 민간보험의 유사점과 차이점

통상적으로 사회보험이든 민간보험이든 위험의 분산과 이전을 기하기 위해 급여 자격과 총액에 대한 정확한 수리적 계산을 근거로 운용된다. 가입대상이나 급여, 재정 등과 관련된 조건들을 규정하여 프로그램 운영에 필요한 경비를 충당하기에 충분한 보험료와 보험금 지급을 전제로 사전에 결정된 급여를 보장하여 가입자의 경제적 보장을 목적으로 하는 데에 공통점이 있다.

그러나 양자는 본질적으로 다르다. 사회보험은 영리를 목적으로 하지 않은 반면에 민간보험은 영리를 목적으로 한다. 그리고 민간보험이 특정 개인의 욕구를 충족시키는 반면에 사회보험은 일반복지, 개인의 존엄성, 가족과 사회의 안정과 같은 사회의 요구를 충족시킨다. 또한 민간보험은 보험료와 기대급여 간의 등가성이 있는 반면에 사회보험은 등가성이 없다. 즉, 민간보험의 보험금은 보험회사가 가입자에게 베푸는 은전이나 혜택이 아니라 보험계약에 의해 지급받는 반대급부이나 사회보험은 소득 재분배를 실현하기 위한 강제적 제도이므로 부담은 능력원칙을 따르고 급여는 필요 원칙에 근거하여 지급되므로 등가성이 없다.

〈표 5-6〉 사회보험과 민영보험의 차이점

기 준	사회보험	민간보험
제도의 목적	최저생계 또는 의료보장	개인적 필요에 따른 보장
적용대상	전체 국민	일부 국민
보험가입	강제	임의
적용방식	강제적 적용(강제성, 법적 요건 해당자)	자발적 참여(임의)
보호(급여)수준	최저수준의 소득보호, 근로자의 임금비례제 또는 균일급여	개인의 열망과 지불능력에 좌우 기여비례
적합성의 원리	사회적 적합성(복지)	개인적 적합성(형평)
수급권	법적 수급권	계약적 수급권
독점 유무	정부 독점	자유 경쟁
지출의 예측가능성	예상하기 어려운 지출	예상할 수 있는 지출
재원조달방식	충분한 기여금 불필요(강제가입)	충분한 기여금 필요
물가상승 대응	물가상승에 적절한 대응	물가상승에 취약
기금운영 결정방식	적립기금 투자우선순위 정부 결정	민간 결정

2. 국민연금제도

1) 국민연금의 의의

국민연금제도는 국가가 가입자인 국민이 노령 · 폐질, 영구불구 및 사망으로 소득을 상실하였거나 소득이 감소한 경우, 본인이나 그 유족에게 일정액의 금전급여를 하여 안정된 생활을 영위할 수 있도록 하는 장기적인 소득보장제도이다.

국민연금제도는 국가가 사회보장을 구현하기 위하여 보험의 원리와 방식을 도입하여 고안되고 시행되는 사회보험의 일환이다. 보험료의 강제갹출과 정형화된 보험금의 지급을 특징으로 한다. 따라서 일정한 자격을 가진 사람을 대상으로 강제가입, 정형화된 보험금, 정부주관 등의 특성이 국민연금과 사보험을 구분되게 하나 국민연금과 사보험과는 상호 보완적인 기능을 수행한다. 우리나라의 연금보험은 국민연금을 위시하여 공무원연금, 사립학교교직원연금 및 군인연금 등이 각기 분립, 실시되고 있다.

연금법의 효시는 1889년 6월 비스마르크에 의해 제정된 노령 · 폐질보험법(시행은 1891년 1월)이나, 각국은 자국의 실정에 맞게 연금제도를 다양하게 제정 · 운영하고 있다. 우리나라는 1973년 12월에 「국민복지연금법」을 제정 · 공포하여 1974년 1월부터 실시할 예정이었다. 그러나 석유파동 등 실시여건의 미성숙으로 인하여 계속적으로 연기 · 검토되어 오다가 1986년 12월 31일에 동법 개정안이 「국민연금법」으로 국회 본회의를 통과하여 1988년 7월 1일부터 실시되었다. 이후 국민연금제도는 1995년 7월 농어촌지역으로, 1999년 4월에는 도시지역으로 적용을 확대하게 됨에 따라 전체 국민을 대상으로 시행되었고, 2003년 7월부터는 사업장 적용범위가 근로자 1인 이상 사업장으로 확대되었다.

2) 국민연금의 필요성

연금제도가 필요한 이유는 다음과 같이 정리할 수 있다.

첫째, 고령인구의 증가이다. 생활수준의 향상과 의료기술의 발전 등으로 국민의 평균수명이 크게 늘어났고, 따라서 부양을 필요로 하는 노인의 수가 급격히 증가하고 있다. 우리나라의 경우 다른 선진국들보다도 빠른 고령화 속도를 보이고 있기에 국민연금의 필요성이 크게 대두되고 있다.

둘째, 가족구조의 변화이다. 우리의 전통적 가족제도인 대가족제도가 산업화와 더불어 핵가족화로 급격히 진행되어 왔다. 전반적인 생활수준의 향상, 낮은 출산율로 인한 핵가족화 및 서구문물의 성급한 도입 등은 많은 전통문화의 파괴와 함께 우리 사회에 개인주의 및 물질만능주의의 팽배라는 부작용을 낳고 있다. 이러한 개인주의 및 물질만능주의는 노인부양의 전통적 미풍양속에도 큰 영향을 미치고 있다. 따라서 약화되고 있는 사회구성원 전반의 부양의식을 강화하고 부양비에 대한 사회 전체의 연대책임을 고취시켜야 할 것이다. 또한 개인적으로도 노후를 자식에게 의존하기보다는 스스로 노후대비를 위하여 개인저축과 퇴직 후에도 정기적인 소득이 발생할 수 있도록 고령자취업은행 등을 이용할 수 있는 적극적인 자세도 가져야 할 것이다.

셋째, 근로자의 근시안적 사고(미래 통찰력의 결여)이다. 이는 대부분의 경우 미래의 경제적인 욕구까지 고려하여 퇴직을 대비한 저축을 하기 어렵다는 것을 의미한다. 근로자들이 퇴직할 때 경제적 문제에 직면할 수 있음을 인식할 수는 있으나 그때는 그러한 문제를 해결하기에는 너무 늦어버리게 된다. 정부개입은 사람들이 퇴직했을 때 적절한 소득을 가질 수 있도록 하기 위해서 근로 중에 버는 소득의 일부를 저축하도록 원조할 수 있다. 그러나 퇴직에 대비한 연금보험료 기여를 강제하지 않으면 근시안적인 사고를 가진 근로자는 적절한 퇴직소득을 보장하는 수준의 저축을 하지 않을 것이고 그렇게 되면 빈곤으로 추락할 것이다.

넷째, 소득재분배이다. 소득재분배는 사회통합을 증진시키고 보다 공정한 사회를 형성하기 위하여 사회가 시장에 의한 소득분배를 변경하려는 집합적 결정을 할 때 발생한다. 생애소득이 낮은 자들에게 유리하도록 설계되어 있는 연금제도는 시장에 의한 소득분배를 변경하는 데 사용되는 주요 수단 중의 하나이다.

3) 국민연금제도의 주요 내용

(1) 가입대상

국민연금은 국내에 거주하는 국민으로서 18세 이상 60세 미만인 자가 국민연금 가입대상이다. 다만 공무원연금법, 군인연금법 및 사립학교교원연금법의 적용을 받고 있는 공무원·군인 및 사립학교교직원과 국민기초생활 보장법에 따른 수급자는 가입대상에서 제외된다.

(2) 가입자의 종류

우리나라 국민연금의 가입자 종류는 사업장가입자, 지역가입자, 임의가입자 및 임의계속가입자로 구분된다. 각각의 자격 요건은 다음과 같다.

① 사업장가입자 : 사업의 종류, 근로자의 수 등을 고려하여 대통령령으로 정하는 사업장의 18세 이상 60세 미만인 근로자와 사용자는 사업장가입자가 된다.

② 지역가입자 : 사업장가입자가 아닌 자로서 18세 이상 60세 미만인 자는 지역가입자가 된다.

③ 임의가입자 : 사업장가입자와 지역가입자에 해당하는 자 외의 자로서 18세 이상 60세 미만인 자는 국민연금공단에 가입신청서를 제출하는 경우에는 임의가입자가 될 수 있다.

④ 임의계속가입자 : 국민연금 가입자 또는 가입자였던 자로서 60세가 된 자가 가입기간이 부족하여 연금을 받지 못하거나, 가입기간을 연장하여 더 많은 연금을 받고자 원할 경우 국민연금공단에 임의계속가입자 가입신청서를 제출하면 계속하여 65세에 달할 때까지 임의계속가입자가 될 수 있다.

(3) 관장기구

공적연금의 관리운영방식은 국영방식과 민영방식, 그리고 위탁방식 등으로 구분할 수 있는데, 우리나라의 경우 국민연금의 관장주체를 보건복지부 장관으로 규정하고 있어 국영방식을 채택하고 있다. 그러나 보건복지부 장관은 실제로 국민연금을 효율적으로 운영하기 위하여 국민연금공단에 위탁운영하고 있기 때문에, 국영의 위탁관리방식이 혼합되어 있다고 할 수 있다.

(4) 국민연금의 급여

① 급여의 종류

연금을 받는 동안 매년 전국소비자물가변동률을 반영하여 연금액을 조정함으로써 물가가 인상되더라도 항상 연금액의 실질가치가 보장된다. 국민연금은 소득능력이 상실되거나 감퇴된 경우에 본인 또는 유족에게 기본적인 생활을 할 수 있도록 연금 형태의 급여를 제공하는 소득보장제도이다.

국민연금법상 규정된 급여의 종류는 노령연금, 장애연금, 유족연금, 반환일시금, 사망일시금이 있다. 급여는 수급권자의 청구에 따라 공단이 지급하며, 연금액은 지급사유에 따라 기본연금액과 부양가족연금액을 기초로 산정한다. 연금의 종류, 수급요건, 급여수준 등을 요약하면 아래의 〈표 5-7〉과 같다.

〈표 5-7〉 국민연금의 급여종류별 수급요건과 급여수준

<table>
<tr><th colspan="2">급여종류</th><th>수급자격</th><th>급여수준</th></tr>
<tr><td rowspan="3">노령연금</td><td rowspan="2">노령연금</td><td>가입기간 10년 이상 20년 미만으로 60세에 달한 자(65세 미만이면 소득이 없는 경우에 한함)</td><td>가입기간 10년의 경우
• 기본연금액의 50%+부양가족연금액
가입기간 20년 이상인 경우
• 기본연금액 100%+부양가족연금액</td></tr>
<tr><td>노령연금 수급자가 65세 이전에 소득이 있는 업무에 종사하는 기간</td><td>가입기간 10년, 60세인 경우
• 기본연금액의 50% × 50%
• 가입기간 1년 증가 시마다 기본연금액의 5%를 증액
• 연령 1세 증가 시마다 연령별 지급률 10%를 증액(연령별 지급률 : 60세 50%, 61세 60%, 62세 70%, 63세 80%, 64세 90%, 65세 이후 100%)
※ 부양가족연금액은 지급되지 않음</td></tr>
<tr><td>조기노령연금</td><td>가입기간 10년 이상, 연령 55세 이상인 자가 소득 있는 업무에 종사하지 아니하고, 60세 도달 전에 청구한 경우(65세 이전에 소득 있는 업무에 종사하면 감액된 연금 지급)</td><td>가입기간 10년, 55세인 경우
• 기본연금액의 50%×70%+부양가족연금액
• 가입기간 1년 증가 시마다 기본연금액의 5%를 증액
• 수급개시 연령 1세 증가 시마다 연령별 지급율 6%를 증액(연령별 지급율: 55세 70%, 56세 76%, 57세 82%, 58세 88%, 59세 94%)</td></tr>
</table>

<table>
<tr><th colspan="2">급여종류</th><th>수급자격</th><th>급여수준</th></tr>
<tr><td rowspan="2">노령연금</td><td>특례노령연금</td><td>1988. 1. 1 현재 만45~60세 미만으로 5년 이상 가입</td><td>기본 25~70%＋부양가족연금액</td></tr>
<tr><td>분할연금</td><td>가입기간 중 혼인기간이 5년 이상인 노령연금 수급권자의 배우자가 60세 이상이 된 경우</td><td>배우자였던 자의 노령연금액
• (부양가족연금액 제외) 중 혼인기간에 해당하는 연금액의 1/2</td></tr>
<tr><td colspan="2">장애연금</td><td>가입 중 질병, 부상 발생시 그 장애 정도에 따라 지급</td><td>1급－기본 100%＋부양가족연금액
2급－기본 80%＋부양가족연금액
3급－기본 60%＋부양가족연금액
4급－기본 225%(일시보상금)</td></tr>
<tr><td colspan="2">유족연금</td><td>① 다음의 자가 사망한 때
• 노령연금수급권자
• 가입자(다만, 가입기간 1년 미만인 자가 질병이나 부상으로 사망한 경우는 가입 중 발생한 질병이나 부상인 경우에 한함)
• 가입기간 10년 이상인 가입자이었던 자
• 장애등급 2등의 이상의 장애연금 수급권자
② 가입기간 10년 미만인 가입자로서 가입기간 중에 발생한 질병이나 부상 또는 그 부상으로 인한 질병으로 가입 중 초진일, 또는 가입자 자격상실 후 1년 이내의 초진일로부터 2년 이내에 사망한 때</td><td>사망한 자 가입기간
－10년 미만 : 40%＋부양가족연금액
－10~20년 미만 : 50%＋부양가족연금액
－20년 이상 : 60%＋부양가족연금액</td></tr>
<tr><td colspan="2">반환일시금</td><td>① 가입기간 10년 미만인 자가 60세가 된 경우
② 가입자가 사망하였으나 유족연금에 해당되지 않는 경우
③ 국적상실 또는 국외 이주한 경우</td><td>• 납부한 보험료＋이자
※ 가입기간 중 이자 : 3년 만기 정기예금이자율
※ 상실 후부터 지급사유 발생일까지: 1년 만기 정기예금 이자율 적용</td></tr>
</table>

급여종류	수급자격	급여수준
사망일시금	① 가입자 또는 가입자였던 자가 사망하였으나 유족연금이나 반환일시금을 받을 유족이 없는 경우 ② 사망자에 의해 생계를 유지하고 있던 4촌 이내 방계혈족의 최우선 순위자에게 지급	사망한 자의 반환일시금에 상당한 금액

* 국민연금 수급연령은 2013년부터 매 5년마다 1세씩 연장하여 2033년 이후 65세로 연장
출처: http://www.nps.or.kr

② 급여의 기준과 수급권

일반적으로 연금급여의 산정방식에는 균일급여방식과 소득비례급여방식, 이 두 가지를 절충한 혼합형 급여방식이 있다.

균일급여방식은 평등주의 이념을 가지고 있는 영국이나 북구에서 채택하고 있는 형태로서 연금의 급여는 모든 대상자에게 차이가 없는 기본적 욕구로서 최저생계비만 보장하고 그 이상의 욕구충족은 본인이 책임져야 한다는 기본전제 하에서 이루어졌다.

소득비례급여방식은 능력주의 이념을 가지고 있는 대륙형 보장방법으로 가입자의 갹출금액에 따라 급여하는 방식이다.

혼합형 급여방식은 최저생계비의 보장은 균일급여방식을 취하고 최저생계비 이상의 급여에 대해서는 소득비례급여방식을 취하는 형태이다. 이 방식은 균일급여방식에서 사회적 연대에 의한 위험분산과 소득재분배 효과를 기할 수 있고, 개인의 능력에 갹출금에 의해서 보상을 한다는 자본주의의 기본원칙과 일치한다는 점에서 오늘날 많은 선진각국에서 채택하고 있다.

우리나라의 국민연금법에서는 기본연금(소득부분 + 소득비례부분)과 부양가족연금액을 지불하도록 규정하고 있다. 특히 기본연금액 중에서 균등부분에서 연금수급자의 전년도 소득월액을 평균한 금액(평균소득월액)을 산정기초로 하고 있어 미약하지만 어느

정도의 소득재분배 효과를 노리고 있다.

기본연금액은 다음의 〈표 5-8〉과 같은 공식에 의해서 산정된다.

〈표 5-8〉 기본연금액 산출공식

기본연금액 =

[2.4(A+0.758)×P1/P + 1.8(A+B)×P2/P + 1.5(A+B)×P3/P + 1.485(A+B)×P4/P + 1.47(A+B)×P5/P
(1988-1998년) (1999-2007년) (2008년) (2009년) (2010년)

+ 1.455(A+B)×P6/P + ⋯ ⋯ + 1.2(A+B)×P23/P + Y(A+A)×C/P + X(A+ $\frac{1}{2}$ A)×6/P]×(1+0.05n/12)
(2011년) (2028년) (출산크레딧) (군복무크레딧)

A : 연금수급전 3년간 전체 가입자의 평균소득월액의 평균액(균등부분: 소득재분배 기능 수행)
B : 가입자 개인의 가입기간 중 기준소득월액의 평균액(노령연금 산정 시에만 실업 크레딧 포함)
P : 가입자의 전체 가입월수(노령연금액 산정 시에만 출산, 군복무 및 실업 크레딧을 포함한 전체 가입월수)
P1 : 1998년 12월 31일 이전 가입월수
P2 : 1999년 1월 1일 이후 가입월수
P3 : 2008년
P4 : 2009년
P5 : 2010년
P6 : 2011년
P23 : 2028년
P : 가입자의 전체 가입월수
n : 20년 초과월수
C : 추가가입기간 12, 30, 48, 50 (균분하는 경우에는 6, 15, 24, 25)
(출산, 군복무 및 실업 크레딧으로 인한 연금액 및 증가되는 가입기간은 노령연금액 산정 시에만 적용됨)
※ 2016년 3월 1일 이후 지급사유발생자에게 적용할 연금 수급전 3년간의 평균소득월액(A) : 2,105,482원

구분	1988-1998년	1999-2007년	2008-2027년	2028년 이후
상수	2.4	1.8	1.5(2008년, 그후 매년0.015씩 감소)	1.2
소득대체율	70%	60%	50%(2008년, 그후 매년 0.5%p씩 감소)	40%
가입월수	P1	P2	P3 ⋯ P22	P23

출처: http://www.nps.or.kr

③ 부양가족연금액

부양가족연금액은 수급권자(유족연금의 경우에는 사망한 가입자 또는 가입자였던 자를 말함)를 기준으로 하는 배우자, 자녀 또는 부모로서 수급권자에 의해 생계를 유지하고 있는 자에 대하여 지급하는 일종의 가족수당 성격의 부가급여이다. 부양가족 연금액은 「국민연금법」 제52조에 규정하고 있는데 그 금액은 다음과 같다. ① 배우자 : 연 15만원 ② 18세 미만이거나 장애등급 2급 이상인 자녀(배우자가 혼인 전에 얻은 자녀를 포함) : 연 10만원 ③ 60세 이상이거나 장애등급 2급 이상인 부모(부 또는 모의 배우자, 배우자의 부모를 포함) : 연 10만원. 부양가족연금액도 물가변동률에 따라 조정된다. 2016년 현재 부양가족연금액은 배우자의 경우 연간 249,600원, 부모·자녀의 경우 연간 연 166,360원(1인당)이 지급되고 있다. 부모의 부양가족연금 대상자 연령요건도 노령연금 수급연령에 맞춰 1953~1956년생 61세, 1957~1960년생 62세, 1961~1964년생 63세, 1965~1968년생 64세, 1969년생 이후 65세로 상향 조정되었다.

(5) 비용부담과 연금보험료

연금재원의 조달방식은 흔히 적립방식과 부과방식으로 나눈다. 부과방식은 매년의 급부비용을 매년 조달하는 방식인 반면에 적립방식은 장래에 대하여 보험료의 부담을 평균화하는 것이며, 평준화시켜 징수한 보험료에 대하여 연금발족 당초의 급부지출은 적기 때문에 그 차액은 적립금으로 축적하는 방식이다. 연금재원을 부과할 때 연금 가입자의 소득에 비례해서 부과하는 소득비례갹출제와 소득과 관계없이 부과하는 균일갹출방식이 있다. 또 다른 한편으로는 정액갹출제와 정률갹출제 등으로 구분할 수 있다.

연금급여 등에 사용되는 비용의 재원조달은 가입자 및 사용자로부터 징수하는 연금보험료와 이를 근거로 조성되는 국민연금기금을 통해서 이루어진다. 연금보험 재원은 피용자와 사용자의 보험료(자영자는 본인 전액부담)와 관리운영비에 대한 정부의 보조금으로 충당된다.

우리나라의 경우 재원조달은 수정(부분)적립방식을, 연금급여는 확정급여방식을 채택하고 있다. 국민연금제도 시행 초기에는 보험료율을 3%로 낮게 책정하였지만, 점진적으로 보험료를 인상하여 현재는 9%이다. 확정급여방식 하에서 수정(부분)적립방식의 재정운영은 앞으로 보험료를 단계적으로 인상되는 것을 전제로 하며, 연금수급자가 본격적으로 발생하지 않는 제도 초기에 유지 가능한 재정방식이다. 따라서 수정적립방식 하에서 세대 간 부담의 공평성을 유지하도록 "재정계산제도"[2]를 채택하여 2003년부터 매 5년마다 연금재정의 수지균형(적정 보험료율과 급여수준의 조정)을 유지할 수 있도록 하고 있다.

3. 국민건강보험

1) 건강보험제도의 의의와 특성

질병은 인간의 육체적 · 정신적 기능을 침범한다. 이것을 사회적 관계에서 보면 노동력 감퇴, 즉 수입 감소라는 경제적 문제를 야기하게 된다. 이 경우 의료적 비용에 대한 지출 증가로 상당한 경제적 부담이 증가하게 된다. 또한 질병이 장기적으로 만성화된 경우에는 실업으로 연결되어 수입 중단에 의한 생활상의 곤란이 나타나기도 한다. 치료비의 과중은 가족에게 희생을 강요하게 되고 나아가서는 가족 간의 불화의 원인이 되는 경우도 있다. 이것이 질병이 가져오는 가족문제이다. 질병문제에 대처하기 위한 국민건강보험제도는 생활상의 상병과 불만 또는 사망으로 일반적인 가계지출 외에 일시에 많은 지출을 하게 됨에 따라 가계가 파탄되는 것을 방지하기 위하여 보험의 원리를 이용하여 의료비의 지출 부담을 국민건강보험 가입자 모두에게 분산시켜 국민생활의 안정을 도모하기 위한 사회보험의 하나이다. 즉, 사회보험의

2) 재정계산제도란 국민연금의 장기유지가능성을 위한 장치로, 매 5년마다 연금제도를 둘러싸고 있는 여러 변수들을 반영하여 연금재정에 대한 장기추계를 실시하고, 이에 기초하여 국민연금 운영에 대한 제반 계획을 수립하는 제도를 말한다. 이를 통해 보험요율뿐만 아니라 급여수준, 연금수급연령 등을 조정할 수 있도록 하고 있다.

원리를 기초로 모든 사람이 국민건강보험에 강제로 가입하도록 하여 피보험자에게 질병, 부상 등의 사고가 발생한 경우에 요양 또는 요양비를 제공하는 것이다.

건강보험제도의 특징은 다음과 같다.

첫째, 법률에 의한 강제가입의 원칙이다. 일정한 법적 요건이 충족되면 본인의 의사에 관계없이 강제 적용된다. 강제 적용되는 이유는 보험가입을 기피할 경우 국민 상호 간 위험부담을 통하여 의료비를 공동으로 해결하고자 하는 건강보험제도의 목적 실현이 어렵기 때문이다. 질병위험이 큰 사람만 역으로 보험에 가입할 경우 보험재정이 파탄되어 원활한 건강보험 운영이 불가능하게 된다.

둘째, 부담능력에 따른 보험료의 차등부담이다. 민간보험은 급여의 내용, 위험의 정도, 계약의 내용 등에 따라 보험료를 부담하지만 사회보험방식인 건강보험에서는 사회적인 연대를 기초로 의료비 문제를 해결하려는 것이 목적이므로 소득수준 등 보험료부담능력에 따라 차등적으로 부담한다.

셋째, 보험급여의 균등한 수혜이다. 민간보험은 보험료 부과수준, 계약기간 및 내용에 따라 차등급여를 받지만 사회보험은 보험료 부과수준에 관계없이 관계법령에 의하여 균등하게 보험급여가 이루어진다.

넷째, 건강보험은 국민개보험(皆保險)이다. 의료보험제도가 도입될 초기단계에는 피용근로자를 적용대상으로 하였으나 사회경제적 여건이 변화함에 따라 자영자를 적용대상에 포함시키는 등 마침내는 전 국민을 대상으로 하는 국민 개보험의 성격을 갖게 되었다.

다섯째, 보험료 납부의 강제성이다. 가입이 강제적이라는 점에서 강제보험제도의 실효성을 확보하기 위하여 피보험자에게는 보험료 납부의 의무가 주어지며, 보험자에게는 보험료 징수의 강제성이 부여된다.

여섯째, 건강보험은 단기보험이다. 연금보험과는 달리 1년 단위의 회계년도를 기준으로 수입과 지출을 예정하여 보험료를 계산하며 지급조건과 지급액도 보험료 납입기간과는 상관이 없고 지급기간이 단기이다.

2) 건강보험제도의 유형

의료보장제도는 각국의 고유한 문화와 전통을 배경으로 하는 역사적 산물로서 단순 분류에는 어려움이 있으나 일반적으로 OECD 국가들은 3가지로 분류하고 있다. 즉, 사회보험방식(National Health Insurance: NHI), 국민보건서비스방식(National Health Services: NHS), 민간보험방식(Consumer Sovereignty Model)이다.

사회보험방식(NHI)은 의료비에 대한 국민의 자기 책임의식을 견지하되 이를 사회화하여 정부기관이 아닌 보험자가 보험료로써 재원을 마련하여 의료를 보장하는 방식으로 독일의 비스마르크가 창시하여 비스마르크 방식이라고도 한다. 이는 보험원리에 의해 1차적으로 국민의 보험료에 의해 재원을 조달하고, 국가는 2차적 지원과 후견적 지도기능을 수행함에 따라 국민의 1차적 부담의무가 전제된 비용 의식적 제도이며 국민의 정부 의존심을 최소화할 수 있다. 또한 관리체계는 민간 자율기구(조합 또는 금고) 중심의 자치적 운영을 근간으로 하며, 의료의 사유화를 전제로 의료공급자가 국민과 보험자 간에서 보험급여를 대행하는 방식이다. 이런 사회보험방식은 독일, 일본, 프랑스, 한국 등이 그 대표적인 국가이다.

국가보건서비스방식(NHS)은 국민의 의료문제는 국가가 책임져야 한다는 관점에서 정부가 일반조세로 재원을 마련하여 모든 국민에게 무상으로 의료를 제공(universal type)하는 국가의 직접적인 의료관장방식으로 일명 조세방식 또는 비버리지 방식이라고 한다. 이 경우 의료기관의 상당부분이 사회화 내지 국유화되어 있으며, 영국의 비버리지가 제안한 이래 영국, 스웨덴, 이탈리아 등이 그 대표적인 국가이다.

국가보건서비스방식을 채택하고 있는 나라에서는 소득수준에 관계없이 모든 국민에게 포괄적이고 균등한 의료를 보장하며 정부가 관리주체로서 의료공급이 공공화되어 의료비 증가에 대한 통제가 강하게 나타난다. 그리고 조세제도를 통한 재원조달은 비교적 소득재분배 효과가 강하다는 장점이 있으나, 반면에 의료의 사회화가 상대적으로 의료의 질을 저하시키며 조세에 의한 의료비 재원조달에 많은 어려움이 있어 정부의 과다한 복지비용 부담이 문제가 되고 있다. 또한 의료수용자 측의 비용 의식 부족과 민간보험의 확대, 그리고 장기간 진료대기 문제 등 부작용이 나타나고 있어 이에 대한 제도개혁의 필요성이 증가되고 있다.

반면 사회보험방식을 취하고 있는 국가에서는 조합원이 대표의결기구를 통해 건강보험운영에 관한 의사결정에 참여함으로써 제도운영의 민주성을 기할 수 있고, 국민의 비용의식이 강하게 작용하여 상대적으로 양질의 의료를 제공할 수 있다는 장점은 있으나, 소득 유형 등이 서로 다른 구성원에 대한 단일 보험료 부과기준 적용의 어려움, 의료비 증가에 대한 억제기능이 취약하여 보험재정 안정을 위한 노력이 필요하다.

3) 건강보험제도의 법적 근거와 발전과정

우리나라 헌법 제34조 제1항에서는 국민의 인간다운 생활을 할 권리를, 그리고 제2항에서는 국민의 보건에 관하여 국가의 보호를 받을 권리를 규정하고 있다.

사회보장제도 중 건강보험제도는 국민의 질병·부상에 대한 예방·진단·치료·재활과 출산·사망 및 건강증진에 대하여 보험급여를 실시함으로써 국민건강을 향상시키고 사회보장을 증진함을 목적으로 한다(「국민건강보험법」 제1조). 「국민건강보험법」을 제정하여 생활유지 능력이 있는 국민을 대상으로 “건강보험제도”를 실시하고 있고, 「의료급여법」을 제정하여 생활유지 능력이 없거나 어려운 국민을 대상으로 “의료급여제도”를 실시하고 있다.

우리나라의 의료보험은 지역이나 직장별로 의료보험조합을 별도로 구성하고 독립채산제방식에 따른 조합방식을 택해왔다. 그러나 의료보험 조합 간에 보험료와 급여에 있어 차이가 있고, 분리적으로 조합이 운영되므로 형평성이 결여되고 관리운영이 비효율적으로 운영되는 문제가 제기되었으며 무엇보다 지역의료보험의 만성적 재정적자는 혁신적 의료보험개혁을 요구하였다. 이러한 과정에서 기존의 다보험자방식으로 운영되고 있는 의료보험관리체계를 단일보험자를 통합 운영함으로써, 운영의 효율성과 보험료 부담의 형평성을 높이고 질병의 치료 외에 예방·건강증진 등을 포함하는 포괄적인 의료서비스를 제공하여 국민건강의 향상을 도모하려는 입법적·복지정책적 노력이 이루어져 왔는데, 그 과정은 〈표 5-9〉와 같다.

〈표 5-9〉 국민건강보험의 연혁

※ 연혁 : 의료보험법(1977년) ⇒ 국민의료보험법(1998년) ⇒ 국민건강보험법(2000년)

1963. 12. 16. : 국가재건최고회의에서 의료보험법 제정 – 임의적용방식으로 유명무실
1976. 12. 22. : 의료보험법 전면개정
1977. 7. 1. : 500인 이상 사업장근로자 당연적용의 의료보험제도 실시(486개 조합 설립)
1979. 1. 1. : 공무원 및 사립학교교원 의료보험법 실시
1979. 7. 1. : 300인 이상 사업장까지 의료보험 확대(29개 지구공동조합 설립)
1981. 1. 1. : 100인 이상 사업장까지 의료보험 확대(16인 이상사업자 임의 가입)
1987. 2. 1. : 한방의료보험 전국 확대 실시
1988. 1. 1. : 농어촌 지역주민 의료보험 실시
1988. 7. 1. : 5인 이상 사업장근로자까지 확대 적용
1989. 7. 1. : 도시지역주민 의료보험 실시
1989. 10. 1. : 약국의료보험 실시
1997. 12. 31. : 「국민의료보험법」 제정
1998. 10. 1. : 1차 의료보험통합(공무원 및 사립학교교직원의료보험과 227개 지역조합 통합)
⇒ 국민의료보험관리공단 설립·운영
1998. 12. 31. : 「국민건강보험법」 제정
2000. 7. 1. : 의료보험 완전통합(국민의료보험관리공단과 139개 직장조합 통합)
국민건강보험 실시 ⇒ 국민건강보험공단 및 건강보험심사평가원 설립·운영
2002. 1. 29. : 국민건강보험재정건전화특별법 제정
2003. 7. 1. : 지역/직장재정통합 운영

4) 건강보험제도의 주요 내용

(1) 적용대상

국민건강보험제도의 적용대상은 국내에 거주하는 모든 국민은 건강보험의 가입자나 피부양자가 된다. 가입자는 직장가입자와 지역가입자로 구분하며, 사업자의 근로자 및 사용자와 공무원 및 교직원, 그리고 그 피부양자는 직장가입자가 된다. 지역가

입자는 직장가입자와 그 피부양자를 제외한 자가 대상이 된다. 건강보험 대상자 중 피부양자는 직장가입자에 의하여 주로 생계를 유지하는 자로서 보수 또는 소득이 없는 자를 의미하며, 직장가입자의 배우자, 직계존속(배우자의 직계존속 포함), 직계비속(배우자의 직계비속 포함) 및 그 배우자, 형제·자매를 포함한다.

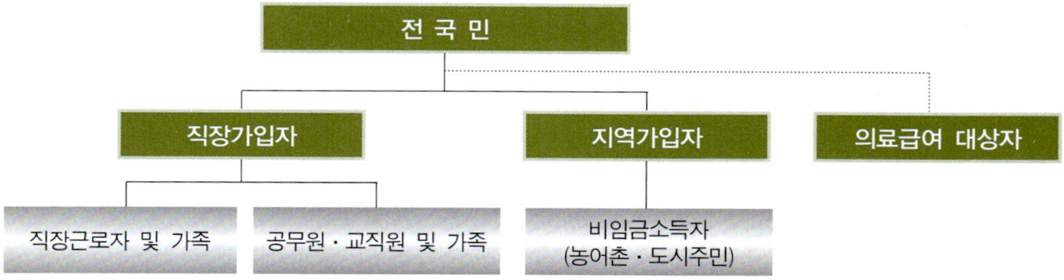

〈표 5-10〉 건강보험 적용인구 현황

구 분		2010년		2015년	
		적용 인구(천 명)	비율(%)	적용 인구(천 명)	비율(%)
총 계		50,581	100.0	52,034	100.0
건강보험	소 계	48,907	96.7	49,970	97.0
	직 장	32,384	64.0	35,188	69.6
	지 역	16,523	32.7	14,782	27.4
의료급여		1,674	3.3	1,461	3.0

출처: http://www.nhis.or.kr

(2) 보험료

우리나라 건강보험료는 직장가입자와 지역가입자의 보험료로 구분된다. 직장가입자의 보수월액보험료는 가입자의 보수월액에 보험료율을 곱하여 보험료를 산정한 후, 경감률 등을 적용하여 가입자 단위로 부과한다. 보험료 산정방법은 다음과 같다.

[직장가입자 보험료 산정방법]

- 건강보험료 = 보수월액 × 건강보험료율(2016년 기준 6.12%)

※ 보수월액은 동일 사업장에서 당해 연도에 지급받은 보수총액을 근무월수로 나눈 금액을 의미

- 장기요양보험료 = 건강보험료 × 장기요양보험료율(6.55%)

지역가입자의 건강보험료는 세대단위로 부과하며, 보험료 부과점수에 보험료 부과점수당 금액을 곱하여 산정한다. 보험료 부과요소별 점수는 가입자의 소득, 재산(전월세 포함), 자동차, 생활수준 및 경제활동 참가율을 참작하여 정한다.

[지역가입자 보험료 산정방법]

- 건강보험료 = 보험료 부과점수 × 점수당 금액(2016년 기준 179.6원)
- 장기요양보험료 = 건강보험료 × 장기요양보험료율(6.55%)

[보험료 부과점수의 기준]

- 소득 점수(75등급) : 이자소득, 배당소득, 사업소득, 근로소득, 연금소득, 기타소득
- 재산 점수(50등급) : 주택, 건물, 토지, 선박, 항공기, 전월세
- 자동차 점수(7등급, 28구간)
- 생활수준 및 경제활동 참가율 점수(30등급)
- 연소득 500만원 이하 세대 : 생활수준 및 경제활동 참가율 점수+재산 점수
- 연소득 500만원 초과 세대 : 소득 점수+재산 점수+자동차 점수

출처: http://www.nhis.or.kr

(3) 급여의 종류

건강보험급여는 가입자 및 피부양자의 질병·부상에 대한 예방·진단·치료·재활과 출산·사망 및 건강증진에 대하여 법령이 정하는 바에 따라 공단이 현물 또는 현금 형태로 제공하는 서비스를 말한다. 보험급여 종류는 현물급여와 현금급여가 있으며, 우리나라는 현물급여를 원칙으로 하고 있다. 현물급여는 가입자 및 피부양자에게 요양기관을 통하여 직접 의료서비스를 제공하는 것으로 요양급여와 건강검진

이며, 현금급여에는 요양비, 본인부담금보상금, 장애인 보장구 급여비 등이 있다.

〈표 5-11〉 국민건강보험의 급여종류

<table>
<tr><th colspan="2">급여종류</th><th>급여내용</th></tr>
<tr><td rowspan="2">현물
급여</td><td>요양급여</td><td>• 요양기관(요양급여를 행하는 기관)으로부터 직접 의료서비스를 제공받는 것</td></tr>
<tr><td>건강진단</td><td>• 질병의 조기발견과 그에 따른 요양급여를 하기 위하여 2년마다 1회 실시 (비사무직 직장가입자의 경우 1년에 1회 실시)</td></tr>
<tr><td rowspan="4">현금
급여</td><td>요양비</td><td>• 요양기관 이외의 장소에서 진료를 받은 경우 요양급여에 상당하는 금액 지급</td></tr>
<tr><td>장애인보장구</td><td>• 장애인의 보장구 구입금액이 유형별 기준액 이내인 경우 구입액의 80%, 구입금액이 유형별 기준액을 초과하는 경우 기준 액의 80%를 지급</td></tr>
<tr><td>본인부담액
상한제</td><td>• 연간 환자가 부담한 본인부담액이 상한액 기준(121~506만원)을 초과할 경우 초과분을 가입자에게 환급하는 제도(소득수준에 따라 7단계 차등 적용)</td></tr>
<tr><td>임신 · 출산
진료비</td><td>• 임신기간 동안 지원 신청한 경우 전자바우처(국민행복카드) 형태로 진료비의 일부(임신 1회당 50만원, 다태아 임신부의 경우 70만원)를 지원
• 자연분만 시 본인부담금 면제
• 영구 피임수술을 받은 자에 대한 난관, 정관복원술 보험적용</td></tr>
</table>

(4) 국민건강보험심사평가원

국민건강보험은 요양급여비용을 심사하고 요양급여의 적정성을 평가하기 위한 기관으로 건강보험심사평가원을 설립 · 운영하고 있는데, 이는 공단과는 별도의 법인이다. 심사평가원은 ① 요양급여비용의 심사, ② 요양급여의 적정성에 대한 평가, ③ 심사 및 평가 기준의 개별 등의 업무를 관장한다.

4. 산업재해보상보험

1) 산재보험의 의의와 특성

산업재해(industrial injury)로부터 근로자를 보호하기 위해서는 산업재해 자체를 예방하는 것이 가장 바람직한 것이나, 이미 발생한 산업재해로 인해 부상 또는 사망한 경우는 그 피해근로자나 가족을 보호 내지 보상해 주기 위해서는 산재보험이 중요한 의미를 지닌다. 본래 근로기준법에서 재해보상제도를 규정하고 있었지만, 이는 개별적인 사용자의 책임에 한정되었기 때문에 기업이 산업재해로 인하여 큰 손실을 입거나 도산하는 경우 등에는 보호를 받을 수 없었다. 따라서 어떠한 경우에도 재해보상이 확실히 보장되는 제도적 뒷받침이 필요하였는데, 이것이 곧 보험기술을 이용하여 단체적 책임 하에 재해를 보상하는 산재보험제도의 마련이었다. 이는 사용자의 입장에서 보아도 산업재해로 인한 위험부담을 분산 · 경감해 주고 안정된 기업활동을 할 수 있도록 도와주는 이점이 있다.

산재보험은 산업현장에서 활동하는 근로자에게 발생할 수 있는 제반 재해에 대해 보험방식으로 근로자와 그 가족을 보호함은 물론 사업주의 위험부담을 경감시키려는 사회보장제도이다. 산재보험은 정부(노동부 장관)의 위탁을 받은 근로복지공단을 보험자로 하고 사업주를 보험가입자로 하는 제도를 채용하고 있으며, 피보험자의 개념을 별도로 규정하고 있지 않다.

산재보험이 사회보험의 한 종류로서 여러 사회보험과 유사한 특성을 가지고 있지만, 산재보험만이 가진 몇 가지 특성을 다음과 같이 정리할 수 있다. 첫째, 산재보험은 기본적으로 업무상 사유로 재해를 입은 근로자에 대하여 사용자의 무과실책임주의에 입각하여 사업주의 보상책임을 담보하여 주는 일종의 사업주 책임보험으로서의 특성을 가지고 있다. 근로자의 업무상 재해보상이 “무과실책임”을 전제로 이루어진다는 의미는 과실이 없으면 책임이 없다는 “과실책임”을 전제로 하는 민법상의 손해배상과 크게 다르다. 둘째, 보험사업에 소요되는 재원인 보험료는 원칙적으로 사업주가 전액 부담한다. 셋째, 산재보험은 보험관리상의 주요 특징은 사업장 중심으로 관리하기 때문에 보험가입자와 수급자가 일치하지 않는다. 즉, 다른 사회보험제도와 달리 사업장 단위로만 가입이 이루어지고 개별 근로자의 관리는 별도로 이루어지지 않고 있다. 이것은 산업재해에 대한 고용주 책임을 사회보험화한 것이기 때문이다. 넷째, 산재보험급여는 재해발생에 따른 손해 전체를 보상하는 것이 아니라 평균임금을 기초로 하는 정률보상방식으로 행한다. 이것은 보상을 신속하고 확실하게 이루어질 수 있게 하기 위함이다.

2) 산재보험의 발전과정

근로자의 재해보상을 보장하기 위한 제도는 1884년 독일의 재해보험법을 효시로, 현재 많은 나라에서 채택하고 있다. 우리나라에서는 1963년 11월 5일 근로자의 업무상의 재해를 신속하고 공정하게 보상하고, 이에 필요한 보험시설을 설치 · 운영하며 재해예방 기타 근로자의 복지증진을 위한 사업을 행함으로써 근로자 보호에 이바지함을 목적으로 '산업재해보상보험법'이 제정 · 공포됨으로써 근대적인 산업재해보상보험제도가 도입되었다. 그 이듬해인 1964년 1월 1일부터 상시 500인 이상의 근로자를 사용하는 광업 및 제조업에 적용토록 하였으며, 강제사회보험의 형태를 채택하여 노동청에서 이를 관장하도록 하였고 보험료는 전액 사업자가 부담하도록 하였다.

산재보험의 시행 초기에는 근로기준법상의 보상수준을 그대로 대행하는 책임보험의 영역에서 벗어나지 못하였으나, 그동안의 경제발전과 몇 차례의 법 개정을 통하여 보험급여의 수준을 향상시켰고, 산재근로자를 위한 여러 복지시설을 설치 · 운영하는 등 사회보장제도로서 면모를 갖추었다. 1982년에는 산업재해보상보험 특별회계법을 개정하여 산재보험기금 제도를 신설하였으며, 1995년에는 산재보험의 업무를 이전의 노동부에서 근로복지공단으로 이관하였다.

3) 산재보험의 주요 내용

(1) 보험료

산재보험료는 매 보험년도마다 그 1년 동안 모든 근로자에게 지급하는 임금총액에 동종 사업에 적용되는 보험요율을 곱하여 산정한다(보험료 = 당해 보험연도의 임금총액 × 보험요율). 재원은 사업주가 부담하는 보험료로 이루어지며, 근로자는 부담하지 않는다. 그런데 보험요율은 다른 사회보험과는 달리 사업종류별 위험등급에 따라 차등화되어 있다. 즉, 위험부담이 높은 업종은 보험료율이 높다. 예를 들어, 석탄광업은 34%이고, 사회복지사업은 0.7%이며, 금융 및 보험업은 0.6%이다. 현재 우리나라는 사업종류별로 구분하여 업종별 요율을 산정한 후에, 개별 실적요율이 적용되는 대규모 사업장에는 사업장 단위의 보험수지율에 기초하여 업종별 요율을 가감하는 개별 실적요율을 적용하여 사업장별 보험료율을 확정하고 있다.

(2) 급여의 종류

산재보험의 급여는 근로기준법상의 보상의 종류 및 내용과 거의 같으나, 일시보상 대신 상병보상연금이 규정되어 있는 점과 민사상의 손해배상문제를 간편하게 해결하는 장해특별급여 · 유족특별급여 등의 특별급여제도가 규정되어 있는 점 등이 다르다. 산재보험의 보상을 받은 때는 보험가입자는 그 한도 내에서 근로기준법상의 보상책임이 면제된다.

근로자가 산재보상을 청구하기 위해서는 그 재해가 업무상 발생한 것이어야 한다. 업무상의 재해 여부는 업무수행성(業務遂行性) · 업무기인성(業務起因性) 등을 고려하여 판단하는데, 그 기준으로 노동부예규 업무상 재해인정기준이 1983년부터 시행되고 있다.

보험급여의 종류로는 요양급여, 휴업급여, 장해급여, 간병급여, 유족급여, 상병보상연금, 장의비 등 종류가 있다. 보험급여는 보험급여를 받을 수 있는 자의 청구에 의하여 이를 지급한다.

① 요양급여

요양급여는 근로자가 업무상의 사유에 의하여 부상을 당하거나 질병에 걸린 경우에 당해 근로자에게 지급하는 급여로서, 원칙적으로 현물급여이다. 다만 3일 이내의 요양으로 치유될 수 있는 경우에는 요양급여를 지급하지 아니한다. 급여수준은 요양비의 전액으로 하되, 노동부장관이 설치한 보험시설이나 지정의료기관에서 요양을 하게 되며, 부득이 위의 지정 의료기관 등을 이용할 수 없는 경우에는 요양비가 지급된다.

② 휴업급여

휴업급여는 요양으로 인하여 취업하지 못한 기간에 대하여 지급하며, 1일에 대하여 평균임금의 70%를 지급한다. 취업하지 못한 기간이 3일 이내인 때에는 지급하지 않는다. 휴업급여가 최저임금액에 미달하는 경우에는 최저임금액을 휴업급여 지급액으로 한다.

③ 장해급여

장해급여는 근로자가 업무상의 사유로 부상을 당하거나 질병에 걸려 치유된 후 신체 등에 장해가 있는 경우에 그 근로자에게 지급한다. 장해급여는 장해등급에 따라 장해보상연금 또는 장해보상일시금으로 지급한다.

④ 유족급여

유족급여는 근로자가 업무상의 사유로 사망한 경우에 유족에게 지급하며, 유족보상연금이나 유족보상일시금으로 하되, 유족보상일시금은 근로자가 사망할 당시 유족보상연금을 받을 수 있는 자격이 있는 자가 없는 경우에 지급한다.

⑤ 상병보상연금

요양급여를 받는 근로자가 요양을 시작한 지 2년이 지난 날 이후에 아래의 요건 모두에 해당하는 상태가 계속되면 휴업급여 대신 상병보상연금을 그 근로자에게 지급한다.

- 그 부상이나 질병이 치유되지 아니한 상태일 것
- 그 부상이나 질병에 따른 폐질(廢疾)의 정도가 대통령령으로 정하는 폐질등급 기준에 해당할 것
- 요양으로 인하여 취업하지 못하였을 것

⑥ 장의비

장의비는 근로자가 업무상의 사유에 의하여 사망한 경우에 평균임금의 120일분에 상당하는 금액을 그 장제를 지낸 유족에게 지급한다.

⑦ 간병급여

간병급여는 요양급여를 받은 자가 치유 후 의학적으로 상시 또는 수시로 간병이 필요하여 실제로 간병을 받은 자에게 지급한다.

⑧ 직업재활급여

직업재활급여는 장해급여자 중 취업을 위하여 직업훈련이 필요한 자에 대하여 실시하는 직업훈련에 드는 비용 및 직업훈련수당과 업무상의 재해가 발생할 당시의 사업에 복귀한 장해급여자에 대하여 사업주가 고용을 유지하거나 직장적응훈련 또는 재활운동을 실시하는 경우에 각각 지급하는 직장복귀지원금, 직장적응훈련비 및 재활운동비가 있다.

5. 고용보험

1) 고용보험의 의의와 특성

고용보험은 실업의 예방, 고용의 촉진 및 근로자의 직업능력의 개발, 향상은 물론 근로자의 생활에 필요한 급여를 지급하여 실직근로자의 생활안정 및 재취업을 지원하는 사회보험제도이다. 우리나라에서는 1993년 12월 「고용보험법」이 제정되어 1995년 7월부터 시행되었고, 1998년 10월부터 1인 이상 전 사업장으로 고용보험 적용이 확대되었다. 실업보험은 단순하게 실직자의 생계를 지원하는 사후적 소극적인 사회보장제도에 그치는 반면, 고용보험은 실직자에 대한 생계지원은 물론 재취업을 촉진하고 더 나아가 실업의 예방 및 고용안정, 노동시장의 구조 개편, 직업능력 개발을 강화하기 위한 사전적·적극적 차원의 종합적인 노동시장정책의 수단이라고 할 수 있다.

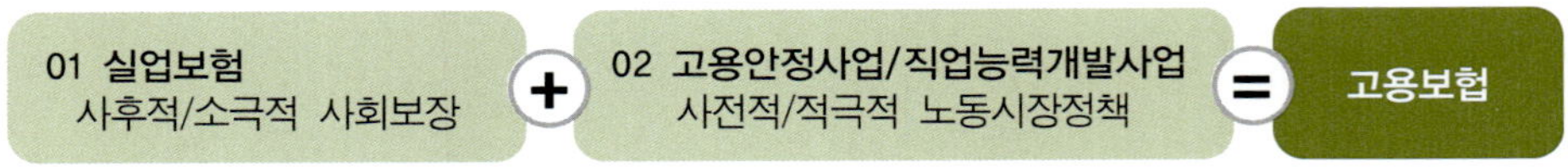

[그림 5-1] 고용보험 개념도

고용보험이 사회보험제도 갖는 몇 가지 특성을 지적하면 첫째, 실직근로자의 생활보장과 고용대책이 통합된 제도이다. 이는 근로자의 생활을 보장하는 사회복지정책으로서 기능과 빠르게 변화하는 현대 산업사회에서 요청되는 산업구조조정과 경영합리화를 촉진하고 인력수급을 원활하게 하려는 한에서 고용정책이 함께 융화된 제도로 볼 수 있다.

둘째, 관리운영의 국가 책임이다. 주무부서는 노동부로 되고 있고 구체적인 사업 중 많은 부분을 근로복지공단에 위탁하여 실행하고 있다.

셋째, 보험사고의 예측이 어려운 사회보험이다. 연금보험, 의료보험 및 산재보험의 보험사고 발생률이 비교적 안정적이며 정확히 예측할 수 있는 데 비하여, 고용보험의 경우 실업률은 경기변동과 밀접한 관계가 있으며, 이는 다시 경기, 재정, 통화정책 등에 영향을 받기 때문에 보험사고 발생률의 예측이 어렵다.

2) 고용보험의 발전과정

우리나라에서는 1993년 12월에 근로자복지와 노동시장의 효율성 제고라는 목표로 고용보험법이 제정되어 1995년 7월부터 상시근로자 30인 이상 사업장부터 시행되었으며, 1998년 10월부터는 전 사업장으로 확대되었다(표 5-12 참조). 그리고 2001년 11월부터는 고용보험을 통해 모성보호급여인 육아휴직급여와 산전후 휴가급여를 지급하기 시작했다.

〈표 5-12〉 고용보험의 연혁

1993. 12. 27. :	고용보험법 제정 · 공포
1995. 7. 1. :	고용보험법 시행
1998. 10. 1. :	1인 이상 전 사업장으로 고용보험 적용확대
2001. 11. 1. :	고용보험을 통해 모성보호급여(육아 휴직 · 산전후 휴가급여) 지급
2003. 12. 31. :	〈고용보험 및 산업재해보상보험의 보험료 징수 등에 관한 법률〉이 제정되어, 고용보험과 산업재해보상보험의 보험료를 통합징수

3) 고용보험의 주요 내용

(1) 적용대상

① 사업과 사업장

고용보험 적용대상은 당연적용사업과 임의가입사업으로 구분된다. 당연적용사업은 사업이 개시되거나 사업이 적용요건을 충족하게 되었을 때, 사업주 또는 근로자 의사와 관계없이 자동적으로 보험 관계가 성립되는 사업이다.

임의가입사업은 「고용보험법」의 의무적용을 받지 않는 사업으로서 고용보험가입 여부가 사업주의 자유의사에 일임되어 있는 사업이다. 이 경우 사업주는 근로자(적용 제외 근로자 제외) 과반수 이상의 동의를 얻어 고용보험 가입신청서를 관할 근로복지공단에 제출하여 승인을 받아야 가입할 수 있다(실업급여에 한하여 가입할 수 없음) (http://www.ei.go.kr).

고용보험 적용 제외 사업은 ① 농업, 임업, 어업 및 수렵업 중 법인이 아닌 자가 상시 근로자 4인 이하를 고용하는 사업, ② 총 공사금액이 매년 고용노동부장관이 고시하는 금액(2천만 원) 미만인 건설공사, ③ 연면적 100㎡ 이하인 건축물의 건축 또는 연면적이 200㎡ 이하인 건축물의 대수선에 관한 공사, ④ 가사 서비스업이다.

② 적용대상 근로자

고용보험은 모든 근로자에게 적용되나 적용제외 대상도 있으며, 제외대상은 다음과 같다. ① 65세 이후에 새로 고용된 자(실업급여는 적용 제외, 고용안정/직업능력개발사업은 적용). ② 1개월간 소정근로시간이 60시간 미만인 근로자(1주 15시간 미만 포함). 다만, 생업을 목적으로 근로자를 제공하는 자 중 3개월 이상 계속하여 근로를 제공하는 자와 1개월 미만 동안 고용되는 일용근로자는 적용대상임. ③ 공무원(별정직, 임기제 공무원은 임의가입 가능). 다만, 임용된 날부터 3개월 이내에 신청. ④ 「사립학교교직원연금법」 적용자. ⑤ 별정우체국 직원.

③ 일용근로자 고용보험

2004년부터 일용근로자도 고용보험 가입이 의무화되도록 「고용보험법」이 개정되었다.

일용근로자란 1월 미만의 기간 동안 고용되는 근로자로, 주로 건설근로자가 해당되며, 중국집 배달원, 급식조리원, 식당주방보조원, 백화점 세일기간 동안 고용된 사람 등이 해당된다. 일용근로자가 고용보험에 가입되면, 실직 시 실업급여를 받을 수 있다. 수급자격은 수급자격인정 이직일 이전 18개월간 고용보험 가입기간이 180일 이상이고, 수급자격 신청일 이전 1개월간 일한 일 수가 10일이 안 될 경우 실업급여를 받을 수 있다. 또한 재취업을 위한 취업 알선을 받을 수 있으며, 재취직 훈련 시 훈련비와 훈련수당을 지원받을 수 있다.

④ 자영업자 고용보험

자영업자의 생활안정 및 재취업을 지원하기 위한 제도이며, 50인 미만 근로자가 있는 자영업자는 본인이 희망하는 경우 가입이 가능하다. 가입 후 고용안정 및 직업능력개발사업, 실업급여 지원을 받을 수 있다.

(2) 재원(보험료)

현재 고용보험제도의 재원조달방식은 고용보험의 사업내용에 따라 분리하여 적용하고 있다. 실업급여사업은 근로자와 사용자가 각각 0.64%씩 부담한다. 반면에 고용안정사업 및 직업능력개발사업은 사업주만 부담한다. 보험요율은 사업별, 사업장 규모별로 다르게 적용되고 있다.

〈표 5-13〉 고용보험의 보험료율

구 분		근로자	사업주
실업급여		0.65%	0.65%
고용안정사업 및 직업능력개발사업	150인 미만기업	-	0.25%
	150인 이상기업(우선 지원대상기업)	-	0.45%
	150인 이상 ~ 1000인 미만 기업 (우선지원 대상기업 제외)	-	0.65%
	1000인 이상 기업 및 국가, 지방자치단체가 직접 행하는 사업	-	0.85%

출처: http://www.ei.go.kr

(3) 급여의 종류

고용보험의 급여는 실업급여, 출산 및 육아휴직급여와 같은 현금급여와 고용을 지원하는 현물급여로 구분할 수 있다. 고용보험사업은 고용안정사업 · 직업능력개발사업(사전적/적극적 노동시장정책), 실업급여(사후적/소극적 노동시장정책), 모성보호사업(육아휴직급여, 산전후휴가급여)으로 나누어진다.

① 고용안정사업 및 직업능력개발사업

실업의 예방, 취업의 촉진, 고용기회의 확대, 직업능력개발 · 향상의 기회 제공 및 그 밖에 고용안정과 사업주에 대한 인력확보의 지원을 위하여 고용안정 및 직업능력개발사업을 실시한다. 고용보험을 가입한 기업에게는 고용창출지원, 고용조정지원, 고용촉진지원, 건설근로자 고용안정지원, 직장보육시설 지원 등의 혜택이 있다.

② 실업급여

근로자가 실직하였을 경우 일정 기간 동안 실직자와 그 가족의 생활안정 그리고 원활한 구직활동을 위하여 실업급여를 지급한다. 일반적으로 실업급여를 받으려면

비자발적 실업이어야 하며, 실업 전 6개월의 최저가입기간을 충족시켜야 한다. <표 5-14>에서와 같이 실업급여는 퇴직 당시 연령과 고용보험 가입기간에 따라, 퇴직 전 평균임금의 50%까지 실업급여를 받을 수 있으며 실업급여 지급일수는 최소 90일에서 최대 240일까지이다. 실업급여는 ① 구직급여, ② 취직촉진수당(조기재취업수당, 직업능력개발수당, 광역구직활동비, 이주비), ③ 연장급여(훈련연장급여, 개별연장급여, 특별연장급여), ④ 상병급여가 있다.

<표 5-14> 퇴직연령 및 가입기간에 따른 구직급여 수급기간(소정급여일수)

연령 및 가입기간	1년 미만	1년 이상 3년 미만	3년 이상 5년 미만	5년 이상 10년 미만	10년 이상
30세 미만	90일	90일	120일	150일	180일
30세 이상 ~ 50세 미만	90일	120일	150일	180일	210일
50세 이상 ~ 64세 및 장애인	90일	150일	180일	210일	240일

출처: http://www.ei.go.kr

구직급여는 고용보험 적용사업장에서 실직 전 18개월 중 피보험단위기간이 통산 180일 이상 근무하고, 근로의사 및 능력이 있고, 적극적 재취업활동에도 불구하고 취업하지 못한 상태이며, 수급자격 제한사유에 해당하지 않아야 한다. 구직급여 지급액은 1일 최고 금액은 4만원이고, 최저금액은 1일 최저임금법상 시간급 최저금액의 90%이다. 실업급여는 퇴직 당시 연령과 고용보험 가입기간에 따라 최소 90일에서 최대 240일까지 받을 수 있다.

상병급여는 실업신고를 한 이후 질병이나 부상, 출산으로 취업이 불가능하여 실업인정을 받지 못한 경우 지급한다. 상병급여액은 구직급여액과 같으며, 구직급여 지급일 내에서 지급한다.

연장급여에는 훈련연장급여, 개별연장급여, 특별연장급여가 있다. 훈련연장급여는 실업급여 수급자로서 연령·경력 등을 고려할 때, 재취업을 위해 직업안정개발훈련이 필요하면, 2년 이내에서 구직급여를 연장할 수 있으며, 구직급여일액의 70%를 지급한다. 개별연장급여는 취직이 특히 곤란하고 생활이 어려운 수급자로서 임금수준, 재산상황, 부양가족 여부 등을 고려하여 생계지원이 필요한 자에게 최대 60일 이내에서 구직급여를 연장할 수 있다. 특별연장급여는 실업급증 등으로 재취업이 특히 어렵다고 인정되는 경우 최대 60일 범위 내에서 구직급여를 연장할 수 있다.

취업촉진수당의 하나인 조기재취업수당은 수급자격자가 안정된 직업에 재취직하거나 스스로 영리를 목적으로 하는 사업을 영위하는 경우로, 지급받을 수 있는 소정급여일수를 1/2 이상 남기고 12개월 이상 고용(자영업을 영위할 것)된 경우 지급한다. 직업능력개발수당은 실업기간 중 직업능력개발훈련을 받은 경우 훈련받는 기간에 지급한다. 광역구직활동비는 직업안정기관장의 소개로 거주지에서 50km 이상 떨어진 회사에 구직활동하는 경우 지급한다. 이주비는 취업 또는 직업안정기관의 장이 지시한 직업능력개발훈련을 받기 위해 그 주거를 이전하는 경우 지급한다.

③ 육아휴직급여

만 6세 이하의 자녀를 가진 근로자가 그 자녀를 양육하기 위해 육아휴직을 30일 이상 부여받고 소정의 수급요건을 충족하는 경우 매월 통상임금의 40%를 지급하는 제도이다. 상한액은 월 100만원, 하한액은 월 50만원이다. 육아휴직은 근로자의 육아부담을 해소하고 계속 근로자를 지원함으로써 근로자의 생활안정 및 고용안정을 도모하는 한편, 기업의 숙련인력 확보를 지원하는 제도이다. 육아휴직기간은 자녀가 만 6세 이하로 초등학교 취학 전까지 1년 이내로 받을 수 있다. 급여 중 일부(15/100)는 직장복귀 6개월 후에 합산하여 일시불로 지급한다.

④ 육아기 근로시간 단축

육아휴직을 신청할 수 있는 근로자가 육아휴직을 대신하여 육아기 근로시간 단축을 1년 이내에 기간에서 신청할 수 있는 제도이다. 단축 후 근로시간은 주당 15시간 이상, 30시간 이내이어야 한다.

⑤ 출산전후 휴가급여

임신 중 여성에게 출산전후 90일의 휴가를 줌으로써 출산한 여성근로자의 근로의무를 면제하고 임금상실 없이 휴식을 보장하는 제도이다. 휴기기간 배정은 출산 후에 45일 이상이 되도록 한다. 출산휴가 중 급여는 우선지원대상기업은 90일 분(최고상한 405만원, 최저하한 최저임금)이 고용보험에서 지급되고, 대규모 기업은 최초 60일은 사업주가, 그 이후 30일(최고상한 135만원, 최저하한 최저임금)은 고용보험에서 지급한다.

(4) 근로자와 실업자에 대한 지원

① 재직근로자 훈련지원

재직근로자에 대한 훈련지원으로는 근로자 직무능력 향상 지원금과 내일배움카드제(재직자)가 있다.

근로자 직무능력 향상 지원금은 우선지원 대상 중소기업 근로자, 고용보험 임의가입 자영업자 및 비정규직 근로자 등이 직무능력 향상을 위하여 본인비용으로 수강한 훈련과정 수강료 일부를 지원하는 제도이다. 1인당 연간 100만원 범위 내에서 훈련과정에 따라 50~100%를 지원한다.

내일배움카드제(재직자)는 이직 예정, 무급휴직 · 휴업자 및 비정규직 근로자가 재직자 계좌카드를 신청 · 발급받아 더 나은 일자리로의 이동을 위한 훈련과정을 수강하는 경우, 훈련비 일부를 지원하는 제도이다. 1인당 연간 200만원 범위 내에서 훈련과정에 따라 50～100%를 지원한다.

② 실업자 훈련지원

실업자를 위한 훈련지원제도로는 내일배움카드(직업능력개발계좌제)와 국가기간전략산업직종에 대한 지원이 있다.

내일배움카드(직업능력개발계좌제)는 현재 구직 중에 있는 실업자에게 일정한 금액을 지원하고, 그 범위 이내에서 직업능력개발훈련에 참여할 수 있도록 하며, 훈련이력 등을 개인별로 통합 관리하는 제도이다. 1인당 200만원 한도 내에서 내일배움카드

발급일로부터 1년 동안 최대 2회(2년)까지 훈련비의 70~50%를 지원받을 수 있다.

국가기간전략산업직종 지원제도는 국가기간산업이나 국가전략산업 중 인력부족 직종에 대한 지원·기능인력 및 전문기술인력 양성을 위하여 훈련기관에 참여한 훈련생에게 훈련 장려금을 지원하는 제도이다. 지원대상은 직업안정기관에 구직 등록한 15세 이상 실업자, 고3학년 재학생으로서 고등교육기관에 진학하지 않은 학생, 대학 또는 전문대학 최종 학년 재학생으로서 대학원 등에 진학하지 않는 학생(다음 연도 2월 말 졸업예정인 자)이다. 훈련 장려금은 월 최대 316,000원 지급한다.

6. 노인장기요양보험

노인장기요양보험은 고령이나 치매, 중풍 등으로 거동이 불편하여 혼자서 일상생활을 하기 어려운 노인의 가정을 요양보호사가 방문하여 식사, 목욕, 가사지원 및 간호서비스 등을 제공하거나, 요양시설에 입소하도록 해 전문서비스를 제공함으로써 노후생활의 안정과 가족의 부담을 덜어주기 위한 제도로 국민들이 부담하는 보험료를 주요 재원으로 운영되는 사회보험제도이다.

노인의 간병·수발문제를 사회적 연대원리에 따라 정부와 사회가 공동으로 해결하는 수발보험제도를 도입하여 노인의 노후생활 안정을 도모하고 그 가족의 부양부담을 덜어줌으로써 국민의 삶의 질을 향상시킬 목적으로 2007년 4월 2일 '노인장기요양보험법'이 제정되었으며 2008년 7월 1일부터 전국적으로 시행되었다.

1) 노인장기요양보험의 도입배경

과거에는 노인의 수발문제가 주로 가족에 의해 해결되었다. 평균수명이 길지 않아 수발기간도 길지 않았고 비용도 그리 많이 들지 않았기 때문이다. 그러나 고령화가 급속히 진전됨에 따라 수발이 필요한 65세 이상 노인인구가 크게 늘게 되어 사회적 문제가 되고 있고, 수발기간도 길어졌다. 더 이상 가족만이 수발을 감당하기에는 육체적 · 정신적 · 경제적 부담이 너무 크기 때문에 이제는 사회가 개입하여 함께 해결하기 위해서 노인장기요양보험제도가 도입되는 것이다.

가족 중 치매나 중풍 노인이 한 명이라도 있다면, 우선 배우자가 가장 큰 고생을 하게 되고, 자식들이 서로 부양을 떠넘기는 가족해체현상까지 빚어지고 있는 실정이다. 비윤리적이고 인간의 존엄성까지 손상되는 이러한 일들이 우리 사회에서 계속 일어나는 것은 더 이상 허용될 수 없다.

노인장기요양보험이 시행되기 전 우리나라는 일부 부유층 경우 값비싼 유료요양시설(이용료 : 월 100~250만원)을, 기초생활수급자는 무료요양시설을 이용할 수 있었으나, 대부분의 중산 · 서민층 노인이 이용할 수 있는 시설은 절대적으로 부족했고 유료시설 이용 시 비용이 과중한 실정이었다.

그리고 수발자의 문제도 심각하다. 특히, 주 수발계층인 여성이 수발로 인해 경제활동을 하기 어렵다. 이 때문에 본인의 노후를 준비할 수 없게 되어 정작 본인이 노인이 되었을 경우, 타인의 도움 없이 생활하기 어려운 상황에 처하게 될 수도 있다.

2) 노인장기요양보험의 대상

65세 이상의 노인 또는 65세 미만의 자로서 치매 · 뇌혈관성질환 등 대통령령으로 정하는 노인성 질병을 가진 자로서 등급판정위원회의 등급 판정을 받은 자이다.

3) 노인장기요양급여의 종류

장기요양급여란 6개월 이상 동안 혼자서 일상생활을 수행하기 어렵다고 인정되는 자에게 신체활동 · 가사활동의 지원 또는 간병 등의 서비스나 이에 갈음하여 지급하는 현금 등을 말한다. 급여의 종류는 재가급여와 시설급여, 특별현금급여가 있다. 각 급여에 대한 내용은 다음과 같다.

(1) 재가급여

① 방문요양 : 장기요양요원이 수급자의 가정 등을 방문하여 신체활동 및 가사활동 등을 지원하는 장기요양급여

② 방문목욕 : 장기요양요원이 목욕설비를 갖춘 장비를 이용하여 수급자의 가정 등을 방문하여 목욕을 제공하는 장기요양급여

③ 방문간호 : 장기요양요원인 간호사 등이 의사, 한의사 또는 치과의사의 지시서에 따라 수급자의 가정 등을 방문하여 간호, 진료의 보조, 요양에 관한 상담 또는 구강위생 등을 제공하는 장기요양급여

④ 주·야간보호 : 수급자를 하루 중 일정한 시간 동안 장기요양기관에 보호하여 신체활동 지원 및 심신기능의 유지·향상을 위한 교육·훈련 등을 제공하는 장기요양급여

⑤ 단기보호 : 수급자를 보건복지부령으로 정하는 범위 안에서 일정 기간 동안 장기요양기관에 보호하여 신체활동 지원 및 심신기능의 유지·향상을 위한 교육·훈련 등을 제공하는 장기요양급여

⑥ 기타재가급여 : 수급자의 일상생활·신체활동 지원에 필요한 용구를 제공하거나 가정을 방문하여 재활에 관한 지원 등을 제공하는 장기요양급여로서 대통령령으로 정하는 급여

(2) 시설급여

장기요양기관이 운영하는 노인의료복지시설(노인요양시설, 노인요양공동생활가정) 등에 장기간 동안 입소하여 신체활동 지원 및 심신기능의 유지·향상을 위한 교육·훈련 등을 제공하는 장기요양급여이다.

(3) 특별현금급여

특별현금급여에는 가족요양비, 특례요양비, 요양병원 간병비가 있다.

① 가족요양비 : 도서·벽지 등 장기요양기관이 현저히 부족한 지역이나, 천재지

변 등의 사유로 장기요양급여를 이용하기가 어려운 경우, 신체·정신 또는 성격 등 대통령령으로 정하는 사유로 인하여 가족 등으로부터 장기요양을 받아야 하는 자는 가족요양비를 받을 수 있다.

② 특례요양비 : 수급자가 장기요양기관이 아닌 노인요양시설 등의 기관 또는 시설에서 재가급여 또는 시설급여에 상당한 장기요양급여를 받은 경우, 당해 장기요양급여비용의 일부를 당해 수급자에게 특례요양비로 지급한다.

③ 요양병원 간병비 : 수급자가 요양병원에 입원한 때 장기요양에 사용되는 비용의 일부를 요양병원간병비로 지급한다.

4) 노인장기요양보험의 재원과 본인부담률

노인장기요양보험의 재원은 장기요양보험료, 본인일부부담금, 국가부담으로 이루어진다. 장기요양보험료는 건강보험료에 장기요양보험요율을 곱하여 산정한다. 본인일부부담금은 재가급여 15%, 시설급여 20%를 부담한다. 국가부담은 매년 예산 범위 내에서 당해 연도 장기요양보험료 예상 수입액의 20%에 상응하는 금액을 건강보험공단에 지원한다. 「국민기초생활 보장법」에 의한 수급자는 본인부담금을 면제받는다.

제 3 절 공공부조

공공부조(公共扶助)는 자본주의 사회의 모순이 심화됨에 따라 그 구조적 산물로서 빈곤이 발생되었다는 역사적 인과관계를 인정하여, 국가의 책임 하에 소득조사나 자산조사와 같은 자격요건의 조사를 통해 빈곤한 국민들에게 최저한도의 생계(national minimum)를 보장하는 제도이다. 공공부조는 빈곤계층의 기본적 생활욕구 해결을 돕기 위해 소득보장, 의료보호, 교육, 주택 등 기타 서비스를 제공한다. 공공부조는 나라마다 상이하게 표현되고 있는데 우리나라와 일본, 미국에서는 법률상 공공부조 또는 공적부조(public assistance)로, 영국에서는 국가부조(national assistance)로, 프랑스에서는 사회부조(social assistance)라 한다. 공공부조는 사회보험과 더불어 사회보장제도의 핵심이며, 공적인 구빈사업제도이다.

우리나라의 「사회보장기본법」에서는 공공부조를 "국가 및 지방자치단체의 책임 하에 생활유지 능력이 없거나 생활이 어려운 국민의 최저생활을 보장하고 자립을 지원하는 제도"라고 정의하고 있다.

공공부조는 다음과 같은 면에서 사회보험과 다른 특성을 지닌다. 첫째, 사회보험은 일반국민에 대한 소득보장을 행하는 제도인데 비해, 공공부조는 빈곤자나 저소득층에 대한 소득보장의 방법이다. 둘째, 사회보험은 욕구조사를 실시하지 않는데 반해, 공공부조는 개인이 가지고 있는 재정자원이 불충분하다는 것을 입증하기 위해 욕구조사나 소득·자산조사를 행한다. 셋째, 사회보험은 기여에 따른 권리로써 급여를 받기 때문에 사회적 낙인이 없으나, 공공부조는 빈민임을 사회적으로 증명해야 하므로 낙인을 피하기 어렵다. 넷째, 사회보험은 급여의 양을 예상할 수 있으나, 공

〈표 5-15〉 공공부조와 사회보험의 차이점

구분	공공부조	사회보험
목적	구빈, 사후적 대응	빈곤예방, 사전적 대응
이념	선별적 복지	보편적 복지
원리	무차별 평등주의	비례원리 강조(형평주의)
대상	소수의 빈곤 계층(자산조사)	국민 전체
재원	일반 조세(비기여)	보험료(기여, 부담금 등)
급여수준	사회적 최소한	적정선
수급권 성격	권리성 약함	권리성 강함
소득 재분배 효과	누진적	비례적

출처: 장정순 외(2012 : 229).

공부조는 급여의 양을 예상하기가 어렵다. 다섯째, 사회보험은 지정된 조세와 기여금으로 재원을 조달하는데 비해, 공공부조의 재정은 특별세보다는 정부의 일반 세금으로 충당된다. 여섯째, 사회보험에는 모든 참여자가 피보험자이고 특정 시점부터 일부만이 실질적인 수혜자가 된다. 그러나 공공부조의 직접 참여자는 급여를 받는 사람이다.

<공공부조의 기본 원리>

공공부조의 기본 원리는 각국의 법률상의 규정에 따라 약간의 차이는 있지만 일반적인 내용은 다음과 같다.

① 최저생활보장의 원리

국민 각자는 소득의 고저, 직업의 차이, 가족의 대소 등 차이는 있겠지만 모든 국민은 최저한도의 생활이 객관적으로 보장될 수 있도록, 그리고 이러한 보장을 위협하는 원인을 배제하는 조치를 취하는 원리이다. 최저생활보장 수준은 각 나라의 사회·문화·경제적 상황과 관련되어 변화되며 대개 공식적인 최저생계비 수준의 빈곤선을 결정하여 이를 충족시키고 최저생활을 보장하는 원리이다.

② 자립지원의 원리

자립지원의 원리란 기초생활보장 수급자가 공공부조를 받지 않고도 스스로 다른 사람에 의존하지 않고 독립된 생활을 할 수 있도록 조장하는 원리이다. 국민기초생활보장제도의 궁극적인 목적은 생활이 어려운 자들을 자립시키는 데 있다.

③ 생존권 보장의 원리

국민기초생활보장법 제1조에서 "이 법은 생활유지 능력이 없거나 생활이 어려운 자에게 필요한 보호를 행하여 이들의 최저생활을 보장하고 자활을 조성하는 것을 목적으로 한다"고 규정하였다. 이 규정 전체가 생존권 보장의 원리를 나타내고 있으며 현대 복지국가의 가장 중요한 요소임을 인정한다. 국가는 모든 국민의 건강하고 문화적인 최저한의 생활을 보호하여야 하며, 국민의 입장에서 생존권을 보호받을 수 있는 권리를 보장하는 원리이다. 따라서 국민은 누구나 생활이 빈곤할 때 국가에 대하여 보호를 청구할 권리가 성립하고 국가는 국민의 이러한 권리를 보장해 줄 의무가 있는 것이다.

④ 국가책임의 원리

복지국가의 이념과 공공부조를 통한 생존권 보장을 국가의 책임으로 부여하는 원리로서 국가는 이를 위해 재정적 · 행정적 조직체계를 갖추어야 한다. 국가책임의 원리에 대한 주체로서 국가는 주로 중앙정부를 의미하지만 필요에 따라 주민과 직접적으로 접촉하는 지방자치단체가 행정 및 재정의 일부를 책임지기도 한다. 그러나 국가책임의 범위는 국가가 개인의 빈곤에 대해 무조건 혹은 무제한으로 책임을 지는 것은 아니다.

⑤ 보충성의 원리

보충성의 원리란 국민기초생활보장법상의 급여를 받으려고 하는 사람은 그 전제조건으로서 개인적으로 가능한 모든 자원을 동원하여 생활유지에 최대한 노력해야 하고 그렇게 노력한다 하더라도 부족할 경우에, 그 부족한 부분을 제도를 통해 급여하자는 원리인 것이다. 이 원리는 생활의 개인책임 내지 자기책임을 기초로 한 자본주의 사회의 최종적 또는 포괄적인 생활보장수단으로서의 공공부조의 본질을 가장 잘 나타낸 것이다. 이는 자본주의 사회에서 빈곤 혹은 생활상의 책임이 일차적으로 개인 및 가족에게 있음을 강조한 것으로, 이에 대한 국가나 사회의 책임을 이차적으로 보충하는 원리이다.

⑥ 평등보장의 원리

평등보장의 원리란 모든 국민은 국민기초생활보장법상의 요건을 충족하는 한 그

보장은 평등하게 행해져야 하며 태만이나 비행, 개인적 철학 등과 같은 경제적 빈곤의 주관적 원인을 묻지 않고, 생활이 어려운 상태라는 객관적 요건만 있으면 차별없이 평등하게 기초생활을 보장받는다는 원리이다.

<공공부조의 실시상의 원칙>

공공부조와 관련된 법의 경우, 위에서 제시한 기본 원리에 토대를 두어 법을 실시하는 데 있어 기본적인 준거가 되는 원칙으로서 다음과 같은 여섯 가지 기본적인 원칙을 제시할 수 있다.

① 신청급여의 원칙

이것은 공공부조와 관련된 사업을 실시하는 기관의 직권에 의해 급여가 제공되는 것이 아니라, 급여가 필요한 사람의 신청에 의해 급여가 제공되는 원칙을 말한다.

② 기준 및 정도의 원칙

기준 및 정도(程度)의 원칙이란 어느 국민이 스스로의 힘으로 생활할 수 없는 경우에 이 사람이 생활이 어렵다는 것을 나타내는 기준을 결정하는 원칙이다. 그러나 생활이 어려운 것을 판단하는 기준과 더불어 자산의 범위와 관련된 기준도 함께 있어야 한다.

③ 필요즉응의 원칙

필요즉응(卽應)의 원칙이란 빈곤선이 급여를 제공하는 기준이기는 하지만 구체적으로 제공하는 급여는 급여가 실제로 필요한 정도에 따라 개별화시키는 원칙을 말한다.

④ 세대단위의 원칙

급여가 필요한지 여부와 급여가 필요한 정도를 세대를 단위로 해서 결정하는 원칙이다. 이 원칙은 생활의 단위를 이루는 것이 현실적으로 세대라는 점에 근거하고 있다. 그러나 요보호자에 대한 세대단위의 생활보장의 실현이 어려울 경우에는 예외적으로 행정상 세대분리에 따라 개인을 단위로 하여 급여를 제공할 수 있다.

⑤ 현금부조의 원칙

현물급여에 비해서 현금급여는 여러 가지 장점을 가지기 때문에 여러 국가에서는 이 원칙을 공공부조와 관련된 법의 실천방법상 원칙으로 정하고 있다.

⑥ 거택보호의 원칙

거택(居宅)보호의 원칙은 급여가 필요한 사람이 거주하는 곳에서 급여를 제공하는 원칙을 말한다.

1. 국민기초생활보장제도

1) 국민기초생활보장제도의 의의

국민기초생활보장제도는 생활이 어려운 자에게 필요한 급여를 행하여 이들의 최저생활을 보장하고 자활을 돕는 것을 목적으로 1999년 9월 7일 제정된 기초생활보장법에 근거하고 있다. 기초생활보장법이 2000년 10월 1일부터 시행됨으로써 1961년 제정되어 40여 년간 우리나라 공공부조의 근간이 되어 온 생활보호법은 폐지되었다. 구호적 성격의 단순한 생계지원 방식에 지나지 않았던 생활보호제도를 대체하는 국민기초생활보장제도는 온정주의적 보호의 성격에서 국민에게 사회보장을 받을 권리적 성격인 수급권을 부여하고, 기초자치단체 등 행정기관의 명칭을 보장기관으로 변경해 빈곤에 대한 사회적 책임을 강조함으로써 종합적 자활자립서비스 제공의 생산적 복지구현을 기본이념으로 하고 있다.

이러한 국민기초생활보장제도의 의의로 첫째, 공공부조수급권을 법적으로 명확히 하였다는 점을 들 수 있다. 국민기초생활보장제도는 헌법에 보장된 인간다운 생활을 할 권리, 생존권, 사회권, 복지권 내지 사회보장수급권 보장을 규정한 법으로서 공공부조수급권을 구체적으로 보장하는 제도이다. 국민기초생활보장제도에서는 급여를 받는 사람들의 권리를 인정하여 수급자와 수급자라는 용어를 사용하였는데, 여기서 복지권 내지 생존권에 대한 수혜자의 법적 권리를 강조하였다. 국민기초생활보장법은 공공부조수급권을 프로그램 규정설에 입각한 권리가 아니라 법적 권리에 근거한 법률이라는 점에서 의의를 가진다.

둘째, 최저생계보장에 대한 국가의 책임을 강조하고 있다는 점이다. 국민기초생활보장제도는 국가와 지방자치단체가 생활이 어려운 자에게 필요한 급여를 행하여 이들의 최저생활을 보장하고 자활을 조성해야 할 책임이 있음을 명시하고 있다는 점에서 의의가 있다.

셋째, 국민기초생활보장제도는 생활이 어려운 사람들에게 인간다운 최저생활을 영위할 수 있도록 보장해 주고, 스스로 독립된 사회인으로서의 자립 · 자활을 조성해야 할 책임이 있음을 명시하고 있다는 점에서 종합적 빈곤대책이라는 의의가 있다. 기존의 생활보호법상 수급요건인 인구학적 기준에 의한 급여를 철폐하고, 소득이 최저생계비 이하인 국민은 누구나 국가로부터 지원을 받을 수 있도록 함으로써 수급요건을 '빈곤'으로 단순화하였다. 근로능력이 있는 수급권자에 대해서는 근로조건부로(근로와 연계하여) 급여를 제공하는 적극적 자활정책을 수행한다.

2) 국민기초생활보장제도의 발전과정

1961년에 제정된 생활보호법에 근거한 생활보호제도는 보호의 비용과 업무주체의 기관을 국가 또는 지방자치단체로 규정했고, 보호대상자는 부양의무자가 없는 자로서 65세 이상의 노쇠자, 18세 미만의 아동과 임산부, 불구 · 폐질 · 상이 기타 심신장애로 인하여 근로능력이 없는 자와 기타 보호를 필요로 하는 자로 제한하여 생계보호 · 의료보호 · 해산보호 · 장제보호를 실시해왔다.

그러나 1997년 말 외환위기로 인해 모든 국민은 경제적 고통을 감수해야 했고, 특히 저소득층 국민들은 극심한 생활난을 겪었으며, 대량실업과 가족해체, 노숙자 증가, 빈부격차의 심화 등으로 다양한 사회문제가 대두되었다. 정부는 경제위기로 인하여 생계유지가 곤란한 저소득층의 생활안정을 위하여 한시적 생활보호, 실업급여, 공공근로, 노숙자보호, 생업자금융자 등 사회안전망사업을 실시하였으나, 사회보장의 사각지대는 그대로 존재하여 국민의 인간다운 삶은 보장받지 못하였다. 기존의 생활보호제도가 2차적 사회안전망으로서 제 기능을 다하지 못하는 현실적 문제를 타개하기 위해 사회안전망의 사각지대에 살고 있는 저소득계층을 생존위기로부터 보호하기 위한 근본적인 변화가 필요하게 되었다.

이에 1999년 9월 7일 국민기초생활보장법이 제정되어 1년여의 준비기간을 거쳐 2000년 10월 1일부터 시행되었다. 18세 이상 64세 이하의 국민들도 장기실업 등으로 인해 절대적 빈곤상태에 빠진 경우 이들도 최소한의 인간다운 생활을 영위할 수 있도록 기존의 생활보호제도를 전면적으로 대체하는 국민기초생활보장제도가 시행된 것이다. 국민기초생활보장제도는 국가의 보호를 필요로 하는 절대빈곤층의 기본적 생활은 국가가 보장하는 반면, 단순한 생계지원이 아닌 수급자의 자립자활을 촉진하는 생산적 복지지향의 종합적인 빈곤대책이라 할 수 있다.

〈표 5-16〉 생활보호제도와 국민기초생활보장제도의 비교

구분	생활보호제도	국민기초생활보장제도
복지이념	• 온정주의적 보호의 제공	• 권리성의 강화, 생산적 복지이념 구현
법적 용어	• 국가에 의한 보호적 성격 －보호대상자, 보호기관	• 저소득층의 권리적 성격 －수급권자, 보장기관, 생계급여 등
대상자 구분	• 인구학적 기준에 의한 대상자 구분 －거택보호자 : 18세 미만 아동, 65세 이상 등 －자활보호자 : 경제 활동 가능한 근로능력자	• 대상자 구분 폐지 －근로능력이 있는 자는 구분 * 연령기준 외에 신체적, 정신적 능력과 부양, 간병, 양육 등 가구여건 감안 가능

구분	생활보호제도	국민기초생활보장제도
대상자 기준	• 보건복지부 장관이 정하는 소득과 재산이 기준 이하인 자 * '99년 : 월소득 23만원/인 · 월 재산 2,900만원/가구	• 소득과 재산의 소득환산액을 합한 금액이 최저생계비 이하인 자
급여 수준	• 생계보호 : 거택보호자에게만 지급 • 의료보호 – 거택보호 : 의료비 전액지원 – 자활보호 : 의료비의 80% • 교육보호 : 중 · 고생자녀 학비전액지원 • 해산보호 • 장제보호, 자활보호 등	• 생계급여 : 모든 대상자에게 지급하되 근로능력자는 자활 관련사업에 연계하는 조건부로 지급 • 주거급여 신설 : 임대료, 유지수선비 등 주거안정을 위한 수급품 • 긴급급여 신설 : 긴급 필요 시에 우선 급여를 실시 • 의료, 교육, 해산, 장제보호 등은 동일
자활 지원 계획	신설	• 근로능력자 가구별 자활지원계획 수립을 통한 체계적 자활지원 – 근로능력, 가구특성, 자활욕구 등을 토대로 자활방향, 자활에 필요한 서비스, 생계급여의 조건 등을 계획 – 자활에 필요한 서비스를 체계적으로 제공하여 수급권자의 궁극적인 자활을 촉진

3) 국민기초생활보장제도의 주요 내용

(1) 적용대상자 및 용어의 정의

국민기초생활보장법에서 수급권자라 함은 급여를 받을 수 있는 자격을 가진 자를 말하며, 수급자는 급여를 받는 자를 말한다. 수급품은 수급자에게 급여하거나 대여하는 금전 또는 물품을 말하며, 보장기관은 급여를 행하는 국가 또는 지방자치단체를 말한다. 또한 부양의무자는 수급권자를 부양할 책임이 있는 자로서 수급권자의 1촌의 직계혈족 및 그 배우자를 말 말한다.

2000년 10월부터 시행된 국민기초생활보장제도의 적용대상은 '부양의무자가 없거나, 부양의무자가 있어도 부양능력이 없거나 또는 부양을 받을 수 없는 자로서, 소득

인정액이 최저생계비 이하인 자'였다. 즉, 국민기초생활수급자로 선정되기 위해서는 수급신청 가구에게 적용되는 소득기준과 부양의무자 가구에게 적용되는 소득기준을 모두 충족해야 했다. 자격기준에 부합한 대상자에게는 생계, 의료, 주거, 교육 등 모든 급여를 제공하지만 기준을 조금이라도 초과하는 경우에는 일시에 모든 급여가 끊기게 되는 이른바 전부 혹은 전무(All or Nothing) 구조로 설계됐다. 그렇다 보니 제도의 본래 취지와는 다르게 복지급여 수급탈락을 의식해 정상적인 경제활동을 기피하는 행태가 나타나는 등 문제가 계속 지적돼 왔다.

이 같은 문제를 해결하기 위해 단일한 자격기준에 부합하는 경우 기초급여를 모두 지원하는 포괄적인 방식에서 맞춤형 개별급여 체계로의 전환하여, 2015년 7월 1일부터 국민기초생활보장제도의 수급자로 선정되기 위해서는 기준 중위소득[3)]을 적용하는 것으로 변경되었다. 급여별 선정기준은 중위소득과 연동한다. 소득인정액 기준과 부양의무자 기준을 동시에 충족시켜야 한다. 개정된 제도에서는 생계급여, 의료급여, 주거급여, 교육급여 등으로 세분화하고 급여별로 자격기준도 별도로 설정하여, 기준에 부합하는 경우 각각의 급여를 지급하는 방식으로 변경된다.

① 소득인정액

소득인정액이란 보장기관이 급여의 결정 및 실시 등에 사용하기 위하여 산출한 개별가구의 소득평가액과 재산의 소득환산액을 합산한 금액을 말한다.

개별가구의 소득평가액은 개별가구의 실제소득에도 불구하고 보장기관이 급여의 결정 및 실시 등에 사용하기 위하여 산출한 금액으로 근로 · 사업 · 재산 · 이전소득의 소득을 합한 개별가구의 실제소득에서 장애 · 질병 · 양육 등 가구 특성에 따른 지출요인, 근로를 유인하기 위한 요인, 그 밖에 추가적인 지출 요인에 해당하는 금액을 감하여 산정한다. 재산의 소득환산액은 개별가구의 재산가액에서 기본재산액(기초생

3) 기준 중위소득이란 보건복지부 장관이 급여의 기준 등에 활용하기 위하여 중앙생활보장위원회의 심의 · 의결을 거쳐 고시하는 국민 가구소득의 중위값을 말한다.

활의유지에 필요하다고 보건복지부 장관이 정하여 고시하는 재산액을 말한다) 및 부채를 공제한 금액에 소득환산율을 곱하여 산정한다.

〈표 5-17〉 소득인정액의 산정(2016년 기준)

○ **소득인정액 = 소득평가액 + 재산의 소득환산액** ※ 소득평가액 = (실제소득 − 가구특성별 지출비용 − 자활소득공제) ※ 재산의 소득환산액 = (재산 − 기본재산액 − 부채 + 자동차 재산가액)) × 소득환산율 −재산의 종류 : 일반재산(주거용재산), 금융재산, 자동차, 기타 산정되는 재산 −기본재산액 : 대도시(5,400만원), 중소도시(3,400만원), 농어촌(2,900만원) −소득환산율 : 주거용재산(월1.04%), 일반재산(월4.17%), 금융재산(월6.26%), 자동차(월100%)

출처: 보건복지부(2016), 2016년 국민기초생활보장사업안내.

② 부양의무자 기준

부양의무자 기준이란, 부양의무자가 없거나 부양의무자가 있어도 부양능력이 없거나 또는 부양을 받을 수 없는 경우를 말한다. 부양의무자 범위는 수급권자의 1촌의 직계혈족(부모, 아들·딸 등) 및 그 배우자(며느리, 사위 등)이다.

부양능력 있는 부양의무자가 있어도 부양을 받을 수 없는 경우는 첫째, 부양의무자가 「병역법」에 의해 징집·소집되거나 해외이주, 교도소·구치소·치료감호시설 등에 수용, 가출 또는 행방불명인 경우와 둘째, 가족관계 단절 등을 이유로 부양을 기피하거나 거부하는 경우이다.

(2) 급여의 종류

국민기초생활보장제도의 수급자에게는 총 7가지 급여가 보장된다. 급여의 종류로는 생계급여, 주거급여, 자활급여, 교육급여, 해산급여, 장제급여, 의료급여가 있다. 2015년 7월부터 4종류 급여(생계, 주거, 의료, 교육)에 대하여 맞춤형 개별급여체계로 전환하여 급여별 특성을 살리고 보장수준이 현실화되었다.

맞춤형 급여체계 개편은 중위소득 29%(2017년 30%) 수준 가구에 4종류 급여를 제공하고, 중위소득 40% 수준 가구는 생계급여를 제외한 3종류 급여를, 중위소득 43% 이하는 주거와 교육급여 혜택을 받고, 중위소득 50% 수준 가구는 교육급여 혜택을 받는다. 부양의무자 기준도 완화하여 부양의무자가 수급자를 부양하고도 중위소득 수준을 유지할 수 있도록 소득기준을 현실화하였다.

〈표 5-18〉 개별급여체계 선정 기준(2017년 기준)

보장수준	생계 의료 주거 교육	의료 주거 교육	주거 교육	교육
소득수준	중위소득 30% 이하	중위소득 40% 이하	중위소득 43% 이하	중위소득 50% 이하

〈표 5-19〉 2016년도 중위소득 및 급여종류별 수급자 선정 기준

[2016년 기준 중위소득]

(단위: 원)

구분 \ 가구규모	1인가구	2인가구	3인가구	4인가구	5인가구	6인가구	7인가구
기준 중위소득	1,624,831	2,766,603	3,579,019	4,391,434	5,203,849	6,016,265	6,828,680

※ 8인 이상 가구는 7인가구 기준 중위소득에서 6인가구 기준 중위소득의 차액을 7인가구 기준 중위소득에 더하여 산정

[2016년도 급여종류별 수급자 선정기준]

(단위: 원)

구분 \ 가구규모	1인가구	2인가구	3인가구	4인가구	5인가구	6인가구	7인가구
생계급요수급자 (기준중위소득 29%)	1,624,831	2,766,603	3,579,019	4,391,434	5,203,849	6,016,265	6,828,680
의료급여수급자 (기준중위소득 40%)	649,932	1,106,642	1,431,608	1,756,574	2,081,540	2,406,506	2,731,473

구분 \ 가구규모	1인가구	2인가구	3인가구	4인가구	5인가구	6인가구	7인가구
주거급여수급자 (기준중위소득 43%)	698,677	1,189,640	1,538,978	1,888,317	2,237,656	2,586,994	2,936,333
교육급여수급자 (기준중위소득 50%)	812,415	1,383,302	1,789,509	2,195,717	2,601,925	3,008,132	3,414,340

※ 생계급여 수급자 선정기준 기준 중위소득 29%는 동시에 생계급여 지급기준에 해당
-2017년까지 기준 중위소득의 30%까지 단계적 인상(2015년 28%, 2016년 29%, 2017년 30%)
※ 8인 이상 가구의 급여별 선정기준 : 1인 증가시마다 7인가구 기준과 6인가구 기준의 차이를 7인가구 기준에 더하여 산정
-8인가구 생계급여수급자 선정기준 : 2,215,917원=1,980,317원(7인기준)
+235,600원(7인기준-6인기준)

출처: 보건복지부(2016). 2016년 국민기초생활보장사업안내.

① 생계급여

가구의 소득인정액이 생계급여 선정기준 이하인 생활이 어려운 사람에게 최저생활비를 보장하여 일상을 영위할 수 있도록 지원하는 급여(보장시설수급자는 별도의 급여기준에 의해 지급)이다. 소득인정액 기준은 중위소득의 29%(2017년 30%) 이하이며, 2016년 가구원에 따른 금액은 1인 가구 471,201원, 2인 가구 802,315원, 3인 가구 1,037,916

〈표 5-20〉 2016년도 생계급여 최저보장수준 및 선정기준

(단위: 원)

구분 \ 가구규모	1인가구	2인가구	3인가구	4인가구	5인가구	6인가구	7인가구
기준 중위소득 (A)	1,624,831	2,766,603	3,579,019	4,391,434	5,203,849	6,016,265	6,828,680
생계급여 선정 및 급여기준 (A의 29%)	471,201	802,315	1,037,916	1,273,516	1,509,116	1,744,717	1,980,317

※ 8인 이상 가구의 선정 및 급여기준 : 7인가구 생계급여 선정기준액에서 6인가구 생계급여 선정기준액을 차감한 금액인 235,600원을 추가함(8인가구 생계급여 선정기준액 2,215,917원)

출처: 보건복지부(2016). 2016년 국민기초생활보장사업안내.

원, 4인 가구 1,273,516원, 5인 가구 1,509,116원이다. 예를 들어 소득인정액이 200,000원인 1인 가구의 생계급여액은 271,210원(생계급여 선정기준 471,201원-200,000원)이다.

② 주거급여

소득인정액 기준 이하의 가구가 안정된 주거생활을 할 수 있도록 실제임차료, 유지수선비 등을 지원하는 급여이다. 소득인정액 기준은 중위소득의 43% 이하이며, 2016년 가구원에 따른 금액은 1인 가구 698,677원, 2인 가구 1,189,640원, 3인 가구 1,538,978원, 4인 가구 1,888,317원, 5인 가구 2,237,656원이다. 예를 들어 서울에 거주하고 소득인정액이 800,000원이며, 월세로 300,000원을 지출하고 있는 3인 가구에는 소득인정액이 주거급여 선정기준 이하이므로 기준임대료 266,000원 전액을 지급한다.

〈표 5-21〉 2016년도 기준임대료 기준표

구분	1인 가구	2인 가구	3인 가구	4인 가구	5인 가구	6인 가구
1급지(서울)	195,000	225,000	266,000	307,000	317,000	369,000
2급지(경기/인천)	174,000	195,000	236,000	276,000	287,000	369,000
3급지(광역시/세종)	143,000	154,000	184,000	215,000	225,000	256,000
4급지(그 외)	133,000	143,000	174,000	195,000	205,000	236,000

출처: 보건복지부(2016). 2016년 국민기초생활보장사업안내.

③ 교육급여(맞춤형 급여)

수급자에게 적정한 교육기회를 제공하여 자립할 수 있는 능력을 배양하고, 빈곤의 대물림을 차단하기 위하여 학교 또는 시설에 입학 또는 재학하는 기초생활보장 수급자와 의사상자의 자녀에게 지원하는 급여이다. 교육급여는 부양의무자 기준을 적용하지 않으며, 소득인정액 기준은 중위소득의 50% 이하이다. 2016년 기준 연간 지급금액은 다음과 같다.

〈표 5-22〉 2016년도 교육급여 지원금액

급여 구분	급여 내용	지급액	지원 주기
입학금 및 수업료	고교 입학금 및 수업료 지원	고지액 전액	분기별
교과서대	고교 교과서 구입비 지원 (부교재비 포함)	131,300원	연 1회
부교재비	초등학생, 중학생 부교재 구입비 지원	39,200원	연 1회
학용품비	중·고등학생 학용품비 지원	53,300원	연 2회

출처: 보건복지부(2016). 2016년 국민기초생활보장사업안내.

④ 해산급여

생계, 의료, 주거급여 수급자가 출산예정이거나 출산한 경우에 지원하는 급여이다. 소득인정액 기준은 중위소득의 43% 이하이며, 1인당 600,000원(쌍둥이는 1,200,000원)을 지급한다.

⑤ 장제급여

생계, 의료, 주거급여 수급자가 사망한 경우와 의사자로 사망한 경우에 사체의 검안(檢案)·운반·화장 또는 매장 등 기타 장례를 행하는 데 보탤 수 있도록 지원하는 급여이다. 소득인정액 기준은 중위소득의 43% 이하이며, 사망자 1구당 750,000원을 지급한다.

⑥ 자활급여

자활급여는 수급자의 자활을 돕기 위하여 다음의 급여를 실시하는 것으로 한다.

- 자활에 필요한 금품의 지급 또는 대여
- 자활에 필요한 근로능력의 향상 및 기능습득의 지원
- 취업알선 등 정보의 제공
- 자활을 위한 근로기회의 제공
- 자활에 필요한 시설 및 장비의 대여

- 창업교육, 기능훈련 및 기술·경영 지도 등 창업지원
- 자활에 필요한 자산형성 지원
- 그 밖에 대통령령으로 정하는 자활을 위한 각종 지원

⑦ **의료급여**(맞춤형 급여)

생활이 어려운 사람에게 의료급여를 함으로써 국민보건의 향상과 사회복지의 증진에 이바지함을 목적으로 하며, 의료급여 부분에서 별도로 다룬다.

(3) 급여의 기본원칙

「국민기초생활보장법」의 수급자에 대한 급여의 기본원칙에는 최저생활보장원칙, 보충급여원칙, 자립지원 원칙, 개별성 원칙, 가족부양 우선원칙, 타급여 우선원칙이 있다.

① 최저생활보장의 원칙은 생활이 어려운 자에게 생계·주거·의료·교육·자활 등 필요한 급여를 행하여 이들의 최저생활을 보장하는 원칙이다.

② 보충급여의 원칙은 급여수준을 생계·주거·의료·교육 급여액과 수급자의 소득인정액을 포함한 총금액이 최저생계비 이상이 되도록 지원하는 것이다.

③ 자립지원의 원칙은 보장기관은 근로능력이 있는 수급자에게 자활사업에 참여할 것을 조건으로 생계급여를 지급하는 것이다.

④ 개별성의 원칙은 급여수준을 정함에 있어서 수급권자의 개별적 특수 상황을 최대한 반영하는 것이다.

⑤ 가족부양 우선의 원칙은 급여신청자가 부양의무자에 의하여 부양될 수 있는 경우에는 기초생활보장급여에 우선하여 부양의무자에 의한 보호가 먼저 행해져야 하는 것이다.

⑥ 타급여 우선의 원칙은 급여신청자가 다른 법령에 의하여 보호를 받을 수 있는 경우에는 기초생활보장급여에 우선하여 다른 법령에 의한 보호가 먼저 행해져야 한다는 원칙이다.

(4) 자활사업

자활사업은 근로빈곤층의 일을 통한 적극적 자립과 성공을 목적으로 하고 있다. 자활사업의 목표는 안정적 일자리 확대, 근로인센티브 강화, 근로능력 평가와 신표준화사업 발굴을 통한 자활프로세스 개편, 자활인력 역량강화와 성과시스템 도입을 통한 자활인프라 확충 등이다.

자활사업은 지역자활센터를 통해 근로능력 있는 저소득층에게 집중적이고 체계적인 자활서비스를 제공하고 자활 촉진에 필요한 사업을 수행하는 역할을 수행하고 있으며, 2013년 6월 현재 전국 247개소를 지정·운영하고 있다. 자활근로사업은 저소득층에게 자활을 위한 근로의 기회를 제공하여 자활기반을 조성하는 사업으로, 참여자의 자활능력과 사업유형에 따라 근로유지형, 사회서비스형, 인턴·도우미형, 시장진입형으로 구분하여 운영되고 있다.

희망키움통장은 열심히 일하는 수급가구의 자립·자활 지원을 위해 정부와 민간이 함께 자산형성을 지원하는 제도이다. 신청자격은 가족구성원 중 한 사람 이상이 일하는 기초생활수급가구의 근로(사업)소득이 최저생계비의 60% 이상인 가구이며, 3년간 매월 가입자 본인 적립금(10만원)에 대하여 정부지원금(근로소득장려금)을 적립해주고, 정부지원금이 지급된 횟수만큼 본인 저축액과 동일한 민간매칭금을 탈수급 해지 시 지원하는 제도이다.

희망리본(Re-born)사업은 ① 복지-고용 연계 성과중심형 자활사업, ② 저소득 취업취약계층에게 일자리와 복지서비스를 동시 제공, ③ 개인별 맞춤형 복지서비스를 제공하고, 사업성과에 따라 참여기관 성과예산 지원하는 제도이다. 지원대상은 기초수급자, 차상위 희망자(최저생계비 120%)이며, 사업내용은 ① 저소득층 취·창업 지원을 위한 개인별 통합적 사례관리 제공, ② 3단계 서비스 지원(기초상담 → 맞춤취업준비 → 취업알선), ③ 근로역량 제고 및 근로장애 요인 제거를 위한 복지-고용 연계서비스 제공이다.

2. 의료급여제도

1) 의료급여제도의 의의

의료급여제도는 국민기초생활보장 수급자와 일정수준 이하의 저소득층에게 의료급여를 실시함으로써 국민보건의 향상과 사회복지 증진을 목적으로 하는 의료부조제도로서 공공부조제도의 일환으로 실시된다. 이는 건강보험과 더불어 국민의 건강한 생활을 보장하기 위한 의료보장제도로서 저소득층의 의료복지를 위한 중요한 수단이 되고 있다는 점에서 그 의의가 있다.

공공부조로서 의료급여는 사회보험인 국민건강보험과 달리 몇 가지 특징을 갖고 있다. 첫째, 국가의 재원으로 행해지는 공적의료부조제도(public medical assistance)이다. 둘째, 의료급여제도는 모든 국민을 대상으로 차별 없이 제공되는 보편적인 프로그램이 아니라, 자신의 소득이 최저생계비 이하인 절대빈곤이 주 대상이 되는 선별적인 프로그램이다. 셋째, 의료급여는 건강보험과는 달리 필요한 재원은 일반조세수입으로 충당한다. 따라서 소득재분배기능을 수행함으로써 사회적 형평을 기하는 데 기여한다. 넷째, 의료급여제도는 헌법상 보장된 인간다운 생활을 할 권리와 국민의 건강권을 저소득층과 사회적 기여자들에게 구체화하는 공적인 원조프로그램이다.

2) 의료급여제도의 발전과정

의료급여법은 그 유래를 1944년 3월에 제정된 조선구호령에서 찾을 수 있다. 일제시대의 조선구호령은 급여내용 가운데 의료부조가 포함되어 있었다. 그 후 1961년 12월 생활보호법이 제정됨에 따라 무료진료증을 발급하여 생활보호대상자들에게 제공하는 의료보호제도가 생활보호제도 일환으로 실시되었다. 그러나 이러한 조치가 의료보호로써 미흡하여 의료보호에 관한 부분을 생활보호법에서 분리하여 1977년 12월 의료보호법으로 제정하여, 생활능력이 없거나 생활이 어려운 국민들에 대한 의료보호의 내용 및 방법을 명확히 규정하였다. 이후 의료보호법의 근거법률인 국민기초생활보장법에서 종전의 '의료보호'를 '의료급여'(제7조 제3항)로 변경함에 따라 2001년 5월에 이 법의 제명을 의료급여법으로 변경하였다.

의료급여법은 저소득 국민의 의료에 대한 권리의 강화, 보호대상자 범위의 확대, 중앙의료급여심의위원회를 설치 등의 내용을 담고 있다. 아울러 의료급여를 받을 수 있는 기간의 제한을 폐지하였고, 요양비 지급, 수급권자에 대한 건강검진을 할 수 있도록 하였고, 수급권자 자신의 고의 또는 중대한 과실로 인한 범죄행위로 인한 사고에만 의료급여를 하지 아니하도록 하여 의료급여 제한의 범위를 축소하였다.

3) 의료급여제도의 주요 내용

(1) 적용대상

의료급여 수급권자는 ① 국민기초생활보장법에 의한 수급자, ② 재해구호법에 의한 이재민, ③ 의사상자에 관한 법률에 의한 의상자 및 의사자의 유족, ④ 입양촉진 및 절차에 관한 특례법에 의하여 국내에 입양된 18세 미만의 아동, ⑤ 독립유공자예우에 관한 법률 및 국가유공자 등 예우 및 지원에 관한 법률의 적용을 받고 있는 자와 그 가족으로서 국가보훈처장이 의료급여가 필요하다고 요청한 자 중 보건복지부 장관이 의료급여가 필요하다고 인정한 자, ⑥ 문화재보호법에 의하여 지정된 중요무형문화재의 보유자 및 그 가족으로서 국가보훈처장이 의료급여가 필요하다고 요청한 자 중 보건복지부 장관이 의료급여가 필요하다고 인정한 자, ⑦ 북한이탈주민의 보호 및 정착 지원에 관한 법률의 적용을 받고 있는 자와 그 가족으로서 보건복지부 장관이 의료급여가 필요하다고 인정한 자, ⑧ 5 · 18광주민주화운동관련자보상 등에 관한 법률 제8조의 규정에 의하여 보상금 등을 받은 자와 그 가족으로서 보건복지부 장관이 의료급여가 필요하다고 인정하는 자, ⑨ 노숙인 등의 복지 및 자립지원에 관한 법률에 따른 노숙인 등으로서 의료급여가 필요하다고 인정한 사람, ⑩ 난민인정자로서 「국민기초생활 보장법」 수급권자 범위에 해당하는 사람, ⑪ 그 밖에 생활유지의 능력이 없거나 생활이 어려운 자로서 대통령령이 정하는 자이다.

이러한 수급권자들은 1종 수급권자 및 2종 수급권자로 구분되는데, 의료급여 대상자는 154만 여명이다. 1종 수급권자는 국민기초생활보장법에 의한 수급권자 중에서 근로능력이 없는 사람, 국민기초생활보장법에 의한 시설입소자, 이재민, 의상자 및 의사자의 유족, 국가유공자, 독립유공자, 무형문화재보유자, 북한이탈주민, 광주민주화운동 관련자 등으로 약 106만 명에 이르고 있다. 2종 수급자는 기초생활수급자 중 근로능력이 있는 가구로 약 48만 명이다.

(2) 의료급여의 내용

수급권자의 질병·부상·출산 등에 대한 의료급여의 내용은 다음과 같다. ① 진찰·검사, ② 약제·치료재의 지급, ③ 처치·수술과 그 밖의 치료, ④ 예방·재활, ⑤ 입원, ⑥ 간호, ⑦ 이송과 그 밖의 의료목적의 달성을 위한 조치 등이다.

(3) 의료비 본인부담 기준

의료급여 수급권자는 의료급여기관에서 진료 및 입원치료를 받은 경우, 〈표 5-23〉과 같이 본인부담금을 지불한다. 다만, 의료급여기관에 지급한 급여대상 본인부담금이 일정금액(1종 수급권자 : 매 30일간 50,000원, 2종 수급권자 : 매 6개월간 600,000원)을 초과한 경우, 사후에 시/군/구청에서 초과금액을 수급권자에게 지급한다.

〈표 5-23〉 수급자 의료비 본인부담 기준

의료급여기관			의료급여 종별	
			1종 수급권자	2종 수급권자
1차 의료급여기관 (의원급)	의원	그 밖 외래진료	1,000원	1,000원
		입원진료	무료	총 진료비의 10%
	보건소, 보건지소	외래·입원진료	무료	무료
2차 의료급여기관 (병원, 종합병원급)		그 밖 외래진료	1,500원	총 진료비의 15%
		입원진료	무료	총 진료비의 10%

의료급여기관		의료급여 종별	
		1종 수급권자	2종 수급권자
3차 의료급여기관 (대학병원급)	외래진료	2,000원	총 진료비의 15%
	입원진료	무료	총 진료비의 10%

출처: 보건복지부(2016). 2016년 의료급여사업안내.

3. 긴급복지지원제도

1) 긴급복지지원의 개념

긴급복지지원제도란 갑작스러운 생계곤란 등의 위기상황에 처하여 도움이 필요한 사람에게 생계 · 의료 · 주거지원 등 필요한 복지서비스를 신속하게 지원하여 위기상황에서 벗어날 수 있도록 돕는 제도이다.

2) 긴급지원 대상의 기준

갑작스러운 위기사유 발생으로 생계유지 등이 곤란한 저소득층으로 위기 사유(7가지)와 소득 · 재산기준 요건을 충족하는 가구가 긴급지원 대상이다.

(1) 위기사유

- 주소득자(主所得者)가 사망, 가출, 행방불명, 구금시설 수용 등의 사유로 소득을 상실한 경우
- 중한 질병 또는 부상을 당한 경우
- 가구 구성원으로부터 방임(放任) 또는 유기(遺棄)되거나 학대 등을 당한 경우
- 가정폭력 또는 가구 구성원으로부터 성폭력을 당한 경우
- 화재 등으로 거주하는 주택 또는 건물에서 생활하기 곤란한 경우
- 보건복지부령에 따라 지방자치단체의 조례로 정한 사유가 발생한 경우
- 보건복지부 장관이 정하여 고시하는 경우로서 주소득자(主所得者)와 이혼한 때,

단전되어 1개월이 경과된 때, 주소득자(主所得者)의 휴 · 폐업으로 생계가 곤란한 경우, 주소득자(主所得者)의 실직으로 생계가 곤란한 경우, 교정시설에서 출소한 자가 생계가 곤란한 경우, 가족으로부터 방임(放任) · 유기(遺棄) 또는 생계곤란 등으로 노숙을 하는 경우

(2) 소득 · 재산기준

- 소득 : 기준 중위소득의 75%(2016년 1인 기준 1,218,000원, 4인 기준 3,293,000원) 이하
- 재산 : 대도시 13,500만 원 이하, 중소도시 8,500만 원 이하, 농어촌 7,250만 원 이하
- 금융재산 : 500만 원(주거지원은 700만 원 이하) 이하

〈표 5-24〉 지원내용 및 금액(2016년 기준)

<table>
<tr><th colspan="3">종류</th><th>지원내용</th><th>지원금액</th><th>최장 횟수</th></tr>
<tr><td rowspan="7">금전
·
현물
지원</td><td rowspan="4">위기
상황
주
급여</td><td>생계</td><td>식료품비, 의복비 등 생계유지에 필요한 비용 또는 현물</td><td>113.1만원
(4인 기준)</td><td>6회</td></tr>
<tr><td>의료</td><td>각종 검사, 치료 등 의료서비스 지원
−300만원 이내(본인부담금 및 비급여항목)</td><td>300만원 이내</td><td>2회</td></tr>
<tr><td>주거</td><td>국가 · 지자체 소유 임시거소 제공 또는 타인 소유의 임시거소 제공
−제공자에게 거소사용 비용 지원</td><td>62.2만원 이내
(대도시,
4인 기준)</td><td>12회</td></tr>
<tr><td>복지
시설
이용</td><td>사회복지시설 입소 또는 이용서비스 제공
−시설운영자에게 입소 또는 이용비용 지급</td><td>140.2만원 이내
(4인 기준)</td><td>6회</td></tr>
<tr><td rowspan="2">부가
급여</td><td>교육</td><td>초 · 중 · 고등학생 중 수업료 등이 필요하다고 인정되는 사람에게 학비 지원</td><td>초 21.4만원
중 34.1만원
고 41.8만원 및
수업료 · 입학금</td><td>2회</td></tr>
<tr><td>그
밖의
지원</td><td colspan="2">위기사유 발생으로 생계유지가 곤란한 자에게 지원
−동절기(10월~3월) 연료비 : 9.3만원/월
−해산비(60만원) · 장제비(75만원) · 전기요금(50만원 이내) : 각 1회</td><td>1회
(연료비
6회)</td></tr>
</table>

종류	지원내용	지원금액	최장 횟수
민간기관·단체 연계지원 등	사회복지공동모금회, 대한적십자사 등 민간의 긴급지원프로그램으로 연계		횟수제한 없음
	상담 등 기타 지원		

출처: 보건복지부(2016). 2016년 긴급복지지원사업안내.

참고문헌

권문일(1998). "국민연금개선안에 대한 평가와 향후과제". 한국사회과학연구소.

김대식, 노영기, 안국신(1999). 현대경제학원론. 박영사.

김상균 외(2013). 사회복지개론. 나남출판.

김태성, 김진수(2001). 사회보장론. 청목출판사.

박능후(2001). "기초보장제도의 역사적 전개과정과 함의". 한국보건사회연구원.

박석돈(2002). 사회보장론. 양서원.

변재관 외(1998). "한국의 사회보장과 국민복지기본선". 한국보건사회연구원.

보건복지부(2016). 2016년 국민기초생활보장사업안내.

보건복지부(2016). 2016년 긴급복지지원사업안내.

보건복지부(2016). 2016년 의료급여사업안내.

원석조(2002). 사회보장론. 양서원.

이인재(2000). "국민기초생활보장법의 특성과 과제". 한국사회과학연구소.

이인재, 류진석, 권문일, 김진구(2001). 사회보장론. 나남출판.

정경배 외(1998). "사회보장개혁과 사회안전망". 국정개혁공동모임 편. 국정개혁 대토론회자료집.

최병호(1998). "의료보험 통합에 따른 효율적인 진료비심사·지불체계의 구축방안". 한국보건사회연구원.

한국노동연구원(1993). "고용보험제도의 실시방안연구".

한국보건사회연구원(1995). "산재보험서비스 전달체계의 개선방안".

Atkinson, A. B.(1987). "Income Maintenance and Social Insurance". *Handbook of Public Economics Vol. II*. Amsterdam: North Holland.

Baldwin, Peter(1993). *The Politics of Social Solidarity*. Cambridge: Cambridge Univ. Press.

Feldstein, Martin(1995). "Social Security and Saving: New Time Series Evidence". NBER Working Paper No. 5054.

Myers, Robert(1993). *Social Security*. Philadelpia: Pension Research Councill.

Rejda, George E.(1988). *Social Insurance and Economic Security*. New Jersey: Prentice-Hall.

Titmuss, Richard J.(1958). *Essays on the Welfare State*. London: Allen and Urwin.

06

지역사회복지

제 1 절 지역사회복지의 이해

1. 지역사회의 개념

'지역사회'라는 용어는 19세기에 산업화와 대비되는 지역성의 특색을 띠면서 발전하였다. 지역사회(community)는 지역공동체(human community)라는 의미를 내포하고 있는데, 이는 인구생태학 등과 같은 생물학적 용어에서 차용된 것이다. 그 뜻은 생물의 종이 한데 모여 생활하면서 지역적(공간적)으로 분리되어 있는 것을 의미한다(정민자 외, 2009 : 208).

지역사회에 대해 Morris와 Hess(1975)는 규모에 상관없이 지역주민들이 소속감과 구성요소를 서로 공유하는 삶의 터전으로 보았다. 또한 MacIver(1928)는 지역성과 지역사회의식 등이 기초가 되는 공동생활의 영역으로 보았다. 이와 같은 개념들은 주로 지리적·공간적 특성과 경계에 초점이 맞춰져 있다. 그러나 20세기에 들어서는 기능적 특성과 사회적 동질성 등을 기준으로 하는 공동체 개념으로 범주가 확대되어 기존의 공간적·지리적 특성의 틀에서 벗어났다(김준규 외, 2011 : 105).

오늘날 지역사회의 개념은 21세기의 대표적 특징인 정보사회의 기능적 특성이 대폭 강화된 형태로 가상공간 상의 네트워크 공동체의 성격을 띠면서 공유된 정서적 관심과 계약적 이해관계를 토대로 형성된 지역사회의 모습을 보이고 있다. 최근 지구촌이라는 용어의 사용과 SNS의 폭넓은 활용이 이를 잘 대변하고 있다(양정하 외, 2008 : 103).

이와 같이 지역사회의 개념은 '지리적 경계'의 기준은 물론 '공유된 관심과 이해관계'를 기준으로 삼는 등 다양하게 정의될 수 있는 공동체의 유형 개념으로 발전하게 되었다. 그러므로 문화·언어적 자산들을 구성원들이 공유해 동질적 정체성을 갖게 함으로써 공동체의 동참을 통해 소속감을 갖게 하는 것은 중요한 문제이다(김준규 외, 2011 : 106).

2. 지역사회복지의 개념

지역사회복지(community welfare)는 다수 지역사회의 복지 향상을 위한 포괄적 개념으로 접근되어지는데, 지역사회의 문제를 예방하고 해결하는데 전문인력 또는 비전문인력이 지역사회에 적극적으로 개입하여 각종 제도에 긍정적인 영향을 주고자 하는 일체의 사회적 노력을 의미한다. 이는 어려운 환경에 처해 있는 사회적 약자에게 도움을 주고자 하는 공식적·비공식적인 지역사회관계망의 총체적 활동이라고 할 수 있다. 이러한 지역사회복지 추진의 최종목표는 이상적인 지역사회(ideal community)를 건설하는 것이다(김준규 외, 2011 : 108).

지역사회복지는 지역성(locality relevance)에 기반을 두고 있어 개인복지나 가정복지보다 넓은 차원의 개념으로 아동복지, 청소년복지, 노인복지 등의 서비스 대상을 중심으로 하기보다는 지역성에 중점을 두고 있다. 지역사회복지는 사회복지라는 연속선상의 다른 극에 위치하여 개인·가정·집단 등 낮은 수준의 사회체계의 복지와 대립적 관계에 있는 것이 아닌, 상호보완적인 관계를 유지한다. 이와 같이 지역사회복지는 지역사회의 각 분야에서 활동하는 전문가집단, 각종 단체의 자원봉사자들과의 협력에 의해 수행되는 것으로 사회복지의 어느 한 분야에 국한되는 차원이 아니라 광범위하게 수행된다(최우진, 2014 : 98).

이러한 지역사회복지와 관련성을 갖고 있는 개념으로 다음과 같은 것이 있다(김준규 외, 2011 : 109).

① 지역사회조직(community organization)과 지역사회복지실천(community welfare practice)은 공공과 민간의 사회복지기관의 전문사회복지사에 의해서 수행되는 것으로 개별지도 · 집단지도 · 지역사회조직이라는 분류에서 나온 개념이다. 이와 같은 지역사회조직에는 지역사회개발 · 사회계획 · 사회행동 등이 포함된다.

② 지역사회보호(community care)는 사회적 보호가 필요한 사람의 가정이나 이와 유사한 지역사회 환경에서 사회적 보호서비스를 제공하는 행태라 할 수 있다. 이는 전제조건으로 가정 또는 가정과 유사한 환경, 통원치료기관, 그룹홈 등과 같은 보호의 장을 필요로 한다. 서비스제공을 위한 전담 직원은 없으며, 일상적 생활의 결정은 개인 스스로가 해야 한다. 보호 및 서비스는 가정에서 또는 가정 외부에서 받는 형식을 취한다.

③ 시설보호(institutional care)는 의식과 주거의 개념형성과 훈련된 직원이 상주하는 특징을 갖는다. 이는 장기적 또는 단기적 거주 형식의 사회적 보호방법으로 볼 수 있다.

④ 재가보호(domiciliary care)는 보호 당사자의 가정에서 보호를 받는 방법으로 가족 · 친척 · 이웃 등의 비공식적 조직과 공공 및 민간의 공식적 조직에 의한 보호 등이 있다.

제 2 절 지역사회복지의 발달

1. 영국의 지역사회복지

영국의 지역사회복지 발달의 역사를 요약 · 정리해 보면 다음과 같다(김태진 외, 2012 : 464-468).

1) 태동기

영국의 지역사회복지는 1950년대 이후 지역사회보호가 지역사회복지의 핵심적인 정책으로 등장하고, 공공 및 민간의 지역사회서비스를 포괄하는 지역사회보호가 지역사회복지의 개념을 대체하는 정책적 · 실천적인 개념으로 확산되면서 시작되었다.

이와 같은 지역사회보호(community care)의 개념은 공공과 민간의 지역사회서비스를 포괄하는 1950년대 이후 나타난 수용시설에 대한 부정적인 평가에서 시작된 것으로 볼 수 있다. 한편 지역사회보호가 최초로 사용된 것은 1957년 '정신병과 정신장애에 관한 왕립위원회의 보고서'(royal commission on low relating to mental illness and mental deficiency)에서였다. 이후 1957년 정신보건법(mental health act, 1959)의 제정으로 공식적인 지역보호정책이 시작되었다.

2) 도약 및 발전기

1950년대 이후 영국은 지역사회보호의 확대와 관련하여 수용시설의 쇠퇴기를 맞이한다. 1953년에 정신병 치료가 환자를 격리하지 않고도 약물로서 외래진료를 통하여 가능하다는 결론이 나오면서 영국에서도 이의 적용가능성을 모색하게 되었다. 이후 1960년대 시설의 실패를 입증하는 다수의 학술적인 조사연구가 이루어졌고, 이 연구보고서들은 시설에 대해 검증하는 사회적 비판의 이정표가 되었다. 이 때문에 많은 노인이 퇴소하게 되고, 다수의 노인들은 소규모 주거보호(residential care)에 배치되었으며, 정신병과 정신장애를 지닌 사람들을 위한 병상이 현저하게 감소하였다. 이때의 지역사회보호의 개념은 시설보호에서 지역사회로의 포괄적인 의미를 갖고 있었다. 1965년에 구성된 시봄위원회(seebohm committee)는 시봄보고서(seebohm report)를 1968년에 제출하였다. 이는 지방행정의 대인사회서비스 조직과 책임을 검토하고 지역사회에 기초하여 가족 지향적인 서비스를 제공하는 새로운 사회서비스 부서의 창설을 제안하는 내용을 담고 있었다. 이를 통해 사회서비스국(social service separtment : ssd)을 창설함으로써 대인사회서비스의 효율적인 조정에 기여하였으며 지역사회를 사회서비스의 수혜자일 뿐만 아니라 서비스의 제공자로 인식하고 지역복지서비스에 초점을 맞추게 되었다.

3) 정착기

1980년대에 들어서 영국은 지역사회보호의 개념에 대해 그리피스보고서에서 지방당국의 역할보다는 가족 등의 비공식부문, 민간부문, 자원부문의 역할을 더 강조하면서 보다 다양한 장(setting)에서의 광범위한 서비스의 발전을 추구하였다. 또한 지역사회보호 발전과 더불어 가족주의에 기반을 두었던 것을 복지국가의 확대시기에는 공공부문의 역할을 강조하는 방향으로 전개하면서 1980년을 전후한 신보수주의 이념의 득세와 더불어 비로소 가족주의가 재강조하고 있다.

한편, 영국에서의 전문사회사업은 자선조직협회의 자원봉사자들에 의한 우애방문 활동과 이후 국가 사회사업 전문인력의 기초가 된 유급인력(paid worker)에 의한 의료사회사업 부원(almoner)과 보호감찰관(probation) 활동에서 기원한다. 그리고 1차 세계대전 이후 미국에서 영향받은 정신과적 사회사업이 민간 차원에서 활성화되기 시작하였다. 그러나 1988년 다원주의의 전제 속에서 대인복지서비스의 혼합경제를 권고한 그리피스 보고서가 사회사업가의 역할을 직접적 제공자가 아니라 가능케 하는 자(enabler)로 보면서 사회사업의 위기를 맞기도 한다.

2. 한국의 지역사회복지

한국의 지역사회복지 발달의 역사를 요약 · 정리해 보면 다음과 같다(정민자 외, 2009 : 212-213).

1) 태동기

일제강점기 이전 우리나라의 전통적인 지역사회복지의 활동은 군 · 면 단위의 행정적인 복지사업과 민속적인 협동관행으로 나누어 볼 수 있다. 행정적인 복지사업으로는 의창 · 상평창 · 진휼청 등 상설복지기구를 통해서 시행되었고, 민속적인 협동관행은 두레 · 계 · 품앗이 · 사창 · 향약 · 공굴 · 부근 · 향도 · 고지 · 부조 등이 있었다.

2) 도약 및 발전기

일제강점기 시기의 사회복지사업은 식민정책의 일부로서 일제에 충성을 강요하는 정치적인 의미가 강하였다. 이는 대대로 물려온 민속적인 협동관행에 많은 타격을 주었고, 일제는 토지조사사업과 산미증산계획을 통해 한국농업의 식민지적 재편작업을 실시하여 쌀 수탈의 방법으로 활용하였다. 그러나 이 시기부터 근대적 성격의 지역사회복지사업이 싹트기 시작했다고 볼 수 있으며, 협동조합운동이나 자선사업, 그리고 구호사업에 관한 제도 등이 우리나라 사회복지사업에 있어서 중요한 의미를 가지게 되었다. 일제강점기의 사회복지시설로는 육아시설 · 임산부상담소 · 탁아시설 · 영아건강상담소 · 빈궁아 교육기관 · 불량아 감화시설 · 맹아 보호시설 · 육아협회 등이 설립 · 운영되었다.

해방 이후의 지역사회복지는 2차 세계대전의 여파와 6 · 25전쟁으로 정치 · 경제 · 사회 등의 불안이 1960년대까지 지속되었다. 1960년대 이전의 지역사회복지활동은 주로 개별적이고 시설 수용적인 측면의 구호활동이 주를 이루어 소극적인 발전을 보였으나, 1972년 경제개발 5개년 계획과 새마을운동 등 구체적인 사회복지사업이 시작되었다. 1980년대 후반부터 지역사회조직사업이 본격적으로 실천되기 시작하였는데, 이는 미국의 전문적인 프로그램이 유입되면서 시작되었다.

3) 정착기

한국의 지역사회복지는 1990년대 이후 시대적 배경과 더불어 진행된 급속한 정치적 민주화로 인하여 사회복지 분야에서 괄목할 만한 변화와 발전을 가져왔다. 이는 지역사회복지관의 대폭 증설과 NGO단체를 중심으로 한 사회행동모델의 확산, 88서울올림픽을 계기로 한 자원봉사활동, 그리고 IMF경제위기에 따른 민간사회안전망의 활동, 지방자치제도의 정착으로 인한 지역사회 중심의 전달체계 개편 등의 발전을 이루었다.

제 3 절 지역사회복지실천 적용과정

지역사회복지실천에 대해 Cox 등(1970)이 지역사회 문제의 해결을 위해 제시한 것을 정리해보면 다음과 같이 요약할 수 있다(김준규 외, 2011: 110-114에서 재인용).

1. 필수 고려사항과 문제인식

사회복지사는 지역사회 내에 잔존하는 여러 문제를 발견하고 분석하기에 앞서서 전문가로서 자신의 능력과 해야 할 역할 등을 살펴봐야 한다. 이와 함께 사회복지기관의 목적과 운영에 관해 이해하고, 지역사회 유관기관과의 관계 파악과 지역사회에서의 신뢰성 등을 확보해야 한다.

또한 사회복지사는 우선 지역문제의 성격을 심리적 · 지리적 · 사회적 · 제도적 측면에서 체계적으로 파악해야 하는데, 이를 위해 객관적인 관점에서 지역사회의 당면

문제를 냉철하게 분석해야 한다. 그리고 현존하는 지역범위의 문제가 지역주민들과 집단에게 어떠한 영향을 미치는지, 그리고 기존의 지역문제 해결 노력과 이의 진행에 따른 성공 여부 등을 면밀하게 파악해야 한다.

2. 프로세스

① 사회적 구조를 이해해야 한다. 사회복지사는 지역사회의 규모와 주민의 욕구 등 사회적 구조를 이해해야 한다. 이를 통해 지역문제의 발생원인이 어디에 있는지를 파악해야 한다. 지역사회의 규모에 따라 문제상황의 접근에서 인구학적 · 사회적 · 경제적 · 생태적 · 문화적 · 기술적 요인 등을 파악하고, 문제해결의 접근을 위해 지역주민들의 상황을 파악함은 물론, 문제해결 접근방식이 지역주민들에게 어떠한 영향을 줄 것인지에 대해서도 고민해야 한다.

② 클라이언트의 욕구를 파악해야 한다. 클라이언트의 욕구가 무엇이고, 규모가 어느 정도이며, 지역사회에서 어떤 비중을 차지하는지에 대해 사회복지사는 도움을 필요로 하는 클라이언트의 상황을 전반적으로 파악해야 한다. 또한, 클라이언트 스스로 자립할 수 있도록 도움을 줄 수 있는 공식적 · 비공식적 기관과 채널에는 어떠한 것들이 있으며, 이들 기관들이 다른 사회조직체와의 관계형성을 통해 클라이언트를 어떻게 지원해줄 수 있는지에 대해서도 검토해야 한다.

③ 목표설정을 해야 한다. 사회복지사는 문제해결을 위한 여러 체계들의 개입순서를 우선순위에 따라 설정하고, 지역사회의 문제해결에서 어떠한 결과를 도출해 낼 것인가에 대한 목표를 설정해야 한다.

④ 전략을 수립해야 한다. 사회복지사는 바람직한 지역사회복지 전략수립과 이의 활용능력을 충분히 갖춰야 한다. 이는 목표과업의 계획과 수행능력, 필요 자원의 동원과 자원집단 간의 연결능력, 지역주민들의 조직화와 결속능력 등을 필

요로 한다.

⑤ 전술구사를 해야 한다. 사회복지사는 지역사회복지 전략에 대해 지역사회의 문제해결을 위한 구체적인 방법을 고안해 단계별로 접근해야 한다. 우선적으로는 문제해결의 초점을 어디에 맞추고, 이의 해결을 위해 누구와 함께 개입할 것인지를 결정해야 한다. 그리고 전략의 지속을 위한 구체적인 전술들을 수립해 나가야 한다.

3. 수행평가와 종결

사회복지사는 목표전략의 성공 여부, 전술과정의 효과성·효율성 등을 평가하는 등 지역사회의 문제해결에 대한 실천결과로서 평가를 실시해야 한다. 이와 같은 평가의 결과는 향후 새로운 목표를 수립하고 문제를 해결해 나가는 데 도움이 된다. 또한 사회복지사는 지역사회의 당면문제가 실천과정에서 적절하게 해결되면 종결하고, 해결모델을 활용해야 한다. 이는 지역사회 문제해결에 대한 실천활동을 종결 또는 수정하는 것이다. 만약 문제해결이 안되었을 경우 단계별 원인분석과 함께 전략과 전술을 수정해야 한다.

제 4 절 지역사회복지실천 적용모델

1. Rothman 모델

Rothman(1995)의 지역사회복지모델은 지역사회문제를 해결하는 데 가장 적합하고 효과적이라는 것이 일반적인 견해이다(최일섭·류진석, 1998 : 44; 김영모, 2002 : 113). Rothman은 지역사회복지의 실천의 유형으로 첫째, 지역개발 모델(locality development model)을 제시하였다. 이는 광범위한 지역주민들의 참여를 통해 지역의 변화를 꾀하는데 중점을 둔다. 둘째, 사회계획 모델(social planning model)을 제시하였다. 이는 전문가를 통한 사회환경의 변화를 강조한다. 셋째, 사회행동 모델(social action model)이다. 이는 소외받는 사회적 특정 집단에 대한 사회행동을 강조한다(김용환 외, 2011 : 92).

이와 같이 Rothman 모델은 복잡한 지역사회의 문제를 세 가지 모형으로 구분하여 설명하고 있으며, 모델에 따라 목표설정과 사회구조적 특성을 언급하고, 목표달성을 위한 전문적인 사회복지사의 역할을 제시하고 있다. 이러한 Rothman의 세 가지 모델은 실천변수에 의한 이념적 분류로 한정되며, 실제 지역사회복지 현장에서의 실천과 개입은 혼용된 형태로 나타난다. 이의 중점은 행동과 계획, 개발과 계획, 개발과 행동 등과 같은 형태로 지역사회복지 실천으로 이어질 수 있다는 것이다.

세 가지 모델이 추구하는 바는 사회통합이며 지역사회복지 실천과정에서는 사회변화를 강조하고 있다. 사회변화는 불평등한 사회구조, 다양한 사회문제, 공동체의식 결여 등의 문제를 사회정의의 관점에서 접근하고 해결해 나가는 것을 의미한다. 또한 이의 목표달성 방법으로는 교육적 기법을 활용하는 것을 강조하고 있다. 이와 같은 Rothman의 모델을 살펴보면 아래 표와 같다(김용환 외, 2011 : 99).

〈표 6-1〉 Rothman의 지역사회복지 실천 모델 비교

구 분	지역사회개발 모델	사회계획 모델	사회행동 모델
목 표	과정중심	과업목표	과정, 과업(결과중시)
지역사회의 문제 상황에 대한 가정	문제해결 능력과 기술이 결여	수많은 사회문제 안고 있다.	지역사회 특권과 권력의 위계존재(빈부격차)
기본적인 변화전략	함께 모여 의논하자	사실(진상) 파악에서는 논리적인 조치를 강구하자	억압자를 물리치고 체제 변혁 위해 조직(규합)하자
변화전술과 기법	합의, 토의강조	사실조사(발견), 분석상의 기술 중요	갈등이나 대결의 전술강조

구 분	지역사회개발 모델	사회계획 모델	사회행동 모델
사회복지사의 역할	조력자, 격려자, 촉매자	지역사회 진단, 사실발견, 정보수집, 평가, 프로그램계획·실시	조직활동가, 행동가, 중재자, 협상가
변화의 매개체	소집단 활용	공식조직 중시, 자료수집, 자료분석	대중조직과 정치적 과정 활용
권력구조에 대한 견해	권력자도 지역목적을 위해 공동노력(동참)	권력집단을 실천가의 후원자나 고용주로 인식	권력집단은 사회행동의 표적
수혜자의 범위규정	전 지역사회	전 지역사회, 일부 특수계층	권력집단에 의해 억압받는 일부
지역사회 이해관계나 하위체계에 대한 가정	공통의 이해관계 및 조정 가능한 차이	실용적인 접근, 이해관계의 조정가능 또는 갈등	쉽게 조정할 수 없는 갈등적 이해관계, 자원의 희소성
수혜집단에 대한 인식	잠재력 있는 정상인 평균적 시민	서비스 혜택을 받는 소비자	사회제도의 희생자, 피해자
수혜집단의 역할에 대한 인식	문제해결 과정에 적극적 참여	서비스의 소비자, 고객	고용주, 사용자, 회원
임파워먼트 개념에 대한 인식	지역사회구성원 스스로 문제해결 할 수 있는 상태	자신의 욕구에 맞는 정보를 계획, 정책과정에 반영	의사결정과정의 동등한 파트너, 직접적 영향력행사

출처: Rothman(1995 : 44-45); 김용환 외(2011 : 99)에서 재인용.

1) 지역사회개발 모델과 지역사회복지실천

지역사회개발 모델(community development model)은 전제로서 주민변화를 위한 광범위한 목표 설정과 실천적 행동에 주민을 참여시키는 것을 강조한다(박태영, 2003 : 70). 지역사회개발에 있어서 기존에는 경제적 성장과 복지기능을 강화하였으나, 최근에는 삶의 질적인 측면도 고려한 환경보전의 내용을 포함시키는 추세이다(김영모, 2002 : 34-36).

지역사회개발 모델은 지역사회 문제를 해결하기 위해 지역사회능력과 사회통합

등의 과정목표를 달성함으로써 지역사회에 새로운 변화를 기대하는 데 초점을 맞춘다. 또한 지역사회의 문제접근과 욕구충족에 있어서는 주민들에 대한 자조(self-help) 정신을 강조한다. 이를 통해 지역사회의 문제를 주민들 스스로 해결해 나가도록 하는 능력을 키우고, 광범위한 지역주민들의 참여를 이끌어내 문제파악과 해결과정에서 지역사회의 변화를 꾀한다(김용환 외, 2011 : 93).

이와 같이 지역사회개발에서 가장 강조되고 있는 것이 지역주민들의 관심과 적극적인 참여이다. 지역주민들은 지역사회에서 발생하는 다양한 문제에 노출되어 있는 사람들이며, 이 문제가 해결되기를 절실하게 바라는 사람들이다. 또한 문제가 해결될 경우 가장 가까이에서 혜택을 누리기도 한다. 이 때문에 문제해결을 위해서 주민들의 사회참여와 연대를 통한 공동체의식 배양은 협력과 합의의 과정을 통해 궁극적으로 사회통합을 형성해 나갈 수 있는 밑거름이 될 수 있다(Rothman, 1995 : 29).

하지만 근본적인 구조적 모순상태에 놓여 있는 주민갈등을 해소하는 데 있어서는 지역사회개발 모델이 한계를 갖고 있다. Rothman은 이러한 한계상황에 대해 사회계획모델을 통해 해결하거나, 각 모델의 혼용을 통해 효과적으로 문제를 해결해 나갈 수 있다고 하였다. 그렇지만 지역주민의 무관심과 공동체의식의 약화, 또 다른 문제 등이 복합적으로 작용한다면 이의 해결이 쉽지 않다. 따라서 지역사회개발 모델은 목표하는 지역주민들의 관심과 동참을 위한 프로그램 개발을 통해 개선해 나가야 하나, 복합적 문제를 포함한 근본원인 제거에는 효과적이지 못한 한계점을 갖고 있다고 할 수 있다.

2) 사회계획 모델과 지역사회복지실천

사회계획 모델(social planning)은 보건 · 주택 · 고용 · 오락 · 비행 등과 같은 지역사회 내의 제 문제를 해결하고자 하는 기술적 적용과 합리적인 방안을 강조한다. 이와 같은 문제들은 그 문제의 성격상 규모의 방대함이나 복잡성 때문에 지역주민들의 민주적 절차에만 맡길 수는 없는 문제들이다. 때문에 이러한 문제들은 전문적 지식과 기술을 갖춘 전문가에 의해 분석되고 해결점을 찾아간다(김형수 외, 2010 : 56).

원래 사회계획이라는 것은 전문가에 의해서 합리적인 계획수립과 통제된 변화를 통해서 조정된 문제를 해결해 나가는 활동을 말한다. 이와 같은 사회계획모델에서는 공공의 계획과 정책입안 등의 설계가 중심적 역할을 하며, 계획이나 정책집행의 성과를 강조하기 때문에 과업목적에 중점을 둔다.

사회계획 모델의 주된 활동으로는 사실의 발견 · 문제의 정의 · 의사전달 및 활동체계의 구축 · 사회적 목표와 정책결정 · 계획의 실천수행 · 활동결과 평가 등으로 설명할 수 있다. 이 과정에서 지역사회조직가는 전문가로서 지역주민 요구에 부흥하는 사회복지서비스의 제공을 위한 유관기관과의 유대와 고도의 기술을 활용할 수 있는 능력을 갖춰야 한다. 특히 지역주민들이 필요로 하는 물자와 서비스를 제공하는 데 관심을 가져야 하고, 이의 조달이 가능한 정부 · 지방자치단체 · 사회복지협의회 · 민간복지단체 · 기관들과 긴밀히 협의할 수 있어야 한다(표갑수, 2006 : 210).

Sanders(1970 : 19; Lappin, 1985 : 218)는 사회계획 모델에서 이와 같은 지역사회조직가의 역할에 대해 분석가(analyst) · 계획가(planner) · 조직가(organizer) · 행정가(program administrator)의 역할을 강조하였다. 그러나 사회계획 모델은 계획가가 시간과 자원을 무제한적으로 갖고 있지 않다는 점, 합리성이 계획과정에서 전제하고 있기 때문에 문제해결과정에서 발생하는 정치적 영향력을 고려하지 못했다는 점 등에 한계를 갖고 있다(김용환 외, 2011 : 94에서 재인용).

3) 사회행동 모델과 지역사회복지실천

사회행동 모델(social action model)은 불평등과 차별로 인한 지역사회 내의 계층 갈등을 사회정의의 시각에서 해결하려는 모델로서, 관계지향의 목표를 설정하여 문제를 해결하고 불평등한 제도와 정책의 변화를 추구한다. 여기서는 사회문제의 원인을 불평등한 사회제도와 정책에 있는 것으로 보고 있다(MacNeil, 1998 : 12). 따라서 사회행동 모델은 현실적인 불이익과 차별을 해소하고 권력과 자원의 재분배를 추구하는 목표를 설정해서 이를 달성하고자 한다(Rothman, 1995 : 32).

이러한 사회행동 모델은 사회정의와 민주주의에 입각해 지역사회 내에서 불우한 환경에 처해있는 주민들에게 보다 많은 자원의 지원과 개선된 처우를 해당 지역사회에 요구하는 행동에 중점을 둔다.

사회행동의 동기는 경제적 문제 등의 직접적 이익이 중심이 되나, 지역주민들의 참여를 통해 경험을 축적하고 관계성의 질을 변화시키는 목적도 매우 중요한 문제로 볼 수 있다(고수현, 2007 : 58). 하지만 이와 같은 제도 개선과 정책변화는 주민들의 직접적 의사표현이나 참여가 상대적으로 약하기 때문에 전문가 중심으로 진행되는 경우가 많다.

〈표 6-2〉 권력-지역주민의 역학관계

세력주체	시민사회		
국가	세력	강	약
	강	권력충돌	시민 권력 약화
	약	시민 권력 강화	시민 권력 약화

출처: 이영철(2007 : 31).

위의 표에서 알 수 있듯이 시민사회의 힘이 강하고 국가 권력이 약한 경우 조직화된 시민 권력이 강하게 작용될 수 있고, 이와 반대의 경우에는 의사표현에 어려움을 겪거나 충돌할 수 있는 가능성이 높아진다.

따라서 전문가들의 역할이 필요하다. 사회복지사들은 복지 · 보건 · 교육 · 취업 · 문화 · 가치관 등 기존의 지역사회제도와 현실에 대한 근본적인 변화와 발전을 추구해야 한다. 이와 함께 지역사회조직가들은 공공기관의 기본정책에 대한 변화를 추구하면서 권력 · 자원 · 지역사회 정책결정의 역할 등에서 재분배를 꾀해야 한다. 사회행동가는 문제점을 구체적으로 분석하고, 목적집단을 결정하며, 문제해결을 위해 표적집단에 대해서 계획된 행동을 취하도록 하는 절차를 밟아간다. 이 과정에서 사회행동가는 사회정의와 민주적 사명감을 갖고 자원과 권한의 배분을 위해 투쟁·대결·경쟁을 목표달성의 수단으로 활용한다. 이와 같은 사회행동모델을 활용하는 집단은 소수인종집단·학생운동·여성해방·여권신장운동·급진정당·노동조합운동·복지권운동·환경보호운동집단 등이다. 그로서(Grosser, 1985 : 35)는 모델에서 지역사회조직가의 역할로서 조정자(enabler)·중개자(broker)·옹호자(advocator)·행동가(activist) 등을 강조하고 있다.

사회행동 모델의 한계점은 먼저, 지역복지실천가가 실천활동을 대항활동(confrontation)으로 제한시킬 경우, 지역사회관련 집단들을 양극화 시키거나 바람직한 결과를 얻는 데 어려울 수 있다. 또한 대항전략에서 일부 조직가와 지역사회구성원이 주저할 수 있고, 대항형태에서 불법성이 발생할 수 있으며, 긴급상황에서 조직가와 조직구성원이 위험에 노출될 수 있는 점 등을 들 수 있다(김용환 외, 2011 : 95).

2. Taylor와 Roberts 모델

Taylor와 Roberts(1985 : 7-15)는 '후원자 결정'의 실천방안과 '클라이언트 결정'의 실천방안 사이의 긴장감에 대해 흥미로운 분석을 하였는데, Rothman의 세 가지 모델에 두 가지 모델을 추가해 후원자와 대상자가 어느 정도의 결정권한이 있는지에 따라 5가지 모델을 제시하였다. 이는 실천방법의 변인, 전략, 의사결정 등을 중심으로 구분한 것이다.

Brager와 Specht(1973 : 45) 역시 지역주민·후원자·지역사회복지사의 관계를 목표수립 과정에서 통합목표를 수립하는 관계로 설명하고 있지만, 이는 Taylor와 Roberts와 같이 권한관계로 설명하고자 하는 것은 아니다.

〈표 6-3〉 Taylor와 Roberts의 모델

모델	결정권한
프로그램 개발 및 조정	전적으로 후원자가 결정 권한을 가짐
계획	7/8은 후원자가 결정 권한을 가짐
지역사회연계	후원자와 클라이언트가 각각 1/2의 결정 권한을 가짐
지역사회개발	7/8은 클라이언트가 결정 권한을 가짐
정치적 역량강화	전적으로 클라이언트가 결정 권한을 가짐

출처: Taylor & Roberts(1985 : 13).

Taylor와 Roberts의 모델에서 결정권한은 문제 해결과정에서 지역주민의 역할을 규정한 것으로, 지역사회의 문제해결에서 지역주민의 주도적 역할수행 정도에 따라 권한관계를 설정한 것으로 볼 수 있다.

Taylor와 Roberts의 결정권한에 따른 5가지의 모델을 살펴보면 다음과 같이 정리할 수 있다(김준규 외, 2011 : 100-102).

1) 지역사회개발 모델과 지역사회복지실천

지역사회개발 모델(community development model)은 대상자에게 거의 대부분 결정권한이 있는 대상자 중심 모델로 시민참여에 기반을 두고 지역사회개발을 추구하는 모델이다. 지역사회개발 모델의 핵심은 사회복지사의 역할이 주로 조력자의 역할로서 지역사회주민들이 문제해결과정에 동참하도록 독려하여 지역사회주민과 지역사회를 성장하게 하는 것이다.

2) 프로그램 개발 및 조정 모델과 지역사회복지실천

프로그램 개발 및 조정 모델(program development and cooperation model)은 변화과정에서 대상자의 직접적인 참여를 이끌기보다는 후견인이 완전한 영향력을 행사할 수 있도록 하는 후원자 중심의 모델로서 어떤 특정한 목적을 이끌어 내는 과정에서 변화를 위한 실질적인 힘을 발현시킬 수 있는 모델로 볼 수 있다. 각 지역의 사회복지협의회 · 지역사회복지공동모금회 등이 프로그램 개발 및 조정 모델의 대표적인 모델이다.

3) 계획모델과 지역사회복지실천

계획모델(planning model)은 지역사회의 문제해결 관점에서 전문적 지식과 기술을 갖춘 전문가가 전문성과 합리성에 근간을 두고 지역사회의 변화를 보다 효과적이고 효율적으로 유도하고자 하는 모델이다. 이러한 계획모델은 인간지향적 측면을 강조하면서 사회계획 모델을 수정한 것이다.

무엇보다 계획모델은 조직과정의 관리 · 영향력 발휘 · 대인관계 등 과정지향적 기술에 중점을 두고, 설계와 실행과 같은 과업지향적 기술의 필요성을 주장하고 있다. 이를 통해 계획에 있어서 사람들과의 상호 교류적 노력을 강조하고, 우호적이면서 진보적인 정치적 접근을 시도한다. 이러한 계획모델은 후견인의 영향력이 많이 적용되는 후원자 중심의 모델에 가깝기 때문에 지역사회실천방법이나 의사결정과정에서 대상자의 영향력은 매우 미약하다고 볼 수 있다.

4) 지역사회연계 모델과 지역사회복지실천

지역사회연계 모델(community liaison model)은 지역사회의 문제해결을 위해 지역사회의 연계노력을 다양하게 전개해 가는 모델로서 후원자의 영향력과 대상자의 요구가 동등하게 적용될 수 있는 모델이다. 이러한 지역사회연계 모델은 로스만(Rothman)의 모델에 포함되어 있지 않는 모델로 행정가들이나 사회복지기관의 일선 스탭들에 의해서 수행되는 기능을 중심으로 설명된다.

지연사회연계 모델의 가장 큰 특징은 지역사회와의 관계형성 · 관계개발 · 관계조정활동에 비중을 크게 두면서 대상자의 문제해결에 접근하는 방식으로 지역사회 대상의 활동을 펼쳐나간다는 것이다. 이러한 모델의 성공을 위해서 대상자의 문제해결에 필요한 연계활동을 중심으로 접근해 나가는 방식을 취하기 때문에 사회복지사는 지역사회를 위한 더 높은 수준의 노력과 관련지식의 지속적 습득을 위한 노력을 병행해야 한다.

5) 정치권력 강화 모델과 지역사회복지실천

정치권력 강화 모델(political empowerment model)은 갈등이론과 다원주의 사회에서의 다양한 이익집단의 경쟁원리에 기초를 두고 있으며, Rothman의 사회행동모델과 밀접한 관련성을 갖고 있다. 이 모델은 지역사회실천방법이나 의사결정과정에서 대상자가 완전한 영향력을 행사할 수 있는 모델로서 관료사회의 통치에 대해서도 높은 책임감을 불러일으킬 수가 있다. 이러한 정치권력 강화 모델은 의도된 시민참여를 통해 정치적 권력 강화에 초점을 맞추고 지역사회에서 자기권리를 인정받지 못한 구성원을 지지하여 구성원 스스로 자기권리를 찾고 점차 권리를 확대시켜 나가도록 하는 모델이다.

〈표 6-4〉 Taylor와 Roberts의 지역사회복지 실천 모델

실천모델	후원자와 대상자의 결정권한 정도
지역사회개발 모델	• 대상자가 7/8 결정 권한 • 지도력 개발, 자조, 상호부조, 지역성에 바탕을 둔 지역사회연구 및 문제해결 강조 • 시민참여와 교육과정을 매우 중요시하며 전문가는 주로 조력자의 역할 담당
프로그램 개발 및 조정 모델	• 후원자가 100% 결정 권한
계획모델	• 후원자가 7/8의 결정 권한 • 합리적 기획모델에 기초한 조사전략 및 기술을 강조 • 기획에 있어 진보적이고 정치지향적 접근을 포함 • 조직관리과정, 영향력 발휘, 대인관계 등의 과정기술을 강조하고 설계 및 실행과 같은 기술적 측면의 필요성 강조

실천모델	후원자와 대상자의 결정권한 정도
지역사회연계 모델	• 후원자와 대상자가 각각 1/2의 결정 권한 • 사회복지기관의 일선 스태프나 행정가에 의해 수행되는 기능 중심으로 설명 • 행정가는 지역사회관계, 지지활동, 환경개선, 조직 간의 관계 등과 같은 역할 수행
정치적 권력강화 모델	• 대상자가 100% 결정 권한 • 의도된 시민참여에 의한 정치적 권력 강화에 초점 • 전문가들은 교육자, 자원개발가, 운동가로서의 역할을 하게 되며, 이러한 경향은 합법적으로 위임된 조직이나 자생조직으로 진전

출처: Weil(1996 : 32-33); 오정수 · 류진석(2006 : 102-103)에서 재인용.

제 5 절 지역사회복지실천의 기능체계

1. 지역사회복지관

1) 지역사회복지관의 개념

지역사회복지관은 다양하고 종합적인 프로그램을 제공하는 비영리 종합사회복지센터로서 지역사회의 문제를 파악하고 필요한 서비스를 제공할 수 있는 직접서비스기관으로 정의된다(최일섭 · 류진석, 1998 : 319; 김영모, 2001 : 237). 사회복지관 설치 운영규정은 지역사회복지관에 대해 "지역사회 내에서 일정한 시설과 전문인력을 갖추고 지역사회의 인적 · 물적 자원을 동원하여 지역사회복지를 중심으로 한 종합적 사회복지사업을 수행하는 사회복지시설"로 규정하고 있다.

Dilick(1959 : 33)은 지역사회복지관에 대해 근린지역의 다양한 욕구를 충족시키기 위해 통합서비스를 제공하는 기관으로, 서비스의 중복 또는 누락방지를 위해 서비스 간 조정을 가능하게 하는 기능을 담당하고 있다고 하였다. 아울러, 이의 기능수행을 위해 지역사회주민들의 공동적인 문제해결 노력이 투입되도록 주민참여를 위한 노력을 강구해야 한다고 하였다.

이와 같은 지역사회복지관은 결론적으로 지역사회를 기반으로 한 복지기관으로서 사회복지사 등의 전문인력의 확보를 통해 전문 서비스 프로그램을 실시하여 지역주민들의 복지증진을 꾀하고, 사업범위도 지역사회로 한정함으로써 지역주민들의 욕구와 문제를 충분히 파악해 그들에게 필요한 서비스를 제공하는 복지기관으로 정리할 수 있다.

2) 지역사회복지관의 역할

지역사회복지관은 다음과 같은 역할을 한다(Dillick, 1959 : 331; 김성이 외, 1997 : 312-315에서 재인용).

① 지역사회의 다양한 욕구를 충족시키기 위해 통합된 서비스를 제공한다.

② 지역사회 내의 서비스의 중복과 누락을 방지하기 위해 서비스의 조정을 도모한다.

③ 지역주민의 문제해결을 위해 공동의 노력을 할 수 있도록 집단을 구성한다.

④ 주민집단으로 하여금 사회적 목표를 수정하고 새로운 목표를 만들어 낼 수 있도록 한다.

3) 지역사회복지관의 현황

지역사회복지관은 1989년에 저소득층을 위한 영구임대주택 건립 시 일정 규모의 사회복지관을 의무적으로 설치하도록 하는 「주택건설촉진법」이 시행되고, 또한 같은 해 사단복지법인 한국사회복지관협회가 설립되면서 활성화되었다. 지역사회복지관 수는 매년 늘어, 2004년 370개소에서, 2005년 391개소, 2006년 397개소, 2007년 407개소, 2008년 410개소, 2010년 420개소였으며(김용환 외, 2011 : 205), 2015년에는 1,029개소로 늘어났다.

현재 한국토지주택공사(2015)에 따른 지자체별 지역사회복지관 수는 다음과 같다.

〈표 6-5〉 지역사회복지관 현황

지자체	총계	서울	부산	대구	인천	광주	대전	울산	세종	경기
시설(개소)	1,029	279	52	20	67	11	20	11	14	310
지자체		강원	충북	충남	전북	전남	경북	경남	제주	-
시설(개소)		20	25	22	30	62	25	57	4	-

출처: 통계청(2015).

2. 재가복지센터

1) 재가복지센터의 개념

재가복지센터는 재가복지사업의 실천주체로 언급되며 재가복지서비스의 대상과 내용을 구체적으로 명시하고 있는데, 이러한 재가복지센터는 지역사회에서 시설·전문인력·자원봉사자를 갖추고서 필요한 재가복지서비스를 제공하는 사회복지시설을 말한다(보건복지부, 2014).

이와 같은 재가복지센터는 지역사회 내의 가정에서 보호를 필요로 하는 노인·장애인·편부가정·편모가정·소년소녀가장 등 가족기능이 취약한 저소득 소외계층과 국가유공자, 그 밖에 재가복지서비스를 원하는 계층에게 간병·가사·의료·정서·결연 등의 서비스를 제공하는 역할을 한다(보건복지부, 2014).

이러한 재가복지센터에 대한 보건복지부 운영지침에 의하면 재가복지서비스는 '지역사회 내에서 일정한 시설과 전문인력을 통하여 요보호자들에게 필요한 서비스를 제공하는 것'으로 설명되고 있다. 즉, 재가복지센터는 일상생활을 위한 서비스와 자립을 도모할 수 있는 프로그램을 제공하여 여러 가지 도움을 필요로 하는 노인·장애인·아동들을 시설수용이 아닌 가정 또는 재가복지센터로의 통원을 통해 서비스가 이루어지도록 하는 기관으로 볼 수 있다(김범수, 1992 : 103).

2) 재가복지센터의 역할

재가복지센터는 다음과 같은 역할을 한다(이양훈 외, 2007 : 95-99).

첫째, 조사 · 진단의 역할이다. 재가복지서비스 대상자 및 가정에 대한 욕구조사와 문제의 진단 등을 통해 필요한 서비스의 종류를 선정한다. 둘째, 다양한 서비스 제공의 역할이다. 재가복지서비스 대상별로 측정된 욕구와 문제의 진단내용에 따라 직 · 간접적 서비스를 제공한다. 셋째, 지역사회의 자원 동원 및 활용의 역할이다. 재가복지서비스의 내실화와 대상자 및 가정의 욕구와 문제해결을 위해 지역사회의 인적 · 물적 자원을 동원 활용한다. 넷째, 사업평가의 역할이다. 재가복지사업 서비스를 평가하기 위하여 서비스 기능, 분야별 효과, 자원동원 및 활용효과 등에 관하여 자체평가하고 그 결과가 사업에 활용되도록 한다. 다섯째, 교육기관의 역할이다. 자원봉사자 및 지역사회 주민들에게 재가복지서비스, 사회복지사업 및 취미 교양 등에 관한 교육을 제공한다. 여섯째, 지역사회 연대의식 고취의 역할이다. 지역사회 내 인적 · 물적 자원 연계를 통한 계층 간의 연대감을 고취시킨다.

3) 재가복지센터의 현황

재가복지센터는 현재 노인과 장애인을 대상으로 주로 운영되고 있다. 전반적인 서비스로는 가사서비스 · 간병서비스 · 정서적 서비스 · 결연서비스 · 의료서비스 · 주민교육서비스 등이 이루어지고 있다. 노인의 경우에는 재가노인복지시설을 중심으로 센터가 운영되며, 주로 방문요양서비스 · 주/야간보호서비스 · 단기보호서비스 · 방문목욕서비스 · 재가노인지원서비스 등이 지원되고 있다(보건복지부, 2015 : 5).

〈표 6-6〉 노인재가복지센터 현황

종 류	시 설	2014		2013		2012		2011		2010	
		시설(개소)	정원(명)	시설(개소)	정원(명)	시설(개소)	정원(명)	시설(개소)	정원(명)	시설(개소)	정원(명)
재가노인복지시설	소 계	2,797	18,852	2,832	16,061	3,003	16,076	2,750	16,084	2,496	14,792
	방문요양서비스	992	0	1,042	0	1,113	0	1,180	0	1,118	0
	주·야간보호서비스	913	18,008	848	14,996	840	15,160	842	15,154	786	14,086
	단기보호서비스	96	844	110	1,065	94	916	95	930	67	706
	방문목욕서비스	588	0	603	0	633	0	633	0	525	0
	재가지원서비스	208	0	229	0	323	0	0	0	0	0

출처: 보건복지부(2015).

3. 사회복지협의회

1) 사회복지협의회의 개념

사회복지협의회는 지역사회복지와 관련하여 지역사회 주민의 적극적인 참여와 전문가의 기술을 결합시킨 지역주민·사회기관·여러 조직들 간의 연합체를 의미하는 것으로, 지역사회의 복지문제 해결에 필요한 계획을 수립하고 사회복지사업을 실행하는 역할을 한다(Kirst-Ashman & Hull, 2001 : 212-213). 이러한 사회복지협의회는 지역사회 내의 민간 차원의 협의체로 직접적 또는 간접적 서비스를 제공하고 지원하는 단체로 정의되며(김종일, 2006 : 239), 민간의 대표조직으로서 지역사회복지의 과제를 해결하기 위해 다양한 노력을 기울이는 단체로 정의되기도 한다(박태영, 1998 : 88). 또한 지역주민에 대한 복지서비스 제공과 지역사회 내의 다양한 사회복지기관의 욕구를 달성하고, 기능을 강화시키기 위한 정보를 제공하며, 서비스를 조정하는 역할을 수행하는 지역사회복지의 대표적 협의조정기관으로 정의되기도 한다(오정수 · 류진석, 2006 : 243).

이와 같은 사회복지협의회는 효율적인 복지서비스 프로그램을 마련하여 지역사회 주민들의 문제와 욕구에 효과적으로 대처할 수 있도록 계획하고 조정하는 성격을 갖고 있다. 때문에 사회복지협의회는 강제성이나 법적 권한을 갖고 있지 않아야 하며, 협력적 과정을 통해서만 기능수행이 가능하도록 해야 한다. 무엇보다 사회복지협의회가 지역사회의 이익을 대변할 수 있기 때문에 지역사회복지 증진을 위한 관심과 노력이 병행될 수 있도록 해야 한다(UCFCA, 1965).

2) 사회복지협의회의 역할

사회복지협의회는 다음과 같은 역할을 한다(Grosser & Mondros, 1985 : 321-323).

① 지역사회의 복지증진과 관련된 연구를 수행한다. 사회복지기관의 업무와 재정상태에 관한 기초자료를 수집해 지역사회가 당면한 근본문제에 대한 장기적 연구를 수행한다. ② 사회복지기관들 간의 조정과 협력을 한다. 사회복지기관들의 업무 중복이나 경쟁 등으로 인해 발생하는 갈등상황에 대해 중재의 역할과 사회복지기관 간의 서비스를 조정 · 협력하는 역할을 수행한다. ③ 지역사회복지의 센터역할을 한다. 지역사회에서 주최하는 사회복지에 관한 중요한 회의를 주최하거나 사회복지정책을 수립하고 공동의 복지활동을 전개하는 센터로서의 역할을 수행한다. ④ 사회복지기관의 업무의 질적 수준을 제고시킨다. 사회복지기관의 업무의 효율성을 높이기 위해 공동조사, 업무기준에 관한 연구, 출판, 배포 및 공동토의, 회의나 회합의 교환을 통해 자문 또는 지원의 역할을 한다. 이 밖에 ⑤ 지역사회복지를 위한 공동의 계획수립 및 실천, ⑥ 정보제공, 교육, 홍보, ⑦ 자원동원 및 재정안정 도모, ⑧ 사회행동 등의 역할을 한다.

3) 사회복지협의회의 현황

지난 1952년 2월 15일 사단법인 한국사회사업연합회가 설립되었는데, 이 연합회를 사회복지협의회의 전신으로 볼 수 있다. 이후 1961년 사단법인 한국사회복지사업연합회로 개칭되었고, 1970년에 들어서 지금과 같은 사회복지법인 한국사회복지협의체로 개칭이 되었다. 또한 1985년에는 시 · 도 지방사회복지협의회가 조직되어 서울특별시에 한국사회복지협의회가 있고, 그 밖에 16개 시 · 도에 지방사회복지협의회가 조직되어 있다(김용환 외, 2011 : 216).

4. 사회복지공동모금회

1) 사회복지공동모금회의 개념

사회복지공동모금회는 복지서비스 공급을 활성화하고 조직의 건전한 재정을 유지하기 위해 지역사회로부터 자원동원을 하는 데 필요한 지역주민 및 사회복지기관들 간의 협동적 조직이다. 이는 민간조직을 통한 자원봉사활동이자 민간운동이라고 할 수 있다. 이러한 사회복지공동모금회는 민간의 비영리 법인으로서 지역사회의 현존 문제를 지역주민 스스로 해결하기 위한 공동체의식 · 민간의식 · 사회연대의식 등에 기초를 두고 있다(George & Wilding, 1994 : 205).

이와 같은 자원동원은 사회복지공동모금을 통해 공동모금활동을 하거나 개별 비영리기관이 개인이나 기업으로부터 후원을 받기도 한다. 현재 민간모금기관들이 모금하는 모금액은 매년 증가하고는 있지만, 서구의 복지선진국의 사회복지자원 총량의 3~8%수준에 비해 우리나라는 이보다 낮은 2%수준을 보이고 있다(김준규 외, 2011 : 105).

복지선진국은 사회복지의 재원을 주로 조세에 의존하지만, 후진국은 자선모금활동에 의존한다. 이는 사회복지에 대한 민간의 참여를 독려하고, 민 · 관의 파트너십을 강조하여 사회복지자원의 총량을 증가시키기 때문이다. 이에 따라 우리나라도 국가주도로 사회복지자원 총량을 늘릴 수 있도록 노력해 나가야 한다(이창희 · 강영실, 2006 : 214).

2) 사회복지공동모금회의 역할

사회복지공동모금회는 다음과 같은 역할을 한다(김준규 외, 2011 : 130).

① 모금사업을 한다. 모금사업은 민간사회복지활동의 전체를 포괄하는 모금 이미지의 대표성 구축과 모금의 잠재력을 최대한 개발하는 것을 목표로 한다. 모금사업은 연말 집중모금과 연중 모금캠페인 등으로 나누어 실시한다. ② 배분사업을 한다. 배분사업은 배분원칙의 공정성과 배분기준의 합리성, 그리고 배분의 효과성을 달성할 수 있는 제도적 틀을 정착시키고 발전시키는 것을 목표로 한다. 배분사업은 신청사업, 기획사업, 지정기탁사업, 긴급지원사업 등으로 나누어 실시한다.

3) 사회복지공동모금회의 현황

사회복지공동모금회는 1997년 3월 사회복지공동모금법의 공포로 1998년 7월에 동법이 발효되면서 설립되었다. 이를 통해 1998년 사회복지법인 전국공동모금회가 설립되고, 1999년 3월에 사회복지공동모금회법으로 법이 개정되어 중앙 및 16개 지회 체제가 확립되었다. 「사회복지공동모금회법」은 사회복지공동모금회에 대해 "공동모금을 통해 사회복지에 대한 국민의 이해와 참여를 제고함과 아울러 국민의 자발적인 성금으로 조성된 재원을 효율적이고 공정하게 관리 · 운용함으로써 사회복지 증진에 이바지함을 목적으로 한다"고 규정하고 있다(최일섭 · 이현주, 2012 : 392).

5. 지역자활센터

1) 지역자활센터의 개념

지역자활센터는 국민기초생활수급자를 비롯한 저소득층 주민들에게 자활지원서비스를 집중적이고 체계적으로 지원하여 자립능력을 향상시킴은 물론, 자활의욕을 고취시키도록 지원해 공동작업 수행으로 소득을 얻거나, 창업을 할 수 있도록 종합적으로 지원하는 기관이다. 이러한 지역자활센터는 근로능력이 있는 저소득층의 기초생활을 보장함은 물론, 종합적 자립자활서비스를 제공해 생산적인 복지를 구현해 나가는 데 그 목적을 두고 있다(전해황 외, 2008 : 298).

본래 자활사업은 「생활보호법」상에서 사실상 그 기능이 상실된 채 존재하고 있었으나 「국민기초생활보장법」이 제정되면서 근로가 가능한 연령층도 근로참가 조건의 생계급여를 제공하고, 사회적 일자리의 창출과 함께 공적급부가 가능하도록 제도가 마련되었다. 이의 과정에서 자활사업은 고용과 복지가 결합된 근로연계복지제도의 형태를 띠게 된 것이다(이인재, 2006 : 207).

2) 지역자활센터의 역할

지역자활센터는 다음과 같은 역할을 한다(이창희 · 강영실, 2006 : 256).

① 자활의욕 고취를 위한 교육을 한다. ② 자활을 위한 정보 제공 · 상담 · 직업교육 및 취업 알선을 한다. ③ 창업지원 · 생업을 위한 자금 융자 알선 · 기술 및 경영지도 등을 실시한다. ④ 자활공동체의 설립 · 운영 지원을 한다. ⑤ 기타 자활을 위한 각종 사업을 실시한다. 민간 차원의 다양한 네트워크를 구축하여 사업별 협의체를 조직하거나 지원하는 자활정보 네트워크를 구축하여 사회적 자원을 확보하는 사업을 실시한다.

3) 지역자활센터의 현황

지역자활센터는 1996년에 5개소의 자활지원센터가 시범적으로 운영되었고, 1997년 IMF를 맞아 1998년부터 공공근로사업이 진행되었다. 2000년에 들어서는 「국민기초생활보장법」의 제정으로 자활후견기관이라 명명함으로써 자활지원정책이 제도화되었다(이인재, 2006 : 207-208; 전해황 외, 2008 : 291). 지역자활지원센터는 2014년 현재 전국적으로 247개소가 설치되어 운영되고 있다(한국지역자활센터, 2015).

6. 기타 지역사회복지실천기관

기타 사회복지실천기관의 운영현황은 다음과 같다(이창희 · 강영실, 2006 : 256).

최근에는 「정신보건법」의 제정에 따라 정신장애인의 지역사회복지시설인 정신보건센터와 정신장애인사회복귀시설이 시 · 군 · 구 단위에 설치 및 운영되고 있다. 이는 국민의 욕구가 점차 다양화되고, 돌봄서비스가 가정이 아닌 사회에서 제공되고 있어 다양한 지역사회복지실천기관들이 증가하고 있기 때문으로 볼 수 있다.

또한 다양한 가족형태의 출현과 가족기능의 약화 등으로 건강가정지원센터가 전국적으로 운영되고 있으며, 다문화가족의 급증으로 다문화센터도 운영되고 있다. 아울러 노인장기요양보험의 시행으로 노인복지센터가 급증하고 있고, 지역자활센터와 유사기관인 시니어클럽도 많이 운영되고 있다.

그러나 아직까지 지역사회 내에서의 가정폭력 · 학대 등으로 고통받는 지역주민을 위한 긴급보호 및 치료시설은 매우 부족한 실정이다. 응급상담센터는 있지만 단기보호시설이 없기 때문에 피해자와 가해자를 분리해 보호하고 치료할 수 있는 기능이 부족한 실정이다.

참고문헌

강철희, 정무성(2006). 지역사회복지 실천론. 서울: 나남.

고수현(2007). 지역사회복지. 서울: 교육과학사.

김만호(2012). 지역사회복지론. 서울: 양서원.

김범수(1992). 재가복지론. 서울: 홍익제.

김범수, 신원우(2006). 지역사회복지론. 서울: 나남.

김성이, 오정수, 전광현, 황성철(1997). 비교지역사회복지. 서울: 한국사회복지관협회.

김영모(2001). 지역사회복지론. 서울: 한국복지정책연구소출판부.

김영모(2002). 지역사회복지론. 서울: 고헌출판부.

김용환, 김극명, 김세원, 김준규, 배은영(2011). 지역사회복지론. 서울: 창지사.

김종일(2006). 지역사회복지론. 서울: 청목출판사.

김준규, 김교정, 유태완, 정현숙(2011). 사회복지개론. 서울: 창지사.

김태진, 손정일, 김덕진(2012). 지역사회복지발전과정 분석. 서울: 한국사회복지학회.

김형수, 양성관, 주익수(2010). 지역사회복지론. 서울: 학현사.

박태영(1998). 지역사회복지론. 서울: 학현사.

박태영(2003). 지역복지계획의 이론과 실천. 서울: 현학사.

보건복지부(2014). 재가복지봉사센터 운영지침. 세종: 보건복지부.

보건복지부(2015). 노인복지시설현황. 세종: 보건복지부.

양정하, 황인옥, 김정희, 배의식, 박미정(2008). 지역사회복지론. 서울: 공동체.

오정수, 류진석(2006). 지역사회복지론. 서울: 학지사.

이양훈, 김준환, 김혜정, 김백수, 오호진(2007). 지역사회복지론. 서울: 창지사.

이영철(2007). 지역사회복지론. 서울: 양서원.

이인재(2006). 한국지역복지실천론. 서울: 나눔의 집.

이창희, 강영실(2006). 지역사회복지의 이론과 실제. 서울: 대왕사.

전해황, 이성윤, 송낙길, 정주석, 염일열(2008). 지역사회복지론. 서울: 양서원.

정민자, 김대득, 김동진, 김운화, 정상기, 조미영(2009). 서울: 유풍출판사.

최우진(2014). 지역사회복지론. 서울: 청람.

최일섭(2005). 지역사회복지론. 서울: 서울대학교출판부.

최일섭, 류진석(1998). 지역사회복지론. 서울: 서울대학교출판부.

최일섭, 이현주(2012). 지역사회복지론. 서울: 서울대학교출판부.

통계청(2015). 한국토지주택공사 도시계획현황. 대전: 통계청.

표갑수(2006). 사회문제와 사회복지. 서울: 나남.

한국지역자활센터(2015). 지역자활센터설치현황. 서울: 한국지역자활센터.

Brager, G. & Specht, H.(1973). *Community Organizing*. New York: Columbia University Press.

Cox. Fred M., John L. Erlich, Jack Rothman, & John E. Tropman(Eds.)(1970). *Strategies of Community Organization*(2nd ed.). Itasca, Illinois: F. E. Peacock.

Dilick, S.(1959). The Functions of Neighborhood Organization. In Emest B. Harper & Arthur Dunham(Eds.), *Community Organization in Action*. New York: Association Press.

George, V. & Wilding, P.(1994). *Welfare and Ideology*. Hemel Hempstead: Harvester Wheatsheaf. Grosser & Mondros.

Grosser, C. F. & Mondros, J.(1985). Pluralism and Participation: The Political action approach. In Taylor and Roberts(Eds.), *Theory and practice of community social work*. New York: Columbia University Press.

Kirst-Ashman K. K. & Hull, G. H., Jr.(2001). *Generalist Approach*(3rd ed.). Massachusetts: Allyn and Bacon.

Lappin, B.(1985). Community Development: Beginnings in Social Work Enabling. In Taylor & Roberts(Eds.), *Theory and Practice of Community Social Work*. New York: Columbia University Press.

MacNeil, C. F.(1998). *Community Organization for social Welfare. in Social Work Year Book*. New York: American Association of Social Workers.

Rivera, F. G. & Erlich, J. L.(Eds.)(1998). *Community Organizing In a Diverse Society*. Boston: Allyn and Bacon. Rothman, 1995.

Rubin H. J. & Rubin, I.(1992). *Community Organizing & Development*. Boston: Allyn and Bacon.

Sanders, Irwin T.(1970). *The Community: An Introduction to a Social System*. New York: Ronald Press.

Taylor, S. H. & Roberts, R. W.(1985). *The Fluidity of Practice Theory : An Overview*. Theory and Practice of Community Social Work. Samuel H. Taylor & Robert W. Roberts(Eds.). New York: Columbia University Press. United Nations.

United Community Funds and Councils of America(1965). *Citizen Action through Community Health and Welfare Councils*. New York.

Weil, M.(1996). Model Development in Community Practice : An Historical Perspective. *Journal of Community Practice, 3*.

Weil, M. O. & Gamble, D. N.(1995). *Community Practice Models. Encyclopedia of Social Work*(19th ed.). New York: NASW.

Part 02

사회복지실천 분야

07

아 동 복 지

제 1 절 아동과 아동복지의 개념 및 발달과정

아동에 대한 개념은 크게 발달단계에 따른 개념과 법률적 관점으로 구분할 수 있다. 먼저 발달단계에 따른 개념은 아동의 육체적 발달과정에 따라 아동의 연령을 규정하고 있고, 법률적 관점에서는 법의 적용에 따라 아동의 연령을 구분하고 있다.

1. 아동의 개념

1) 발달적 관점

아동에 대한 개념을 발달론적 관점에서 접근하는 학자들은 인간발달이론에 근거하여 아동을 구분하고 있다(최순옥 외, 2011). 그 첫 번째 단계가 태내기로 이는 수정 후부터 출생에 이르는 시기를 말한다. 이 시기 아동은 기본적인 신체구조와 기관이 형성되고 그 성장속도가 일생 중 가장 빠르게 진행된다. 두 번째 단계가 영아기 인데, 0세부터 만 2세가 이 시기에 속한다. 영아기는 학습능력과 기억력이 형성되기도 하지만 부모에 대한 애착이 형성되는 시기이다. 대상관계이론가인 Mahler는 이 시기

부모와의 관계에서 형성되는 애착이 생애 전반에 걸쳐 영향을 준다고 보면서 부모-자녀 간 애착의 중요성을 강조하였다. 영아기가 지나면 유아기에 이르게 되는데 만 2세부터 6세가 이 시기에 속한다. 아동기는 만 6세부터 11세로 이 시기는 유아기 자기중심성이 사라지고 자아개념이 발달하며 친구가 생활의 중심을 차지하게 된다(서보준 외, 2013). 청년기는 만 11세에서 20세로 추상적 사고가 가능하고 이전의 다른 시기보다 또래집단의 영향을 많이 받게 된다. 아동 발달단계를 보다 구체적으로 제시하면 다음 〈표 7-1〉과 같다.

〈표 7-1〉 아동 발달단계

발달단계	주요 발달내용
태내기 (수정-출생)	• 기본적인 신체구조와 기관이 형성됨 • 일생 중 신체의 성장이 가장 빠른 시기 • 태내환경의 영향을 받음
영아기 (0-만2세)	• 신체의 성장과 발달속도가 매우 빠름 • 학습능력과 기억력이 형성됨 • 첫 돌 무렵에는 부모에 대한 애착이 형성됨
유아기 (만2세-6세)	• 운동기능과 체력이 신장됨 • 자기중심적임 • 인지적 미성숙으로 인해 세상을 보는 눈이 비논리적임 • 자율성과 자기통제력이 증가함
아동기 (만6세-11세)	• 신체적 성장속도가 이전 시기에 비해 느려짐 • 체력과 운동기능이 더욱 신장됨 • 유아기의 자기중심성이 사라짐 • 기억력과 언어기능이 증가함 • 자아개념이 발달함 • 친구가 생활의 중심이 됨
청년기 (만11-20세)	• 신장과 체중이 급격히 성장하고 성적 성숙이 이루어짐 • 추상적 사고가 가능함 • 청소년기의 자기중심성이 나타남 • 자아정체감의 확립이 심각한 문제로 대두됨 • 또래집단이 형성되고 그 영향력이 커짐

발달단계	주요 발달내용
성년기 (만20-40세)	• 신체적 건강이 최고조에 달하다가 서서히 감퇴하기 시작함 • 지적 능력이 더 복잡해짐 • 친밀한 관계가 이루어지며 대부분의 사람들이 부모가 됨 • 직업을 갖게 됨

출처: 최순옥 외(2011) 일부 적용.

이 외에도 발달심리학적 관점에서 아동을 규정하는 학자들은 아동의 신체적인 발달뿐만 아니라 인지 및 사회 그리고 도덕적 발달과정까지 포함하여 아동을 정의하고 있다. 또한 교육학적 관점에서는 아동을 교육의 대상으로 보고 있는데, 우리나라의 경우 초등교육과정에 진입하는 6세부터 12세까지의 연령을 아동으로 보고 있다.

2) 법률적 관점

우리나라 아동복지법과 유엔(UN)의 아동권리협약에서 아동은 18세 미만인 사람으로 규정하고 있다. 또한 미국의 아동학대방지 및 치료법에서도 아동은 18세 미만으로 정의하는 등 아동에 대한 개념이 연령으로 정의되고 있다. 그러나 우리나라에서 적용되는 법률에 따른 아동의 연령은 영유아보육법에서는 6세 미만의 취학 전 아동으로 영유아라고 규정하고 있고, 유아교육법에서는 만 3세부터 취학 전까지 어린이를 유아라고 규정하고 있다. 또한 청소년보호법에서는 19세 미만의 자를 청소년으로 보고 있고, 청소년복지지원법에서는 9세 이상 24세 미만의 자를 청소년으로 규정하는 등 법률에 따라 아동에 대한 연령구분이 다르다.

다음 〈표 7-2〉에서 보는 바와 같이 아동에 대한 법률에 따라 연령의 구분이 다르고 아동에 대한 용어도 영유아부터 미성년 그리고 청소년 등 법률의 적용범위에 따라 차이가 있어 아동복지정책이 통합적 수행을 어렵게 하고 있다. 또한 청소년과 아동의 연령 구분이 모호하여 아동에 대한 개념을 정의하는 데 어려움이 따른다. 이 장에서는 아동복지에 대한 정책 및 실천적 방향을 다루기 때문에 아동복지법에 따라 아동을 18세 미만의 자로 규정하도록 하겠다.

〈표 7-2〉 법률에 따른 아동의 연령구분

아동관련 법률	용어	연령 구분
영유아보육법	영유아	6세 미만의 취학전 아동
유아교육법	유아	만 3세부터 취학전 어린이
아동복지법	아동	18세 미만의 자
청소년기본법	청소년	9세 이상 24세 이하
청소년보호법	청소년	19세 미만의 자
청소년복지 지원법	청소년	9세 이상 24세 이하의 자
소년법	소년	19세 미만의 자
민법	미성년자	20세 미만의 자
형법	형사미성년자	14세 미만의 자
근로기준법	연소자	18세 미만의 자
국민기초생활보장법	아동	18세 미만의 자
한부모가족지원법	아동	18세 미만의 자 (취학 중인 경우 22세 미만의 자)
입양특례법	아동	18세 미만의 자
실종아동 등의 호보 및 지원에 관한 법률	실종아동	실종 당시 18세 미만
도로교통법	어린이	13세 미만의 자
	유아	6세 미만의 자

출처: 박희숙 · 유주희 · 이광희(2014).

2. 아동복지의 개념과 발달배경

1) 아동복지의 개념

시대가 변화함에 따라 아동을 성인의 소유물이나 미성숙한 존재로 보던 시각에서 고유한 욕구와 존엄성을 지닌 하나의 독립된 인격체로 보는 등 아동에 대한 인식도 많이 변화하였다. 이에 따라 아동의 기본적인 욕구를 보장하는 것뿐만 아니라 아동의 잠재력을 발휘할 수 있도록 지원하는 등 아동의 건강한 성장과 발달을 위한 노력들이 다방면에서 이루어지고 있다. 이러한 과정에서 아동복지에 대한 관심이 증가하였고 아동복지에 대한 개념이 다양하게 정의되고 있다.

Fridlander와 Apte(1980)는 아동복지를 단지 빈곤과 방치, 유기 그리고 질병, 결함 등을 지닌 아동 혹은 환경에 적응하지 못하는 비행아동들에게만 관심을 두는 것이 아니라 모든 아동이 신체적, 지적, 정서적 발달에 있어서 안전하며 행복할 수 있도록 위험으로부터 보호하기 위해 공적 그리고 사적 제반 기관에서 실시하는 사회 · 경제 · 보건을 포함한 모든 활동으로 정의하였다(이용교, 2005 : 200). Barker(1995)는 아동의 건전한 발달과 양육 그리고 보호를 위해 행하는 인간서비스와 사회복지 서비스 그리고 이데올로기의 일부라고 하였고, Meyer(1985)는 아동복지를 증진시키기 위한 사회제도 및 사회사업의 한 분야고 보았다(김성경 · 김혜경 · 최현미, 2015). 반면, Kadushin과 Martin(1988)은 아동복지를 광의의 개념과 협의의 개념으로 구분하면서 광의의 개념은 모든 아동들의 행복과 사회적응을 위해 그들의 신체적, 사회적, 심리 발달을 보호하고 잠재력을 개발시켜 주기 위한 각종 대책이라고 하였고, 협의의 개념은 특수한 욕구를 가진 아동과 그 가족을 대상으로 사회복지기관을 비롯한 특정 기관에서 제공하는 서비스라고 정의하였다.

국내에서는 장인협과 오정수(2001)가 아동을 사회구성원의 하나로 보고 아동의 기본적인 욕구를 충족시키고 아동의 건전한 성장과 발달을 위해 제공되는 공식적인 절차라고 아동복지를 정의하면서 아동과 관련된 법령, 공공조직, 민간기관, 사회복지와 같은 제도화된 실천방법을 모두 포함하였다. 우리나라 사회복지 사전에서는 특수한 장애를 가진 아동은 물론 모든 아동들인 가족 및 사회의 일원으로서 육체적 · 정신적으로 건전하게 성장하고 발달할 수 있도록 지역사회나 사회복지분야에 있는 공적 · 사적 단체나 기관들이 협력하여 아동복지에 필요한 사업을 계획하며 실행에 옮기는 조직적인 활동으로 규정하고 있다.

이를 종합하면, 아동복지(child welfare)는 아동과 관련된 문제를 해결하고 아동의 전반적인 심리적 및 신체적으로 안녕된 상태를 보장하기 위한 것으로 국가적 차원에서 이루어지는 정책과 서비스 전달과 관련된 실천적 활동이다. 이는 아동의 건전한 성장과 발달을 위한 경제, 교육, 보건, 노동 등의 분야에서 국가나 민간단체에서 행하는 정책이나 프로그램 서비스 등의 광의의 개념과 특별한 장애가 있거나 아동보호에 대한 가족의 기능이 제대로 수행되지 못할 때 아동과 가족을 위해 사회복지기관 등과 같은 전문기관에 의해 이루어지는 조직적인 활동 등의 협의의 개념을 모두 포함하는 개념으로 볼 수 있다. 아동복지 정책이 어떠한가에 따라 아동복지 사업의 내용과 전달체계 등이 달라지기 때문에 아동복지의 성패는 국가의 아동복지 정책과 같은 거시적 측면과 실천현장의 전문적 기술과 같은 미시적 방법이 조화를 이룰 때 가능하다고 볼 수 있다(한성심 · 송주미, 2014).

2) 아동복지의 발달배경

20세기에 들어서면서 비로소 아동을 개별적인 인격체로 존중하고 아동의 문제에 관심을 가지며 해결하기 위한 다양한 노력들이 이루어지게 되었다. 역사적으로 원시 고대시대에는 아동은 성인의 소유물로 인식되어 아동에 대한 유기나 살인 등의 행위들이 빈번하게 발생하였으며, 아동을 종족번식의 존재나 노동력으로만 인식하였다. 그러나 중세시대 들어서면서 아동을 노동력으로 인식하는 것은 변하지 않았지만, 종교적 영향으로 아동을 살해하는 행위에 대해서는 죄악으로 여겨 이러한 행동은 점차 감소하였다. 그러나 여전히 아동의 사회적 지위는 어른보다 상대적으로 낮았고, 아동의 인권에 대한 보장은 이루어지지 않았다. 그러던 중 근대 산업혁명으로 사회구조가 변화하면서 요보호아동이 증가하게 되었다. 이러한 문제에 대응하기 위해 영국의 엘리자베스 여왕은 1601년 구빈법을 시행하여 요보호아동에 대한 서비스를 제공하게 되는데, 이것이 최초 국가에 의한 아동보호 서비스라고 볼 수 있다. 이렇듯 아동복지 발달은 시대적 흐름과 산업의 발전 등 사회적 변화와 깊이 관련되어 있다. Kadushin과 Martin(1988)도 시대적 분위기가 아동복지 발전에 영향을 미친다고 보면서 이를 여덟 가지 기준으로 정리하였다.

첫째, 인본주의 이념의 발전으로 인해 아동복지가 발달하게 되었다. 즉, 앞에서 논의한 바와 같이 고대시대에는 아동에 대한 생명존중 의식이 미약했고, 아동의 인권이 존중되지 못했으며 아동학대 및 방임 그리고 유기 등의 문제가 빈번하게 발생하였지만 이에 대한 개입은 미흡하였다. 뿐만 아니라 아동의 문제를 개인의 문제로 치부하는 경향이 높았다. 그러나 기독교의 생명존중 사상과 계몽주의 사상이 확대되면서 아동의 복지에 대한 인식이 개인적 책임주의에서 종교적 및 시민적 의무로 인식하게 되면서 아동복지가 발전하게 되었다(서보준 외, 2013).

둘째, 인도주의적 이념이 강화되어 아동복지가 발달되었다. 즉, 산업혁명으로 서구사회는 산업이 발전하게 되었고 경제성장이 되면서 요보호아동에 대한 관심이 증가하였다고 보는 것이다.

셋째, 아동기 건강한 발달이 인간의 생애 전반에 걸쳐 매우 중요하다는 인식이 높아지면서 아동의 욕구와 문제에 관심을 갖게 되었다. 과거 평균수명이 짧았던 시절에는 아동기와 성인기의 구분이 미약했지만, 경제성장으로 평균수명이 증가하면서 아동기와 성인기가 구분되기 시작하였다.

넷째, 가족과 이웃의 기능이 쇠퇴되면서 사회제도의 전문화가 요구되었다. 즉, 과거에는 아동의 문제와 관련하여 부모가 감당하지 못했던 일들은 친인척이나 이웃 주민 그리고 지역사회 내 구성원들의 상호 원조에 의존하여 해결하였지만, 산업화와 도시화로 전통적인 가정의 기능이 상실되고 기존의 종교단체나 직장 조합도 각기 그 본연의 기능에 집중하면서 아동복지만을 전담할 수 있는 제도나 서비스가 필요하게 되었다(박희숙 · 유주희 · 이광희, 2014; 정민숙 외, 2015).

다섯째, 사회 내에서 가족과 아동의 지위가 높아져 아동복지가 발전하게 되었다. 가족은 가장 작은 사회단위이고 가족구성원들이 사회에 기여하는 바가 높음에도 불구하고 과거에는 국가 그리고 교회, 군대, 동료, 조합, 직업 등이 일차적 관심과 충성을 보여야 했고 상대적으로 가족은 관심 영역 밖에 있었다. 그러나 현대에 와서는 가족의 중요성이 부각되면서 자연스럽게 아동에 대한 중요성도 강조되었다.

여섯째, 저출산과 고령화 현상으로 인해 아동에 대한 관심이 증가하게 되어 아동복지가 발전하게 되었다. 의료기술이 발전하면서 평균수명은 증가하고 있지만 상대적으로 출산력은 낮아지면서 사회의 인구고령화 현상은 우리나라뿐만 아니라 서구 선진국가들도 경험하고 있는 현상이다. 이렇듯 저출산 현상은 부모-자녀 간 친밀한 관계에 대한 요구가 높아졌다. 이로 인해 계획된 출산이 증가하게 되었고 아동에 대한 가치를 더 존중하게 되었다(박희숙 · 유주희 · 이광희, 2014).

일곱째, 과학적 지식이 발전하면서 아동복지와 학문적 영역과 전문직을 탄생시키게 되었다. Freud 이후 여러 학자들은 아동기에 대한 연구에 관심을 갖게 되었고 아동의 발달 및 복지와 관련된 연구들이 수행되면서 아동복지와 관련된 학문이 발전되고 전문직이 개발되었다.

여덟째, 아동의 법적 지위가 향상되었다. 과거 아동은 부모의 소유물로 인식하는 경향이 높았지만, 1954년 11월 국제연합총회에서 아동권리선언이 채택되고 UN에서 아동권리에 관한 국제협약(1989)이 채택되면서 아동을 권리의 주체로 인식하는 등 아동을 바라보는 사회적 인식이 변화하게 되었다.

제 2 절 아동복지의 원칙

아동을 위한 정책수립과 복지서비스를 제공하는 데 있어 UN의 아동권리협약[1]은 매우 중요한 지표가 된다. 이는 아동과 관련된 정책과 복지서비스를 제공하는 데 있어서 아동의 권리가 침해당하거나 배재되어서는 안 된다는 것을 의미한다. 이를 위해서는 기본적으로 지켜야 할 원칙이 존재하며 이러한 원칙들을 독립적이고 상호 보완적 관계를 형성함으로써 더 나은 효과를 기대하게 한다(장인협 · 오정수, 2001).

1) 아동권리협약은 아동의 경제와 사회 및 문화 등을 포함한 다양한 권리를 규정하고 있고, 아동을 '보호대상'이 아닌 '권리의 주체'로 규정하고 있다.

1. 권리와 책임의 원칙

아동복지에 대한 권리와 책임의 원칙은 아동 자신과 그들을 양육하는 가정 그리고 중앙정부와 지방정부를 포함한 국가에게 부여되는 권리와 책임을 의미하는 것으로 이들 간 상호작용과 협력이 조화될 때 아동복지가 바람직한 방향으로 나아가게 된다. 과거 가정의 역할이 많은 부분을 차지했다면 최근에는 국가의 역할이 강조되면서 아동복지에 대한 권리와 책임이 상당부분 국가로 이양되는 추세이기는 하지만, 여전히 자녀양육과 보호의 책임은 가정에 있어 가정의 권리와 책임의 중요성도 강조되고 있다. 여기에 아동은 복지수혜의 대상임과 동시에 복지서비스의 주체로서 책임도 강조된다(문선화 외, 2015). 이는 아동복지서비스를 수행하는 데 있어서 아동 자신과 가정 그리고 국가의 역할이 중요하다는 것과 함께 아동복지가 잘 수행되기 위해서는 이들 3자간 역할과 책임이 더욱 중요하다는 것을 의미한다.

2. 보편성과 선별성의 원칙

보편성의 원칙은 부모의 사회경제적 지위나 아동의 장애유무 그리고 인종이나 민족 등과 같은 제약을 두지 않고 모든 아동이 동일한 수준의 서비스를 제공받는 것을 의미하는 것으로, 영국의 아동수당제도나 우리나라의 취학 1년 전 무상교육 서비스가 이에 해당된다. 그러나 보편성 원칙에 의한 아동복지 서비스는 국가에 재정적 부담을 안겨줄 수 있어 선택과 집중을 강조하는 선별성의 원칙이 선택되기도 한다.

선별성의 원칙은 가정경제나 장애의 유무 그리고 학대와 위협 등과 같은 특정 조건이나 기준에 의해 아동복지 대상을 제한하는 것을 의미한다. 이 제도는 가족이나 시장경제가 제대로 기능을 수행하지 못할 때 아동에게 제공되는 일시적이고 보충적인 서비스로(문선화 외, 2015), 저소득층 가정 자녀를 위해 제공되는 교육복지서비스와 의료서비스 그리고 장애아동에 대한 무상교육 및 재활치료 바우처 등이 이에 해당된다. 그러나 이러한 선별성의 원칙에 의한 서비스는 아동의 문제에 대해 사후 치료적 접근을 하고 있어 아동이 지닌 근본적인 문제해결에는 한계가 있다는 지적을 받고 있다.

아동의 근본적인 문제가 해결되지 못하고 기존의 문제가 잔류한다면 아동문제는 반복과 지속성을 지니게 된다. 따라서 아동이 지닌 문제에 대한 사후접근과 함께 문제를 예방하는 것은 아동복지를 위해 매우 중요하기 때문에 보편성의 원칙과 선별성의 원칙은 아동복지의 실천을 위해 함께 고려되어야 한다.

3. 개발적 기능의 원칙

아동복지에 있어서 개발적 기능은 적극성과 포괄성을 지니고 대상의 모든 부문에 대해 관여하는 것으로 치료적 접근의 미시적 수준부터 거시적 수준까지 다양한 복지 기능에 관여하는 것을 의미한다(Kendall, 1973; 서보준 외, 2013 재인용). 이는 아동복지에 대해 접근하는 데 있어 사후적 접근보다 거시적이고 다차원적 접근을 요구한다. 또한 아동의 문제에 적극적으로 개입하여 의도적 변화를 초래할 수 있는 개발 지향적 아동복지 체계를 추구할 뿐만 아니라 아동의 사회적 자립을 지향하고 사회적 기여를 창출한다는 관점이 내재되어 있으며, 경제적 이익을 추구하는 것과도 관련되어 있다(정민숙 외, 2015).

과거 아동복지 서비스의 주요 대상은 가정의 보호를 받을 수 없는 아동이었다. 이 시기 아동복지 서비스는 구호적 성격과 사후 치료적 성격이 강했다. 그러나 사회가 변화하면서 아동의 권리와 인권의식이 높아지고, 복지에 대한 다양한 욕구들이 표출되고 있어 이들의 요구에 대응할 수 있는 다양한 해결방안이 필요하게 되었다. 이러한 시대적 변화와 복지욕구의 다양화는 아동문제는 아동 개인뿐만 아니라 부모 그리고 사회구조적 문제와 분리되어 생각될 수 없다는 것과 아동에 대한 복지적 접근에 있어서 미시적 접근뿐만 아니라 거시적 접근 등 다차원적 접근을 위한 적극성을 가져야 한다는 것을 시사한다.

4. 포괄성의 원칙

포괄성의 원칙은 아동을 위한 복지서비스를 제공하는 데 있어서 아동과 가족 및 아동과 관련된 주변 환경을 포함하여 접근할 수 있어야 하는 것을 말한다. 이는 아동이 경험하는 다양한 문제들은 대부분 주변 환경과 상호작용과정에서 발생하는 경우가 많기 때문에 아동복지를 달성하기 위해 사회경제적 구조와 교육, 보건 및 주택 그리고 노동 등 포괄적으로 접근해야 함을 의미한다.

예를 들어, 부모에 의한 아동학대의 경우, 아동의 심리적 및 발달적 문제에 대한 치료 및 보호적 서비스도 이루어져야 하지만, 학대 가해자에 대한 서비스도 함께 이루어져야 한다. 이는 아동학대의 원인이 경제적 문제일 수도 있고, 부모의 심리 및 정서적 문제이거나 지역사회의 지지적 체계의 부재 등 다양하기 때문에 거시적이고 포괄적인 접근이 진행되어야 하는 것이다. 이는 아동의 정서 · 인지 · 사회적 발달은 상호 역동적으로 발달하기 때문에 아동의 욕구와 복지적 접근에 있어서 통합적으로 이루어질 필요가 있다(공계순 외, 2013).

5. 전문성의 원칙

전문성의 원칙은 아동의 성장과 발달을 위해 제공되는 아동복지 사업은 아동에 대한 전문지식을 갖춘 전문가와 전문기관에 의해 이루어져야 한다는 것을 말한다. 이는 아동은 가정 내 환경의 영향을 벗어날 수 없고, 가정 내 문제는 지역사회 및 사회구조로부터 유발될 수 있기 때문에 아동문제에 대한 접근을 하는 데 있어 여러 가지 전문적인 분석과 접근이 필요하다. 때문에 아동의 건전한 성장과 발달을 위해서는 아동 및 인간발달을 이해하는 전문적 인력이 필요하며 아동 관련 프로그램을 직접

기획하고 실천할 수 있는 전문인들을 지속적으로 양성해야 한다(공계순 외, 2013).

제 3 절 아동복지 대상과 서비스

아동복지의 대상은 기본적으로 아동복지법에서 명시하고 있는 18세 이하의 모든 아동을 대상으로 하고 있지만, 정책의 특성에 따라 보편적 아동복지와 선별적 아동복지로 구분되어 서비스가 제공된다. 이러한 것들을 고려하여 여기서는 아동복지의 대상을 보편적 복지관점에서 일반아동과 선별적 복지관점에서 요보호아동으로 구분하여 아동복지 대상과 서비스를 살펴보고자 한다.

1. 아동복지 대상

우리나라에서 적용되는 아동복지 대상은 아동복지법을 근거로 18세 미만의 모든 아동과 아동을 양육하는 부모 및 가족이 모두 아동복지의 대상이 된다. 여기서 아동을 양육하는 부모와 그 가족이 아동복지의 대상으로 포함되는 것은 아동은 성장하는 동안 타인의 도움을 필요로 하는 존재이기 때문에 아동이 신체 및 정서적으로 건강하게 성장하기 위해 1차적인 역할을 담당하는 보호자가 필요하기 때문이다(박희숙 · 유주의 · 이광희, 2014). 아동복지 서비스의 대상 선정에 있어 이렇듯 연령으로 구분하는 경우도 있지만, 급여의 할당원칙에 따라 보편주의와 선별주의로 구분할 수 있다.

먼저 보편주의에서 아동복지는 기본권으로서 모든 사람은 사회복지 서비스를 받을 수 있는 것으로 모든 아동과 그 부모 및 가족이 아동복지의 대상이 된다. 예를 들어 모자보건사업이나 취학 전 아동을 위한 보육사업 그리고 무상급식 등의 정책이 이에 속한다. 보편주의에서는 모든 아동이 서비스의 대상이 되기 때문에 아동이 복지 서비스를 제공받는 데 있어 나타날 수 있는 낙인효과를 최소화할 수 있고 사회통합을 극대화할 수 있다는 장점이 있다.

선별주의는 아동이 자신의 욕구를 충족시키는 것이 불가능한 집단에게만 아동복지 서비스를 제공하는 것으로 보호가 필요한 요보호아동과 그 가족이 대상이 된다. 여기서 말하는 요보호아동은 가정 내 양육환경이 아동의 건강한 성장과 발달을 저해하는 것으로 빈곤가정이나, 가족해체로 인한 결손가정, 그리고 학대 및 방임, 한부모가정 등으로 부모 및 가족이 아동을 양육하기에 부적절하거나 양육할 능력이 없는 가정의 아동을 의미한다. 아동이 건강한 사회인으로 성장하기 위해서는 물질적 자원과 정서적 안정 그리고 적절한 교육이 이루어져야 하지만 요보호아동은 이러한 욕구충족이 어렵기 때문에 민간 혹은 정부의 도움이 필요하게 된다. 예를 들어 한부모가족 교육비 지원, 장애아 보육료 지원, 교육복지 우선사업지원, 국민기초생활수급자 등은 요보호아동 및 가족을 대상으로 하고 있는 아동복지 서비스이다.

2. 아동복지 서비스

아동복지 서비스는 제공장소에 따라 재가서비스와 가정 외 서비스로 구분되고, 기능에 따라 지지적 서비스와 보충적 서비스 그리고 대리적 서비스 및 가족기반 서비스로 구분할 수 있다.

1) 제공받는 장소에 따른 분류

(1) 재가서비스

재가서비스는 아동이 부모 및 가족과 함께 생활하면서 복지 서비스를 제공하는 것을 의미한다. 아동은 부모 및 가족의 보호와 돌봄을 필요로 하고 있고, 아동에 대한 일차적인 책임은 가족에 있다는 것을 전제할 때 재가서비스를 통해 아동의 보호 및 돌봄을 위한 필요한 자원을 보충해 줌으로써 가족의 해체나 붕괴를 예방하게 된다.

(2) 가족 외 서비스

가족 외 서비스는 아동이 자신이 거주하는 가정 외 장소에서 서비스를 제공받는 것으로 일시적 혹은 장기적 아동보호시설을 이용하거나 위탁가정에 거주하면서 제공받는 서비스가 이에 속한다(서보준 외, 2013). 즉, 아동복지의 기본원칙은 가정 내에서 아동의 보호 및 돌봄에 대한 서비스를 제공받는 것이지만, 가정 내 환경이 학대 혹은 방임 그리고 가족의 구조적 결손 등으로 인해 부모나 가족이 아동양육을 책임질 수 없는 경우 아동의 욕구를 충족하고 건강한 성장 및 발달을 지원하기 위해 가정 외에서 양육과 보호를 받게 되는 것이다. 따라서 가정 외 서비스는 아동발달을 위한 권리와 아동의 행복추구권을 위한 국가와 사회가 지원해야 하는 최선의 대안적 서비스가 되는 것이다(서보준 외, 2013).

2) 아동서비스 기능에 따른 분류

기능에 따라 아동서비스를 구분한 Kadushin과 Martin(1988)은 부모 혹은 가정이 아동을 위한 역할수행이 이루어지지 못할 때 나타나는 문제에 대응하기 위해 제공되는 서비스를 지지적 서비스와 보충적 서비스 그리고 대리적 서비스로 구분하였다.

(1) 지지적 서비스

지지적 서비스(supportive service)는 아동이 자신이 태어난 가정에서 생활하면서 받는 복지서비스로 부모-자녀관계 및 가족관계에서 발생하는 다양한 문제에 대한 대응할 수 있도록 부모나 가족의 기능을 지원하고 그들의 역량을 강화시켜 주는 서비스이다. 가족 내 스트레스 상황이 발생하고 이러한 현상이 장기화되거나 반복될 경우 아동의 기본적 욕구충족에 한계가 따르게 된다. 이렇듯 아동이 기본적 욕구를 충족시킬 수 없는 위험에 처했을 경우 긴장을 완화시키고 가족의 기능을 회복시키며 강화시키기 위해 제공되는 서비스가 지지적 서비스이다(Kadushin & Martin, 1988).

(2) 보충적 서비스

보충적 서비스(supplementary service)는 아동을 보호하고 양질의 양육을 제공해야 하는 부모 혹은 가족이 역할수행의 어려움이 있을 때 부모 혹은 가족의 역할을 일부 보조하는 서비스를 말한다. 예를 들어 부모의 이혼이나 사망, 유기 등으로 인해 영구적으로 부모역할 수행이 어려울 때 혹은 부모가 교도소에 수감되었거나 질병 및 직업상 이유로 일시적으로 부모역할이 수행되지 못할 때 제공될 수 있다(Zuckeman, 1983).

(3) 대리적 서비스

대리적 서비스(substitute service)는 부모의 역할수행이 전적으로 상실되어 부모역할을 제3자가 대신하는 것을 말한다. 즉, 부모의 이혼이나 사망 혹은 다른 여러 가지 이유로 가족이 완전히 해체되어 아동에 대한 보호나 양육의 기능을 수행하기 어려운 경우 다른 가정이나 혹은 시설을 통해 아동보호 및 양육서비스를 제공하게 하는 것이다. 예를 들어, 가정위탁서비스나 입양 및 시설보호서비스 등을 통해 제3자에 의해 아동보호 및 양육서비스를 제공하는 것이 대리적 서비스에 속한다.

제 4 절 아동복지 정책 및 과제

아동복지 정책과 법은 아동복지서비스를 수행하는데 지표가 되는 것으로 아동복지 서비스 대상 및 전달체계 그리고 실천적 접근방법 등과 같은 행동규칙을 담고 있다. 이에 다음에서는 아동복지 정책에 대해 살펴보고자 한다.

1. 아동복지 정책

1) 빈곤아동 지원정책

빈곤아동은 저소득층 가정의 만 18세 미만의 아동으로 우리나라 아동의 빈곤예방 및 지원 등에 관한 법률 제3조에서는"아동이 일상적인 생활여건과 자원이 결핍하여 사회적·경제적·문화적 불이익을 받는 빈곤한 상태"를 아동빈곤으로 보고 있고, "생활여건과 자원의 결핍으로 인해 복지와 교육 그리고 문화 등의 격차를 해소하기 위해 지원이 필요한 아동"을 빈곤아동이라고 명시하고 있다. 아동빈곤은 빈곤에 노출된 시점과 발달 영역 그리고 빈곤과 함께 동반되는 다양한 위험요소(McLeod et al., 1993)들에 따라 아동의 신체와 인지 그리고 심리사회적 발달뿐만 아니라 적응 등 생활 전반에 걸쳐 부정적 영향을 주어 아동의 건강한 성장과 발달을 저해하게 된다(윤혜미, 2005). 특히 아동이 경험하는 빈곤은 빈곤이라는 단일한 위험요인보다 빈곤상태 안에 내재되어 있는 다양한 환경적 위험요인들이 서로 중첩되어 빈곤아동들의 문제적 상황들을 유발하고 아동의 삶의 전반에 걸쳐 영향을 주기 때문에 위험성이 크다고 볼 수 있다(Evans, 2004).

이에 정부는 빈곤으로 인해 위험요인들을 감소시키고 아동의 건강한 성장과 발달을 지원하기 위해 다양한 정책들을 수행하고 있다. 정부가 빈곤아동을 위해 지원하고 있는 빈곤정책으로는 소년소녀가정 지원사업과 한부모가족 지원사업 그리고 드림스타트 사업, 아동급식지원사업, 디딤씨앗통장(CDA) 사업, 지역아동센터 사업 그리고 We Start 운동 등이 있다.

(1) 소년소녀가정 지원사업

소년소녀가정 지원사업은 소년소녀가정세대를 보호하고자 하는 목적으로 1984년 소년소녀가장세대 보호대책이 수립되었고 다음 해인 1985년부터 지원이 시작되었다. 그러나 소년소녀가장이라는 의미가 아동에게 가정 내 가장의 역할에 대한 굴레를 씌운다는 지적이 있었고 이는 아동복지의 가치에 위배된다는 주장들이 나오면서 2000년 9월 '소년소녀가정 지원사업'으로 명칭이 변경되었다.

소년소녀가정 지원사업은 국민기초생활보장법과 의료급여법의 적용을 받고 있다. 소년소녀가정에 지원되는 생계급여 및 교육급여는 국민기초생활보장법에 근거하여 지급되고 있다. 또한 소년소녀가정에 제공되는 의료급여는 의료급여법의 적용을 받으며 이들은 1종 보호대상자로 선정되어 의료급여가 지급되고 있다. 또한 어린이재단을 통해 결연사업 추진과 후견인을 지정하여 아동들이 자신의 문제나 어려움에 대한 상담 및 후원금 사용과 관련된 도움을 주고 있다. 그러나 최근에는 만 15세 미만의 아동세대의 경우 소년소녀가정으로 지정하는 것을 제안하고 가정위탁보호나 시설 및 그룹홈 입소를 지향하고 있어 소년소녀가정이 감소추세에 있다(문선화 외, 2015).

(2) 한부모가족 지원사업

한부모가족 지원사업은 1989년 '모자복지법'이 제정과 함께 출발한 모자복지사업에 근거를 두고 있다. 이 명칭에서 알 수 있듯이 초기 한부모가족 지원사업은 대부분 모자가족을 중심으로 이루어졌었다. 그러나 저소득 부자가정도 모자가정 못지 않게 경제적 어려움에 처해있어 이들에 대한 개입의 필요성이 제기되었다. 정부는 이러한 현실을 받아들여 모자복지법의 적용대상을 부자가정까지 포함하여 적용하였고, 2002년에는 '모・부자 복지법'으로 명칭을 개정하였다. 이는 다시 2007년 65세 이상 조손가정도 포함하기 위해 '한부모가족지원법'으로 재개정되어 적용되고 있다.

이에 따라 한부모가족 지원사업은 '한부모가족지원법'에서 명시한 선정기준에 따라 모(母) 또는 부(父만)와 18세 미만의 자녀(취학 시 22세 미만으로)로 이루어진 가정으로 저소득층 한부모가정을 지원대상으로 하고 있고, 생계급여 및 교육급여와 자녀학비 및 아동양육비 지원 그리고 복지자금 대여, 영구임대주택 입주지원사업 등이 제공되고 있다.

(3) 드림스타트 사업

드림스타트(Dream start) 사업은 아동이 빈곤으로 인해 불평등한 상황에 처하지 않도록 이들에게 공평한 출발선(start)을 제공하여 빈곤의 세습을 예방하기 위한 목적에서 수행되었다. 드림스타트 사업은 민간에서 운영하던 We Start운동에 착안하여 국가정책으로 전환된 것으로 2006년도에 시범사업이 수행되면서 시작되었다. 2007년에는 '희망스타트'로 사업명을 변경하여 국정과제사업으로 선정하여 추진하였고, 2008년에 '드림스타트'로 명칭을 바꾸어 "드림스타트"센터를 확대 운영하였으며, 보육·가족지원 기능을 질적으로 강화하는 데 주력하였다(보건복지부, 2008). 현재 드림스타트 사업은 임산부와 12세 미만 취약계층인 국민기초생활수급자 및 차상위계층 가정 그리고 조손가정 포함한 한부모가정 및 학대 및 성폭력 피해아동을 우선지원의 대상으로 하고 있고, 이들에 대한 복지와 보육 그리고 교육 등과 같은 서비스를 제공하는 대표적인 아동복지사업으로 자리매김하게 되었다.

〈표 7-3〉 드림스타트 서비스 영역 및 내용

서비스 영역	서비스 내용
신체/건강 서비스	• 건강검진 및 예방: 신체 및 건강건진, 예방접종, 치과검진 및 관련교육, 건강교육, 클리닉, 응급처치 및 영양관련 교육 등 • 건강관리 : 질병관련 치료지원 등
인지/언어 서비스	• 기초학습 : 기초학력검사, 기초학력배양, 독서지도, 경제교육 등 • 학습지원 : 교구재활용학습, 공부방, 도서관운영, 보충학습, 예체능, 학습지 지원 등
정서/행동 서비스	• 사회정서 : 사회성발달, 정서발달, 아동권리교육, 아동학대 예방, 성폭력 예방, 다문화관련교육, 소방 및 안전교육, 진로지도 등 • 심리행동 : 심리상담 및 치료, 인터넷 중독 상담 및 치료 • 보호 : 돌봄기관 연계, 야간 보호 및 교육 등 • 문화체험 : 체험학습, 영화 및 공연관람, 캠프 등
부모 및 가족, 임산부 서비스	• 부모교육 : 상담 및 교육, 자녀발달, 양육, 자조모임 등 • 부모지원 : 취업지원, 자활상담, 가계경제상담 등 • 양육지원 : 다문화가정지원, 취미, 여가, 안전 및 건강지원 등 • 산전산후관리 등

출처: 보건복지부 인구아동 드림스타트(http://www.mohw.go.kr).

(4) 아동급식 지원사업

아동급식 지원사업은 빈곤과 가족해체, 부모의 경제적 상실 및 질병, 가출 등으로 부양을 기피한 경우, 학대와 방임 유기 등 아동학대가 있는 경우, 가정위탁 및 소년소녀가정 아동 그리고 그 외의 여러 가지 사유로 인해 가정에서 제대로 보살핌을 받지 못하여 식사를 거르거나 먹는다 해도 필요한 영양을 충분히 공급받지 못하는 아동을 대상으로 식사를 제공하거나 식품 등을 지원하는 사업이다(국가지표체계, 2014). 이 사업은 빈곤아동이나 결손가정 아동의 건전육성을 도모하기 위한 목적으로 2000년에 시작되었고, 초기에는 석식 사업만 실시하다가 2001년부터 조식도 추가로 지원하고 있고, 2004년부터는 방학과 토요일 그리고 공휴일에도 서비스를 제공하고 있다(도미향 외, 2015).

급식사업의 대상은 경제적 빈곤 또는 가족기능 결손 등으로 인해 결식하거나 결식의 우려가 있는 만18세 미만의 취학 및 미취학 아동(아동복지법 제2조)으로 결식아동을 발견한 사람이나 결식이 필요한 아동이나 부모가 신고[2]하면 현장 확인 후 급식지원을 받을 수 있다.

(5) 디딤씨앗통장(CDA) 사업

저소득층 아동이나 시설보호 아동에 대한 정책이 생계유지나 학비지원과 같은 최소한 생활을 할 수 있는 정도에 머물러 있고 이마저 단기적 혹은 사후적 서비스를 제공하고 있어 이들의 사회진출 이후 자립을 위한 대비책이 미흡하다. 이에 정부는 저소득층 아동의 빈곤에 대한 세습을 예방하고 경쟁력 있는 사회인으로 성장하도록 지원하기 위해 2007년 아동발달지원계좌(Child Development Account: CDA) 사업을 추진하였고, 이는 2009년 디딤돌씨앗통장으로 명칭이 변경되었다.

디딤돌씨앗통장의 대상은 만 17세 미만의 아동으로 보호기간이 6개월 이상인 아동복지시설 생활아동과 가정위탁보호 아동, 소년소녀가정 아동, 공동생활가정 아동,

---

2) 국번 없이 1366-1377

장애인시설 아동 등이다. 이러한 아동을 대상으로 매월 일정 금액을 저축하면 국가에서 1 : 1 정부매칭지원금을 적입해 줌으로써 아동이 준비된 사회인으로 성장할 수 있도록 지원해 주는 자산형성 지원사업이다. 이 사업은 단순히 아동의 자립을 위해 저축 금액을 늘리는 것에 그치지 않고 아이들에게 목표와 계획에 맞게 돈을 모으게 하는 경제교육 효과와 자립에 대한 의지와 자신감을 키워주는 장점을 지니고 있다(도미향 외, 2015).

2) 가정 및 시설보호 정책

우리 사회는 1997년 말 경제위기로 가족구조의 약화와 가족해체 등으로 인한 요보호아동의 증가와 같은 사회적 문제들이 나타나게 되었다. 1999년 7,693명이던 요보호아동이 2001년 12,086명으로 증가하였다(통계청, 2001). 우리 사회 경제위기를 기점으로 급격하게 증가한 요보호아동은 우리 사회의 경제적 위기로 인한 기업의 구조조정과 같은 사회구조적 변화가 가족해체를 초래하여 아동의 건전한 양육환경을 저해한다는 점은 아동의 권리와 보호를 위해 복지적 개입의 필요성을 제기한다. 최근에는 요보호아동이 4,994명으로 경제위기 초기보다는 감소하였지만, 여전히 요보호아동이 출현하고 있어 아동에 정책적 개입의 필요성을 보여준다.

(1) 시설보호아동 지원사업

아동복지시설은 서비스 기능에 따라 양육과 보호 및 치료, 상담과 직업훈련 및 자립지원 서비스로 구분되고, 서비스 제공기간이 장기간인가 혹은 일시적인가에 따라 일시보호시설과 장기보호시설로 구분되며 주거제공 여부에 따라 생활시설과 이용시설로 구분된다(서보준 외, 2013).

〈표 7-4〉 유형에 따른 시설보호 서비스

<table>
<tr><th colspan="3">시설보호서비스의 유형</th><th>내 용</th></tr>
<tr><td rowspan="4">기능에 따른 분류</td><td colspan="2">양육·보호시설</td><td>• 보호를 필요로 하는 아동을 입소시켜 양육·보호를 목적으로 하는 시설</td></tr>
<tr><td colspan="2">치료시설</td><td>• 문제아동을 입소시켜 보호 및 치료를 목적으로 하는 시설</td></tr>
<tr><td colspan="2">직업훈련시설</td><td>• 만 15세 이상의 아동과 생활이 어려운 아동을 입소시켜 취업에 필요한 지식과 기능을 습득시키는 것을 목적으로 하는 시설</td></tr>
<tr><td colspan="2">자립지원시설</td><td>• 아동복지시설을 퇴소한 연장 아동에게 취업 준비 또는 취업 후 일정 기간 보호함으로써 자립지원을 목적으로 하는 시설</td></tr>
<tr><td rowspan="2">서비스 기간에 따른 분류</td><td colspan="2">단기보호시설</td><td>• 경제적 위기 또는 부부의 갈등이나 별거, 수감 및 아동학대 등으로 보호자 또는 친인척이 함께 거주할 수 없는 아동을 단기간 보호아동을 양육 및 보호하는 시설</td></tr>
<tr><td colspan="2">장기보호시설</td><td>• 장기간 보호아동을 양육·보호하는 시설</td></tr>
<tr><td rowspan="3">주거제공 여부에 따른 분류</td><td rowspan="2">생활 시설</td><td>대규모</td><td>• 보호아동의 수가 대규모인 시설로 보호아동의 수가 30인 이상~200인 시설</td></tr>
<tr><td>소규모</td><td>• 보호아동의 수가 소규모인 시설로 30인 이하의 시설</td></tr>
<tr><td colspan="2">이용시설</td><td>• 아동복지관이나 지역아동센터 그리고 어린이 공원과 아동회관 등과 같은 아동전용시설</td></tr>
</table>

출처: 아동복지법(2013); 보건복지부(2015). 아동복지사업안내.

(2) 입양아동 지원사업

아동입양 사업은 보호자가 없거나 보호자로부터 양육이나 보호를 받을 수 없는 아동에게 건강한 가정을 제공하여 아동이 신체·정서·사회적으로 건강하게 성장하는 것으로 목적으로 지원되는 서비스이다. 즉, 생물학적 부모가 아동을 양육하기 어려운 상황에 처해 있어 아동의 건강한 성장과 발달을 저해할 경우 새로운 가정과 부모를 제공해 주는 서비스로 법적·사회적 관계에 의해 부모-자녀관계를 형성하는 것을 말한다.

우리나라에서 초기 입양에 대한 관심은 한국전쟁으로 인한 전쟁고아에 대해 해외입양이 추진되면서부터라고 해도 과언이 아닐 것이다. 그러나 1988년 올림픽 개최를 앞두고 아동의 해외입양문제가 한국사회 문제로 지적되면서 1988년 이후 국내입양을 장려하게 되었고 이와 관련되어 입양과 관련된 법안들이 개정되기도 하였다. 최근에는 입양촉진 및 절차에 관한 특례법(2015)을 통해 요보호아동의 입양(入養)에 관한 요건 및 절차 등에 대한 특례와 지원에 필요한 사항을 정함으로써 양자(養子)가 되는 아동의 권익과 복지를 증진을 위한 노력을 아끼지 않고 있다. 이 법안은 입양에 있어서 아동의 권리보장 및 복지증진이 최우선 되어야 함을 강조하면서, 입양이 아동에게 건강한 가정과 영구적인 가족관계를 형성할 수 있도록 지원하는 것을 목적으로 하지만, 입양으로 인해 아동의 권익과 복지가 침해받아서는 안 된다는 것을 전제로 하고 있다.

입양촉진 및 절차에 따른 특례법 제9조는 양자가 될 자격을 규정하고 있고, 동법 제10조는 양친이 될 자격을 제시하면서 입양대상과 그 자격기준을 명시하고 있다. 입양절차는 다음 그림과 같다.

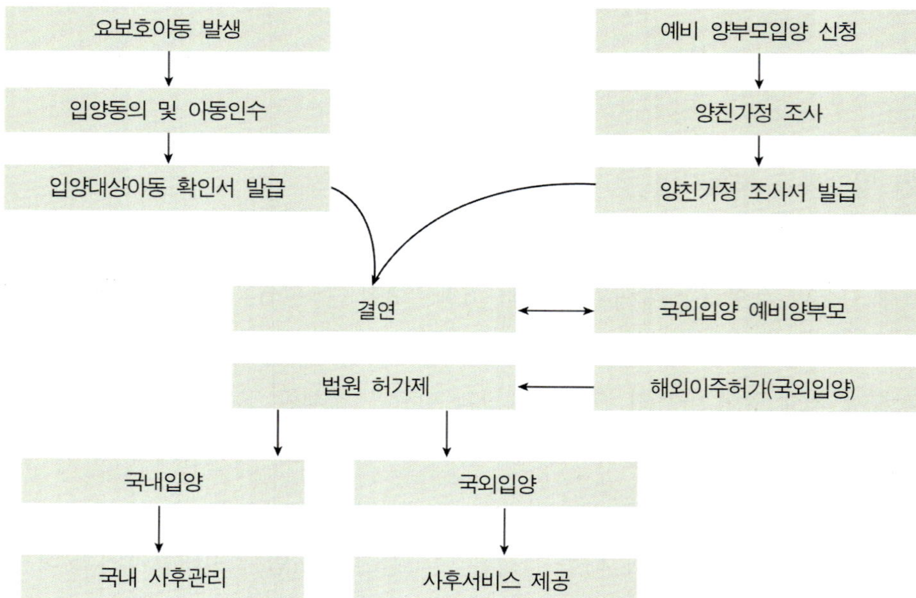

출처: 복지부(2015). 아동분야 사업안내.

[그림 7-1] 국내외 입양절차

(3) 공동생활가정 보호

아동복지의 기본 원칙은 아동이 건강하게 성장할 수 있도록 대안 가정이나 혹은 이와 유사한 양육환경을 제공해야 한다는 점에 의거하고 있다(Kadushin, 1974). 요보호 아동 상당수는 시설보호에 의존하고 있다. 그러나 이러한 시설보호는 아동의 심리정서적 발달을 저해한다는 지적이 있어왔고, 시설아동들의 '시설병' 발생에 대한 사회적 우려가 높았다. 이에 이러한 대규모 아동시설에 대한 대안으로 공동생활가정(group home) 마련의 필요성이 제기되었고 아동복지법(2002, 12)의 개정을 통해 공동생활가정에 대한 도입이 이루어지게 되었다. 이에 아동 공동생활가정은 보호를 필요로 하는 아동에게 가정과 유사한 조건의 환경과 보호를 제공하여 아동이 건강한 사회인으로 성장하도록 지원하는 것으로 목적으로 하고 있다.

공동생활가정은 남녀분리형과 혼합형(초등학생까지만 혼합 가능)으로 구분되어 있고, 보호아동은 5인을 기준으로 하되 최대 7인을 이하로 규정하고 있다. 장기보호의 경우 시설보호와 동일하게 18세 미만으로 명시하고 있지만, 아동복지법시행령 제11조 시설보호기준의 연장에 따른 조건이 성립되는 경우 연장이 가능하다.

2. 아동복지 과제

미래에 국가의 위상은 현재 성장하는 아동에게 있다고 해도 과언이 아닐 것이다. 그만큼 아동은 국가의 희망이고 미래이다. 일찍이 발달심리학자들은 아동기 환경의 중요성을 강조한 바 있다. 이는 아동기 경험이 삶의 전반에 걸쳐 많은 영향을 미치기 때문인 것으로 이해될 수 있을 것이다. 최근 이러한 기류에 동승하여 많은 지방정부에서 아동친화도시 건설을 위한 노력들을 하고 있다. 그럼에도 부모와 기관(영유아 기관 및 학원, 학교 등)에 의한 아동학대 문제가 사회적 문제로 대두되고 있어 아동에 대한 권익이 확보하기 위해 정책 및 법적으로 보완해야 할 과제가 많다는 것을 일깨워 준다. 이를 위해 다음과 같은 문제들에 대한 개입이 우선적으로 이루어져야 할 것으로 본다.

첫째, 생애주기별 부모교육을 제공해야 한다. 아동학대 및 방임과 같은 문제들의 80%가 가정에서 이루어지고 있다는 보건복지부(2015)의 발표는 아동의 건강한 성장과 발달을 지원해야 하는 가정이 아동에게 위협적이라는 것을 보여주고 있다. 대부분 사람들은 성인이 되면서 결혼을 하게 되고 자연스럽게 부모가 된다. 하지만 부모역할이 처음인 초보 부모들은 자녀양육의 어려움에 직면하게 되고 이는 자녀에 대한 학대로 이어질 가능성이 높다. 그러나 단기간 제공되는 부모교육은 자녀양육에서 오는 다양한 문제에 대응하는 데 한계를 가져오게 된다. 따라서 영유아기부터 인간 발달단계에 맞춘 부모교육 프로그램을 제공할 필요가 있는 것이다.

둘째, 보육서비스 질 향상이다. 우리 사회 아동들은 영유아기부터 사회생활을 시작하게 된다. 때문에 보육기관에서 이루어지는 교사와 아동 간 관계는 아동의 친사회성에 많은 영향을 주게 된다(조재현, 2015). 때문에 아동의 건강한 성장과 발달을 위해 보육서비스 질 개선이 이루어져야 한다고 본다.

셋째, 학대받는 아동을 위한 법적 규제를 강화하고 아동 보호를 위해 CCTV설치를 의무화할 필요가 있다. 아동학대는 가정뿐만 아니라 보육시설 그리고 학교 및 학원 등 아동이 생활하는 모든 곳에서 발생할 가능성이 높다. 따라서 아동이 생활하는 보육시설을 비롯하여 초등학교 등 아동을 대상으로 운영하고 있는 모든 사설시설에 CCTV설치를 의무화할 필요가 있다.

넷째, 최근 증가하고 있는 아동성문제에 대한 관심도 가져야 할 것이다. 특히 아동성문제에 접근하는 데 있어 법적 처벌 연령이 아동복지법과 상이한 점도 보완되어야 할 것으로 본다. 이와 함께 빈곤가정과 다문화가정 아동을 위한 의료 및 교육적 개입이 체계적으로 이루어질 필요가 있다고 본다.

이 외에도 빈곤가정 아동 및 다문화가정 아동에 대한 관심도 지속적으로 요구되고 이들에 대한 정책적 지원이 이루어질 필요가 있다. 아울러 아동복지 전문가들에 대한 처우 개선도 함께 이루어질 필요가 있다. 특히 아동복지시설 전문가들의 지위보장과 근무조건 그리고 급여 등이 현실적인 수준에서 이루어질 필요가 있다.

참고문헌

공계순, 박현선, 오승환, 이상균, 이현주(2013). 아동복지론. 서울: 학지사.

국가지표체계(2014). 아동급식지원 현황. 국가지표체계. 사회. http://www.index.go.kr

도미향, 남연희, 이무영, 변미희(2014). 아동복지론. 경기: 공동체.

문선화, 구차순, 박미정, 김현옥(2015). 한국사회와 아동복지. 경기: 양서원.

박희숙, 유주희, 이광희(2014). 아동복지론. 경기: 공동체.

법제처(2013). 아동복지법.

보건복지부 인구아동 드림스타트(http://www.mohw.go.kr).

보건복지부(2008). 아동의 공평한 출발기회를 위한 통합복지 프로젝트 2008년"드림스타트"로 새롭게 태어납니다. 보건복지부 보도자료.

보건복지부(2015). 아동분야 사업안내(1).

서보준, 김우호, 박선태, 이정미(2013). 아동복지론. 경기: 공동체.

오정수, 정익중(2008). 아동복지론, 서울: 학지사.

윤혜미(2005). 경제적 곤란과 가족갈등이 아동의 적응에 미치는 영향: 아동의 스트레스와 스트레스 대처방식의 상호작용을 중심으로. 한국사회복지학, 57(3), 133-164.

장인협, 오정수(2001). 아동청소년복지론, 서울: 서울대학교출판부.

정민숙, 양정남, 이형하, 박일연, 김혜선(2015). 사회복지개론. 경기: 공동체.

최순옥, 윤난호, 장주영, 이주연, 김은숙(2011). 아동복지의 이해. 서울: 태영출판사

한성심, 송주미(2014). 아동복지론. 서울: 창지사.

Evans, G. W.(2003). A multimethodological analysis of cumulative risk and allostatic load among rural children. *Developmental Psychology, 39,* 924-933.

Friedlander, W. A. & Apte, R.(1980). *Introduction to Social Welfare*. Englewood Cliffs: Prentice Hall.

Kadushin(1974). *Child Welfare Sevices*. New York: Macmillan.

Kadushin, A. & Martin, J. A.(1988). *Child Welfare Services*(4th ed.). NY: Macmillan Publishing Co.

McLeod, J. D. & Shanahan, M. J.(1993). Poverty, parenting and children's mental health. *American Sociological Review, 58*(3), 351-366.

Zuckeman, E.(1983). *Child Welfare*. NY: Free Press.

08

장 애 인 복 지

제 1 절 장애와 장애인의 이해

1. 장애와 장애인의 개념

장애에 대한 의미는 사회구조와 경제여건 그리고 문화와 가치관에 의해 달라질 수 있기 때문에 간단히 정의할 수 있는 것은 아니다. 장애 및 장애인의 정의는 그 나라의 사회적, 문화적, 경제적, 정치적 여건 및 수준에 따라 변화하는데, WHO에서는 1980년 국제장애분류(InternationalClassification of Impairments, Disabilities and Handicaps: ICIDH)를 발표하면서 장애에 관한 개념적 틀을 정립하고, 이 분류법에 의해 장애를 분류할 것을 권장하였다. 이 분류법은 장애를 손상(impairment), 불능(disability) 및 불리(handicap) 이 세 가지를 포괄적으로 장애의 분류로 포함시켰다. 1997년에는 장애를 손상, 활동, 참여의 세 차원으로 설명하는 ICIDH-2가 발표되었다. 이는 환경과 개인이라는 상황적 요인을 포함한 장애개념으로서 보다 포괄적인 장애를 규정하는 것이라 할 수 있다. 그 후 1997년 기존의 ICIDH의 개념을 더욱 발전시킨 ICIDH-2를 발표하였는데, 이는 기본적으로 환경과 개인이라는 상황적 요인을 포함한 장애개념을 채택한 것이다.

2001년 세계보건위원회(World Health Assmbly)에서 승인한 ICF(International classification of functioning, disability and health)는 ICIDH-2를 근간으로 하여 분류체계와 언어의 사용을 보다 긍정적으로 환경적인 측면을 강조하여 수정하였다.

즉, 장애에 대한 사회적인 불이익보다는 적극적으로 장애인의 사회참여를 관철시키기 위한 계속적인 노력을 중시하였으며, 장애는 개인의 신체수준이나 사회환경 가운데 어느 한쪽에 의해서만 연유하는 것이 아니라 개인 특성과 전체 환경 특성 간의 상호작용으로 만들어지는 현상으로 보았다.

이를 바탕으로 우리나라 장애인에 대한 개념정의는 「장애인복지법」 제2조에서 '장애인은 신체적 · 정신적 상태로 인하여 장기간에 걸쳐 일상생활 또는 사회생활이 상당히 제약을 받는 자로서 대통령령이 정하는 장애의 종류 및 기준에 해당하는 자'로 정의하고 있다.

1) 장애의 범위

우리나라 「장애인복지법」상 장애분류는 법 제2조 장애인의 정의 등에 규정되어 있듯이 신체적 장애와 정신적 장애로 크게 분류되며, 신체적 장애 및 정신적 장애의 대분류 밑에 중분류, 소분류, 세분류의 분류체계가 있다. 「장애인복지법」에 따른 장애의 분류와 확대예정 장애범주를 정리하면 다음의 〈표 8-1〉과 같다.

〈표 8-1〉 장애인복지법에 따른 장애유형 분류

<table>
<tr><th>대분류</th><th>중분류</th><th>소분류</th><th>세분류</th><th>확대예상
장애범주</th></tr>
<tr><td rowspan="13">신체적 장애</td><td rowspan="6">외부 신체 기능의 장애</td><td>지체장애</td><td>절단장애, 관절장애, 지체기능장애, 변형 등의 장애</td><td rowspan="13">소아기장애·비뇨기장애, 만성통증, 기타 암</td></tr>
<tr><td>뇌병변장애</td><td>중추신경의 손상으로 인한 복합적인 장애</td></tr>
<tr><td>시각장애</td><td>시력장애, 시야결손장애</td></tr>
<tr><td>청각장애</td><td>청력장애, 평형기능자애</td></tr>
<tr><td>언어장애</td><td>언어장애, 음성장애, 구어장애</td></tr>
<tr><td>안면장애</td><td>안면부의 추상, 함몰, 비후 등 변형으로 인한 장애</td></tr>
<tr><td rowspan="7">내부 기관의 장애</td><td>신장장애</td><td>투석치료 중이거나 신장을 이식받는 경우</td></tr>
<tr><td>심장장애</td><td>일상생활이 현저히 제한되는 심장기능 이상</td></tr>
<tr><td>간 장 애</td><td>일상생활이 현저히 제한되는 만성·중증의 간기능 이상</td></tr>
<tr><td>호흡기장애</td><td>일상생활이 현저히 제한되는 만성·중증의 호흡기기능 이상</td></tr>
<tr><td>장루·요루 장애</td><td>일상생활이 현저히 제한되는 장루·요루</td></tr>
<tr><td>간질장애</td><td>일상생활이 현저히 제한되는 만성·중증의 간질</td></tr>
<tr><td colspan="2">지적장애</td><td>지능지수가 70이하인 경우</td></tr>
<tr><td rowspan="3">정신적 장애</td><td colspan="2">지적장애</td><td>지능지수가 70이하인 경우</td><td rowspan="3">만성알코올·약물중독, 기질성뇌증후군, 치매 기타 정신발달장애</td></tr>
<tr><td colspan="2">정신장애</td><td>정신분열증, 분열형 정동장애, 양극성 정동장애, 반복성 우울장애</td></tr>
<tr><td colspan="2">자폐성장애</td><td>소아자폐등 자폐성 장애</td></tr>
</table>

2) 장애유형별 분류

(1) 지체장애

지체장애인은 다리 혹은 팔 등 신체기능에 영속적인 장애가 있거나 한 손의 엄지 손가락을 지골(指骨 : 손가락 뼈) 관절 이상의 부위에서 잃었거나 한 손의 둘째 손가락을 포함한 두 개 이상의 손가락 모두 제1지골 관절 이상의 부위에서 잃은 경우, 혹은 한 다리를 리스프랑(Lisfranc : 발등뼈와 발목을 이어주는) 관절 이상의 부위가 상실된 경우,

두 발의 발가락을 모두 잃은 경우, 한 손의 엄지손가락 기능을 잃었거나 한 손의 둘째 손가락을 포함하여 손가락 두 개 이상이 기능을 상실한 경우, 왜소증으로 키가 심각할 정도로 작거나 척추 변형 또는 기형, 지체(肢體)에 위 각 목의 어느 하나에 해당하는 장애 정도 이상의 장애가 있다고 인정되는 경우 지체장애인으로 규정한다(장애인복지법시행령, 2014).

(2) 뇌병변 장애

뇌병변 장애는 뇌성마비, 외상성 뇌손상, 뇌졸중(腦卒中) 등 뇌의 기질적 병변으로 인하여 발생한 신체적 장애로 보행이나 일상생활의 동작 등에 상당한 제약을 받는 것을 의미한다. 장애로 인해 일상생활에 상당히 제약을 받는 보행상의 장애 정도는 "도움과 보호가 필요한 사람", "보행이 현저하게 제한된 사람", "보행이 상당한 정도 제한된 사람", "보행이 경중한 정도 제한된 사람", "보행시 파행을 보이는 사람"으로 분류되고 있고, 일상생활동작에서의 장애 정도는 "일상생활이 현저히 제한된 사람", "일상생활동작이 상당히 제한된 사람", "섬세한 일상생활동작이 현저히 제한된 사람", "섬세한 일상생활동작이 상당히 제한된 사람", "섬세한 일상생활동작이 경중한 정도 제한된 사람"으로 분류한다(장애인복지 실태조사, 2014).

(3) 시각장애

시각장애란 "시기능의 현저한 저하 또는 소실에 의해 일상생활 또는 사회생활에 제약이 있는 사람"을 말하는 것으로 「장애인복지법」 장애등급판정 지침에서는 시각장애를 시력감퇴에 의해 시력장애와 시야결손에 의한 시야결손장애로 구분하고 있다. 시각장애는 눈의 여러 가지 기능장애를 포괄적으로 나타내는 것으로, 물체의 존재 및 그 형태를 인식하는 눈의 능력을 시력이라고 한다. 시력의 상실 또는 감소로 인한 장애를 정도별로 나누어보면, 시력이 전혀 없는 상태를 전맹(total blindness: 시력 0)이라 하고, 암실에서 장애인의 눈에 광선을 점멸하여 이를 인식할 수 있는 상태를 광각(light-perception), 눈 앞에서 손을 좌우로 움직일 때 이를 알아볼 수 있을 정도를 수동(hand movement), 자기 앞 1m 전방의 손가락 수를 헤아릴 수 있는 상태를 지수(finger count : 시력 0.02 이하)로 표현한다.

또한 눈으로 한 점을 주시하고 있을 때 그 눈이 볼 수 있는 외계의 범위를 시야(visual field)라고 하는데, 시야의 범위가 좁은 경우에도 주변시력의 감퇴로 행동장애를 일으킬 수 있다(장애인복지 실태조사, 2014).

(4) 청각장애

청각장애는 청력장애와 평형기능장애로 구분된다. 먼저 청각장애인은 농인과 난청인으로 분류되는데, 농인(deaf person)은 보청기를 착용하거나 착용하지 않은 상태에서 귀로 말을 들어 이해할 수 없을 정도(일반적으로는 70 dB ISO 이상)로 청각(청력)에 장애가 있는 경우를 말하는 반면, 난청인(hard-of-hearing person)은 보청기를 착용하거나 착용하지 않은 상태에서 귀만으로 말을 들어 이해하기가 불가능하지는 않으나 곤란한 정도(일반적으로 35~69 dB ISO)로 청각에 장애가 있는 경우를 의미한다. 또한 평형기능장애는 청력기능의 손상으로 신체의 평형기능에 장애가 있어 생활에 불편이 따르는 경우를 말한다. 이는 공간 내에서 자세 및 방향감을 유지하는 능력을 말한다. 예를 들어, 어지럼증으로 몸의 중심을 잡지 못하는 것을 말하며, 시각, 고유 수용감각 및 전정기관에 의해 유지된다(장애인복지 실태조사, 2014).

(5) 언어장애

언어장애는 음성기능이나 언어기능에 영속적으로 상당한 장애가 있는 것으로 조음장애(articulation disorder), 음성장애(voice disorder), 유창성장애를 포함한다. 먼저 조음장애는 다른 말로 음운장애라고도 하는 것으로 말을 할 때 말소리를 생략하거나 대치, 왜곡 또는 첨가하는 것을 말한다. 음성장애의 경우 후두·구강·비강 등에 장애가 있을 때 발생하게 되는데, 음성장애가 후두 내의 기능장애와 관련이 있는 경우 발성(phonation)장애, 구강 및 비강통로의 기능장애와 관련이 있으면 공명(resonance)장애로 분류된다. 마지막으로 유창성장애는 말의 흐름에는 유창성·속도·리듬 등 세 가지 요소가 포함된다. 이 세 가지 요소 중 일부 또는 전부에 이상이 있으면 말의 흐름에 장애가 있다고 한다. 이를 '말의 흐름장애' 또는 '유창성장애'라고 하는데 여기에는 말더듬과 속화증(성급하게 말하기)이 있다.

유창성장애의 말더듬(stuttering)은 말소리, 음절 또는 조음운동을 비정상적으로 반복, 또는 연장하는 것이며, 속화증(cluttering)은 말더듬과 유사하나, 말더듬과는 반대로 화자가 자기의 말에 주의를 기울이면 개선되고, 이완되어 있을 경우에는 두드러지게 나타난다. 그 외에는 기타 뇌성마비 · 지적장애 · 청각장애에 따른 언어장애, 언어발달지체, 실어증 등이 있다(장애인복지 실태조사, 2014).

(6) 지적장애

지적장애란 "정신 발육이 항구적으로 지체되어 지적 능력의 발달이 불충분하거나 불완전하고 자신의 일을 처리하는 것과 일상생활에 적응하는 것이 상당히 곤란한 사람"으로 정의내리고 있다. 즉, 18세 이전에 정신발달이 불완전하여 지능이 평균 이하로 저하되고 또 이로 인하여 자기의 신변관리와 사회생활에의 적응이 곤란한 상태에 있는 경우를 말한다. 그리고 「장애인 등에 대한 특수교육법」에서는 지적장애인(정신지체를 지닌 특수교육자)을 "지적기능과 적응행동상의 어려움이 함께 존재하며 교육적 성취에 어려움이 있는 사람"으로 정의하고 있다(장애인복지 실태조사, 2014).

(7) 자폐성장애

자폐성장애는 "소아기 자폐증, 비전형적 자폐증에 따른 언어 · 신체표현 · 자기조절 · 사회적응 기능 및 능력의 장애로 인하여 일상생활이나 사회생활에 상당한 제약을 받아 다른 사람의 도움이 필요한 사람"으로 진단받은 후 최소한 6개월이 경과되어야 판정을 받게 된다.

자폐성장애는 발달의 전 영역에 걸쳐서 장애가 일어나는 것으로 첫째, 대인관계의 형성이 일어나지 않으며, 둘째, 언어의 발달이 일어나지 않거나 발달의 심각한 지연이 있으며, 셋째, 상동증, 과잉운동증, 공격적인 행동, 자해적인 행동 등의 행동장애가 동반되는 특징이 있다(장애인복지 실태조사, 2014).

(8) 정신장애

정신장애란 "지속적인 정신분열병, 분열형 정동장애(情動障碍 : 여러 현실 상황에서 부적절한 정서 반응을 보이는 장애), 양극성 정동장애 및 반복성 우울장애에 따른 감정조절·행동사고 기능 및 능력의 장애로 인하여 일상생활이나 사회생활에 상당한 제약을 받아 다른 사람의 도움이 필요한 사람"을 말한다. 정신장애 판정을 받기 위해서는 장애판정 직전 1년간 지속적으로 치료하였다는 것을 증명하는 치료력을 제출해야 한다. 정신장애 정의에서 제시된 주된 정신질환명은 정신분열증, 양극성 정동장애, 반복성 우울장애, 분열형 정동장애로 나누어지며 다음과 같다.

첫째, 정신분열증은 주로 사춘기 전후부터 20대 초반에 발생하는 정신질환으로 환각 등의 지각장애, 망상이나 사고전파 등의 사고장애, 감정이 무뎌지는 감정장애, 무관심 등의 의지장애 등이 나타낸다. 둘째, 양극성 정동장애는 기분 및 감정의 변동이 심한 증상이 반복적으로 나타나는데, 기분이 비정상적으로 너무 고양되고, 과대망상, 사고비약, 수면장애 등의 증상이 동반되는 조증상태와 기분이 비정상적으로 침울하고, 죄책망상, 자살사고, 수면장애, 대인관계 기피 등의 증상이 동반된 우울상태가 반복됨을 의미한다. 셋째, 반복성 우울장애는 기분이 비정상적으로 침울하고, 죄책망상, 자살사고, 수면장애, 대인관계 기피 등의 증상이 동반된 우울상태가 반복된다. 마지막으로 분열형정동장애는 정신분열병의 증상과 정동장애(조증 또는 우울증)의 증상이 동일한 정도로 동시에 존재하는 경우를 말한다(장애인복지 실태조사, 2014).

(9) 신장장애

신장장애란 "신장의 기능부전(機能不全)으로 인하여 혈액투석이나 복막투석을 지속적으로 받아야 하거나 신장기능의 영속적인 장애로 인하여 일상생활에 상당한 제약을 받는 사람"으로 규정되어 있다(장애인복지 실태조사, 2014).

(10) 심장장애

심장장애란 "심장의 기능부전으로 인한 호흡곤란 등의 장애로 일상생활에 상당한 제약을 받는 사람"으로 규정되어 있다. 이러한 심장기능 장애는 심장수축력의 정도와 운동능력의 정도에 따라 판정하는데, 심장수축력은 심초음파의 박출계수로, 운동능력은 활차를 이용하여 측정하게 되며, 다른 장애유형에 비해 비교적 중증인 경우에만 장애로 인정하고 있다(장애인복지 실태조사, 2014).

(11) 호흡기장애

호흡기장애란 "폐나 기관지 등 호흡기관의 만성적인 기능부전으로 인한 호흡기능의 장애로 일상생활에 상당한 제약을 받는 사람"으로 규정되어 있다. 즉, 충분한 내과적 치료에도 불구하고 장애가 지속적으로 유지되는 만성호흡기 질환임을 확인해야 하며, 호흡곤란 정도, 폐기능검사에 의한 폐 환기기능, 동맥혈 가스 검사에 의한 동맥혈산소분압 등에 의해 장애 정도를 판정한다(장애인복지 실태조사, 2014).

(12) 간장애

간장애는 "간의 만성적 기능부전과 그에 따른 합병증 등으로 인한 간기능의 장애로 일상생활에 상당한 제약을 받는 사람"으로 규정하고 있다. 최초 진단 이후 1년 이상이 경과하고, 2개월 이상의 적극적인 치료에도 불구하고 호전의 기미가 거의 없는 만성질환의 경우에 장애를 진단한다(장애인복지 실태조사, 2014).

(13) 안면장애

안면장애는 "안면 부위의 변형이나 기형으로 사회생활에 상당한 제약을 받는 사람"으로 규정되어 있다. 안면장애인 신체기능상의 장애가 없기 때문에 일상생활에 불편을 느끼지 않는다. 그러나 안면장애인의 사회활동이 활발하지 못한 이유는 사람들의 불편한 시선 때문이다(장애인복지 실태조사, 2014).

(14) 장루 · 요루장애

장루 · 요루장애란 "배변기능이나 배뇨기능의 장애로 인하여 장루(腸瘻) 또는 요루(尿瘻)를 시술하여 일상생활에 상당한 제약을 받는 사람"으로 규정하고 있다. 장루 · 요루장애는 원인질환 등에 관하여 충분한 치료를 한 후에도 장애가 고착(복원수술이 가능한 경우 1년 이상 경과)되었음을 장루조성 시술시의 수술기록지, 병리소견서, 진단서 등으로 확인하여야 한다(장애인복지 실태조사, 2014).

(15) 간질장애

간질장애란 "간질에 의한 뇌신경세포의 장애로 인하여 일상생활이나 사회생활에 상당한 제약을 받아 다른 사람의 도움이 필요한 사람"을 말한다. 간질의 원인은 매우 다양하여 뇌손상을 가져올 수 있는 뇌출혈, 뇌경색, 뇌종양 등의 뇌손상에 의해 일어날 수 있고, 이러한 원인에 의해 손상된 부위에서 비정상적인 전기가 방출되어 재발성 경련이 일어나는 것으로 볼 수 있다(장애인복지 실태조사, 2014).

제 2 절 장애인복지의 이해

1. 장애인복지의 개념

장애인복지는 심신의 손상으로 인해 사회생활에 곤란을 겪고 있는 사람에 대하여 의료적, 교육적, 직업적, 사회적, 심리적 재활서비스를 제공하는 것이다. 동시에 사회적 인식의 개선과 물리적 환경을 조성하여 모든 분야에서 사회생활이 보장되고 심리적으로 안정된 삶을 영위할 수 있도록 원조하는 국가 및 사회의 조직적 노력의 총체이다(권육상 외, 2005).

협의적 개념의 장애인복지는 고통과 빈곤 경감에 두고 있는 사회, 공공 또는 민간의 비영리 기능을 의미한다. 광의적 개념으로 미국사회사업가협회의 정의를 인용한다면, 사회문제를 예방하고 해결하거나 개인, 집단 또는 지역사회의 삶의 환경을 개선하려는 민간과 정부기관의 광범위한 조직적 활동을 의미한다.

2. 장애인복지의 이념

장애인들은 사회공동체 안에서 사회구성원의 한 사람으로 인정받고 평등한 기회를 보장받는 것이 오늘날 장애를 가지고 살아가고 있는 사람들의 바람이다. 이와 같이 장애인 사회통합을 궁극적 목표로 하는 장애인복지는 인권의 존중, 생명의 존중, 전인격의 존중, 정상화의 존중, 평등의식의 존중 등 이념들을 내포하고 있다(안병즙·정재권, 1999).

첫째, 인권의 존중은 「세계인권선언 및 장애인 권리선언」에서 장애인은 인간으로서의 존엄성이 존중되고 기본적 권리를 가졌다고 규정하고 있고, 우리나라 헌법을 비롯하여 장애인복지법에서도 장애인의 인권존중을 규정하고 있다. 이는 장애인도 사람으로 태어나 누구나 부여받게 되는 천부인권(天賦人權)을 가진 한 인간으로서의 존엄성을 인정하는 인권존중의 이념이 기초되어야 한다.

둘째, 생명의 존중은 모든 인간은 인간으로서의 존귀한 가치를 가지고 있으며, 삶의 권리에 경중이 있을 수 없다. 그러므로 최저생활보장을 요구하는 차원을 넘어선 인간다운 생활수준의 유지 향상을 위한 생활권으로 확대되어야 한다.

셋째, 전인격존중은 인간은 누구든지 자기만의 개성을 지니고 있는 독특한 존재이고 무엇과도 바꿀 수 없는 존재이다. 따라서 장애를 지닌 신체의 일부분에만 주목하여 사람으로서의 본질을 잘못 보아서는 안 된다. 장애는 결손기능이나 잔존기능만이 아닌 장애라는 특성을 포함한 전체적으로 보는 전인격을 존중하는 이념의 확립이 절실하다.

넷째, 정상화는 장애를 지니고 있는 사람을 장애인으로 여기지 않고, 다만 한 인간으로서의 일반적인 생활환경 속에서 정상적인 생활을 누릴 수 있게 하는 것이다. 장애인이 지역사회의 한 시민으로 일상생활이 가능하도록 정신적·물리적 환경을 조성하여 정상화할 수 있는 사회구현이 필요하다.

다섯째, 평등의식의 존중은 장애인들은 장애를 가지고 있다는 사실 자체로 갖게 되는 여러 가지 어려움과 사회의 이해 부족이나 편견과 차별을 상대해야 하는 이중의 고통을 겪고 있다. 따라서 이와 같은 사회적 편견과 차별에 대항하여 평등의식의 존중을 위한 부단한 노력이 있을 때에 완전한 사회통합이 가능할 것이다.

3. 장애인복지의 특성

1) 복잡성

장애는 장애등급이 손상상태에 따라 6등급으로 분류되기 때문에 그 자체가 매우 복잡하다. 또한 손상부위에 따라 지체, 시각, 청각, 언어, 지적장애, 뇌병변, 심장, 신장 등 다양하게 나누어진다. 그리고 장애가 나타나는 순간부터 신체적, 정신적, 경제적, 교육적, 직업적 차원 등 다양한 측면에서 어려움을 경험하게 되고 이러한 어려움은 가족문제, 생활환경문제, 성과 결혼문제 등 여러 문제로 파생된다. 이처럼 한 사람에게 있어 장애는 가족과 사회구성원의 문제로서 모두가 함께 노력해야 하는 복잡한 구조를 가지고 있다.

2) 종합성

장애인복지는 특정 분야의 전유물이 될 수 없으며 다양한 전문 분야의 팀 접근이 요구된다. 예를 들어 산업현장에서 사고로 인한 지체장애인 사회재활을 위해서는 단순히 사회복지적인 서비스뿐만 아니라 의료적, 교육적, 사회적, 직업적 및 모든 차원에서 통합적이고 종합적인 서비스가 요구되므로 종합적으로 강구되어야 한다.

3) 역동성

현대사회의 경제교육, 의식수준이 상승되면서 장애요인 증가와 함께 장애인복지의 공감대 형성이 수동적인 움직임으로 변화하였다.

4) 책임성

장애인복지는 장애발생의 원인부터 치료·재활에 이르기까지 장애인 본인이나 가족에게만 국한되는 문제가 아니라 사회적인 문제를 내포하고 있기 때문에 사회적 연대 책임의 기초 위에서 사회와 국가 책임이 강조된다.

제 3 절 장애인 재활

1. 재활의 개념

재활이란 사회적 책임을 강조하는 인도주의를 기본철학으로 하여 모든 장애를 제거하여 각 개인에 대하여 최대한의 기능 회복을 부여하고 사회에 복귀시키는 것에 그 목표를 두고 있다.

신체적 장애의 발생 초기부터 의료적·직업적·교육적·사회적·심리적 개입과정을 통하여 서비스 대상자를 개별화하고 전문직 간의 팀워크에 의한 통합적인 서비스와 장애인 가족 및 지역사회의 참여를 필요로 하는 사업이라고 말할 수 있다.

2. 재활 영역

1) 의료재활

질병이나 사고에 의한 후유증, 만성질환, 노인병 등 장기치료를 요하는 환자의 잠재능력을 개발하여 자연치료를 적극적으로 촉진시키는 기술로서, 내과적·외과적 치료의 응용과 함께 모든 물리적·심리적 수단을 보충적으로 활용하는 일련이 의료적 조치이다.

2) 직업재활

직업적인 생활능력의 회복과 장애인의 직업적 신분보장을 위한 일련의 원조를 담당하는 분야로서 장애인의 의존적인 생활에서 탈피하여 독립적으로 생활을 할 수 있게 함으로써 자기실현과 자존감 고취를 목적으로 한다. 직업재활은 직업적 능력을 회복시키는 직업훈련, 직업지도, 취업알선, 보호고용, 지원고용, 사후지도 등의 개입과정을 거치게 된다.

3) 사회재활

사회재활은 인간다운 사회생활을 영위하는 데에 따르는 욕구 전반에 관심을 가지고 장애인이 일반사회의 한 구성원이 될 수 있도록 장애인과 사회와의 관계를 개선하는 것을 목표로 하고 있다. 사회재활은 장애인의 사회생활이나 가정생활에 적응하기 위하여 적응하는 데 지장을 주는 사회적 문제를 해결하기 위해 장애인에 대한 사회적 장벽을 제거하거나, 사회적 기능능력을 촉진하고 사회자원을 활용할 수 있도록 지원해야 한다(김익균 등, 2004).

4) 교육재활

교육재활은 장애인이 가지고 있는 능력을 최대한 발휘하게 하여 사회에 나가서 활용할 수 있도록 도움을 주는 교육제도나 기술을 총칭한다(정영숙 외, 2013). 교육재활의 주요 대상은 장애아동으로 볼 수 있으나 성인장애인에 대한 교육도 전인적 발달을 위하여 필요하므로 교육재활은 아동기뿐만 아니라 전 생애에 걸쳐 이루어질 필요가 있다.

5) 심리적 재활

장애인이 갖게 되는 정서나 심리의 부적응현상을 장애인 스스로가 자각할 수 있고 극복할 수 있도록 원조하는 것이다. 장애인이 장애로 인해서 부정적인 심리상태, 즉 불안, 상실감, 불행감, 열등감, 좌절감, 소외감 등을 극복할 수 있도록 심리적 문제들을 찾아내어 제거하고 장애인으로 하여금 새로운 가능성을 찾도록 돕는 것이다(한국사회복지실천학회, 2006).

제 4 절 장애인복지 정책과 서비스

1. 소득보장

우리나라 장애인들의 일반적 복지욕구로서 사회나 국가에 대한 요구사항 중 첫 번째 요구로 꼽는 것을 소득보장 정책으로 전체의 38.4%가 희망하고 있다(2015년 장애인복지사업안내). 소득보장 정책으로는 경증 장애수당, 장애인 연금, 장애인 교육비, 장애아 무상보육료 지원, 장애아동 수당, 장애인 자립 자금대여 등이 있다.

2015년 장애인 소득보장과 관련하여 장애인 연금은 1, 2급 및 3급 중복장애인을 대상으로 하고 있으며, 만 18세 이상 등록한 중증장애인 및 본인과 배우자의 소득인정액이 선정기준 이하인 자를 대상으로 하고 있다. 또한 경증 장애인수당 및 장애아동 수당은 경증 장애아동 국민기초생보장법에 의한 수급자 및 차상위 계층(120% 이하)의 18세 이상 등록 장애인 중 장애등급이 3~6급인 자 또는 장애아동 수당 국민기초생활보장법에 의한 수급자의 차상위 계층(120% 이하)의 18세 미만 장애아동을 대상으로 하고 있다.

2. 교육보장

장애인의 교육 정도는 '초등학교' 28.8%, '고등학교' 28.1%, '중학교' 16.2%, 대학 이상 15.3%, 무학 11.6%로 장애인 중 교육 정도가 고등학교 이상인 비율은 43.4%에 불과한 것으로 나타났다. 이는 우리나라 전체 국민의 고등학교 이상 교육 정도 비율인 71.1%보다 27.7% 낮은 것으로 나타났다(2015년 장애인복지사업안내).

장애인 보육 · 교육 정책 지원사업으로는 장애아 무상보육료 지원사업으로 만0세~만12세 장애아동을 대상으로 종일반과 방과후를 지원하고 있으며, 장애인 자녀 교육 지원정책은 1~3급 장애인 중 소득 인정액 최저생계비 130% 이하인 가구의 1~3급 초 · 중 · 고등학생장애인, 본인 및 1~3급 장애인의 초 · 중 · 고등학생 자녀를 대상으로 입학금 및 수업료 전액과 교과서대, 부교재비, 학용품비 등을 지원하고 있다.

3. 의료보장

장애인의 의료보건 및 건강특성은 장애유형에 따라 건강과 질환상태, 입원과 외래진료, 건강관리 등의 양상이 다르다는 점이 특징이라고 할 수 있다. 그러므로 기본적으로 장애특성에 맞는 맞춤형 접근이 필요하다고 할 수 있다.

장애인 의료정책 지원사업으로는 장애인 의료비지원, 건강보험 지역가입자의 보험료 경감, 장애인 등록 진단비 지원, 장애인 검사비 지원, 발달재활서비스, 언어발달지원, 장애인 보조기구교구, 보장구건강보험급여(의료급여) 적용, 장애인 의료재활시설운영, 여성장애인 출산비용 지원 등의 사업이 있다.

4. 고용보장

장애인의 인구대비 취업자 비율은 36.5%로 나타났으며, 장애인이 다니고 있는 직장(일)에서의 지위는 자영자(노점 제외) 29.2%, 상용근로자 23.8%, 일용근로자 18.8%, 임시근로자 17.2%, 무급가족종사자 5.4% 등의 순으로 나타나 장애인 자영업 비율이 상당히 높게 나타났다(2015년 장애인복지사업안내).

장애인 고용보장 정책 지원사업은 장애인 고용서비스로서 장애인 취업지원 및 의무고용사업주(상시50인 이상)에 대한 장애인 의무고용 이행지원 사업이 있으며 장애인 일자리 지원, 장애인 생산품 판매시설 운영지원, 중증장애인 직업재활지원사업 수행기관 운영지원, 장애인 직업재활시설 운영, 장애인 자립자금 대여, 장애인 근로자 자동차 구입자금 대여 등의 사업이 있다.

제 5 절 장애인복지 전망과 과제

장애인 문제는 개인이나 가정 내에서 해결해야 할 일부 소수의 문제가 아니라 사회와 국가가 국민적 관심과 노력으로 해결해야 할 정책적 과제이다. 복지사회의 건설은 그동안 소외되어 왔던 장애인들을 위한 복지정책과 복지서비스가 이들에게 실질적으로 제공되지 않고서는 달성될 수 없다.

최근 장애개념이 변화, 탈시설화, 자립생활의 이념 확산, 장애인 인권의식 제고 등 장애인복지를 둘러싼 환경과 패러다임이 변화하고 있음에도 불구하고 현실적으로 드러난 장애인복지의 문제는 적지 않다. 실직과 무노동으로 기본적 생활보장이 이루어지지 않는 경제적 빈곤, 경쟁교육과 능력교육의 강화로 인한 장애인 교육의 차별화, 열악성으로 인한 의료 접근성의 제한, 사회적 자원에 대한 활용성을 제한하는 접근성의 문제, 장애인들을 무능력자로 평가하고 그들의 능력을 적정하게 보장하지 않는 사회문화적 환경과 인식 등이다. 이러한 문제들은 우리나라를 복지 선진국가로 만들기 위해서 기본적으로 해결되어야 할 과제들이다. 이를 위하여 장애인복지의 목표 달성을 위하여 기본적으로 해결되어야 할 것들은 다음과 같다.

첫째, 장애인의 인권을 보장하고 삶의 모든 영역에서 장애라는 이유로 차별받지 않는 사회를 만들어야 한다. 특히 장애인 중에서도 자립능력이 낮고 더 많은 보호를 필요로 하는 중증장애인, 여성 장애인에 대한 차별이 더 크다는 점을 직시하여 이들에 대한 복지정책을 보다 적극적으로 개발해야 한다.

둘째, 장애인의 건강에 대한 다양한 욕구는 보건·의료서비스 공급과 직결되어 있어 이들의 건강권 보장에 관한 다각적인 접근이 요구된다. 특히 장애유형이 다양함에 따라 소외되기 쉬운 소수의 장애인들에 대한 보건의료 대책이 요구되며, 장애인의 건강상태와 관련하여 적절한 건강관리와 의료적 지원은 장애인의 사회활동과 통합에 있어서 가장 기본적인 요소로 중요한 위치를 차지하고 있다. 따라서 의료서비스 이용실태에 기반한 대응체계 마련과 함께 보건의료시설 인력의 확충 그리고 장애특성을 고려한 관련 프로그램의 개발이 필요하다.

장애인에게 일자리는 경제적 자립의 중요한 방안으로서 1990년대부터 시작된 장애인고용의무제 등을 바탕으로 장애인 고용률이 점차 증가하고 있는 추세이다. 그러나 최근에는 장애인 근로자의 근로빈곤 문제가 논의되기 시작하였고(김종진, 2007; 이선우, 2013) 장애인근로자의 저임금 등 근로조건이 열악하다는 사실이 밝혀짐으로써(박자경, 2013) 장애인 고용이 질적 문제에 대한 개입의 필요성이 제기되고 있다(장숙·김영애, 2013). 이를 위해서는 장애인 의무고용제도를 보다 강화하여 기업들이 부담금 납부보다는 장애인을 고용하도록 유도하여야 하고, 취업이 어려운 중증장애인들이 적합한 일을 가질 수 있도록 보호고용을 활성화시켜야 한다(남기민, 2011).

넷째, 장애인 등 교통약자를 위한 이동편의증진, 지역사회 시설에 대한 장애관련 편의시설 설치, 장애인의 이동지원을 위한 인적 서비스 지원의 확대(활동지원서비스 등) 등 장애인의 사회참여를 높일 수 있도록 노력하는 한편, 이동편의를 위한 물리적 편의성 증진에서 보다 범위를 확대할 필요가 있다(이민경, 2015).

참고문헌

권선진(2015). 장애인의 보건의료 실태와 정책과제. 보건복지 포럼. 16-26.

권육상, 김남식, 홍석자, 이경숙, 김동호(2005). 장애인복지론. 유풍출판사.

김명희, 유정욱, 정길영, 최상민(2009). 사회복지개론. 동문사.

김익균, 남일재, 이계윤, 신현석(2004). 장애인 복지론. 서울: 교문사.

김종진(2007). 근로 장애인의 빈곤 결정요인에 관한 연구. 대구대학교 박사학위논문.

김준규, 김교정, 유태완, 정현숙(2011). 사회복지개론. 창지사.

남기민(2011). 사회복지학개론. 학지사.

박옥희(2008). 사회복지의 이해. 학지사.

박자경(2013). 저임금 근로 장애인의 특성 및 일자리 이동에 관한 연구. 한국장애인 고용공단 제5회 장애인 고용패널 학술대회 논문집. 251-279.

보건복지부. 보건사회연구원. 2011년 장애인 실태조사.

보건복지부. 보건사회연구원. 2014년 장애인 실태조사.

안병즙, 정재권(1999). 장애인의 이해. 서울: 형설출판사.

윤철수, 노혁, 도종수, 김정진, 김미숙, 석말숙, 김혜경, 박창남, 장은숙(2008). 사회복지개론. 학지사.

이민경(2015). 장애인의 사회 및 문화·여가 활동 실태와 정책과제. 보건복지 포럼. 61-73.

임춘식, 강원돈, 강호성, 고수현, 김기덕, 김윤정, 김형수, 박근수, 박순우, 변보기, 성명옥, 신창식, 이민표, 이병록, 이양훈, 이영희, 이용환, 이창수, 이채식, 정연택, 조학래, 최명민, 표갑수, 홍숙자(2008). 사회복지학개론. 공동체.

장숙, 김영애(2015). 여성장애인 근로자의 좋은 일자리 결정 요인 연구. 장애와 고용, 25(4), 239-267.

정무성, 나임순, 유용식(2013). 현대사회복지개론. 신정.

정영숙, 이현지(2003). 장애인복지론. 서울: 현학사.

한국장애인복지실천학회(2006). 사회복지개론. 서울: 유풍출판사.

현외성, 최무열, 정재욱, 정인영, 김현주, 김원배, 강환세, 최금주, 마은경, 김용환, 박선애, 하정미, 이은정(2011). 사회복지학개론. 양서원.

NASW(1973). *Standards for social service man power*. N.Y.: Author.

WHO(1977). *ICIDH-2: International classification of Impairments. activities, and participation*

(Bete-1 Draft). Geneva.

WHO(1980). *ICIDH: International Classification of impairments, disabilities, and handicaps*. Geneva: Author.

09

노 인 복 지

제 1 절 노인에 대한 이해

1. 노인의 개념정의

노인(老人)에 대한 개념은 사전적 의미과 여러 학자들 의견에 따라 다양하게 정의할 수 있으며, 다음과 같이 요약하여 설명할 수 있다. 사전적 의미에서 노인의 개념을 살펴보면, 『표준국어대사전』에 의하면 '노인은 나이가 들어 늙은 사람'이라고 하였으며, 『위키백과』는 '노인(老人)은 인간의 마지막 과정이며, 어르신이라고도 부르고 그 외에도 늙은이, 고령자(高齡者), 시니어, 실버 등으로 교체해서 사용하기도 하는 사람'이라고 정의하였다. 또한 '한 나라나 지역에 노인이 많으면 고령화가 사회문제로 대두되기도 하며, 대한민국에서 처음에는 60세 이상이면 노인이었으나, 현재는 65세 이상이면 노인으로 분류가 된다'고 설명하고 있다.

반면, Breen(1960)은 노인이란 심리적 · 육체적으로 변화기에 있는 사람, 심리적인 면에서 인성기능이 감퇴되어 가고 있는 사람, 사회적인 변화에 따라서 사회적 관계가 과거에 속해 있는 사람이라고 정의하였다.

국제노년학회(1951)에서는 노인이란 환경변화에 적절히 대응할 수 있는 신체조직에 결핍이 있는 사람, 인체의 기관조직기능에 쇠퇴현상이 일어나는 시기에 있는 사람, 자신을 종합하려는 능력이 감퇴되어 가는 시기에 있는 사람, 생활에 있어서 적응성이 결손되어 가고 있는 사람, 조직 및 기능저장의 소모로 적응의 감퇴현상이 나타나는 사람으로 정의하고 있다(박차상 외 5인, 2002 : 13 재인용).

이상과 같이 노인에 대한 사전적 의미와 학자들의 의견을 종합해 보면, 노인은 인생의 마지막 단계에서 노화[1)]와 더불어 신체적, 심리적, 사회적 기능이 점차 쇠퇴하여 신체적, 경제적, 정서적 의존성이 많아지고 생활불안과 위기감이 생성되어 생활기능 수행상의 장애를 경험하는 사람이라고 말할 수 있다.

2. 노인의 특성 변화

1) 노인의 신체적 특성

노인의 신체적 변화는 유전적 요인과 환경적 요인에 의하여 영향을 받으며, 일반적인 생활습관 및 건강관리의 정도에 따라 노화가 크게 달라질 수 있다. 노화에 따른 노인의 신체적 특징은 다음과 같이 요약할 수 있다(아산사회복지사업재단, 1985: 242-245).

① 신체구조 쇠퇴

피부와 지방조직의 감소, 세포의 감소, 골격과 수의근의 약화, 치아의 감소, 심장비대와 심장박동의 약화 등의 현상이 나타난다.

1) 노화(aging)란 가령(加齡)현상 중에서 성장을 제외한 생리현상을 말하며, 시간의 흐름에 따라 인간의 세포, 조직, 기관 또는 인간유기체 전체에 일어나는 점진적인 변화임.

② **신체 외면상 변화**

백발의 증가, 머리카락의 감소, 주름살의 증가, 얼룩반점의 증가, 신장의 감소 등의 현상이 나타난다.

③ **만성질환 상병률 증가**

동맥경화증, 고혈압, 당뇨병, 심장병, 신장병 등의 만성질환이 나타난다. 특히 만성질환의 출현은 노인의 생리적 기능상의 노화와 매우 밀접하게 연관되어 있다. 즉, 생리적 노화현상은 소화기능, 호흡기능, 신진대사기능, 혈액순환, 수면, 배뇨기능 등에 영향을 주어 소화기능의 쇠퇴, 폐활량의 감소, 신진대사율과 속도의 저하, 변비, 수면의 양과 질의 감소, 피로감, 불면증, 야뇨 등을 초래한다.

이상과 같이 노인은 노화에 따라 신체구조가 약화되고, 주름을 동반한 신체 외형적 변화가 아름다움을 감퇴시키며, 다양한 질병들의 상병으로 인한 건강 위해를 경험하게 된다고 말할 수 있다.

2) 노인의 심리적 특성

노인의 개인별 신체적 특성에 개인차가 있듯이 심리적 특성도 다양한 삶을 살아온 개인차에 따라 감각과 지각기능, 지적 능력, 성격 특성 그리고 정신장애 등에서 차이가 있을 것이라고 이해하며, 이에 대해 구분하여 설명하고자 한다(최성재·장인협, 1987 : 63-76; 조성남, 2004 : 117-119 재인용).

(1) 감각과 지각기능의 변화

① 감각기능 변화 : 시각의 노화에 따라 수정체의 조절능력이 약해져 가까운 물체에 초점을 잘 맞추지 못하고 노안 또는 원시안이 나타나며, 수정체의 섬유질이 증가하여 시각이 흐려지는 백내장은 당뇨병을 초래하기도 한다. 청각의 기능도 약화되어 소리의 고저와 강도에 대한 감지능력이 떨어져서 높은 소리와 작은

소리를 잘 듣지 못하게 된다. 미각이나 후각의 기능은 상대적으로 잘 보전되는 것으로 보고되고 있다.

② 지각기능 변화 : 감각기관에 의해서 수집된 정보를 의식적인 수준에서 처리하고 평가하는 지각기능은 노화에 따라 그 속도가 저하된다. 따라서 노인은 환경의 변화에 즉각적으로 대처하지 못하여 안전사고를 당하는 비율이 높다고 할 수 있다

(2) 지적 능력의 변화

지적 능력의 변화는 노화에 따른 감각과 지각기능의 변화보다 비교적 덜 쇠퇴한다고 볼 수 있다. 이는 지능의 쇠퇴에 있어서 연령뿐만 아니라 교육수준, 생활경험, 사회경제적 지위, 건강수준, 불안수준과 심리적 스트레스 등의 여러 요인들 때문이라고 보고되고 있다. 다만, 기억력은 노화와 함께 쇠퇴하는 경향이 있으며 옛일보다는 최근 일을 더 기억하지 못한 것으로 나타났고, 학습능력도 연령이 증가되면서 점차 떨어진다고 나타났다.

(3) 성격 특성의 변화

Woodruff와 Birren(1983 : 120-121)에 의하면, 일반적으로 노인은 내향성과 수동성, 조심성, 경직성, 우울증 경향, 과거에 대한 회상의 증가, 친숙한 사물에 대한 애착심, 의존성의 증가, 그리고 유산을 남기려는 경향 등의 특성을 나타낸다고 하였다(조성남, 2004 : 119 재인용).

(4) 정신장애

정신적 노화는 생리적인 정신 노화와 병적인 정신 노화로 나눌 수 있다. 예를 들면, 건강한 노인이라도 물건을 어디에 놓고 찾는 따위의 단순한 기억 장애는 생리적인 정신 노화이고, 치매처럼 함께 사는 가족을 몰라보는 것은 병적인 정신 노화이다. 특히 뇌조직 기능의 손상으로 발생되는 기질적 정신장애의 하나인 치매는 정신기능

의 퇴화와 성격의 와해현상으로 나타난다.

이상과 같이 노인은 노화에 따라 신체구조가 약화되고, 주름을 동반한 신체 외형적 변화가 아름다움을 감퇴시키며, 다양한 질병들의 유병으로 인한 불건강을 경험하게 된다고 말할 수 있다.

3) 노인의 사회적 변화

노인은 생물학적, 정신적 존재일 뿐만 아니라 다른 사람들과 상호작용을 하는 사회적 존재이다. 특히 Cowgill과 Holmes(1972)는 농업 중심의 전통사회가 현대화로 변화하면서, 보건의료기술의 발전, 생산기술의 발전, 대중교육의 확대, 도시화를 가져오고, 결국 노인문제를 야기한다고 하는 현대화 이론(modernization theory)을 주장하였다. 즉, 노인은 현대화 이론에 의거하여 역할상실, 빈곤, 건강, 고독 등의 4중고를 경험하게 되며, 사회적 지위를 점차 상실하면서 그에 따른 사회적 손실이 크게 된다는 것이다.

이상과 같이 노인의 사회적 변화는 현대화에 따라 노인에 대한 사회적 손실을 가져오게 하며, 이는 노인문제(역할상실, 빈곤, 건강, 고독)로 이어지고 있다고 말할 수 있다.

3. 고령화

현대사회에 있어서 노인문제가 사회문제로 등장하게 되는 가장 큰 배경은 노인인구의 증가현상이다. UN의 고령화사회 분류규정에 따르면, 전체인구에서 노인인구의 비율이 7%를 넘으면 '고령화사회(aging society)', 14%를 넘으면 '고령사회(aged society)', 그리고 20%를 넘으면 '초고령사회(super-aged society)' 또는 '후기고령사회(post-aged society)'라고 정의하고 있다.

통계청(2011)의 장래인구추계에 따르면 우리나라의 노인인구는 2010년에 5,452천 명으로 전체 인구의 11.0%를 넘어서서 2000년 7.2%에 비해 3.8% 증가하였으며, 20년 전인 1990년 5.1%에 비해서는 5.9% 증가하였다. 우리나라는 지난 2000년 65세 이상 인구비율이 7.2%에 이르러 '고령화사회'에 이미 들어섰으며, 향후 2017년에는 이 비율이 14.0%가 되어 '고령사회'에 진입하고, 2026년에는 20.8%가 되어 '초(超)고령사회'에 도달할 것으로 전망되고 있다(표 9-1 참조).

〈표 9-1〉 고령추이

(단위: 천명, %)

	총인구	0~14세		15~64세		65세이상	
			구성비		구성비		구성비
1990	42,869	10,974	25.6	29,701	69.3	2,195	5.1
2000	47,008	9,911	21.1	33,702	71.7	3,395	7.2
2010	49,410	7,975	16.1	35,983	72.8	5,452	11.0
2014	50,424	7,199	14.3	36,839	73.1	6,386	12.7
2017	50,977	6,840	13.4	37,018	72.6	7,119	14.0
2020	51,435	6,788	13.2	36,563	71.1	8,084	15.7
2026	52,042	6,696	12.9	34,506	66.3	10,840	20.8
2030	52,160	6,575	12.6	32,893	63.1	12,691	24.3
2040	51,091	5,718	11.2	28,873	56.5	16,501	32.3
2050	48,121	4,783	9.9	25,347	52.7	17,991	37.4
2060	43,959	4,473	10.2	21,865	49.7	17,622	40.1

출처: 통계청(2014). 고령자통계, 13 재인용.

또한, 노인인구의 증가는 65세 이상 노인인구를 15세 이상부터 65세 미만까지의 생산연령인구로 나눈 노년부양비를 증가시키게 되며, 우리나라의 경우 1990년도 노년부양비는 7.4%였지만, 2010년에는 15.2%이고, 2020년에는 22.1%에 이를 것으로 추정된다. 이는 1990년에는 젊은 사람 14~15명이 노인 한 사람을 부양했지만, 2020년에는 젊은 사람 5~6명이 노인 한 사람을 부양해야 한다는 것을 의미한다(표 9-2 참조).

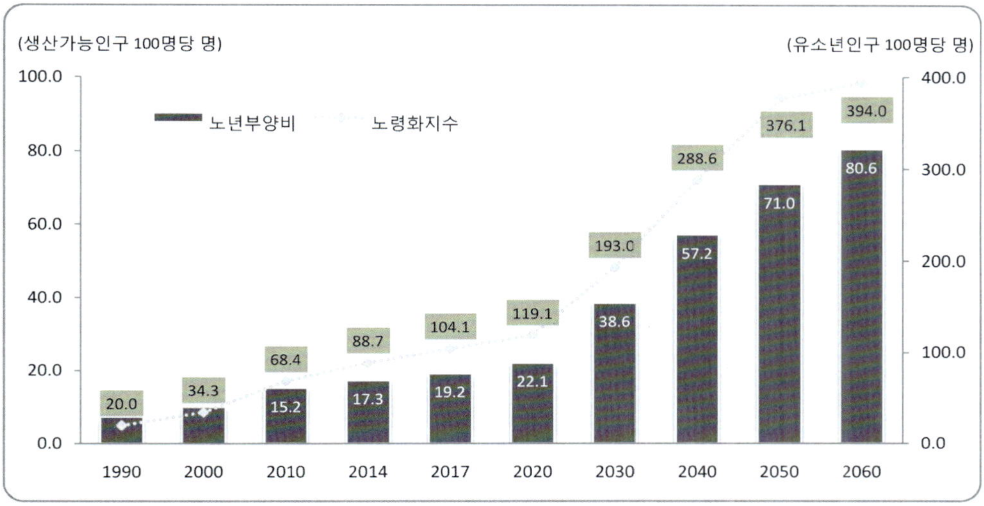

출처 : 통계청(2011). 장래인구추계.

[그림 9-1] 노년부양비와 노령화 지수

〈표 9-2〉 노년부양비 및 노령화지수

(단위: 해당인구 100명당 명, 명)

	노년부양비[1]	노령화지수[2]	고령자 1명당 생산가능인구[3]
1990	7.4	20.0	13.5
2000	10.1	34.3	9.9
2010	15.2	68.4	6.6
2014	17.3	88.7	5.8
2017	19.2	104.1	5.2
2018	20.0	108.5	5.0
2020	22.1	119.1	4.5
2030	38.6	193.0	2.6
2040	57.2	288.6	1.7
2050	71.0	376.1	1.4
2060	80.6	394.0	1.2

출처: 통계청(2011). 장래인구추계.

주: 1) 노년부양비 = (65세 이상 인구 / 15~64세 인구) × 100

2) 노령화지수 = (65세 이상 인구 / 0~14세 인구) × 100

3) 고령자 1명당 생산가능인구 = 15~64세 인구 / 65세 이상 인구

인구의 고령화는 평균수명의 연장으로 인한 노인인구의 증가가 가장 큰 요인이라고 말할 수 있다. 통계청(2012)이 발표한 '생명표'에 따르면, 〈표 9-3〉과 같이 한국인의 평균수명은 2000년에 남자 72.3세 여자 79.6세(평균 76.0세)에서, 2010년에는 남자 77.2세, 여자 84.1세(평균 80.8세)로 상당한 증가를 보였으며, 2020년에는 남자 79.3세 여자 85.7세(평균 82.6세)로 연장될 것으로 추계된다(통계청, 2012 : 9).

〈표 9-3〉 성별 기대수명, 1980-2040

기대수명(세)	1980년	1990년	2000년	2010년	2020년	2030년	2040년
전체	65.7	71.3	76.0	80.8	82.6	84.3	86.0
남자	61.8	67.3	72.3	77.2	79.3	81.4	83.4
여자	70.0	75.5	79.6	84.1	85.7	87.0	88.2
남녀차이(여-남)	8.2	8.2	7.3	6.9	6.4	5.6	4.8

출처: 통계청(2012). 대한민국+인구+5천만명 보도자료, 장래인구추계; 2010~2040, 9.

이상과 같이 우리나라는 지구상 유래를 찾을 수 없는 짧은 기간인 17년만에 고령화사회에서 고령사회가 될 것이기 때문에, 오랜 기간에 걸쳐 인구고령화를 준비해 온 선진국[2]보다 그 충격이 클 것이라고 말할 수 있다.

2) 주요국가 고령화 속도(노인인구비율 변화 소요기간)

국가	특정 노인비율 도달연도			소요기간(년)	
	7%	14%	20%	7%→14%	14%→20%
한 국	2000	2017	2026	17	8
일 본	1970	1994	2006	24	12
프랑스	1864	1979	2019	115	40
독 일	1932	1972	2010	40	38
이태리	1927	1988	2008	61	20
미 국	1942	2014	2030	72	16

출처: 일본국립사회보장·인구문제연구소(2003). 인구통계자료집; 보건복지부(2006) 재인용.

제 2 절 노인복지의 개념과 범위

1. 노인복지의 개념

사회복지가 인간의 복지를 추구하는 사회적 노력이라고 볼 수 있다면, 노인복지는 많은 사회문제 가운데 특히 노인에게 일어나는 문제를 해결하고 노인의 복지를 이룩하려는 사회적 노력이라고 말할 수 있다(김성순, 1989; 박차상 외, 2005).

노인복지의 개념은 사전적 의미와 여러 학자들의 의견에 따라 다양한 정의를 가지고 있으며, 정리하여 설명하면 다음과 같다.

먼저 사전적 의미에서 살펴보는 노인복지란 고령자의 복지를 위한 사회보장제도를 통틀어 이르는 말이며, 생활보장, 건강 유지, 사회 참가의 추진 등을 의미하고 있다. 김계삼(1982)과 박차상 등(2005)은 노인복지란 넓은 의미는 전체 노인의 안정된 생활, 의료, 직업의 보장, 주택, 여가의 보장, 그 외의 사회정책 전체를 의미한다. 좁은 의미는 노령, 퇴직, 실업, 빈곤, 병약, 배우자 등 가족과의 사별, 애정의 상실과 같은 여러 요인에서 발생하는 생활 곤란, 고독과 욕구불만, 삶의 보람 상실 등을 겪고 있는 노인들을 대상으로 개별적인 공공부조나 생활지도, 심신의 보호와 수발, 자립원조 등과 같은 구체적인 보호와 육성을 위한 사업을 전개하고 노인이 장수를 누릴 수 있도록 사회적으로 조직된 서비스를 지원하는 것이라고 정의하였다.

또한 장인협과 최성재(2006)는 노인이 인간다운 생활을 영위하면서 자기가 속한 가족과 사회에 적응하고 통합될 수 있도록 필요한 자원과 서비스를 제공하는데 관련된 공적이며 사적인 차원에서의 조직적 제반 활동을 노인복지라고 정의하고 있다. 한편, 이인수(1999)는 노인복지란 빈곤, 노화, 고독, 무료함의 해결은 물론 노인 스스로 자신이 이 사회에서 필요한 존재라고 느끼며 긍정적이고 우호적인 자세로 여생을 보람있게 살아갈 수 있는 사회적 여건을 마련해 주는 것이라고 정의하고 있다.

이상과 같이 노인복지의 개념은 노인문제를 해결하기 위한 사회보장제도를 말하며, 생활보장, 건강 유지, 사회참여 기회 확대, 심신보호 등을 지원하는 서비스라고 말할 수 있다.

2. 노인복지의 목적과 원칙

1) 노인복지의 목적

대한민국 〈헌법 제34조〉에 의하면 모든 국민은 인간다운 생활을 할 권리를 지니며, 국가는 노인의 복지 향상을 위한 정책을 실시할 의무를 지닌다. 또한 〈노인복지법 제2조〉에서는 노인의 안정된 생활, 자아실현을 위한 욕구충족과 사회통합의 유지라고 하는 노인복지의 기본 이념을 제시하고 있다.

이러한 헌법과 노인복지법에서 명시한 권리와 기본 이념에서 노인복지의 목적은 노인의 안정된 생활유지, 자아실현을 위한 욕구충족과 사회통합의 유지라고 말할 수 있다(신경림, 2009 : 13).

① 노인의 안정된 생활 유지

노인들의 인간다운 삶을 보장하려는 노인복지의 목적은 '국민적 최저수준 이상'이라는 소극적 생활보장의 기준보다는 '최적수준의 생활' 보장이라는 보다 적극적인 생활보장의 기준을 따르는 것이 타당할 것이다.

② 자아실현의 욕구 충족

Maslow(1970)에 따르면 자아실현의 욕구는 생리적 욕구, 안전의 욕구, 소속과 애정에 대한 욕구, 자존감의 욕구라고 하는 인간 생존에 필수적인 기본적 욕구보다 높은 수준의 욕구이며 성장욕구에 해당한다. 노인복지가 노인의 자아실현의 욕구충족이라는 목적을 충분히 달성하기 위해서는 의식주라는 기본적인 생리적 욕구뿐만 아니라 안전, 소속, 사랑, 자존감 등과 같은 심리사회적 욕구충족이 전제되어야 할 것이며, 노년기의 신체, 심리, 사회적 발달과업을 성취하여 노후생활에 성공적으로 적응할 수 있도록 충분한 지원이 전제되어야 할 것이다.

③ **사회통합의 유지**

사회통합은 가족, 이웃, 집단, 조직, 지역사회 및 국가에 이르기까지 자신이 속한 사회체계에 심리사회적으로 유대감을 갖고 적응하는 것을 말하며, 노인복지는 노인의 사회적 소외를 줄여주고, 노인들을 사회의 주된 구성원으로서의 지위와 역할을 부여하여 사회활동에 적극 참여함과 동시에 평생 동안 쌓아온 지혜와 경험을 바탕으로 국가와 사회에 기여할 수 있는 사회참여의 기회를 제공해야 할 것이다.

이상과 같이 노인복지의 목적은 노인이 안정된 생활을 유지하고, 노인의 자아실현을 위한 욕구를 충족하고 노후생활에 성공적으로 적응할 수 있도록 사회통합을 유지하는 것이라고 말할 수 있다.

2) 노인복지의 기본 원칙

노인문제의 제 측면을 이해하고 해결하기 위해서 준수해야 할 기본 원칙을 소개하면 다음과 같다(장인협·최성재, 2006; 한국사회복지실천학회, 2005 : 243-244).

① 존엄성의 원칙 : 노인은 어디에서든 차별받지 않는 인간적인 권리로서의 존엄성이 존중되어야 한다.
② 개별화의 원칙 : 노인의 개성이 존중될 수 있도록 개별적으로 다루어져야 하고, 노인에 대한 고정관념이나 편견이 배제되어야 한다.
③ 자기결정의 원칙 : 노인 자신이 선택과 결정을 하도록 한다.
④ 보편성과 선별성의 원칙 : 노인복지는 정해진 재정과 노인의 욕구에 따라 선별적 원칙과 보편적 원칙이 상호 보완적으로 제공되어야 한다.
⑤ 권리와 책임의 원칙 : 모든 노인은 권리와 책임이 수반되어야 한다.

⑥ 개별적 기능의 원칙 : 노인이 가지고 있는 능력을 도출하여 발전시켜야 한다.
⑦ 전체성의 원칙 : 노인의 신체, 정서, 사회적 제 측면에서 전체적인 이해에 기반하는 서비스가 제공되어야 한다.
⑧ 전문성의 원칙 : 노인복지는 전문가의 지식과 기술을 기반으로 실행되어야 한다.
⑨ 시대적 욕구반영의 원칙 : 노인들이 가지고 있는 시대적 욕구를 파악하여 이를 충분히 반영하여야 한다.

이상과 같이 노인복지의 기본 원칙은 노인을 존엄하고 개별화된 존재로서 인정하고, 자기결정권을 부여하며 노인의 시대적 욕구를 반영하는 노인복지 전문가의 지식과 기술을 기반하는 원칙이 필요하다고 말할 수 있다.

3. 우리나라 노인복지 발달사

우리나라 노인복지제도의 확립은 1981년 노인복지법 제정 이후라고 볼 수 있으며, 시기별 노인복지 발달과정을 살펴보면 다음과 같이 설명할 수 있다(박차상 외, 2005; 신경림, 2009 : 16-19).

(1) 해방 이후부터 1950년대까지 : 보호가 필요한 노인대상의 구호사업

해방 이후 우리나라는 남북분단, 미군정에 의한 통치, 좌우익의 이념논쟁, 6 · 25 전쟁 등 혼란스런 시대적 특성으로 노인문제가 전혀 부각되지 못한 시기였기 때문에 노인복지의 특징은 보호가 필요한 노인을 대상으로 하는 구호사업이었다고 말할 수 있다.

(2) 1960년대 : 1961년 생활보호법 제정

1960년대 초 우리나라의 목표는 경제발전과 생활안정이었으며, 1961년에 '생활보호법'이 제정, 실시되면서 노인복지제도의 특징은 생활보호법상에 근거한 소수를 위한 구빈적인 노인보호단계라고 말할 수 있다.

(3) 1970년대 : 노인복지제도 준비단계

1970년대 우리나라는 노인복지제도가 싹튼 시기이다. 국민 생활수준의 향상과 더불어 노인에 대한 관심도 커지고 욕구수준도 증가하였으며, 노인 스스로에 의해 분출된 욕구의 결과로 노인학교라는 제도가 탄생하였다. 노인문제는 차츰 사회문제화되고 빈곤, 주택난, 의료비 부족, 여가시설 부족 등 구체적인 욕구를 노인 스스로 호소하기 시작하였으며, 이는 노인복지법 제정을 촉구하게 되었다고 말할 수 있다.

(4) 1980년대 : 노인복지제도 확립단계

1980년대 우리나라는 노인복지제도가 확립된 시기이다. 1981년 6월 노인복지법이 제정, 공포되었고, 1982년 5월 8일에는 노인복지를 위한 올바른 인식과 정신적 바탕이 되는 경로헌장[3)]이 선포되었다.

(5) 1990년대 : 노인복지제도 발전단계

1990년대 우리나라는 노인복지제도가 발전된 시기이다. 노인인구의 급증으로 노인문제가 사회문제화되었고, 사회적으로는 퇴직 노인의 수가 늘어나면서 각종 욕구가 분출되기 시작하였으며, 이에 민간기업체나 개인도 유료 노인복지시설을 설치하여 운영토록 하는 계기를 맞이하게 되었고 유료 서비스 산업인 실버산업(silver industry)이란 용어의 등장과 유망산업으로 떠오르기 시작하였다.

(6) 2000년 이후 : 노인복지제도 성숙단계(2007년 노인장기요양보험제도 도입)

2000년대 우리나라는 노인복지제도가 성숙하게 된 시기이다. 2007년 노인장기요양보험법을 제정하여 일상생활을 혼자서 수행하기 어려운 노인 등에게 장기요양급여를 통하여 신체활동과 일상가사활동을 지원하는 사회보험제도를 도입하게 되었다.

3) 경로헌장의 내용은 가정에서 자손들의 극진한 봉양, 의식주 충족과 안락한 생활, 심신의 안정과 건강의 향유, 능력에 따른 사회활동 참여, 문화생활과 지식의 취득기회 등이 있다.

이상과 같이 우리나라 노인복지의 발달은 1981년 '노인복지법' 제정으로 확립되었고, 2007년 '노인장기요양보험법'의 도입으로 성숙되었다고 말할 수 있다.

제 3 절 노인 생활실태 및 정책방향

한국보건사회연구원(2014)은 2014년 3월~12월까지 전국 975개 조사구의 거주노인 10,451명 대상으로 면접조사를 실시하였다. 그 결과 정경희 등(2014)의 '2014 노인실태조사 결과 발표'에 따라 노인들의 생활실태와 노인 관련 정책의 추진방향을 설명하면 다음과 같다.

1. 소득 및 경제활동

1) 소득

우리나라 노인의 2014년 노인소득 구성비를 살펴보면, 노인 중 근로 및 사업 · 부업소득을 갖고 있는 노인은 28.1%로 나타났고, 자산소득을 갖고 있는 노인은 27.6%, 공적연금 31.9%, 사적이전소득[4]을 갖고 있는 경우는 전체노인의 92.9%로 나타났다(그림 9-2 참조). 노인소득 구성비율 중 공적연금소득 비율이 확대되어 온 것을 볼 수 있는데, 이는 기초(노령)연금 지급이라든가 국민연금 등이 성숙된 결과라고 말할 수 있다.

그러나 한국노동연구원(2015)에서 발표한 '노인의 빈곤과 연금의 소득대체율 국제비교' 보고서에 따르면, 2012년 한국의 65세 이상 인구의 빈곤율이 49.6%로 나타났고, 이는 경제협력개발기구(OECD) 34개 회원국들의 노인빈곤율 평균 12.6%에 비교하

4) 사적이전소득은 가족(family) 자녀, 친척 등 비공식지지망으로부터의 이전소득을 말함.

여 매우 높은 수치라고 발표하였다. 더욱 심각한 점은 노인빈곤율이 해마다 상승하고 있다는 것이며 그만큼 우리나라 노인들이 열악한 환경 속에서 생활하고 있음을 알 수 있다.

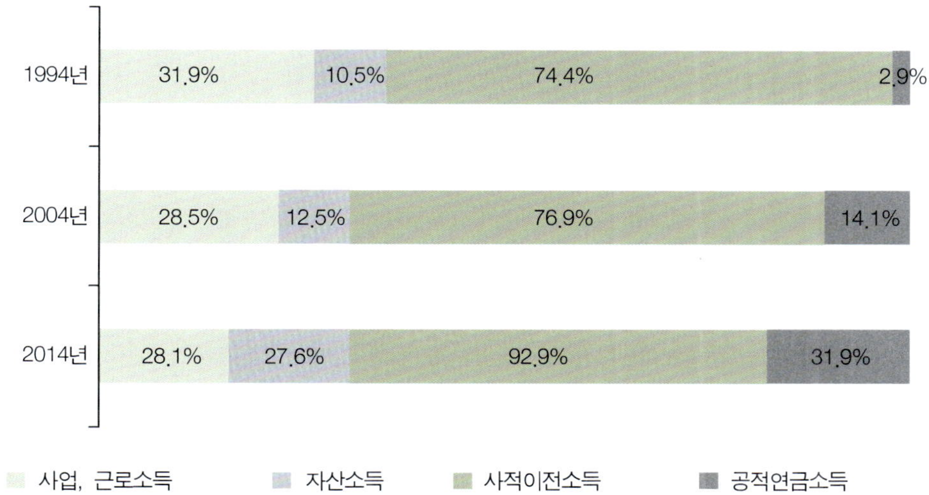

출처: 보건복지부(2015 : 3).

[그림 9-2] 노인의 소득 구성비

2) 소비

우리나라 노인의 소비지출 중 부담을 느끼는 항목을 살펴보면, 주거관련 비용(40.5%, 주거관련비 + 월세)을 가장 부담스러워하며 다음으로는 보건의료비(23.1%), 식비(16.2%), 경조사비(15.2%) 순으로 나타났다(그림 9-3 참조).

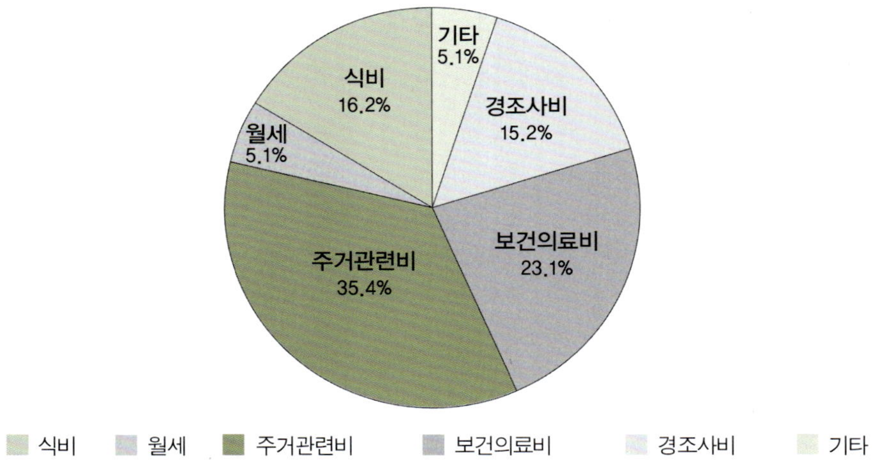

출처: 보건복지부(2015 : 12).

[그림 9-3] 노인이 부담을 느끼는 지출항목

3) 경제활동 참여

우리나라 노인 중 경제활동에 참여하는 비율은 28.9%로 나타났고, 참여 이유는 생활비 보충(79.3%), 용돈마련(8.6%) 등의 순으로 나타났으며, 참여 직종은 단순 노무직(36.6%), 농림축산어업(36.4%) 등의 순으로 나타났다(그림 9-4 참조).

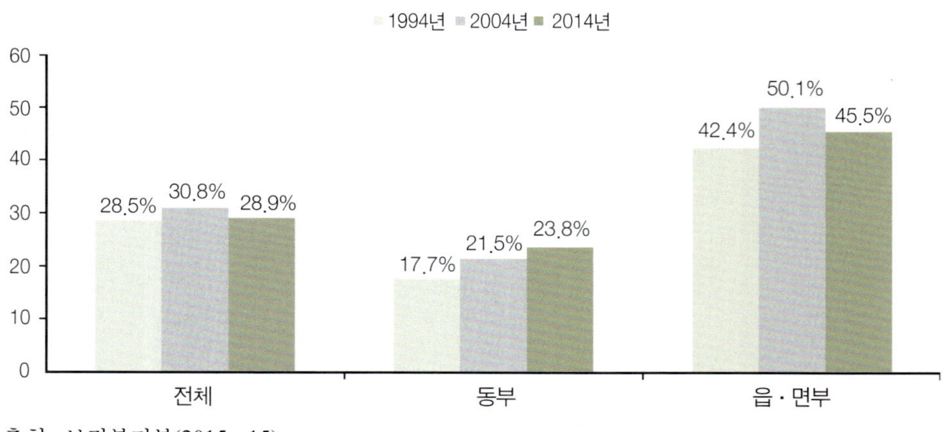

출처: 보건복지부(2015 : 15).

[그림 9-4] 경제활동 참가율 변화

향후 경제활동 희망실태를 살펴보면, 일을 하고 싶지 않은 노인이 65.3%이며, 의사가 있는 노인은 약 35%로 나타났다(표 9-4 참조). 경제활동 참여의사가 있는 노인 중 9.7%는 현재 아무 일도 하지 않고 있으나, 앞으로 일을 하고 싶다고 응답하였다(보건복지부, 2015 : 541).

〈표 9-4〉 노인(65세 이상)의 현재 경제활동과 향후 경제활동 희망 실태

특성	일을 하고 싶지 않다	현재 일을 지속하고 싶다	현재 일과 다른 일을 하고 싶다	지금 일을 하지 않으나, 일을 하고 싶다
전체	65.3	23.7	1.3	9.7
취업중	3.8	23.7	1.3	0.0
미취업	61.5	0.0	0.0	9.7

출처: 보건복지부(2015 : 16).

4) 정책방향

노인의 경제활동 및 생활지원 강화를 위한 보건복지부(2015)의 정책방향을 설명하면 다음과 같다.

① 기초연금의 빠짐없는 지원을 위해 기초연금 수급희망자에 대한 이력관리제[5)]를 추진한다,

② 국토부의 지원으로 맞춤형 급여개편을 통한 주거급여액을 인상하고 대상자를 확대하는 등으로 주거비의 부담을 완화한다.

③ 민간기업 · 공공기관, 직능협회(단체)와 상호 협력 · 연계를 통하여 동일 전문기술 · 능력과 경험 · 지식을 보유한 퇴직자에게 일자리 제공 및 자원봉사활동을 지원할 수 있는 기반조직을 구축한다. 한국노인인력개발원에서는 이러한 시니어직능클럽을 구축하여 양질의 민간일자리를 확대하고자 한다.

④ 보건의료비 부담완화를 위해 4대 중증질환(암, 심 · 뇌혈관, 희귀난치성 질환) 의료보

5) 기초연금을 신청한 수급 희망자가 탈락하더라도 본인이 동의한 경우 소득 · 재산 현황 등을 재조사해 신청하라고 안내해주는 시스템(보건복지부 참조)

장성을 강화하고, 3대 비급여(선택진료비, 상급병실료, 간병비)를 개선하여 급여로 전환 추진하는 방안 등이 있다(보건복지부, 2015 : 3).

2. 질병 및 보건의료

1) 만성질환

우리나라 노인이 인지한 만성질병상태는 노인의 89.2%가 만성질환을 갖고 있고, 평균 2.6개의 만성질환을 갖고 있는 것으로 나타났다. 주요 만성질환 종류별 유병률을 살펴보면 고혈압(56.7%)이 가장 높았고, 관절염(33.4%), 당뇨병(22.6%) 순으로 나타났다.

2) 건강행태

우리나라 남성노인의 흡연율과 음주율은 [그림 9-5]와 같이 2004년도에 비해 각각 흡연율 33.6%에서 23.3%로, 음주율 52.9%에서 48%로 감소한 것으로 나타났다. 또한 노인의 운동실천율은 58.1%, 건강검진율(지난 2년간)은 83.8%로 나타났고, 이는 2004년보다 상당부분 개선된 것을 알 수 있다.

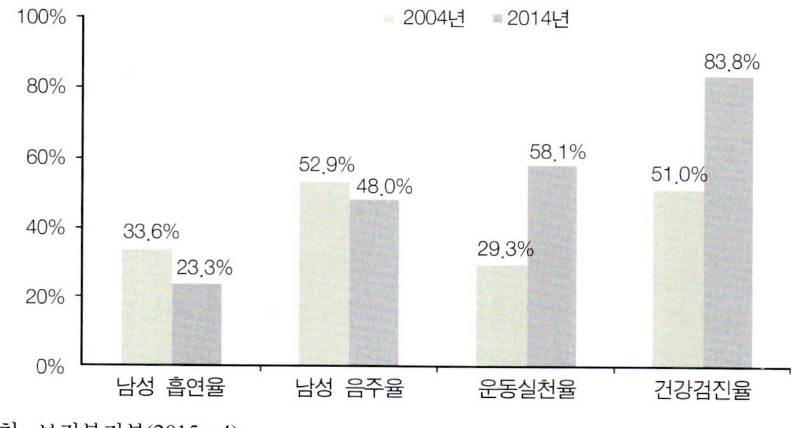

출처: 보건복지부(2015 : 4).

[그림 9-5] 노인의 건강행태 변화

3) 인지기능 및 우울

우리나라 노인의 31.5%가 간이정신상태 검사를 통해 치매의심의 인지기능 저하를 나타내는 '인지기능 저하자'로 나타났고, 고연령, 무배우자, 읍면지역 노인일수록 인지기능 저하자의 비율이 높게 나타났다. 노인의 33.1%가 우울증상을 지니고 있으며, 연령이 높을수록, 소득이 낮을수록, 여성 노인에게 우울증상이 좀 더 높은 것으로 나타났다.

4) 영양관리

노인의 51%가 영양관리 수준이 양호한 편이지만, 49%는 영양관리 주의 · 개선이 요구된다고 나타났다. 특히, 저소득, 고연령, 독거노인에게 영양관리 개선이 필요한 것으로 나타났다.

5) 정책방향

노인의 만성질환 등 건강증진을 지원하기 위한 보건복지부(2015)의 정책방향을 설명하면 다음과 같다.

① 노인 등 생애주기별 정신건강증진 대책을 포함한 정신건강종합대책을 마련해야 한다.
② 인지기능 저하자에 대한 치매 조기검진 활성화를 위해 국가건강검진체계를 개편해야 한다.
③ 치매고위험군에 대한 보건소의 사후관리 강화가 필요하다.
④ 독거노인 돌봄기본서비스를 통한 독거노인의 영양교육 등이 필요하다(보건복지부, 2015 : 4-5).

3. 여가 및 사회활동

1) 여가

우리나라 노인의 여가활동은 TV 시청(82.4%)이 가장 높게 나타났고, 산책(17.8%), 독서·종교책보기, 화초·텃밭 가꾸기, 화투·고스톱, 등산, 음악 감상 순으로 나타났다. 노인의 25.9%가 친목도모 등을 위해 경로당(6.4만개)을 이용하고 있으며, 8.9%가 여가복지 프로그램 이용 등을 위해 노인복지관(317개소, '13년말 기준)을 이용하는 것으로 나타났다. 이는 복지관 등이 도보로 30분 이상 원거리에 위치하고 있다는 응답(65.1%)으로 볼 때, 접근성이 낮기 때문인 것으로 말할 수 있다.

2) 사회활동

노인의 평생교육(복지관·평생교육원 등) 참여율은 13.7%로 지속 증가하고 있고, 자원봉사활동도 4.5%로 나타났다.

3) 정책방향

노인 여가 및 사회활동 참여 활성화를 위한 보건복지부(2015)의 정책방향을 설명하면 다음과 같다.

① 다양한 자원봉사 프로그램[6]을 개발하고 보급해야 한다.

② 노인 여가와 건강교육에 대한 프로그램[7]을 확대해야 한다.

③ 생활 속 가까이에서 문화예술을 즐길 수 있는 기반조성[8] 등이 필요하다(보건복지부, 2015 : 5).

---

6) 지역사회 봉사형(복지시설 봉사, 문화행사 지원) 자원봉사클럽 지원(1,700개, 5.4만명), 재능 기부형 전문 자원봉사활동(금융 등 전문상담, 음악·스포츠 등 예술교육) 강화(40개 프로그램, 800명)

7) 노인선호(게이트볼 등) 강습운영, 야외 건강체력교실 확대 및 노인 생활체육 프로그램 운영

8) 노인복지관에 연극·무용·음악·미술·사진 등 5개 분야 예술강사 지원으로 문화예술 체험기회 제공(문화부), 어린이집 등에 할머니가 옛날이야기 등을 전하여 전통문화 확산에 기여(문화부)

4. 노인의 생활환경

1) 안전사고

우리나라 노인의 3%가 안전사고(집안내 화재, 가스누출 등)를 경험한 것으로 나타났다.

2) 노인학대

노인의 9.9%가 학대를 경험했다고 응답하였고, 교육수준 및 소득수준이 낮을수록 학대 경험률이 높은 것으로 나타났다.

3) 자살

노인의 10.9%가 자살을 생각해본 적이 있다고 응답하였고, 그 중 자살을 시도한 응답자는 12.5%로 나타났다. 자살을 생각한 이유로는 경제적 어려움(40.4%), 건강문제(24.4%), 외로움(13.3%), 가족 · 친구와의 갈등 및 단절(11.5%), 배우자 등 사망(5.4%) 순으로 나타났다.

4) 정책방향

노인안전관리를 강화하기 위해 보건복지부(2015)의 정책방향을 설명하면 다음과 같다.

① 독거노인의 안부를 확인하는 기본돌봄서비스를 지속적으로 확대해야 한다.

② 노인학대 종합방지대책 및 노인복지법 개정을 추진해야 한다. 예를 들어 노인보호전문기관(학대전문센터)의 지속적 확충, 신고의무자 직군 확대,[9] 학대피해노인의 전문 양로시설 보호, 학대현장 조사시 경찰동행 의무화로 조사 강화, 노

9) 현재 8직군은 의료인, 노인복지상담원, 장애인복지시설 종사자, 가정폭력피해자 보호시설 종사자, 사회복지관등시설종사자, 장기요양기관종사자, 119구급대원, 건강가정지원센터종사자이며, 추가 6직군은 요양병원 종사자, 노인돌봄서비스 종사자, 다문화가정지원센터 종사자, 성폭력상담소 및 성폭력피해자 보호시설 종사자, 응급구조사, 의료기사임.

인학대 범죄자의 취업제한 등을 들 수 있다.

③ 노인 등 생애주기별 정신건강종합대책을 수립해야 한다. 예를 들어 정신보건법 개정을 추지하고, 생애주기별 정신건강검진 제도를 도입하는 것이다.

④ 도시 및 농어촌 지역에 적합한 지역사회 단위의 노인자살예방 사업 모델을 개발해야 한다(보건복지부, 2015 : 6).

5. 노후생활에 대한 인식 및 태도

1) 연령기준

우리나라 노인들의 78.3%가 노인의 연령기준을 "70세 이상"으로 생각하였고 특히 75세 이상으로 응답한 비율은 31.6%로 '11년보다 7%p 증가한 것으로 나타났다(그림 9-6 참조). 이에 따라, 노인복지정책의 대상을 국민 인식에 맞게 조정하는 것에 대해 사회적 합의가 필요한 것으로 판단된다.

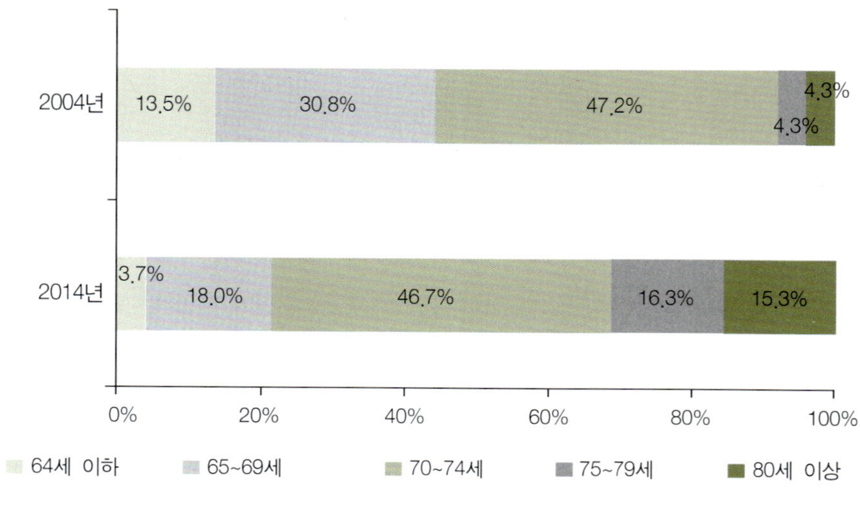

출처: 보건복지부(2015 : 7).

[그림 9-6] 노인 연령에 대한 인지 변화

2) 노후생활비 마련방법

노후생활비 마련방법에 대해 '본인과 국가가 준비해야 한다'가 34.3%, '국가 차원이다'라는 응답이 18.6%로 약 53%의 노인들은 노후생활과 관련하여 사회에서 부양책임에 대해 일정부분 부담해 줄 것을 요구하고 있는 것으로 나타났다.

3) 정책방향

노후생활에 대한 인식 및 태도와 관련하여 보건복지부(2015)의 정책방향을 설명하면 다음과 같다.

① 노인복지 정책과 서비스 제공 연령을 검토[10]해야 한다.

② 기초연금 지급 및 국민연금의 사각지대를 해소(경력단절 주부의 추후 납부 및 분할 납부, 실업크레딧[11] 도입)해야 할 필요가 있다(보건복지부, 2015 : 7).

이상과 같이 우리나라 노인들의 소득, 질병, 여가 등 생활실태와 노후생활 방식에 대한 태도는 과거에 비해 개선되거나 강화되는 부분도 있지만, 나아가 노인의 생애주기별 프로그램 개발과 이를 지원하는 제도개선이 요구된다고 말할 수 있다.

10) (65세) 기초연금, 장기요양보험, 노인일자리, 경로우대, (60세) 노인복지관 이용, 치매 검진 등

11) 일자리를 잃어 보험료를 내지 못하는 구직급여 수급자가 보험료의 25%만 내면 최대 1년간 국가가 나머지 75%(월 최대 5만원)를 지원해주는 제도

참고문헌

김계삼(1982). 노인복지론. 서울: 학문사.

김성순(1989). 노인복지론. 서울: 이우출판사.

김응렬, 김은경, 김준환, 김지범, 서용석, 송영민, 심의보, 이민표, 이철우, 정재기(2003). 한국의 노인복지. 서울: 고려대학교 한국학연구소.

김태현(1981). 한국에 있어서의 노인부양에 관한 연구. 고려대학교 박사학위논문.

노인복지법. 일부개정. 2005년 07월 13일. 법률 제7585호.

박차상, 김옥희, 배창진, 엄기욱, 이경남, 정상양(2005). 한국노인복지론. 서울: 학지사.

보건복지부(2006). 2006년 노인보건복지사업안내.

보건복지부(2013). 2013 노인복지시설 현황.

보건복지부(2014). 국민행복을 위한 실천-2014년 보건복지 정책방향.

보건복지부(2014). 노인보건복지 사업안내.

보건복지부(2015). 2014 노인실태조사 결과 발표. 보도자료.

신경림(2009). 요양보호사 교육과정 개편 및 표준교재 보완. 보건복지부.

아산사회복지사업재단(1985). 노인복지편람.

이민표(2001). 노인부양의 사회화에 관한 연구. 고려대학교 인문정보대학원 석사학위논문.

이인수(1999). 현대노인복지론. 서울: 양서원.

장인협, 최성재(2006). 노인복지학. 서울: 서울대학교출판부.

정경희, 오영희, 강으나, 김재호, 선우덕, 오미애, 이윤경, 황남희, 김경래, 오신휘, 박보미, 신현구, 이금룡(2014). 2014년도 노인실태조사. 한국보건사회연구원 정책보고서. 2014-01.

조성남(2004). 에이지붐 시대. 서울: 이화여자대학교출판부.

최성재, 장인협(1987). 노인복지론. 서울: 서울대학교출판부.

통계청(2011). 인구동향조사. 장래인구추계: 2010-2060.

통계청(2011). 장래인구추계.

통계청(2012). 대한민국 인구 5천만명.

통계청(2014). 2014 고령자 통계 보도자료.

한국노동연구원(2015). 노인의 빈곤과 연금의 소득대체율 국제비교 보고서.

한국노인복지학회(2006). 노인복지학 사전. 서울: 학현사.

한국임상사회사업학회(2005). 노인복지론. 서울: 양서원.

국립국어원 표준국어대사전 http://stdweb2.korean.go.kr/main.jsp

보건복지부 http://www.mohw.go.kr

위키백과 https://ko.wikipedia.org

통계청 http://www.nso.go.kr

한국보건사회연구원 http://www.kihasa.re.kr

10 의료 및 정신보건사회복지

의료 및 정신보건사회복지는 의료 및 정신보건 분야에서 종사하는 사회복지사가 일상생활을 영위하는 데 있어 어려움을 겪고 있는 클라이언트에게 신체적 · 심리적 · 사회적 안녕을 유지하고 증진하기 위해 현장에서 수행되는 사회복지 활동을 하는 것을 말한다.

이 장에서는 의료사회복지와 정신보건사회복지의 개념과 배경을 살펴보고 사회복지사의 역할에 대해 알아보고자 한다.

제 1 절 의료사회복지

최근 우리나라에서는 국민생활 수준의 향상으로 참살이(Well-being)에 대한 관심이 더없이 높다. 현재 우리나라는 전 국민의 의료보험 확대, 생활수준 향상, 건강에 대한 다양한 욕구에 알맞은 보건서비스가 요구되고 있다. 특히 보건 · 의료기관에서는 질병치료뿐만 아니라 예방과 재활에도 심혈을 기울여야 하며, 보다 포괄적인 접근방법으로 의료서비스의 전문화와 환자 중심의 서비스가 요구된다. 이는 환자로 하여금 빠른 시간 내의 회복과 더불어 사회로의 복귀를 돕기 위함이다.

1. 의료사회복지의 정의

현대사회는 산업화, 기계화, 정보화와 함께 사회적, 심리적 환경이 상호 복합적으로 영향을 끼쳐 단순히 신체적 질병뿐만 아니라 정신적, 사회적인 질병이 점차 증가하고 있는 추세이다. 그러므로 이를 해결하기 위한 다차원적인 측면의 전문적 의료와 함께 사회복지의 필요성이 요구되고 있다.

'의료사회복지(Medical social work)'란 사회복지의 한 분야로 건강과 관련된 사회복지 활동이며 흔히 의료사회복지와 의료사회사업을 혼용하여 사용하고 있다.

'의료사회복지'는 의학과 협력하는 사회복지로 사회복지의 가치, 지식, 기술, 태도를 보건에 응용하는 것이다. 즉, 의료사회복지는 병원이나 의료시설에서 환자의 심리적 · 정신적 · 사회적인 문제를 해결하거나 원조해주는 것으로 환자의 건강회복과 재활을 돕기 위한 사회복지의 한 분야이다(김규수, 2006). 특히 의료사회복지는 나날이 경제와 문화 수준이 높아짐에 따라 삶의 질 향상과 의료사회복지에 대한 관심과 욕구가 증대되고 있는 실정이다.

W. Friedlander에 의하면 의료사회사업은 전문화된 복지의 한 분야로 환자가 가능한 한 보건서비스를 가장 효과적으로 활용할 수 있도록 의료기관에서 실시하는 개별 또는 집단사회사업과 지역사회조직의 실천을 포함하는 것이라고 하였다(박용순, 2009 재인용).

우리나라 의료사회사업의 법적 근거는 의료법 시행규칙 제28조 2항 6호(의료인의 정원)에 "종합병원에는 사회복지사업법의 규정에 의한 사회복지사업 종사자 자격을 가진 자 중에서 환자의 갱생, 재활과 사회복귀를 위한 상담 및 지도업무를 담당하는 요원을 1인 이상 둔다"라고 명시하고 있다.

즉, 의료사회복지는 사회복지 전문분야 중의 한 부분인 건강과 관련된 것으로 진료과정에서 환자 및 그 가족이 지니고 있는 신체적 · 심리적 · 사회적 · 경제적인 관련 문제를 개별사회사업, 집단사회사업, 지역사회조직 등의 전문적인 원조활동을 통하여 의료서비스를 보다 효과적이고 능률적으로 제공하는 전문적인 행동체계를 의미한다고 하겠다. 이를 위하여 의료사회복지사는 일차적으로 환자의 사회적, 경제적, 정서적인 면을 조사하고 진단하여 치료와 회복에 도움을 줄 수 있도록 해야 한다. 그리고 치료 후에는 가정과 사회로의 복귀를 도울 뿐만 아니라 환자 및 그 가족의 신체적 · 심리적 · 사회적 · 경제적인 관련 문제를 해결할 수 있도록 의료기관에 있는 모든 구성원들이 보다 효과적이고 능률적으로 서비스를 제공할 수 있도록 조정해 주는 전문적 활동을 하는 것이다.

2. 의료사회복지의 발달사

초기 의료사회사업이 현재의 의료사회복지의 전문직으로 발달하기까지 과거의 다양한 활동에 근거하고 있으며 이를 간단히 소개하고자 한다.

1) 비조직적인 봉사활동(Unorganized Service)

서양에서의 의료사회복지의 역사를 살펴보면 흔히 종교적 지도자들이 일반 평민들의 육체적 고통으로 인하여 위기에 직면해 있는 개인 또는 가정을 보호하고 정신적인 문제에 도움을 주는 것에서부터 출발하였다고 할 수 있다. 그 예로 14세기 초 영국 교회에서는 병원 형태의 수도원과 구빈원을 설립하여 빈곤자, 노동이 불가능한 자, 맹인, 불구자, 노인, 질병을 가진 자 등을 수용하였고 보호하였음을 알 수 있다. 그 밖에도 J. Wesley(1713-1791)는 런던에 최초로 자선진료소를 개설하여 비공식적으로 봉사를 하였고, 자선조직협회(Charity Organization Society)는 가정방문을 통하여 가난한 환자들을 원조하였다.

2) 간호사의 보호활동(Nursing Care)

간호사들의 의료적 활동(Medical care)은 주로 비조직적 의료사회사업이었다. 환자를 위한 단순한 치료보조자의 역할 외에 환자 개인의 신체적 문제 및 가정문제를 도왔다. 특히, 1869년 뉴욕에서는 빈곤 환자의 가정을 방문하여 그 가족들을 돕고 퇴원 후에도 환자와 가족을 돌봐주는 지속적인 봉사활동을 하였다.

1887년에는 보스턴과 시카고에서도 조직적인 봉사활동이 시작되었으며 점차적으로 의료사회사업의 형태를 갖춘 서비스로 발전하게 되었다. 1893년 뉴욕에서도 헨리가 인보관에서 의료비 지불이 어려운 가정을 방문하였고 질환으로 인하여 야기되는 사회적 · 개인적인 문제를 연구하고 돕는 활동을 하였다.

3) 부녀봉사원의 활동(lady almoner)

1875년 런던 자선조직협회의 Sir C. Lock이 부녀봉사원 활동의 선도적인 역할을 하였으며, 1895년 런던 왕립시료병원(Royal free hospital)에서 처음으로 활동을 시작하였다.

부녀봉사원의 활동으로는 환자들이 자선의 혜택을 받아야 하는지 받을 수 없는지에 대한 적격 여부를 조정하고 결정하기 위하여 사회조사(Social investigation)를 실시하였고, 빈곤 환자에 대해서는 사회복지기관이나 의료기관에 의뢰하기도 하였다.

Almoner는 19세기 영국의 자선사업가 또는 봉사원으로 오늘날의 의료사회복지사의 원형이라고 할 수 있다. 특히, 부녀봉사원들의 의료서비스는 빈곤한 환자의 경제적인 원조를 보다 종합적으로 다루었으며, 병원과 자선조직협회 간에 업무협조 및 연계활동으로 빈곤한 환자에게 의료비를 면제해 주기도 하였다. 협회 측에서는 환자가족의 생활을 원조해 줌으로써 상호 보완적인 활동을 실시하였다.

4) 정신질환자의 사후보호(After Care of the Insane)

1880년 초 영국에서는 정신병원에서 퇴원한 환자들 중 갈 곳이 없는 형편이 어려운 환자는 사회복지단체에서 위탁가정이나 사회복지시설, 요양원 등에 의뢰하였다. 일반적으로 퇴원한 환자들에게는 지역사회에 적응할 수 있도록 직장을 알선하거나 그들 가정을 방문하여 필요한 보호와 서비스를 제공하였고, 환자 가족들을 지지하는 서비스도 제공하였다. 이와 같은 정신질환자의 사후보호 서비스는 의료사회사업의 일부로 발전하였고 오늘날 정신의학사회사업의 기초가 되기도 하였다.

5) 의과대학생의 봉사활동(Voluntary Activity)

1902년 미국 볼티모어에 위치한 존스 홉킨스(Johns Hopkins)대학의 C. Emerson 교수는 의과대학생들에게 정서적 · 사회적인 문제에 관한 이해를 강조하였으며 지역사회의 자선기관에서 봉사활동을 실천하도록 가르쳤다. 이는 학생들이 봉사활동을 통하여 환자의 전인적인 면에서 환자를 이해하고 도울 수 있도록 하였다. 이를 계기로 의료분야에 전문적 사회복지서비스의 필요성을 부각시키는 계기가 되었다고 할 수 있다.

6) 우리나라 의료사회복지의 역사

우리나라에서의 '의료사회복지'는 예로부터 군주들이 빈민구제와 가난한 병자들을 위한 시혜를 베풀어 왔다고 볼 수 있다. 특히, 고려 초 문종은 동서대비원을 설치하였고, 예종은 혜민국을 그리고 공양왕은 혜민전약국을 만들어 빈곤 환자들에게 치료혜택을 베풀었고 이를 의료사회복지의 시초라고 할 수 있을 것이다.

현대적 의미의 의료사회복지는 주로 외국인 선교사들에 의해 선교를 목적으로 빈곤한 환자들에게 의술을 베풀었던 것이 그 시초라 할 수 있다. 특히 1883년 캐나다 선교사가 개설한 세브란스병원의 여전도회 자원봉사자인 부녀 Almoner이다.

실제 사회복지를 전공한 전문 사회복지사가 의료시설에서 일을 시작한 것은 1958년 한노병원이 처음이었으며, 1959년에는 국립중앙의료원과 원주 기독병원이, 1962년에는 국립정신병원과 성모병원, 1964년에는 세브란스병원, 1965년에는 동산병원, 1968년에는 전주 예수병원 등에서 의료사회복지사가 전문적인 업무를 시작하였다. 1973년에는 대통령령으로 종합병원에는 사회복지사 유자격자를 두도록 규정하였다. 이러한 변화를 바탕으로 정신장애인과 신체질환자에 대한 새로운 의료사회사업의 체계가 확립되고 있다.

3. 의료사회복지의 대상

의료사회복지 대상자는 질병을 가진 환자뿐만 아니라 그 가족들은 물론, 질병을 야기할 수 있는 주변의 모든 조건들을 포함한다. 의료사회복지사는 환자의 심리적·신체적·사회적·경제적 문제 등의 제 문제를 돕도록 하여야 한다. 또한 의료사회복지사는 인간의 존엄성과 이들의 신체적·심리적·정신적·사회적·경제적 측면에 대한 다양한 지식과 경험을 가지고 다양한 역할을 수행하여야 한다.

1) 신체적 문제

환자의 신체적 질병은 유기체의 항상성 유지에 균형이 깨어질 때 생기며 심리·정서적 요인과도 관계가 있다. 따라서 환자의 신체질환은 정신적·사회 정서적·환경적 요소가 상호작용하여 생길 수 있다. 특히, 환자의 신체적 질병을 유발시키는 심리사회적 문제는 의학적 처치도 중요하나 심리적 요인이 더 큰 영향을 끼칠 수도 있으므로 '심리사회적 치료(Psychosocial Therapy)'가 함께 필요하다.

2) 심리적 문제

환자는 질환으로 인한 여러 가지 반응을 나타내며, 그 가족들도 심리적·정서적인 반응이 다양하게 나타날 수 있다. 그러므로 환자의 질병에 따라 심리적 · 정서적인 면을 지지하고 원조하여 치료에 보다 효과적인 도움을 주어야 할 것이다.

환자들의 심리적 반응양상은 일반적으로 다음과 같으므로 도움이 필요하다.

- 환자는 자신의 건강상태에 대해 예민해져 지나치게 걱정을 하는 경향이 있다.
- 환자의 대부분은 자기중심적이며 공격성을 나타내기도 한다.
- 남에게 의존적이며 애정의 욕구가 강하다.
- 심리적으로 불안해하며 질병에 대해 몹시 두려워하는 경향이 있다.

3) 사회적 문제

환자의 질병은 본인과 그 가족뿐만 아니라 사회적 문제로도 확대될 수 있다. 입원을 하게 되면 실업에 대한 불안과 퇴원 후 적응에 대한 불안 등 제 문제들이 야기되며 가족들도 영향을 받게 된다. 이로 인해 환자 및 그 가족들은 좌절감, 소외감, 열등감으로 심리적 · 정서적 장애를 보일 수가 있기 때문이다. 그러므로 이를 돕기 위한 다양한 심리 · 사회적 지지프로그램이 필요하다.

4) 경제적 문제

환자의 치료비와 요양비 그리고 질병으로 인한 경제활동의 제한으로 야기되는 생활비와 자녀 교육비 등이 있을 수 있다. 경제적 문제에 어려움이 있는 환자의 경우에는 관련된 주변의 자원 활용이 필요하며 특히, 경제적 지원은 꼭 필요한 부분이다. 환자의 육체적 · 심리적 · 정서적 고통과 함께 경제적인 문제는 의료문제 못지않게 대단히 중요하다고 하겠다. 그러므로 법적 · 제도적으로 도울 방법을 찾고, 지역사회 내의 자원을 연계하는 체계인 사회적 안전망(Networking)의 구축이 필요하다.

4. 의료사회복지사의 역할

의료현장은 의료사회복지사가 주가 되는 1차 기관이 아닌 2차 기관이다. 이때 의료사회복지사는 의료 관련 기관 내의 다른 구성원들에게 자신의 역할과 기능을 알리고 스스로 정체감과 자부심을 가져야 한다.

의료사회복지사는 인간의 존엄성에 대한 확신과 함께 심리적 · 정신적 · 신체적 · 사회적 · 경제적 측면에 대한 풍부한 지식과 경험을 축적하여 다양한 역할을 수행하여야 한다. 의료사회복지사가 주로 수행하는 업무로는 환자와 가족에게 직접적인 서비스를 제공하기 위하여 환자의 개인력 조사 및 평가, 심리사회적 상담자, 환자와 가족에게 필요한 정보제공자, 전문적 서비스를 위한 조정자, 자원연결 및 동원자, 사회기능 회복촉진자, 경제적 어려움이 있는 환자를 위한 지원활동, 퇴원 후 사후관리자, 그 밖에도 환자들을 위한 자원봉사자 교육 및 배치, 의료사회사업적 개입을 위한 연구조사활동, 후진양성을 위한 의료사회복지사 교육 및 실습지도 등이라고 할 수 있다(박차상 외 공저, 2001; 배기효 외 공저, 2013).

5. 의료사회복지의 실천분야

1) 일반 의료사회복지

일반 의료사회복지는 현대의학의 전문화와 치료기관의 대형화 등으로 인해 환자치료 시 환자중심이 아닌 질병중심으로 치료 시 환자의 전인적인 면을 간과하는 경우가 있으며 난치병 환자, 만성질환자, 수술환자 그리고 가족의 심리사회적인 문제, 빈곤 환자의 치료비 문제, 퇴원 후의 생활문제 등에 대한 전문적인 서비스와 자원조정 활동에 중점을 두고 있다. 이를 정리하면 임상과 행정 그리고 교육과 연구개발이라고 할 수 있다. 이러한 점들을 고려할 때 의료사회복지사의 직무는 구체적으로 다음과 같다.

첫째, 환자에게는 환자가 가지고 있는 질병치료와 관련된 심리사회적인 문제에 대하여 이해시키고 직접적인 의료복지서비스의 제공뿐만 아니라 병원 내의 다양한 의료자원을 조정하고 활용하여 환자가 적응할 수 있도록 돕는다.

둘째, 환자치료를 위하여 사회 · 경제적 배경과 가족을 비롯한 개인(Family & Personal History)에 대한 정보를 조사하고 수집하여 의료팀(Medical Team)과 공유하여 전반적인 치료에 반영케 하고 의료진이 환자를 전인적인(Total Person) 관점에서 이해하고 의료서비스를 할 수 있도록 적극 돕는다.

셋째, 가족들에게는 의료진의 진단과 치료에 따르는 고유 권한에 대한 월권행위가 되지 않은 범위 내에서 환자와 관련된 반응 특징을 설명함으로써 환자를 잘 이해할 수 있도록 돕고 빠른 회복을 할 수 있도록 환자 주변의 다양한 체계를 구축하도록 한다. 특히, 의료진이 할 수 없는 심리적, 정신적, 사회적, 경제적인 세세한 부분까지도 도와야 한다.

넷째, 퇴원계획 및 추후치료(Follow up care)는 물론 머물 곳이 없는 환자에게는 사회복지시설에 의뢰 및 입소를 돕고 생활보호를 위하여 행정기관으로 의뢰하거나 지역자원의 활용을 할 수 있도록 돕는다(전재일 외 공저, 2010).

2) 재활의료사회복지

재활의료사회복지는 장애로 인하여 일상생활의 어려움이 있는 환자들의 신체적, 정서적, 사회적, 교육적, 직업적인 잠재능력과 잔존기능을 최대한 찾아보고 개발하여 사회구성원의 한 사람으로서 역할과 의무를 다할 수 있도록 적극 돕는 것이다. 이를 위하여 여러 전문가들과 팀워크를 하고 지역사회 자원을 동원하고 연계하는 서비스를 한다.

3) 지역사회보건사회복지

지역사회보건사회복지는 지역 내 전체 주민의 건강유지 또는 향상과 복지를 증진시킬 목적으로 지역 내의 자원을 발굴 또는 개발하여 효과적으로 활용할 수 있도록 돕는 것이다. 지역사회보건사업을 수행하는 기관은 주로 보건소, 보건의료센터, 모자보건센터, 보건지소, 보건진료소, 병원 및 의원 등이 있다(박차상 외 공저, 2001).

4) 군 의료사회복지

국방부 산하 의무병과에서는 의무복무자인 사병, 장기와 단기군인, 군인가족인 부모, 배우자 및 자녀, 제대 군인들의 건강과 관련된 제 문제들을 돕고 있다.

주로 국군통합병원, 후송병원, 이동병원, 예하 부대의 의무실, 보훈병원 등에서 군 의료사회사업이 행해지고 있다. 일반 의료사업과는 달리 군의 특수성을 고려하여 제한적인 면도 있으나 민간기관과 적극 협력하여 대한적십자사 봉사원, 전문 상담사, 군무원, 군사회복지사들을 영입하여 활동하고 있다.

6. 의료사회복지의 과제

의료환경의 변화에 따른 의료사회복지사로서의 역할 및 기능을 갖추어야 하며 전략수립과 전문화를 꾀할 수 있도록 법적 기준과 근거를 확보하여야 한다.

첫째, 의료영역에서의 사회복지서비스에 대한 전문성을 사회로부터의 승인을 받아야 한다.

둘째, 현재 병원 내에서 실시되고 있는 의료사회복지서비스에 대한 건강보험 수가가 인정되어야 한다.

셋째, 의료환경의 변화에 따른 의료사회복지서비스 전략수립과 새로운 역할의 요구에 부응할 수 있도록 빠른 대응책을 마련하여야 한다.

넷째, 의료사회복지사의 전문성이 강화되어야 하며 이를 위한 법적 기준 및 근거가 확보되어야 한다(배기효 외 공저, 2013).

그 밖에도 의료사회복지는 환자와 가족, 의료진, 그리고 의료기관과 지역사회기관을 조정 · 통합하는 의료서비스로 팀워크(Team work)가 매우 중요하다. 팀워크의 활성화를 위해 전문직의 상호 교류 및 협력이 이루어져야 하며 의료사회복지사는 사회복지 전반에 관한 지식뿐만 아니라 의료용어 및 의학적 지식을 갖추고 병원 내에서 치료 팀의 일원으로서 활동하는 데 어려움이 없도록 해야 한다. 또한 의료서비스의 전달체계를 활용하는 지식과 실천능력을 갖추어야 한다. 특히 의료사회복지사는 질병에 관한 것뿐만 아니라 전인적인 관점에서 환자를 이해하고 도와야 함이 가장 강조할 부분이라고 본다(박용순, 2001).

제 2 절 정신보건사회복지

대부분의 사람들은 일상에서 본인의 독특한 가치를 가지고 있으며, 건강한 삶을 영위하고 있는 것도 사실이다. 그러나 일부의 사람들은 각박한 현실과 함께 막중한 스트레스를 이기지 못해 정신적 건강의 평형이 깨어지고, 그 가족까지도 고통을 받는 경우가 많다. 특히, 정신질환을 앓고 있는 이들을 위한 현재 정신과의 약물치료만으로는 한계가 있다. 그러므로 이 장에서는 자신과 주변인에 대한 올바른 이해와 적절한 상호관계의 유지 그리고 정신적인 문제와 함께 정신보건사회복지 영역의 휴먼서비스(Human Service)를 살펴보고자 한다.

1. 정신보건사회복지의 정의

정신보건사회복지는 정신의학 영역에 따른 규정 또는 사회문화적 환경에 따라 정의된다. 정신보건은 의료사회사업에서 세분화된 전문화된 영역으로 정신질환의 예방과 정신질환자의 의료 및 사회복지에 관하여 돕고 삶의 질을 향상시키는 것이다. 협의의 개념으로는 정신장애(Mental Disorder)가 없는 상태로 개인이 가장 효율적이고 행복하게 다른 사람과 자신을 둘러싸고 있는 세계에 적응할 수 있는 것을 이른다. 즉, 구체적으로는 주어진 환경에서 충분하고 가장 잘 적응하며 자아실현을 이룩한 사람의 경우 정신건강 상태가 좋다고 할 수 있다. 또한 의학적 정신건강 상태뿐만 아니라 심리사회적으로도 안녕(Well-being)한 상태라고 할 수 있다.

사회복지는 '환경 속의 인간'으로 인간과 환경은 상호 영향을 끼치며 이때 관계의 질(Quality)을 향상시키기 위해 개입하는 활동'을 의미한다. 이를 종합하면 정신보건사회복지는 정신장애를 가진 사람들이 주위환경에 적응할 수 있도록 돕는 것을 뜻한다. 즉, 정신보건사회복지는 정신의학과 관련된 다양한 원조를 하며 그 대상은 정신장애인 및 가족이다(이영호 외, 2006). 또한 정신보건사회복지에서는 정신장애를 가진 많은 이들이 주변 환경에 적응할 수 있도록 돕는 것으로 이때 정신과 전문의와 정신보건전문요원인 정신보건임상심리사·정신보건간호사 및 정신보건사회복지사가 함께 팀워크를 이뤄 환자를 돕는다.

정신보건사회복지는 의료기관으로 찾아오는 환자뿐만 아니라 지역사회에서 생활하고 있는 회복기의 환자들의 재활 및 사회복귀를 돕는다. 우리나라의 정신보건사업은 1984년에 무허가시설 양성화를 시작으로 보건사회부 정신질환 종합대책이 수립되었으며 이후 정신보건법안이 1985년에 마침내 국회에 제출되었다. 1995년에 정신보건법이 제정되었으며 1997년에는 정신보건법이 시행되었다. 그리고 모델형 정신보건센터의 운영과 함께 현재 정신보건센터를 확대운영하고 있다.

의료기관에서는 개인, 집단을 대상으로 약물치료, 인지행동치료 등의 다양한 프로그램을 실시하고 있으며 지역사회정신건강센터에서도 직업재활, 일상생활훈련, 사회기술훈련, 사회복귀훈련 및 정신건강 증진을 위한 서비스를 하고 있다. 만성 정신장애인의 경우 그들의 다양한 욕구충족뿐만 아니라 사회복귀를 위해 보다 전문적인 지식을 바탕으로 정신보건사회복지를 수행하고 있으며 날로 그 중요성은 부각되고 있다(박차상 외, 2001).

2. 정신보건사회복지의 기능

1) 입원환자 서비스

일반적으로 입원환자는 증세가 심한 상태이므로 전문적 치료를 받아야 하며 이를 수용할 수 있는 곳은 국·공립정신병원, 일반정신병원이 있고 병원은 종합병원의 정신과, 전문 정신병원, 정신과 의원으로 분류할 수 있다.

정신보건사회복지의 기능으로는 첫째, 환자와 가족에게 병원시설과 프로그램을 설명하고, 둘째, 환자입원으로 인하여 발생하게 되는 가족문제에 도움을 준다. 셋째, 정신질환과 관련하여 가족이 갖는 불안감을 경감시켜 주고, 넷째, 치료절차에 대해 가족에게 설명하고 적극적인 협조를 요청한다. 다섯째, 입원한 환자의 개인력은 가족을 통하여 면밀히 조사하고, 여섯째, 환자에 따라 개별치료, 정신요법, 집단치료 등을 실시한다. 마지막으로 치료 후 환자의 퇴원계획을 준비하고 돕는다.

2) 외래환자 서비스

외래환자 서비스는 환자의 사회력, 가족력, 직업 등에 대한 정보를 수집하고 주로 의료진의 약물치료와 함께 환자의 특성에 따라 적절한 치료방법과 다양한 프로그램 치료를 통한 개인 또는 집단치료를 실시하며, 환자를 지역사회의 다른 자원과 연계하기도 한다. 또한 환자를 위하여 가족구성원, 고용주, 환자와 중요한 관계를 맺고 있는 타인, 즉 가족 또는 의미 있는 사람의 인식과 태도를 개선시킬 수 있도록 원조한다. 그리고 외래환자의 치료를 위한 한정된 공간뿐만 아니라 필요한 경우 환자와 관련된 가정, 학교, 직장 등을 방문하여 면접하고 돕기도 한다.

3) 시간제 입원서비스

시간제 입원서비스는 병원과 외래환자 서비스의 중간단계에 속한다고 할 수 있다. 하루 중 일정시간 동안 치료를 받은 후에는 가정으로 돌아가는 것을 말하며, 예컨대 낮 병원의 경우에는 환자가 낮 동안에는 병원에서 오락요법, 작업요법, 개별치료, 집단치료 등을 받고 저녁에는 집으로 돌아가 가족과 함께 생활을 하고 밤 병원의 경우에는 낮 동안에 환자가 학교 혹은 직장에서 활동하고 밤에 병원으로 와서 치료프로그램에 참여하는 것이다. 이러한 시간제 입원서비스는 입원 환자에 비해 스트레스를 줄이고 외래서비스보다는 치료가 더욱 조직적이고 계획적인 장점이 있다.

3. 정신보건사회복지의 대상

정신보건법은 정신질환의 예방과 정신질환자의 의료 및 사회복지에 관하여 필요한 사항을 규정함으로써 국민의 정신보건 증진에 이바지함을 목적으로 하고 있다. 그러나 우선적인 대상은 정신병적 장애를 가진 자로 보고 있으나 실제 정신보건사회복지의 핵심적 대상은 지속적인 보호를 필요로 하고 재활, 사회 복귀의 주요 대상인 만성 정신장애인과 정신장애인을 돌보고 있는 가족, 지역사회라고 할 수가 있을 것이다(양옥경, 1997).

오늘날 보편적으로 사용되고 있는 정신질환의 진단체계는 국제질병분류체계(International Classification of Diseases: ICD)와 미국정신의학회에서 만든 정신장애진단 및 통계편람(Diagnostic and Statistical Mental Disorder: DSM)이 있다.

그 중 몇 가지 질환을 간략하게 소개하고자 한다.

1) 만성정신장애인

(1) 정신분열병

정신분열병(Schizophrenia)은 초기 Kraepelin(1899)에 의해 인지기능이 퇴화하는 기질적 장애라는 의미로 조발성 치매로 불렸으며, 블로일러(Bleuler, 1923)에 의해 정신분열증(Schizophrenia)이라고 명명되었다. 그러나 최근에는 '조현병'이라고도 불리고 있다.

정신분열병의 특정적인 증상은 뇌의 기능적 분리를 강조하여 1차 증상과 2차 증상으로 나누며, 1차 증상으로는 연상의 결함, 정동의 결함, 양가성, 자폐증이 있으며, 2차 증상으로는 망각과 환각을 가지고 있는 것이 특징이며 사고반향, 신체적 피동체험, 사고 투입, 사고철수와 같은 증상으로 나눌 수가 있다. 또는 양성 증상(망각, 환각, 와해된 언어, 심하게 와해된 행동, 긴장성 운동행동 · 강직증 · 혼미증 · 거부증 · 흥분증)과 음성 증상(정서적 둔마, 무논리증, 무욕증)으로 나누기도 한다.

발병 초기에는 전구 증상으로 주로 음성 증상을 보이다가 점차 양성 증상을 보이며 양성 증상이 약물 치료로 호전되면서 음성 증상이 지속적으로 뚜렷해진다. 음성 증상은 만성화되면서 심해지고 사회생활이 어렵게 되므로 재활의 중요한 초점이 된다. 음성 증상은 두드러진 행동장애가 적어 가족들은 덜 심각한 것으로 받아들이지만 실제로 사람들과 잘 어울리지 못하고 점차 사회기술이 떨어져 나중에는 개인위생관리도 하기가 힘들어진다.

치료로는 입원치료로 약물치료가 주를 이루며 인지행동치료, 집단치료, 가족치료 등이 이루어지고 있다. 입원치료 중 이전의 전기충격치료법에 대해서는 인권과 관련하여 많은 논란이 되고 있다.

(2) 기분장애

기분장애(Mood disorder)는 슬픔, 불행감, 절망감, 공허함, 외로움, 무가치감, 걱정, 죄책감, 우울, 희열과 같은 기분상태에 장애가 나타나는 것으로 크게는 우울장애와 양극성장애가 있다.

우울장애는 성인에서 가장 흔한 정신과적 장애로 유병률이 전 인구의 15%로 특히 여성의 비율이 높다. 발병 연령은 양극성장애는 다양한 연령층에서 나타나나 우울장애는 주로 30대에 가장 많이 나타난다. 기분장애는 가족력이 높아 우울장애는 가족의 20%에서, 양극성장애는 25%에서 1차 가족이 발병할 확률을 가지고 있다. 한 번 발병한 사람의 50~60%에서 다시 재발하는데 대개 3~6년 간격으로 나타나는 만성정신질환이다.

임상 증상은 우울증과 조증으로 양극성장애에서는 이 두 가지 증상이 주기적으로 혹은 비주기적으로 반복하여 나타나고 우울장애에서는 우울증만 나타난다.

우울증의 경우 정서적으로 우울하고 슬픈 느낌을 가지며 자신감이 없고 생의 대한 의욕이 없고 매사 피곤해 하며 일하기를 귀찮아하고 혼자 있고자 하는 경우가 많으며 평소 해오던 일을 수행하는 것도 많은 어려움을 느낀다. 심해지면 정서적 고통으로 인해 얼굴표정이 없으며 사고 진행의 억제로 인하여 전반적으로 말은 느리고 답변은 간단하다.

조증의 경우에는 지나치게 유쾌해지고 자기주장이 많고 자기도취, 자기확신, 자기만족, 자신감, 허세 등이 넘친다. 또한 돈을 허황되게 낭비하고 여러 가지 야심적인 계획과 함께 금방 실패하거나 포기해 버릴 일을 끊임없이 만든다.

2) 정신장애인 가족

1960년대 이후 탈시설화가 이루어지며 정신장애인에 대한 접근방식이 시설중심의 보호에서 지역사회 중심의 보호 및 재활로 변화하게 되었다. 그 과정에서 지역사회와 해당 정신장애인을 보호해야 하는 가족들의 부담은 이전보다 상당히 커졌다. 특히 정신장애는 대부분 만성적이며 그 결과 사회적 기능에 있어서도 많은 장애를 보이게 되므로 가벼운 일상생활은 물론이고 경제적 · 사회적 역할 수행에 이르는 거의 모든 것을 일차적 보호를 제공하고 있는 가족에게 의존하게 된다.

양옥경(1996)은 정신장애인을 돌보는 가족의 보호 부담을 정서적 부담, 행동적 부담, 사회적 부담, 경제적 부담과 같이 4개의 영역으로 나누었다.

(1) 정서적 부담

가족들은 해당 장애인이 정신장애로 진단을 받으면서 촉망받던 한 아이의 장래를 잃어버렸다고 생각하게 된다. 그래서 애통함과 계속되는 재발, 그에 따른 실망이 더해져 가족구성원 모두가 비탄과 우울감에 빠지게 된다. 가족들은 왜 하필 자신들이 이런 일을 당하게 되는가에 대해 분노를 느끼거나 미래가 어떻게 될 것인가에 대한 불안감, 무슨 일이 생길까봐 끝없이 계속되는 긴장감, 가족들이 잘못해서 해당 인이 정신장애에 걸린 것 같이 느끼는 죄책감 등이 생기게 된다.

(2) 행동적 부담

정신장애인들은 환청이나 망상 또는 분노의 감정들을 흔히 경험하게 되는데 가족들로서는 이를 완전히 이해할 수 없으므로 불안감이 커진다. 특히 정신장애인들은 예측 불허의 행동을 보이는 경우가 많기 때문에 가족들의 부담은 더욱 커진다. 이러한 스트레스는 전체 가족관계에 부정적인 영향을 미치게 되고 여러 가지 갈등을 겪게 한다.

(3) 사회적 부담

가족들이 정신장애인을 지속적으로 돌보는 상황이 오면 해당 가족들은 사회생활에 여러 가지 제약이 생기게 된다. 정신장애인은 특성상 혼자 둘 수 없어 돌보는 가족이 자유롭게 외출하지 못하고 정신장애인의 예측불허 행동과 사회적 낙인에 의해 가족들마저 외부인들과의 교류가 점차 줄어들고 사회적 관계가 점차 협소해져 소외되기도 한다.

(4) 경제적 부담

과다한 치료비와 정신장애인이 스스로 생활할 수 있도록 독립하지 못함으로써 평생 지속적으로 보살펴야 하는 경제적 부담은 매우 크다. 정신장애인에 대한 책임은 거의 대부분 부모가 맡게 되고 부모가 늙어 더 이상 경제적 부담을 질 수 없을 경우 가족기능은 더욱 약해져 정신장애인의 치료와 보호는 심각하다(김안호 외 공저, 2004).

3) 지역사회

정신장애인에 대한 편견과 낙인은 시대와 문화를 넘어 뿌리가 깊다. 이런 부정적

인식은 사회의 안녕을 위하여 정신장애인을 격리시키는 치료방법을 지지하게 함으로써 그들의 사회적 재활을 방해하기도 한다. 또한 정신장애인들은 직업을 갖거나 주거를 찾을 때나 결혼에 있어서도 어려움을 겪게 된다. 이는 사회적 관계망으로부터 소외되고 또 다시 사회적·경제적 계층의 전락을 가져와 사회복지에 의존해야 하는 대상으로 남을 수밖에 없어 또 다른 사회적 부담이 된다. 따라서 진정한 정신장애인의 재활은 일반인들의 인식의 전환이 함께 이루어질 때 가능하다고 하겠다(박경일 외, 2001: 김안호 외, 2004 재인용).

4. 정신보건사회복지의 접근방법

1) 개별적인 접근방법

(1) 개별적 약물치료

환자치료를 위해 전문의의 진단과 처방에 따라 항정신적 약물(Anti-psychotic Drugs)을 이용하여 치료하는 방법을 실시한다. 이러한 약물치료는 뇌에 작용하여 환자의 정신기능과 행동에 영향을 미치고, 특히 환각, 망상, 긴장, 공격성, 흥분 등과 같은 양성 증상에 긍정적인 효과를 가지고 있다. 이때 정신보건사회복지사는 정신장애인과 그 가족들에게 처방에 따른 약물복용의 필요성과 규칙적인 투약을 잘 할 수 있도록 설명하고 지속적으로 지지하고 격려하여야 한다.

(2) 심리사회적 사정

환자를 심리사회적으로 이해하고 돕기 위해서는 계획을 세우는 과정은 매우 중요하다. 즉, 정신장애인에 관련된 자료를 수집하고 분석하여 개입계획을 세워야 한다. 그리고 환자와의 개별적인 면담을 통해 환자 개인의 욕구와 관련정보를 얻고, 이와 동시에 정신장애인의 사고와 감정을 이해하고 갈등해소에 도움을 주어야 한다. 심리사회적 사정은 개별적 면담과 마찬가지로 비밀보장, 공감적 태도를 가지고 이루어져야 한다. 특히, 정신건강장애인의 일상생활과 문제해결기술, 그들이 가지고 있는 장점이나 자원, 가족 또는 지역사회의 자원들을 평가하는 것이 매우 중요하다.

(3) 일상적 기술훈련

만성 정신장애인의 경우에는 장기적인 질병 경과와 지속되는 입원과 재입원 등으로 기본적인 일상생활 기술 및 자기유지관리 기술 등이 떨어져 있다. 그리고 정신질환이 회복되더라도 사회적 통합이 다소 어려워질 수도 있다. 그러므로 일상생활의 기술훈련과 함께 행동주의 혹은 사회학습이론에 입각한 훈련이 필요하다. 일상생활에 필요한 기술을 만성 정신장애인이 습득할 수 있도록 훈련하고, 이와 동시에 긍정적 행동에 대한 강화를 통해 정신장애인 스스로도 일상적 생활이 일정 수준 가능하도록 하여야 한다.

2) 집단적인 접근방법

(1) 집단적 자조활동

정신장애인에게는 집단활동이 창조성, 적극성, 자발성 등을 키워 주고 타인과 잘 어울릴 수 있도록 돕는 치료프로그램이 실시되어야 한다. 또한 비슷한 문제를 가지고 있는 사람들끼리 자조모임을 만들어 서로를 이해하고 문제 대처방식을 서로 나누고 배우며 지지하고 격려할 수 있도록 유도하여야 한다.

(2) 가족적 치료 개입

정신장애인의 재활이 강조되면서 가족들이 이들을 돌보는 과정에서 발생하는 많은 문제에 대하여 가족적 치료개입이 필요하다. 가족적 치료개입에 있어서는 장애인의 가족이 정신장애에 대해 이해하고 문제상황에 대처하며 환자와 대화가 가능하도록 하는 것이 필요하다. 궁극적으로는 정신장애인의 사회적인 재활을 돕고자 하는 목적이 있으며, 이 과정에서 관련된 모든 가족들이 상호 역동적이고 협력적인 관계를 형성하고 이해를 통해 문제에 접근하는 노력이 필요하다.

(3) 사회적 기술 훈련

정신장애인의 경우 정신장애 만성화가 심화될수록 사회적 기능도 지속적으로 상실된다. 사회적 기술의 부족은 정신장애인을 점차 사회적으로 불리한 상태에 놓이도록 하여 그들의 사회적 재활을 더욱 어렵게 만든다. 그러므로 환자의 문제의식에서 시작되는 사회기술훈련(Social skill trainning)의 경우에는 먼저 정신장애인 개인의 사회적 기술수준을 사정해야 하고, 그 결과를 바탕으로 기술수준이 비슷한 사람들끼리 모여 집단활동이 가능하도록 해야 한다. 사정을 통해 조직된 집단구성원들에게 사회기술훈련에 대해 소개하고 일정한 상황을 설정하여 역할극이나 모델 제시, 구성원 간의 원활한 피드백을 통해 정신장애인이 사회에서 무리 없이 생활하기 위해 필요한 사회기술을 훈련시켜야 한다.

3) 지역사회 접근방법

(1) 부분입원과 주간보호

부분입원과 주간보호는 정신장애인이 장기 입원에서 벗어나 지역사회로 돌아가고자 할 때, 그들의 사회적 능력을 향상시키고 지역사회 적응을 준비시켜 주는 중간단계이다. 이러한 경우 낮병원, 밤병원과 같이 병원을 중심으로 이루어지는 부분입원이 있고, 지역사회정신건강센터나 기타 사회복귀시설에서 이루어지는 주간보호 프로그램 등이 있으며, 정신장애인은 자신에게 적합한 것을 선택하여 이용할 수 있다.

(2) 사례관리

사례관리(Case management)는 정신장애인이 가진 복합적인 욕구를 해결할 수 있도록 통합적 · 장기적으로 서비스를 제공하는 것을 의미한다. 즉, 정신장애인이 가지고 있는 욕구를 만족시킬 수 있도록 지역사회에서 이루어지는 다양한 서비스를 통합하는 프로그램이다. 사례관리의 목적은 각 서비스들이 개인의 욕구에 적절하게 연계성을 가지고 제공되며 개입의 효과성을 높이는 것이다. 또한 클라이언트에게 제공되는 문제해결, 기술교육, 정보제공 등의 미시적 개입으로부터 옹호나 자원의 개발, 서비스의 조정 및 연결 등과 같은 거시적 개입에 이르기까지 모든 수준의 개입을 두루 포함하고 있다.

(3) 직업재활

직업재활은 정신장애인이 일(Work)을 통해 자아존중감과 자아개념을 높일 수 있도록 하고 광범위한 사회적 기술을 활용하는 데 도움을 준다. 직업재활과정을 살펴보면, 첫째, 정신장애인의 직업기술을 평가하고 직업상담을 통해 능력과 상황을 고려한 개별적 목표를 세운다. 둘째, 직업에 필요한 적응훈련 및 구체적인 직업기술의 훈련을 한다. 셋째, 경쟁적인 고용을 하기 전에 정신장애인들이 보호작업장에서 적응할 수 있도록 하는 과도적 취업을 한다. 여기서 말하는 과도적 취업이란, 정신건강전문가가 지도, 감독하는 사업장에서 일을 할 수 있도록 하는 것이다. 넷째, 앞의 세 과정을 거친 후 경쟁적인 직업에 배치되어 향후 지속적인 직업생활을 유지하도록 하는 것이다.

5. 정신보건사회복지의 내용

최근의 정신보건사업은 종래의 입원이나 수용 중심의 치료방식에서 벗어나서 지역사회를 기반으로 다소 제한이 완화된 다양한 시설에서 예방과 치료, 재활 및 사회복귀를 촉진하고 환자와 가족의 권리를 최대한 보장해주며, 나아가 지역주민의 정신보건을 향상시키는 방향으로 나아가고 있다(김만두 · 한혜경, 2001).

1) 병원 내 팀워크 접근

정신과 의사, 간호사, 정신보건사회복지사, 임상심리사 등의 팀워크를 통한 접근으로 병원 내 개방 병동체, 치료공동체, 집단치료와 각종 집단활동, 가족상담, 가족

치료가 이루어진다.

2) 지역사회 복귀를 위한 서비스

병원에서 입원치료를 받았던 환자들이 지역사회에 잘 적응할 수 있도록 하기 위해 지역사회 자원 동원, 지역사회 내 재활 및 사회복귀시설에서의 일상생활 훈련, 지역사회 내의 자원 활용 방법을 지도하는 등의 서비스를 제공한다. 특히 지역사회의 적응을 위한 중간적 집(Half-way home), 밤 병원과 낮 병원 등의 부분입원, 환자전용호텔(Hostel), 공동아파트 및 각종 주거시설을 활용하고 환자들의 일상문제를 상담해주고 간단한 치료를 받을 수 있는 주간보호센터(Day care center), 위기센터를 운영하며 환자전용 전화상담, 방문지도 등을 실시한다.

이 밖에 퇴원한 환자들의 사회복귀를 촉진하고 직업재활을 돕기 위한 공동작업장, 직업훈련원, 환자와 가족들의 권리를 확보하기 위한 자조모임(Self-help group)을 통한 서비스도 제공한다.

3) 예방 차원의 서비스

정신보건과 관련된 각종 자문과 교육활동, 약물남용과 성문제 등에 대한 상담 및 예방 프로그램이 실시되고 있으며, 지역사회 조직활동을 통한 정신장애의 조기발견과 조기치료, 지역사회 주민들의 정신건강 향상을 지원하는 프로그램 등이 있다(박차상 외, 2001).

6. 정신보건사회복지사의 역할

정신보건사회복지사는 환자를 둘러싸고 있는 가족, 지역사회 등과의 관계망 및 환경의 지지체계에 초점을 두고 실천기술을 전개한다. 특히 환자의 입원기간을 통하여 개별 및 집단상담, 가족교육이나 가족치료를 실시한다. 그리고 회복기 환자들이 퇴원 후 사회로 복귀하는 데 있어 그들 가정과 사회환경에 재적응을 잘 할 수 있도록 퇴원계획을 세운다. 이에 따라 정신보건사회복지사는 정신건강 분야에서 다른 전문직과 협력을 통해 개인 및 가족문제에 영향을 미칠 수 있는 심리사회적 제 요인을 제거할 뿐만 아니라 지역사회자원을 활용하도록 돕는 데 역점을 두고 있다.

정신보건 영역에서 이루어지는 사회사업적 개입은 환자의 질병 자체보다 질병으로 인해 저하된 문제해결 능력이나 사회적 기능을 회복시키거나 향상시키는 재활에 일차적인 목적이 있다. 또한 환자 개인뿐 아니라 환자집단 및 가족집단을 위해 전문적인 서비스 프로그램을 시행한다. 정신건강교육, 일상생활훈련, 사회기술훈련, 사회적응훈련 등을 실시하고, 지역사회 주민들의 편견을 불식시키기 위한 각종 계몽, 홍보, 교육과 같은 업무들도 담당하게 된다. 특히 정신보건사회복지사는 지역사회 내의 각종 인적 자원 및 환경자원을 개발하고 이를 활용하여 환자들의 사회적응지원은 물론 재가복지서비스의 주도적인 개발도 담당해야 한다. 그간 의료기관이나 시설에 종사하던 사회복지사들은 지역사회와 접촉하는데 소극적이었다. 하지만 최근 정신보건사회복지사에게 현장에서 요구되는 역할은 보다 적극적이고 광범위해지고 있으며 직접 지역사회와 현장에서 움직이는 것이 사회복지사 본연의 역할이다. 이 외에도 정신보건 영역에서 사회복지사가 할 수 있는 역할은 무한하다.

정신보건 영역에서 규정하고 있는 사회복지사의 역할은 인간의 존엄성과 자기결정, 정상화, 사회통합이라는 가치규범을 가지고 있으며, 정신질환자들이 그들의 인권에 치명적인 영향을 미칠 수 있는 강제 입원 등에 희생되지 않도록 하는 것이다. 또한 지역사회정신건강의 이념을 확산시켜 단순한 정신질환자의 수용이나 입원치료에서 벗어나 사회복귀가 가능하도록 촉진시켜야 할 의무도 가지고 있다. 정신보건법에서는 '정신장애인을 위한 고용촉진을 입법화하는데 힘을 모아야 하며, 사회적 편견이나 정당치 못한 사회적 윤리로부터 그들을 보호하는 역할을 해야 한다.'라고 규정하고 있다(박차상 외, 2001).

7. 정신보건사회복지의 실천분야 및 전달체계

1) 종합병원 신경정신과와 정신과 전문병원(Hospital & Clinic)

일반적으로 종합병원 및 정신과 전문병원에서는 사회복지사가 환자와 그의 가족을 조사하여 치료계획을 수립하고 직접치료 및 사후 지도 활동 등에 책임을 갖고 참여하게 된다. 환자가 병원에 입원하게 되면 환자나 그의 가족들에게 해당 기관이 환자의 치료를 위해 유용한 기관임을 이해시키고, 환자 가족들에게 모든 치료활동을 상세히 소개하고 이 과정에서 협력하도록 상담한다. 입원 초기과정에서는 환자의 개인력(Personal history)과 가족력(Family history)과 같은 여러 가지 사회력을 조사하여 가족에게 환자가 앓고 있는 질병의 역동적인 의미를 이해시키며, 가족문제를 치료할 수 있도록 돕는다. 특히, 환자가 가족문제의 원인제공자로 투사되는 경우도 흔히 있다. 따라서 환자가족에 대한 가족치료도 또한 환자치료 못지않게 중요하다.

치료과정에서는 환자와의 개별적, 소집단 활동을 통해 병원생활의 적응 및 병적인 행동, 사고, 감정의 변화를 돕고, 가족에게도 동시적으로 치료적인 행동을 하게 한다. 또한 중요한 업무 중 하나는 치료활동에 지역사회자원을 활용하는 일이다. 뿐만 아니라 퇴원 시에는 환자가 가정으로 돌아가기 위해 필요한 모든 준비와 가족구성원의 적절한 준비상태를 마련하고 퇴원 후에도 지속적인 치료활동이 이루어질 수 있도록 계획을 수립하며, 퇴원 후에 이루어지는 모든 재활활동에 보다 적극적으로 참여하는 방식으로 환자의 사회복귀와 기능향상을 돕는다.

낮 병원은 병원부서에서 이루어지며 음성반응환자 또는 정신장애인에 대한 서비스로 약물관리, 재활계획상담, 심리사회적 지도, 사회기술훈련, 집단치료와 인간관계훈련, 직업적응, 기능훈련, 자치적 평가, 추수 모임, 집단치료, 알코올 중독자 관리사업 등을 한다. 정신질환자 가족과 관련된 서비스로는 환자 가족의 정신건강교육, 가족과 함께하는 모임, 가족 지지모임 등에 역점을 두어 서비스를 해야 한다(전재일 외, 2010).

2) 지역사회 보건소

지역사회 보건소 내에서 이루어지는 정신보건사업의 주요기능은 정신질환 예방 및 정신질환자의 발견, 발견된 정신질환자 및 가족에 대한 상담, 정신질환자의 사회복귀 훈련, 알코올 및 약물중독자, 치매환자 등의 관리 등에 있다. 정신보건사회복지사의 고유 업무는 정신질환자에 대한 개인력 조사, 사회조사, 정신질환자와 가족에 대한 사회사업지도 및 방문지도 등으로 규정되어 있다(전재일 외, 2001).

3) 정신요양원

정신요양원에서는 적극적으로 재활과 사회치료 프로그램이 운영될 수 있는 법적 · 제도적 보장이 있어야 하며, 장기적으로는 탈시설화을 위한 정신질환 관리대책이 있어야 한다. 정신보건복지사의 역할로는 심리사회적인 상담, 대인관계기술훈련, 집단 프로그램의 개발과 활용, 일상생활훈련, 가족 상담 및 가정방문지도, 무연고자를 위한 후원자 개발 및 연결, 지역사회 동원 및 후원자 결성, 보호작업장을 활용한 직업훈련과 취업보도, 정신요양원 시설의 개방화 추진, 지역주민 참여 기회의 확충 등이다(박차상 외, 2001).

4) 지역사회정신보건센터

지역사회정신보건센터의 성격은 전통적인 정신병원 입원치료에서 다루지 못하던 영역인 예방, 홍보, 그리고 재활서비스를 다루는 것이다. 이를 통해서 이전에는 정신질환자들이 지역사회와 격리되어야 했으나 앞으로는 지역사회 환경 내에서 좀 더 개방적이고 치료가 가능한 환경을 조성하여 치료는 물론이고 이외의 다양한 서비스까지도 제공하는 것이 바람직하다. 따라서 지역사회보건센터에서는 집단이나 개인에게 제공하는 직접적인 서비스뿐 아니라 자문 · 지도 · 계획가로서 지역사회 내에서 정신보건을 담당하는 기관 간의 관계를 향상시키고 지역사회 자원을 활성화시켜 주민의 정신건강 향상에 기여하여야 한다(박차상 외 공저, 2001).

5) 정신보건서비스전달체계

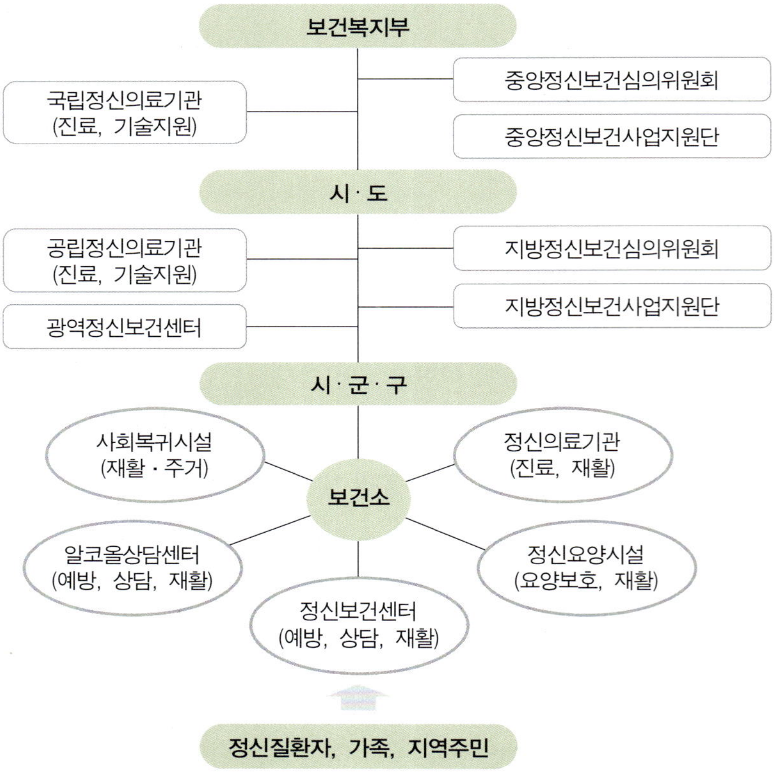

출처: 보건복지부(2014). 2013 정신보건사업안내.

[그림 11-1] 정신보건서비스전달체계

8. 정신보건사회복지의 과제

첫째, 장애인복지와 보건의료 영역의 통합적 서비스를 받을 수 있도록 제도적 개선이 필요하다.

둘째, 정신장애인을 위한 보다 실질적인 사회복지서비스 개발과 다양한 프로그램의 개발이 요구된다.

셋째, 지역사회 내의 정신보건관리체계가 통합적으로 제공될 수 있도록 사회적 안전망의 구축이 필요하다.

넷째, 정신보건사회복지사의 적정 인원의 확보와 역량 강화 및 처우 개선이 필요하다.

참고문헌

강홍구(2004). 의료사회복지실천. 경기: 현학사.

김규수(2006). 의료사회복지실천론. 서울: 형설출판사.

김상균, 최일섭, 최성재, 조흥식, 김혜란(2001). 사회복지개론. 서울: 나남출판사.

김안호, 양철호, 류종훈(2004). 사회복지학 개론. 서울: 청목출판사.

김혜련, 신혜섭(2003). 정신건강론. 서울: 학지사.

박옥희(2010). 사회복지의 이해. 서울: 학지사.

박용순(2009). 사회복지개론(3판). 서울: 학지사.

박차상 외(2001). 현대사회복지학. 경기: 양서원.

배기효, 박영국, 송정애, 오현숙, 이남순, 이은영, 이채식, 이형렬, 전영록(2014). 사회복지학개론(증보판). 서울: 창지사.

보건복지부 홈페이지 http://www.mw.go.kr

양옥경(1996). 지역사회정신건강. 서울: 나남출판사.

윤철수, 노혁, 도종수, 김정진, 김미숙, 석말숙, 김혜경, 박창남, 성준모(2011). 사회복지개론(개정판). 서울: 학지사.

이경순, 신성례, 오복자, 강경아, 고명숙, 김일옥, 한숙정, 정재훈, 강행지(2006). 의료일반. 경기: 공동체.

이소희, 허영숙, 최용민, 조선화, 황성하, 송주미, 이무영, 김영희, 정혜선(2004). 사회복지개론. 서울: 교문사.

이영호(2004). 정신건강론. 경기: 현학사.

이영호, 심경순, 김태준(2006). 정신보건사회복지의 이해. 서울: 학지사.

이윤로, 홍영수(2005). 의료사회사업론. 서울: 학지사.

임상록, 최영숙, 장우심, 윤영미, 정옥희, 김광병, 변민수(2007). 사회복지개론. 서울: 파란마음.

전재일, 김규수, 박태룡, 김태진, 박태영, 이준상, 이성희,이팔환 (2010), 사회복지개론. 서울: 형설출판사.

정원철(2003). 정신보건사회사업론. 서울: 학문사.

한인영, 최현미, 장수미(2006). 의료사회복지실천론. 서울: 학지사.

11

학 교 사 회 복 지

제 1 절 학교사회복지에 대한 이해

1. 학교사회복지의 개념

학교사회복지(school social work)는 학교와 사회복지의 합성어라고 말할 수 있다. 사전적 의미로 학교는 '일정한 목적 · 교과과정 · 설비 · 제도 및 법규에 의하여 교사가 계속적으로 학생에게 교육을 실시하는 기관'이며, 사회복지는 '국민의 생활 향상과 사회보장을 위한 사회정책과 시설을 통틀어 이르는 말'이다.

즉, 사회복지의 궁극적인 목적이 인간의 삶의 질 향상에 있다면, 학교사회복지의 전반적인 목적은 학생(청소년)의 삶의 질 향상에 있으며, 이러한 목적을 달성하기 위해 학교사회복지는 학교의 노력에 사회복지사들이 가담함으로써 사회복지서비스를 제공하는 전문적인 실천영역이라고 말할 수 있다.

여러 학자들마다 학교사회복지에 대한 다양한 정의를 내리고 있으며, 〈표 11-1〉과 같이 설명할 수 있다(한인영 외, 1997; 성민선 외, 2006: 21-22; 함보금, 2006: 5-7).

〈표 11-1〉 학교사회복지에 대한 연구자들의 다양한 정의

학자	정의내용
Costin (1975)	학교가 학생 개개인의 지적·사회적·정서적 욕구와 문제해결에 관심을 갖도록 도와주며 학생들이 학교에서 공평한 교육기회와 성취감을 제공받을 수 있도록 학교현장에서 활동하는 사회복지실천의 분야
전재일 외 (1997)	사회복지실천의 원리와 방법의 적용을 통해 학교, 가정, 지역사회의 자원체계를 조정, 활용하여 학생의 정상적인 생활에 장애가 되는 심리적·사회적 부적응을 조기에 발견, 예방, 치료하여 교육체계의 중요한 임무를 원활히 수행케 하는 데 필요한 서비스를 제공하는 사회복지실천의 한 분야
한인영 외 (1997)	학교를 실천장소로 하여 학생-가정-학교-지역사회의 역기능적 상호작용에 의해서 발생하는 학생의 심리·사회적 문제를 예방하고 해결하며, 모든 학생이 자신의 잠재력과 능력을 최대로 발휘할 수 있는 교육환경을 제공하며, 이를 통하여 학교가 교육의 본질적인 목적을 달성할 수 있도록 도와주는 교육기능의 한 부분이며, 사회복지의 전문분야
Constable (1997)	청소년들로 하여금 공통의 인간본성, 공통의 인간욕구, 공통의 인간 잠재력에 밑바탕이 되는 가장 소중한 가치를 최대한 존중하는 방식으로 발달과업을 수행하도록 그들을 돕는 것
Freeman (1999)	학교사회복지가 교육제도(체계)의 일차적 사명을 고양하기 위한 필수적 서비스를 제공하고, 학교에서 학생들의 수행을 향상시키기 위한 예방적 개입을 요하는 학생들과 가족들 가운데 표적집단을 확인하는 실천분야
Allen-Meares 외 (2002)	아동, 청소년들이 문제해결과 의사결정의 능력이 있고, 변화에 잘 적응하며, 계속적 학습에 대한 책임감을 받아들일 수 있도록 가르치고 배우는 장을 제공하는 학교의 중심 목적을 달성하는 것을 도와서 학생들의 삶의 질을 높이는데 기여하는 것
윤철수 (2004)	학교교육의 현장에서 모든 학생의 배분적 교육 평등권을 보장하는 환경 안에서 학교교육의 목표를 달성하고자 학생, 학부모, 교사, 지역사회를 대상으로 접근하는 사회복지의 전문적 분야
성민선 외 (2004)	학교라는 교육기관에서 전문적 능력과 자격을 갖춘 사회복지사가 제공하는 사회적 서비스를 의미한다. 즉, 공교육체계에서 학교교육의 목적을 달성하는 것을 지원하고, 학생들이 학교에 잘 적응할 수 있도록 도와주며, 이를 위해 학교, 가족, 지역사회가 수행하는 노력을 조정하고 영향을 미치는 활동

출처: 함보금(2006 : 5-7); 성민선 외(2006 : 21-22)를 재구성함.

이상과 같이 학교사회복지란 학교를 실천장소로 하여 학생을 둘러싼 가정-학교-지역사회의 연계(방법)을 통해 학생의 심리·사회적 문제를 예방하고 해결하며, 모든

학생이 자신의 잠재력과 능력을 최대로 발휘할 수 있는 이상적인 교육환경을 제공함으로써 학교가 교육의 본질적인 목적을 달성할 수 있도록 도와주는 교육기능의 한 부분이며 사회복지의 전문분야라고 말할 수 있다.

2. 학교사회복지의 구성요소

학교사회복지에 대한 이해를 돕기 위해 학교사회복지의 핵심적인 구성요소를 나누어서 설명하고자 한다. 부산개성중학교(2007)의 연구에 의하면, 학교사회복지의 요

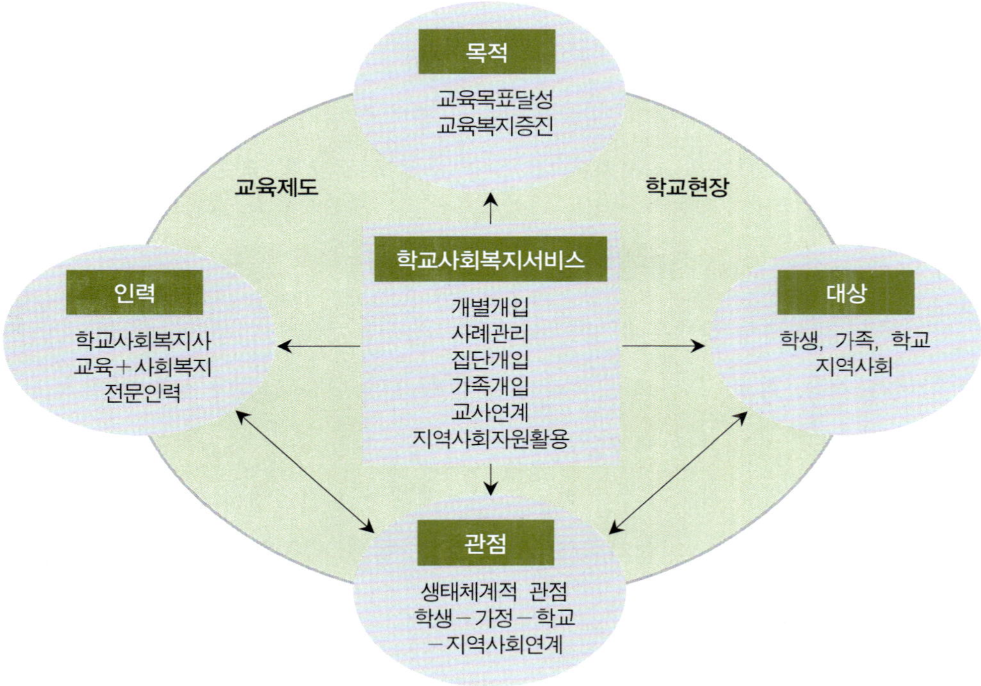

출처: 부산광역시 부산개성중학교(2007). 학교부적응학생 예방 및 치료프로그램 구안 · 적용을 통한 적응력 향상 방안. 사회복지사활용 정책연구학교 운영보고서(2/2). 7.

[그림 11-1] 학교사회복지실천의 구성요소

소는 실천목적, 실천관점, 전문인력, 실천대상, 서비스로 구성되어 있으며, 그 내용은 앞의 [그림 11-1]과 같다(부산개성중학교, 2007 : 7-10).

1) 학교사회복지의 실천목적

① 교육적 측면

학교사회복지의 실천목적은 학교가 설정하고 있는 교육목적의 달성을 촉진하는 것을 돕는 것이며, 이를 위하여 학교사회복지는 학생 개개인의 잠재능력의 개발을 도모할 뿐만 아니라 전인 교육의 실현을 구체적 목표로 두고 있다.

② 복지적 측면

학교사회복지의 실천목적은 교육복지를 증진하는 것을 목적으로 하고 있으며, 이를 위하여 학생 개개인의 삶의 질을 향상시킬 뿐만 아니라 교육적 불평등을 해소하고 친 복지적 교육환경을 조성하는 것 등을 구체적 목표로 두고 있다

2) 학교사회복지의 실천관점

학교라는 장소에서 학생들이 경험하는 대부분의 문제들은 학생 개인적인 요인뿐만 아니라 가정, 학교, 그리고 사회적인 요인 등 다양한 요인들이 상호 복합적으로 작용하는 경우가 많이 나타나고 있다.

따라서 학교사회복지는 기본 관점으로 생태체계적인 관점에서 학생과 이들을 둘러싸고 있는 가족-학교-지역사회를 연계하는 방법을 적용해야 한다.

3) 학교사회복지의 전문인력

학교사회복지를 실천하는 전문인력은 학교사회복지사(school social worker)이다. 학교사회복지사는 학교사회복지를 효과적으로 실천하기 위해서 사회복지적인 실천능력을 가지고 있을 뿐만 아니라 학교현장과 교육에 대한 전문적인 지식을 갖춘 전문가

라고 말할 수 있다.

따라서 학교사회복지사 자격시험 응시자격은 필수자격 요건으로 사회복지사 1급 자격증을 소지하여야 하며, 학교현장과 교육에 대한 전문지식을 갖춘 자(「학교사회복지론」 교과목을 이수해야 하고, 「아동(청소년)복지론」 또는 「교육학」 관련 교과목 중 1과목 이상을 이수)에 한하여 부여되고 있다(한국학교사회복지사협회, 자격시험안내).

현재 우리나라에서는 국가가 공인하는 자격제도는 없는 상황이며, 한국사회복지사협회와 한국학교사회복지사협회가 공동으로 민간자격인 「학교사회복지사」 자격제도를 운영하고 있다.

4) 학교사회복지의 실천대상

학교사회복지의 실천대상은 특별한 문제와 욕구가 있거나 도움이 필요한 학생을 우선 대상으로 하고 있으나, 현재는 학생의 문제와 욕구에 대한 예방적인 개입의 중요성이 높아지면서 모든 학생들을 대상으로 한 개입이 점차 증가하고 있다. 뿐만 아니라 학생들의 문제와 욕구 그리고 교육적 활동에 영향을 미치는 학생의 생태체계인 가정, 학교, 지역사회뿐만 아니라 교육과 관련된 제도 및 정책까지도 활동의 대상이 되고 있다.

이상과 같이 학교사회복지사는 학교사회복지의 목적을 교육과 복지에 두고, 학생, 가족, 학교 지역사회를 대상으로 생태체계학적 관점(학생-가정-학교-지역사회연계)을 통하여 전문적 지식을 실천해 나가야 한다.

제 2 절 학교사회복지사에 대한 이해

1. 학교사회복지사의 개념

「학교사회복지사매뉴얼」에 따르면, 학교사회복지사란 사회복지사 중에서 학교교육에 대한 이해를 폭넓게 가지고 있고, 아동과 청소년 복지의 실천에 대한 지식과 기술로 훈련되어 있는 전문 사회복지사를 말하며, 학교에 상주하면서 학생의 인권 및 학생복지 증진을 위해 사회복지의 실천기술과 방법으로 학생을 지원하는 전문가라고 말할 수 있다. 예를 들어 학교사회복지사의 주요 활동은 학생지원, 학교지원, 가족지원 서비스, 조사활동, 사례관리, 지역협력체계 구축, 교내협력체계 구축 등이 있다(한국교육평가원, 2009 : 2).

2. 학교사회복지사의 역할, 활동, 직무

1) 학교사회복지사의 역할

학교사회복지사는 학교 안에서 학생, 교사, 학부모와 함께 일하고, 지역사회 내의 전문가와 함께 일을 하면서, 다양한 역할을 수행한다. 김상균 외(1997), 한인영 외(1997), 성민선 외(2006), 한국교육평가원(2009), 박차상(2011)의 연구에 의하면, 학교사회복지사의 역할은 임상사회복지사, 상담자, 행정가, 자원 연계자, 행동 및 변화자에 따라 구분하여 설명할 수 있다.

(1) 임상사회복지사(사례관리)의 역할

임상사회복지사로서 학교사회복지사는 학생의 심리 · 정서적 문제를 예방하고 해결하는 전문가를 말하며, 학생의 문제를 명확히 규명하기 위해서 학생, 가족, 학교제도, 지역사회의 정보를 수집하여 학생문제의 원인을 명확히 사정하고, 이에 따른 사례관리를 실시할 수 있다.

예를 들어 사례관리란 복잡하고 다양한 문제나 욕구를 가진 클라이언트가 기관이나 전문가 등의 지역사회 내의 서비스 제공자들을 일일이 찾아다니지 아니하고 사례관리자로부터 필요한 서비스를 보다 효과적으로 받아들일 수 있도록 도와주는 통합적인 서비스 전달방법이라고 말할 수 있다(한국교육평가원, 2009 : 7).

(2) 교육적 상담자의 역할

교육적 상담자로서 학교사회복지사는 교직원이나 학부모에게 학생문제의 원인과 예방 방안을 교육시켜 학생문제의 예방과 해결에 도움을 줄 수 있다.

예를 들어, 교사에게는 학생의 가정상황 및 학생 비행의 원인과 특징, 심리적 상태, 동료 학생과의 사회화 과정 등에 관해서 자세하게 설명해 주며, 학부모에게는 학교 안에서 자녀의 생활 및 청소년의 발달 · 심리적 특징과 효과적인 아동 양육방법을 교육시킴으로써 교사와 부모가 학생문제를 예방하거나 문제의 원인을 이해할 수 있도록 도와준다. 또한 학교사회복지사는 자신의 전문적인 지식과 기술을 활용하여, 교사에게는 학급경영에 관한 행동수정 치료방법을 가르쳐 주거나 학생에게는 학교폭력, 인터넷 중독예방 교육, 사회성 기술, 또래 상담기법 등을 교육할 수 있다(한국교육평가원, 2009 : 7).

(3) 학교복지업무 행정가의 역할

행정가로서 학교사회복지사는 학교사회복지 업무를 수행하기 위해 연간 계획 및 결과 보고, 평가, 예산 집행 등의 행정가 역할을 수행할 수 있다.

예를 들어 최근 학교업무시스템의 변화로 행정문서의 경우 교무업무 시스템, 전자문서 시스템, DCMS(Data Combination Management System, 자료집계관리시스템)보고, 에듀파인 등이 있다. 학교사회복지사는 다양한 시스템을 통해 학교복지업무를 기획 · 평가하고 목록화하여 사업의 효과성과 효율성을 높일 수 있다(한국교육평가원, 2009 : 8).

(4) 지역사회 자원 연계자의 역할

자원 연계자로서 학교사회복지사는 학생－학교－가정－지역사회의 관계를 증진시키는 연계자로서 학교가 지역사회의 욕구를 학교당국에 전달하거나, 지역사회의 기대와 학교의 교육목적을 주민들에게 홍보할 수 있다.

예를 들어, 학생 자원봉사자를 관리하고 교육시키는 역할을 통하여 학생 자원봉사자 활동이 지역사회의 발전과 협력에 실질적 도움을 주도록 하는 연계자의 역할을 수행할 수 있다. 또한 학생문제를 유발시키는 지역사회의 청소년 유해환경을 개선하도록 지역주민에게 협력을 요청하거나 학교시설이나 환경을 지역주민을 위한 열린 환경으로 개방하도록 학교행정가와 협력할 수 있다(한국교육평가원, 2009 : 9).

(5) 학생강점 중심 행동 및 변화자의 역할

행동 및 변화자로서 학교사회복지사는 학생들이 자신의 문제를 해결하기 위해 스스로 변화를 성취할 수 있도록 학생들의 강점을 발견하거나 능력을 격려하고 촉진시켜 주는 역할을 할 수 있다. 또한 학교사회복지사가 교사와의 면담과정에서 학생을 문제 중심적인 관점이 아닌 해결 중심, 강점 관점으로 바라볼 수 있도록 교사의 시각적인 관점에 변화를 줄 수 있다,

예를 들어 학생이나 부모와 면담하는 과정에서 그들이 스스로의 문제를 해결할 수 있도록 돕고 격려할 수 있다. 또한 다양한 전문직과 협력하여 학교행정이나 교육정책이 학생을 위한 최선의 방향으로 이루어질 수 있도록 돕는 역할을 할 수 있다(한국교육평가원, 2009 : 9).

2) 학교사회복지사의 활동

「학교사회복지사매뉴얼」에 따르면, 학교사회복지사의 활동은 조사, 통합사례관린, 학생지원, 가족지원, 학교지원 서비스, 지역사회협력체계, 교내협력체계 구축 등으로 구성되어 있다(한국교육평가원, 2009 : 10-11).

(1) 지역사회 조사활동

조사활동은 학생, 교사, 지역사회 등의 실태와 특성을 파악하고 그에 따른 중점 전략을 점검하는 활동으로 교사, 학생, 학부모의 욕구조사, 만족도 조사, 인식조사, 지역사회 사정 등을 들 수 있다.

(2) 통합적인 사례관리

통합적인 사례관리는 클라이언트가 사례관리자로부터 필요한 서비스를 보다 효과적으로 받아들일 수 있도록 하며, 필요한 자원을 활용하여 클라이언트로 하여금 지역사회 내에서 독립적인 생활을 할 수 있게 도와주는 통합적인 서비스 전달방법이라고 말할 수 있다.

(3) 학생지원 서비스

학생지원 서비스는 학생들에게 교육지원 활동을 통해 교육격차를 해소하거나 학업성취도를 향상시키고, 학생들에게 개별, 집단 프로그램을 통해 심리·정서 및 사회적 기능을 향상시키거나 아동들의 즐거운 학교생활을 돕고 학교생활 적응력을 강화시키는 것을 말한다.

(4) 학교지원 서비스

학교지원 서비스는 학교체계가 학생들의 복지 및 교육활동을 위해서 그 기능을 최대한 발휘하여 변화하도록 돕는 것을 말한다. 또한 잠재적 문제 가능성이 있는 학생에 대한 개입을 시도하기 위해 문화적 접근방법을 사용하여 학교 내 학생문화를 개발하는 것을 말한다.

(5) 가족지원 서비스

가족지원 서비스는 다양한 가족기능 강화 프로그램을 개발하여 가족기능을 유지·강화하고 가족의 강점을 발휘하거나 가족역량을 강화하는 것을 말한다.

(6) 지역사회 협력체계 구축

지역사회 협력체계 구축은 학생을 둘러싼 학교－가정－지역사회를 연결하는 네트워크를 수립하고 지원서비스를 개발하여 학생들이 만족하는 학교환경을 조성하는 것을 말한다.

(7) 교내 협력체계 구축

교내 협력체계 구축은 예비 학교사회복지사에게 학교사회복지의 지식, 가치, 기술을 잘 습득할 수 있도록 교내 자원들과 체계를 만들거나 학교사회복지서비스를 개발하는 것을 말하며, 이를 통하여 학교사회복지 전문가로서의 자질을 향상할 수 있다.

3) 학교사회복지사의 직무

학교사회복지의 직무 표준을 개발하는 것은 학교사회복지사의 정체성 확립은 물론 교육훈련 및 인력개발을 위한 중요한 도구가 될 것이다. 교육부(2006)와 성민선 외(2006)의 연구에 의하면, 학교사회복지사의 직무는 [그림 11-2] 와 같이 일곱 가지로 제안할 수 있다.

첫째, 개별실천과 집단실천 방법을 통하여 학생에 대한 사회복지서비스를 제공한다.

둘째, 지역사회 관계 증진을 위해 학생을 둘러싼 가정-학교-지역사회를 연계한다.

셋째, 가족의 문제해결을 지원하기 위해 가정에 대한 복지서비스를 제공한다.

넷째, 학생들을 효과적으로 돕기 위해 교사에게 협력적인 활동을 지원한다.

다섯째, 상담, 자원연계 및 조정 등을 통한 사례관리를 실천한다.

여섯째, 학생들의 복지를 지원하기 위해 학교 정책결정과 행정을 지원한다.

일곱째, 학교사회복지실습생 또는 자원봉사자들을 효율적으로 교육하거나 활용할 수 있도록 전문적 연구활동을 수행한다.

학교사회복지사

⇩

① 학생에 대한 사회복지서비스 제공
② 학생을 둘러싼 가정－학교－지역사회의 연계
③ 가정에 대한 사회복지서비스 제공
④ 교사에게 협력적인 활동 지원
⑤ 상담, 자원연계 및 조정을 통한 사례관리실천
⑥ 정책결정과 행정 지원
⑦ 전문적 연구활동 수행

⇩ ⇩ ⇩ ⇩

학생	가정	학교(교사)	지역사회
• 학생들의 욕구조사 • 개별상담 • 집단상담 • 교육활동(창의재량) • 정보제공 • 장학금, 결연서비스 등과 같은 복지서비스의 제공 • 사례관리 • 멘토링 • 또래간의 관계 증진 • 즐거운 학교문화 만들기 이벤트 등	• 학부모 교육 • 학부모상담 프로그램 • 가족상담과 치료 • 자녀교육에 대한 정보 제공 • 가정 방문을 통한 가족지원 서비스의 제공 • 지역사회 자원과 연계한 복지서비스 제공 • 가정과 학교의 협력 촉진	• 학교사회복지에 대한 홍보와 설명회 • 학생복지와 관련한 교사들의 욕구조사 • 담당교사, 담임 및 학년부와의 협력체계구축 • 학생들의 심리, 사회, 복지, 보건 등의 특별한 보호를 요하는 학생들의 파악 • 학교와 가정 그리고 지역사회 간의 협력체계구축 • 교육계획 수립 시 협력 의견 제공 • 학교교육 목표에 맞는 사업기획과 실행 • 교내 협의체(학생복지심사위원회) 구성과 운영	• 지역사회 현황 파악 • 지역사회의 욕구와 인식 조사 • 학교와 협력할 수 있는 자원의 개별과 연계의 공식화 • 지역 학교사회복지위원회 구성과 운영 • 지역사회 내에서 교육복지와 관련한 교육과 설명 • 학교와의 연계프로그램 개발과 시행 • 학교사회복지에 대한 홍보 • 학교사회복지 실습지도

⇩ ⇩ ⇩ ⇩

생태체계적 관점
환경 속의 인간(Person-In-Environment)

[그림 11-2] **학교사회복지사의 직무**

제 3 절 학교사회복지사의 실천모델과 과정

1. 학교사회복지의 실천모델

학교사회복지의 실천모델은 학교사회복지사가 교사나 기타 다른 전문인들과 함께 어떤 역할들을 수행하며 어떤 방법으로 학생들을 도울 수 있는지를 알려줄 수 있다. Alderson(1972), 성민선 외(2006), 함보금(2006) 등의 연구에 의하면, 학교사회복지의 실천모델은 네 가지로 제안할 수 있다(함보금, 2006 : 22-23).

(1) 학교변화 모델(School Change Model)

학교변화 모델은 '제도적 변화 모델'이라고도 부르며, 학생들의 학교 부적응의 원인이 학교의 규범과 제도에서 기인한다고 보고 있다. 따라서 이 모델의 개입목적은 학생에게 역기능적인 학교 규범과 제도적 정책들을 변화시키는 것이다. 이 모델의 대상은 학생, 교사, 교장, 교감, 사무직원들을 비롯한 학교환경 내의 모든 사람들을 대상으로 하고 있다.

(2) 지역사회학교 모델(Community Model)

지역사회학교 모델은 학생들의 문제의 원인이 빈곤한 지역사회의 구조적 문제와 문화적 차이에서 기인한다고 보고 있다. 또한 이러한 지역사회에 대해 학교의 이해부족도 기인한다고 보고 있다. 따라서 이 모델은 취약하거나 열악한 지역사회를 대상으로 학교의 역할과 중요성을 설명하고, 학교 직원들 대상으로 지역사회가 학교에 영향을 미치는 사회적 요소들에 대해 설명하는 데 초점을 두고 있다.

(3) 사회적 상호작용 모델(Social Interaction Model)

사회적 상호작용 모델은 체계이론, 집단사회사업 실천이론, 의사소통이론 등에 근거하고 있다. 학생 문제의 원인을 개인들과 다양한 체계들이 사회적 상호작용에 어려움이 있기 때문에 기인한다고 보고 있다. 이 모델은 학교, 학생, 지역사회 간의 상호작용의 종류와 질에 초점을 두고 있다. 이 모델에서 학교사회복지사는 학교, 학생, 지역사회의 공통적인 목표를 확인하고 인식하도록 돕는 역할과 서로의 의사소통을 향상시키며 상호협조체계를 형성할 수 있도록 도와주는 역할을 한다고 할 수 있다.

(4) 전통적 임상 모델(Traditional Model)

전통적 임상 모델은 Alderson에 의해 설명된 모형 중 가장 많이 알려져 있는 모델이다. 기본 이론은 정신분석학, 자아심리학에 근거를 두고 있으며, 대상은 학교에서 적응과 학업성취에 장애가 되는 사회적, 정서적 문제를 가진 개별 학생들에게 초점을 두고 있다. 즉, 학생이나 가족 모두가 기능적으로 어려움을 겪고 있기 때문에 학교사회복지사는 학생과 가족에게 개별사회사업을 실천하거나 집단으로 개입할 수 있다. 다만, 학교사회복지사는 학교체계 자체에 변화를 줄 수 없으므로 교사와의 협력체계 부분은 제한적이라고 할 수 있다.

이상과 같이 학교사회복지사는 학생들에게 다양한 서비스를 제공하기 위해 학교변화 모델, 지역사회학교 모델, 사회적 상호작용 모델, 전통적 임상 모델 등에서 이론적 근거를 수집하여 학생문제에 적합한 모델을 발견하거나 실천할 수 있다.

2. 학교사회복지의 실천과정

학교사회복지사가 사업수행을 위해 실제로 어떻게 활동할 것인가 하는 실천과정은 학자마다 다양하게 구분하고 있으며, 전재일 외(1997), 성민선 외(2006)의 연구에 의하면 여섯 단계로 제시할 수 있다.

첫째, 개입 단계이다. 학교사회복지사가 학생들에게 서비스를 효과적으로 제공하기 위해서 관계를 수립하는 과정이며, 학생들의 일반적 사항(이름, 성별, 연락처, 학교생활과 경제상태 등)을 확인하고, 기타 학생 클라이언트 관련 정보 및 의뢰 경위 등에 대하여 기록한다.

둘째, 사정 단계이다. 학생 클라이언트의 문제와 문제를 해결하는 데 유용한 자원들, 클라이언트가 자원을 사용하는데 장애가 되는 요인들을 알아보는 과정이며, 장애요인의 확인을 바탕으로 대처방안 및 서비스를 탐색한다.

셋째, 활동계획 단계이다. 사정과 행동의 중간단계로 사정을 통해 수집한 관련 정보를 가지고 상세한 활동계획을 세우는 과정이며, 목표수립, 욕구와 문제의 우선순위 설정, 목표성취방법 선택, 평가방법 등을 구체화하고, 모든 계획은 학생 클라이언트와의 협의와 계약을 기반으로 진행되며 정기적인 검토가 필요하다.

넷째, 자원접근 단계이다. 수립된 개입계획에 따라 학생 클라이언트에게 자원을 연결하거나 조정하는 등 서비스 체계를 연결하는 과정이다.

다섯째, 조정 단계이다. 학생 클라이언트와 원조자가 계속 연결되도록 중재를 하기도 하고, 학생 클라이언트의 동기를 향상시키기 위해 계약을 하거나 과제실행순서를 보완하는 과정이다.

여섯째, 종결 및 환류 단계이다. 학교사회복지사가 평가척도와 평가방법을 이용하여 학생 클라이언트의 변화된 성과를 확인하는 과정이며, 이러한 성과를 첫 개입단계에 재투입하는 평가의 순환성을 중시해야 한다.

이상과 같이 학교사회복지사는 학생문제와 문제해결을 위해 실천모델의 이론적 근거를 가지고 개입, 사정, 계획, 자원접근, 조정, 종결 및 환류 단계를 수행할 수 있으며, 학생 클라이언트의 변화된 성과와 평가의 순환성을 중시해야 한다.

제 4 절 학교사회복지의 협력체계 구축방안

학교사회복지사는 학생을 둘러싼 가정, 학교, 지역사회와 네트워크를 구축하여 체계적인 연계활동을 펼쳐 나가야 한다. 성민선 외(2006), 함보금(2006), 박차상 외(2011) 등의 연구에 의하면 학교사회복지사가 협력체계를 구축하는 방안으로 가정, 학교, 지역사회 협력체계 방안을 제안하고 있다(함보금, 2006 : 31-32; 박차상 외, 2011 : 346-349).

1. 가정 연계의 협력체계

학교사회복지사가 학생에게 개입할 경우 부모와 가정의 협조가 활발한 학생과 그렇지 않은 학생 사이에는 큰 차이를 보이기 때문에, 학생 상태의 변화를 위해서는 가정과 부모의 협력이 필수적이라고 말할 수 있다. 즉, 부모와 가정의 협력이 미흡한 학생의 경우 학교사회복지사가 학생의 가정방문이라든가 부모면담 활동을 수행하는 데 시간과 노력이 커질 수 있다.

일반적으로 학교사회복지사가 학생의 가정방문과 부모면담을 수행하게 되는 과정에서 고려해야 할 사항을 네 가지로 설명할 수 있다.

첫째, 학교사회복지사는 학생의 가정방문 시 학생들의 초기저항에 적절하게 대처해야 한다. 예를 들어 구체적인 가정방문의 목적을 설명해 주거나, 가능하다면 학생의 안내를 받아서 함께 방문하는 편이 좋고, 그래도 저항이 심하다면 가정방문보다는 전화면담이나 부모의 학교방문으로 계획을 수정하는 것이 바람직하다.

둘째, 학교사회복지사는 학생의 가정방문 시 사전에 담임교사에게 알려야 한다. 예를 들어 가정방문이나 부모와의 면담 계획이 있을 경우 사전에 담임교사에게 목적과 필요성을 충분히 공유하여 부정적인 오해나 갈등의 소지를 최소화하는 것이 바람직하다.

셋째, 학교사회복지사는 학생의 가정방문과 부모면담 등 초기 접촉을 용이하게 하기 위해서 담임교사를 효과적인 의사소통의 매개자로 활용할 수 있다. 예를 들어 학교사회복지사가 학생의 부모와 신뢰관계를 형성하기 위해서 중간 매개자인 담임교사에게 자신이 학교사회복지 전문가라는 확신을 줄 수 있도록 노력해야 한다.

넷째, 학교사회복지사는 학생의 가정방문 시 부모의 가능한 시간을 고려해야 한다. 예를 들어 가정방문이나 부모면담과 같이 부모를 직접 만나야 할 경우에 각 가정의 상황에 따른 면담 시간대의 조절이 필수이며, 학부모와 전화상담, 호출면담, 가정방문, 학교 밖에서의 만남 등 다양하고 지속적인 만남의 방법을 활용하는 것이 바람직하다.

2. 교사 연계의 협력체계

학교사회복지사가 학교 교사와 활동할 경우 교사 연계 협력과 공동작업 등이 필수적이며, 학교사회복지사가 학교에 개입하는 사례를 성공적으로 이끌 수 있다. 따라서 학교사회복지사가 교사와 협력하거나 공동작업하는 방법을 네 가지로 설명할 수 있다.

첫째, 학교사회복지사가 교사 연계 협력체계를 구축하는 진입초기에는 학교사회복지의 활동에 대하여 협력적이며, 충분한 이해를 갖고 있는 교사와의 관계유지가 중요하다. 예를 들어 학생지도 경험과 교육경력이 많은 교사라든가 담임교사와의 원만한 관계유지가 바람직하다.

둘째, 학교사회복지사는 교사의 특성과 교육경력을 파악한 후 유연한 대응이 필요하다. 예를 들어 교사들은 나름대로 교육경력에 맞게 학생들을 대하는 태도가 형성되어 있기 때문에, 학교사회복지사가 지나치게 상반된 접근법으로서 개입하거나 교사의 태도를 변화시키려 하면 마찰을 경험하게 될 것이므로 주의가 필요하며, 담임교사가 학생 상담내용을 알고자 할 경우 학교사회복지사는 교사에게 학생과의 비밀

보장 원칙을 준수하여 대응하거나 한편 중대한 이상행동 징후 등에 대해서는 적절하게 상의하는 태도가 바람직하다.

셋째, 학교사회복지사는 학생과 교사 사이의 적절한 중개 및 중재 역할과 활동이 필요하다. 예를 들어 학교사회복지사는 학생이 혼자서 해결하지 못하는 고민이 있음을 발견했을 경우 학생의 동의를 얻어서 학생의 입장을 학교 및 교사에게 직접 대변할 수 있어야 한다.

넷째, 학교사회복지사는 학교 내 다른 행정 부서들과의 협력을 통해 교사와 함께 프로그램을 공동기획하거나 수행할 필요가 있다. 예를 들어 학교사회복지사는 교사와 함께 문제학생에 대한 심리상담, 문제해결 및 치료 프로그램을 제공하기 위해 학교의 행·재정적 지원을 요청하는 것이 바람직하다.

3. 지역사회 연계의 협력체계

학생들에게 다양한 서비스를 제공하기 위해 학교사회복지사는 학교 내 자원뿐만 아니라 학교 외 지역사회의 인적·물적 자원을 사용하는 활동이 필요하다. 이러한 지역사회 연계의 협력체계 방안을 두 가지로 설명할 수 있다.

첫째, 학교사회복지사는 학교의 교육목적에 동의하고, 학교를 적극 지원할 수 있는 지역사회기관을 발굴하고 연계활동을 수행해야 한다. 예를 들어 지역사회복지 기관, 시설 및 센터 등의 경우 확실한 전담직원과 관리조직을 두고 책임 있는 프로그램을 운영하기 때문에 학교사회복지사는 이들과의 연계를 통해 다양한 프로그램의 내용과 자체 평가 등의 기술을 습득할 수 있다.

둘째, 학교사회복지사는 지역사회기관과 협력에 앞서, 기관과 학교가 기대하는 욕구수준을 조정해야 할 필요가 있다. 예를 들어 자원봉사활동을 협력할 경우 결연기관들은 자원봉사자의 모집이나 협력활동에 대해 일정한 기준을 가지고 있기 때문에 각 기관들의 욕구수준과 학교에서 희망하는 활동수준을 구체적으로 확인하는 작업이 이루어져야 할 것이다.

이상과 같이 학교사회복지사는 학생들에게 다양한 서비스를 제공하기 위해 가정, 학교, 지역사회와 연계하여 협력체계를 구축해야 하며, 가정에서는 가정방문 및 부모면담, 학교에서는 교사 연계 공동작업, 지역사회에서는 학교목적에 적극 동의하는 지역사회기관 발굴 등이 필요하다.

[별첨] 학교사회복지사 자격 검정

학교사회복지사는 사회복지사 1급 자격증을 필수로 가지고 있으며, 한국학교사회복지사협회에서 발급하는 학교사회복지사 자격증을 소지하여야 한다. 학교사회복지사 자격증은 한국학교사회복지사협회에서 실시하는 학교사회복지사 자격시험을 합격한 후 학교사회복지 자격연수를 이수하여 취득할 수 있다. 학교사회복지사 자격증 시험 응시자격은 다음과 같다(한국학교사회복지사협회 제공 자료).

구분	2015년 제11회 학교사회복지사 자격시험 응시자격
필수 자격 요건	1. 사회복지사 1급 자격증 소지자 2. 학교사회복지론[1)6)]을 이수한 자 3. 아동복지론[2)6)] 또는 교육학 관련 교과목[3)6)] 중 1과목 이상을 이수한 자
선택 자격 요건	4-1. 240시간 이상의 학교사회복지 관련 실습[4)]을 이수한 자, 혹은 4-2. 초・중・고등학교에서 학생복지 업무를 전담하는 사회복지사로 6개월 이상 근무한 자, 혹은 4-3. 사회복지기관에서 학교사회복지 관련 실무[5)]를 1년 이상 담당한 경력이 있는 자

※ 필수자격 요건은 3가지 사항 모두 충족되어야 하며, 선택자격 요건은 3가지 중 한 가지 이상이 충족되어야 한다.

* 법령에서 고등교육법에 의한 4년제 대학졸업자와 동등 이상의 학력이 있다고 인정하는 자로서 전공・학과에 관계없이 보건복지부령이 정하는 「사회복지학 전공교과목과 사회복지관련 교과목」(필수10, 선택4)을 이수한 경우로 사회복지사 1급 자격증 취득자라면 응시 가능하다.

1) 학교사회복지론은 학교사회사업론의 명칭도 가능하며, 한국학교사회복지학회 혹은 한국학교사회복지사협회가 주최한 학교사회복지 기초과정 연수(30시간) 이수로 대체할 수 있다.

2) 아동복지론은 청소년복지론 혹은 아동・청소년복지론으로 대체할 수 있다.

3) 교육학 관련 교과목이란 교육학 개론(교육의 이해), 교육행정론(교육행정 및 교육경영, 교육행정의 이해), 교육정책론, 교육사회학, 교육심리학, 교육철학 및 교육사, 교육과정 및 교육평가, 교육방법 및 교육공학 등 교직 필수 과목을 의미하며, 2급 정교사 이상의 자격을 갖고 있는 자는 교과목을 이수한 것으로 간주한다. **[초・중・고등 교육법에 의한 교직 필수과목]**

4) 학교사회복지 관련 실습 240시간 중 120시간 이상은 학기 중 실습과정으로 필수로 해야 하며(방학 중 실습 인정 불가), 나머지 120시간은 학교사회복지 관련 내용의 직업체험활동, 자원봉사활동 등으로 대체할 수 있다.

단, 학교사회복지 관련 실습 및 자원봉사는 1학기를 기준으로 3개월 간 최대 120시간을 인정하며, 같은 기간의 실습과 자원봉사는 중복인정이 불가능하다. 학교사회복지실습 지도자의 자격은 사회복지현장실습 지침의 기준(1급 사회복지사 자격증 취득 후 3년 이상 사회복지관련 실무경력자 또는 2급 사회복지사 자격증 취득 후 5년 이상 사회복지 관련 실무경력자)에 적합한 경우만 실습으로의 인정이 가능하다.

교육복지지원센터에서의 실습 또는 봉사활동은 학교사회복지사 자격증을 소지하고 있는 슈퍼바이저에게 슈퍼비전을 받을 경우 인정한다.

5) 학교사회복지 관련 실무란 아래 ①, ② 중 한 가지를 의미한다.
   ① 학교에 상주하여 학생 및 기타 관련 체계에 사회복지 서비스 제공
   ② 사회복지 기관에서 학교와 관계하여 사회복지 서비스를 제공하는 아동복지 또는 청소년 복지 분야의 실무
6) 학교사회복지론, 아동복지론, 교육학 관련 교과목 이수의 경우 학점인증제 기관에서 이수한 경우도 인정한다.

참고문헌

교육인적자원부(2004). 사회복지사 활용 연구학교 운영지침.

김상곤(2005). 교육복지에 대한 이해. 학생복지담당 교사 연수 자료집. 광주시교육청.

박차상(2011). 사회복지개론. 서울: 학현사.

부산광역시 부산개성중학교(2007). 학교부적응학생 예방 및 치료프로그램 구안·적용을 통한 적응력 향상 방안. 사회복지사활용 정책연구학교 운영보고서(2/2).

성민선, 조흥식, 오창순 홍금자, 김혜래(2006). 학교사회복지의 이론과 실제. 서울: 학지사.

안정선, 진혜경, 윤철수(2006). 학교사회복지사의 직무분석과 직무표준안 개발. 한국아동복지학회지, 제21권.

원선애(2007). 학교사회복지사 제도의 실태와 도입방안에 관한 연구. 광운대학교 정보복지대학원 석사학위논문.

윤철수(2003). 학교사회사업활성화를 위한 교육법에 대해. 사회복지.

이태수, 조흥식, 오창순, 노혜련, 김상곤(2004). 교육복지 증진 및 학교폭력예방을 위한 사회복지사 활용방안 연구. 교육인적자원부.

전재일(1997). 학교사회사업의 실천방향. 제2회 한국학교사회사업학회학술대회.

정혜숙(2012). 학교부적응 학생을 위한 학교사회복지 활성화방안 연구. 가야대학교 행정대학원 석사학위논문.

한국교육과정평가원(2009). 학력향상 중점학교 기초학력 미달 학생 지도·지원 안내－학교사회복지사 매뉴얼－.

한인영, 홍순혜, 김혜란(2004). 학교와 사회복지 실천. 서울: 나남.

함보금 (2006). 학교사회복지의 현황 평가 및 활성화 방안에 관한 연구－인천광역시를 중심으로－. 인하대학교 행정대학원 석사학위논문.

기초학력향상 웹사이트 "꾸꾸" http://www.basics.re.kr/

한국학교사회복지사협회 http://www.kassw.or.kr/

한국학교사회복지학회 http://schoolsocialwork.org/gohome/main/

12 군 사회복지

군은 집단의 특수성으로 인하여 일반적인 조직과는 달리 개방적이기보다는 폐쇄적인 성향을 가지고 있다. 하지만 이렇게 폐쇄적인 것으로 평가받고 있는 군 조직 내에서도 최근 군인복지 현실에 대한 군 내·외의 공감대가 형성되고 있으며 군 사회복지에 관한 관심이 날로 고조되는 추세이다. 이에 군 복지실태조사, 세미나, 학회 등이 꾸준히 이루어지고 있으며 이를 통한 군 사회복지의 많은 발전이 예상된다.

제 1 절 군 사회복지의 정의

군 사회복지는 국가에 따라, 관점에 따라, 이데올로기, 병역제도에 따라 다르게 정의될 수 있다. 또한 군인은 직업상 특수성을 가지고 있으며 생명을 담보로 주어진 임무를 수행하는 집단으로 국가안보 및 국민의 생명을 지키는데 직접적인 영향을 미친다. 이들은 단순히 의무적으로 군복무를 하는 군인과 직업군인으로 구분할 수 있으며 군인들은 일반적으로 복무 및 업무의 특성상 훈련, 대기, 야간근무 등으로 많은 어려움과 스트레스를 견디며 생활하고 있다.

직업군인의 경우, 근무지의 변경으로 인해 본인뿐만 아니라 가족들까지도 잦은 이사와 불안정한 생활을 할 수밖에 없는 여건에 처해 있다. 그래서 이에 따른 문제들이 다수 발생하고 있으며, 이는 직업군인의 삶의 질 보장에 여러 가지 영향을 미친다. 또한 의무 복무를 하고 있는 일반 장병의 경우에는 군조직의 특수성, 병영생활의 어려움, 신세대 병사의 특성, 인권문제, 군생활 부적응 장병, 사고발생 등의 문제가 다수 발생하고 있으므로 군 사회복지에 대해 언급하기 이전에 군인들이 처한 상황에 대한 면밀한 이해가 우선되어야 할 것이다.

군에 대한 관점이나 이데올로기, 국가와 시대에 따라 직업군인과 가족, 일반 장병을 위한 사회복지에 대해 다양한 의견과 견해가 존재하지만 군인의 삶의 질 향상과 생활안정을 통하여 군의 사기를 높이고 나아가 임무수행에 최선을 다할 수 있는 보다 체계적인 군 복지를 위한 정책수립이 필요하다는 것은 변함없는 사실이다. 이와 같은 필요에 의해 '군인복지 기본법'이 제정되었다.

군 사회복지의 대상은 장교, 준·부사관 및 사병 등 현역군인을 직접지원 대상으로 하고 장기복무 중인 장교 및 준·부사관의 직계가족 그리고 10년 이상 복무 후 전역한 예비역 군인까지를 간접지원 대상으로 정하고 있다. 군 사회복지의 기능으로는 군 전투력의 향상 및 국가수호의 강력한 의지표현과 함께 적극적 병역이행 문화조성에 기여, 우수인력의 확보 및 군으로의 유입, 전국에 산재되어 있는 군부대의 지역사회 발전을 위한 주체적 역할의 수행 등이 있다.

일반적으로 군 사회복지란 군(military)과 사회복지(social welfare)의 합성어로 사회복지의 한 실천분야이다. 군인들의 욕구 및 제 문제를 해결할 수 있도록 사회복지 서비스를 함으로써 그들의 삶의 질을 향상시키며 나아가 군 전투력의 향상과 유지가 가능하도록 하여 궁극적으로는 군 고유의 목적인 국민의 안전을 위해 전적으로 국방의 의무를 수행할 수 있도록 하는 것이다. 구체적으로는 군과 관련되어 발생하는 문제의 해결과 예방, 군생활의 질 향상, 사회적 기능수행의 활성화 등의 사회복지서비스 및 정책을 포함한다. 군 사회복지는 군인에 대한 서비스뿐만 아니라 법이나 사회제도, 문화 등의 적극적인 보완과 변화에 대한 노력까지 포괄하는 것으로 국가안보와 직결되며, 국가 경쟁력 강화에도 도움이 된다. 군 사회복지에서는 건강한 군인과 그 가족 모두 함께 사회통합을 이루는 것이 목표가 된다.

우리나라 국방종합복지정책서(1992)에서는 "군복지란 국가, 국방부, 군인공제회 및 기타 자조조직 등이 주체가 되어 군 조직구성원(군인가족 포함)에게 경제적 · 정신적 욕구를 충족시킬 수 있도록 하는 군 조직 내 생활상의 제 급부, 시설, 활동의 체계"라고 하였다. 또한 국방부의 군 복지발전계획서(2006)에서도 "군복지란 현직자들에 대한 사기 앙양을 통해 전투력 향상을 도모하고 우수 인력의 확보를 위해 군 조직구성원과 그 가족 및 일정한 자격을 갖춘 제대군인에게 정신적 · 물질적 욕구를 충족할 수 있도록 하는 제 급부, 시설 및 활동의 총체"라고 규정하였다.

데일리(Daley, 1999)는 "군 사회복지란 사회복지의 한 실천분야로 1차적으로는 군의 고유한 목적이 최대한 달성될 수 있도록 원조하는 것이며 나아가 군인과 그 가족의 복지를 증진시키는 전문적 활동이다."라고 하였으며, 조흥식(2007)은 "군 사회복지란 군인과 그 가족이 가지고 있는 기본적인 욕구를 충족시키기 위한 사회복지적 노력의 일환으로 군인의 사회적 기능의 활성화, 개인적인 문제예방과 해결, 생활의 질적 향상 등에 직접적으로 관심을 갖는 국가의 사회복지서비스와 정책"이라고 하였다.

이와 같은 의견들을 종합하면 군 사회복지란 국방의 의무를 다하고 있는 군인과 그 가족들을 위해 복지정책 및 제도를 수립하고, 심리사회적 문제예방 및 해결과 삶의 질을 향상시킬 수 있도록 군 사회복지 전문가에 의해 행해지는 전문적 서비스와 활동의 총체라고 할 수 있다.

제 2 절 군 사회복지의 목적 및 필요성

군 사회복지의 목적은 군의 주목적인 국가를 수호하고 국민을 보호하는 소명을 완수할 수 있도록 돕는 것이다. 구체적으로는 첫째, 군 내부의 구성원들이 처한 특수 환경에 잘 적응할 수 있도록 돕는 것, 둘째, 개인의 문제, 가족의 문제, 동료, 상급자 및 부하장병들과의 관계 문제 등을 해결 및 회복할 수 있도록 다양한 서비스를 제공하는 것, 셋째, 제대 후 사회로의 복귀 및 적응을 적극적으로 도움으로써 궁극적으로는 사회통합을 이루도록 하는 것 등이 있다.

군 사회복지의 필요성은 최근 대중매체를 통해 보도되는 군 관련 사건 · 사고들에서 찾을 수 있다. 특히, 병사들의 병영 부적응문제나 자살, 군대 내에서 이루어지는 성희롱 · 성추행 사건, 총기난사사건 등은 군에서 뿐만 아니라 사회적으로도 이슈가 되고 있는 실정이다. 이는 군이 특수한 환경과 특성에 의해 여러 가지 갈등상황이 발생할 수 있으며, 이로 인해 더 큰 문제가 일어날 수 있음을 보여주는 증거이다. 이에 우리는 군 사회복지를 통해 군인들의 인권과 삶의 질을 보장하고 적극적으로 군에서 일어나는 갈등과 문제를 예방함으로써 군인들이 보다 행복하고 조화로운 군 생활을 해나갈 수 있도록 적극 도와야 할 것이다.

제 3 절 외국의 군 사회복지

현재 군 사회복지 제도를 운영하고 있는 나라로는 미국, 영국, 프랑스, 독일, 핀란드, 캐나다, 이스라엘, 남아프리카공화국 등이 있으며, 군 사회복지사 제도의 운영 형태는 현역, 현역과 민간 전문인력의 혼합 형태, 순수 민간인력 형태의 세 가지로 구분할 수 있다. 특히 미국의 군 사회복지사 제도는 2005년 우리나라 병영생활 전문상담관 제도를 도입할 당시 적극 활용되기도 하였다.

외국의 군 사회복지 정책을 살펴보면 군인들의 보수수준, 주거상태, 가족지원, 휴양 및 여가, 연금 등에 대한 많은 시사점을 찾아볼 수 있다. 특히, 군 사회복지의 경우에는 임무 수행에 전념할 수 있는 기본생활 여건 제공이 가장 우선 되어야 한다. 군 복무 여건을 살펴보면 직업안정성은 낮고, 근무지 및 생활환경은 열악한 경우가 많기 때문이다. 또한 군인들의 주거는 병사생활관 및 관사의 노후화와 협소, 부족 현상으로 인해 사회 저소득층 수준에 머물고 있으며 의료에 있어서는 총상, 화상, 화생방 사고 등에 대비한 전문치료 시설 및 장비가 부족한 경우를 들 수 있다. 또한 문화 및 복지 인프라에 있어서도 문화단절과 복지시설의 부족 등이 문제점으로 거론될 수 있으며, 이에 대한 대책으로 국가 차원의 군 지지기반 구축과 기초적인 삶의 질 제약요소에 대한 완전 보상, 군 복무환경을 충분히 고려한 군인가족에 대한 지원, 효율적인 복지인프라 구축 등이 필요하다. 또한 장기복무자의 전역 후 생활보장 및 희생장병에 대한 국가책임의 강화도 꼭 필요하다. 이와 같은 여러 가지 상황을 고려하여 군의 복지정책은 단편적 추진이 아닌 보다 체계적이고 종합적인 추진이 이루어져야 한다.

이를 위해 군 사회복지가 비교적 안정적으로 정착되어 있는 외국의 사례에 대해 몇 가지 살펴보고 우리나라 군 사회복지의 발전을 꾀할 수 있는 방안에 대해 생각해 보기로 하자.

1. 미국

미군은 베트남 전 이후 1973년부터 모병제에서 지원병제도로 전환되었고 이때 인력확보를 위해 '삶의 질'과 '경제적 문제해결'에 중점을 두게 되었다. 이에 군인을 위한 종합복지제도로 MWR(Morale Welfare Recreation)제도를 적용하고 있다.

MWR제도는 1862년 영내에 군매점을 설치하면서 시작되어 1940년 제2차 세계대전을 거치며 민간 군지원단체인 연합봉사기구(United Service: USO) 등의 활동을 포함하여 현재까지 진행되고 있다. MWR의 기본개념은 '군인은 사회가 제공하는 생활과 동등한 삶의 질을 영위할 권리가 있다.'라는 점에 두고 있으며, 목적은 '군인과 그 가족들이 일반인의 생활과 동등한 삶을 영위함으로써 신체적, 정신적, 사회적, 정서적 안정을 취하고 군인의 사기와 단결심을 제고하여 전투준비태세를 강화하는 것'에 있다고 하였다(원창희 · 이원배, 1994).

한편 미군의 복지조직으로는 국방성의 인사준비태세 차관보가 있고 외청으로 국방식품청(Defense Commissary Agency: DeCA)이 별도로 운영되고 있다. 그리고 MWR의 방대한 예산과 업무는 공동체가족지원센터(Community Family Support Center)가 총괄하고 있으며, 육 · 공군 판매부(Army and Air force Exchange Service)를 예하에 두고 있다. MWR의 주요기능은 군인과 그 가족에게 민간사회와 동등한 삶의 질을 제공하기 위하여 다양한 프로그램의 개발 및 제공을 담당하고 문화적 욕구충족을 위한 다양한 활동을 전개하기 위한 것이다. 군인가족지원은 MWR의 범주B의 활동이며 범주C도 일부 포함하고 있다.

군인가족지원센터(Military Family Resource Center)는 재정상담, 재배치 지원, 위기상담, 부모역할, 부대배치 등 민간부문 가족지원 프로그램을 도입하고 적용하고 있다. 특히, 1985년 배우자 우선고용제도를 실시하여 군인뿐 아니라 군인 배우자에 대한 지원도 실시하였고, 그 밖에도 군인과 그 가족이 필요로 하는 정보제공 및 안내제도, 아동보호 프로그램, 가족옹호 프로그램 등을 운영하고 있다.

미군의 복지수준을 보면 첫째, 보수결정의 기본원칙을 '군 직업의 열악한 점에 대한 보상'에 두고 군인들에게 민간기업 보수의 1.18배 정도 수준에서 보수를 지급하는 원칙을 세우고 있다. 둘째, 의료부문에서는 군 병원을 통한 직접 지원과 민간병원과의 계약제도를 활용하여 최고의 의료서비스를 제공하고 있다. 특히 사회복지학 전공자가 입대할 경우에는 적절한 임무에 배치하고 석사학위 이상의 자는 장교로 임용하며 민간사회복지사를 채용하여 의무사령부(Medical Command) 산하 행동건강부서

(Behavioral Health Division) 내의 사회사업 분야에서 군인과 그 가족을 위한 상담업무에 배치하고 있다. 이 외에도 해외와 국내에 근무하고 있는 군인 자녀들이 유치원 단계에서부터 고등학교까지 안정적으로 학업을 지속할 수 있도록 국방부에서 자체적으로 학교를 운영하고 있으며 근무지 내에 운영하는 학교시설이 없는 경우에는 학비를 지원하고 여타 학교에서 학업을 수행할 수 있도록 하여 교육복지 지원체제도 잘 갖추고 있다(조흥식 외, 2013).

2. 일본

일본군의 복지제도는 1961년 이후 방위청 산하의 공제조합에서 관장하고 있으며, 1988년부터는 미국군의 복지제도인 MWR 개념을 도입하여 사회보험, 공제조합 회원 간의 상호부조, 군인 및 그 가족의 자조적 복지증진을 위한 사업 등을 하고 있다. 세부적으로 보면 생활지원시스템으로는 군 근무로 인한 별거수당, 아동수당을 제공하고 관사입주 제도 및 민간주택 거주자에 대한 주택지원 제도를 두고 있다. 의료지원 제도는 전체 군인과 그 가족의 의료보험 가입으로 민간병원을 이용할 수 있도록 하고 있으며 군인가족들의 고충처리를 위한 조사 및 지원시스템을 갖추고 있다.

전역군인에 대한 지원기구는 주둔지 부대로부터 노동부, 향우회, 방위청의 원호기획실 등이 있다. 각 군 본부에는 대령급 원호담당을 두어 원호실을 설치 · 운영하고 주둔지 부대에는 소령급 원호담당을 두어 상담 후 지역별로 알맞은 직업을 알선해주고 있다. 대체로 일본은 노동력이 부족하고 군인의 정년이 길기 때문에 군 복무에 대한 큰 문제가 없으며 전역을 2년 정도 남긴 현역의 경우 본인의 연고지 부대에 배치하여 근무하면서 사회적응교육과 직업교육을 실시한다. 또한 전역자 중 공제조합의 회원자격을 가지고 있는 경우 공제조합을 통해 요양급여와 휴업급여 그리고 출산급여를 제공받을 수 있도록 하고 공제조합과 관련된 각종 시설을 활용할 수 있도록 하고 있다(이규명, 1999).

3. 대만

대만군은 우리나라와 동일한 징병제를 유지하고 있다. 대만군의 복지조직은 연합군 총사령부의 관병보도회에 의해 관리되고 있는데 우리나라의 재향군인회와 유사한 성격의 조직이다. 대만군의 복지시스템은 현역군인과 전역군인을 망라하는 시스템을 구축하고 있는데, 우선 현역군인을 위한 복지제도를 보면 보수수준은 민간기업의 90% 이상을 원칙으로 하고 별거수당과 가족수당 등의 생활지원제도를 두고 있다.

주택지원으로 관사는 제공하지 않으나 주택자금지원을 통하여 군인과 그 가족들의 거주문제를 해결하고 있고 교육복지로는 군인자녀에 대한 학비를 전액지원하고 군인가족의 취업에도 중점을 두고 있어서 그야말로 여생복지시스템을 갖추고 있다. 전담기구인 관병보도회에서는 산하업체를 직접 운영하고 있고, 민간과 공공 영역에 전역군인을 거의 100% 취업이 가능하도록 보장하는 지원체계를 유지하고 있다.

대만군의 복지제도 구축은 사회주의국가체제인 중국과의 군사 대치체제 상황에서 군 인적자원에 대한 우선권을 국가 차원에서 보장하고 있는 것으로 보인다. 관병보도회의 설치와 운영의 원칙은 전역군인에게는 사회에서 안정된 생활을 보장하고 전역자의 경우에는 새로운 직업을 통하여 사회에 봉사하게 함으로써 군 생활에서의 소비적이고 전투적인 역할에서 생산적이고 기술자적인 역할로의 자연스러운 전환에 두고 있다.

제 4 절 우리나라 군 사회복지의 발달배경과 대상

1. 우리나라 군 사회복지의 역사

우리나라 군 사회복지의 등장은 1968년 육군 의정장교 중 사회사업 장교를 직능화한 것이 시초라고 볼 수 있다. 유흥위(2009)는 2007년 군사회복지정책의 발전과정을 창군 및 전란기(1946~1953년), 태동기(1960년대 초), 성장기(1970년대), 발전기(1980년대) 그리고 심화기(1990년대)로 구분하였다.

창군 및 전란기에는 한국전쟁 전후시기로 복지라는 말조차 생소한 형태로 최소한의 의식주 해결수준에 그쳤으며, 태동기는 전후 전·사상자에 대한 원호와 복지가 실시되었고 군 복지정책이 입법화되기 시작하였다. 성장기는 군 종합복지정책이 마련되었고 군인관사건설, 원호기금법 및 군인공제회가 설립되었다. 또한 발전기에는 중·장기종합복지정책이 수립되었으며 제대군인지원관련 법률이 제정되었다. 이후 인권에 대한 전반적인 중요성이 강조되면서 최근에는 병영생활 전문상담관제도가 실시되고 있다. 병영생활 전문상담관은 우리나라 국방부 훈령에 따라 군인들의 심리상담과 적응을 돕는 군대 내에서 활동하는 전문직종이다.

이흥윤(2012)은 우리나라의 경제발전과 비교하여 군 사회복지 변화단계를 5단계로 구분하고 있다. 1950~60년대를 군 사회복지의 태동기, 1970년대를 형성기, 1980년대를 성장기, 1990년대를 발전기, 2000년대를 재편/비전기로 구분하였다.

1950~60년대에는 군 사회복지의 태동기로 유흥위(2009)의 주장과 같이 전후 전·사상자에 대한 원호와 복지가 실시되었고, 군 복지정책이 입법화된 1970~80년대에는 형성기로서 군인들의 복지의 향상뿐만 아니라 그 가족의 복지향상에 관심을 가지게 되었으므로 군 사회복지의 기초를 마련한 시기라고 할 수 있다.

1990년대에 접어들면서부터 군이 전력발전 차원에서 군 사회복지에 더욱 관심을 기울이기 시작하여 1992년 국방부의 국방종합복지정책서를 발간하였고, 1995년 군

복지시설 영리운영지침, 그리고 1997년에는 제대군인 지원에 관한 법률을 제정하였다. 당시 「국방종합복지정책서」에서는 군복지에 대한 정의와 대상을 언급하고 있으므로 이때부터 군사회복지의 개념이 형성되기 시작하였다고도 볼 수 있다.

이후 2000년대에 들어와 우리나라의 군 사회복지는 체계화와 제도화를 위하여 전문가들을 중심으로 군 사회복지를 발전시키고자 노력하였다. 활동으로는 2005년 군 사회복지연구회 회원과 군 사회복지학회 회원들을 주축으로 군사회복지의 이론적 연구와 발표 및 학술세미나가 개최되었고, 2005년 7월 27일에는 군사회복지사 도입을 위한 국회 공청회로 군사회복지의 법적 제도화에 대한 발의와 토론이 있었다. 또한 군사회복지의 전문인력인 군기본권상담관이 2005년에 비록 소수이긴 하지만 처음으로 배치되어 군 사회복지활동을 전개하였다. 2007년 12월 31일 '군인복지기본법(법률 제8731호)'의 제정과 2009년 4월 '군인복지기본계획'이 마련됨으로써 군 사회복지의 이론적 체계화를 이루었고, 이와 함께 군 사회복지의 제도화를 위한 법적 기반과 기본계획이 마련되었다. '군인복지기본법'은 5년마다 군인복지 실태조사를 통해 기본계획을 수립하며 '군인복지기본계획'은 군인복지정책 전반의 목표와 방향을 제시하는 것이다.

〈표 12-1〉 병영생활 전문상담관 지원자격

구분	민간 경력자	군 경력자
학력 및 경력	• 상담 및 사회복지 관련학과 학사학위 이상 소지자이면서 3년 이상 민간상담경력자 * 상담관련 석사학위 이상 소지자이면서 2년 이상 민간상담경력자	• 10년 이상 군경력자 중 상담 및 사회복지 관련학과 학사학위 이상 소지자이면서 2012.1.1~2014.12.31 전역자 또는 전역 예정자
자격 요건	• 청소년상담사 1, 2, 3급 • 정신보건임상심리사 1, 2급 • 임상심리사 1, 2급 • 정신보건사회복지사 1, 2급 • 청소년상담사 3급 • 전문상담교사 1, 2급	• 상담심리사 1, 2급 • 수련감독전문상담사 • 전문상담사 1, 2급 • 임상심리전문가 • 사회복지사 1, 2, 3급 • 기타 상담관련 자격증 등

출처: 국방부 홈페이지(2014). 공지내용.

2. 군 사회복지의 대상

국방종합복지정책서(1992)에는 군 사회복지의 대상을 "현재의 복지여건을 고려하여 복지의 직접적 대상을 부사관 이상 직업군인과 그 가족, 10년 이상 복무 후 전역한 제대군인으로 한정한다. 제대군인의 경우는 국가재정의 가용성과 복지여건을 고려하여 우선 20년 이상 복무 후 전역자로 하되, 점진적으로 10년 이상 복무 후 전역자로 확대 추진한다."고 명시하였다. 그러나 최근에는 통념상 좀 더 포괄적인 개념을 적용하여 직업군인에는 장기와 단기군인, 의무복무자인 사병, 군인가족인 부모, 배우자 및 자녀, 제대 군인 등을 포함하기도 한다.

3. 군 사회복지사의 역할

Daley(2003)는 군 사회복지사들의 역할로 다음과 같은 내용을 언급하였다.

첫째, 군 사회복지사는 군의 모든 구성원들이 군의 전투력 향상, 전투 이후의 회복을 할 수 있도록 돕는다. 둘째, 군대 내에서 군 구성원의 복지를 극대화하기 위해 심리사회적 손상을 줄일 수 있도록 상담과 함께 군 사회복지 정책개발 및 자문을 담당한다. 셋째, 군 생활적응, 대인관계, 신체질환, 정신질환과 그 밖에 가족문제, 가정폭력, 물질남용 등으로 인한 제 문제를 상담 및 최소화하는 프로그램을 실시한다. 넷째, 군내에서 사회적 서비스 기능을 향상시키는 관점을 가지고, 이에 대한 개입이 가능하도록 한다. 다섯째, 최고의 전문성을 확보하여 군 사회복지서비스를 전달한다(박미은, 2005).

그 밖에도 군 사회복지사의 역할은 조력자, 중재자, 통합자/조정자, 관리자, 교육자, 분석가/평가자, 중개자, 촉진자, 주창자, 협상가, 옹호자 등이 있다.

(1) 조력자(enabler)

군인가족 중 이혼이나 실직과 같은 위기상황에서 부적절한 주거문제나 육아 및 보육과 같은 여러 가지 문제에 대한 대처를 할 수 있도록 돕는 것이다.

(2) 중재자(mediator)

미시, 중시, 거시체계 사이의 논쟁이나 갈등을 해결하는 역할을 수행한다. 거시체계 수준에서 중재자는 군 조직 외부에 존재하는 지역사회 내 또는 지역사회와 다른 체계 사이의 다양한 하위체계들 간의 차이를 해결해 나가도록 돕는다. 미시나 중시체계의 차원에서는 중재를 수행한다. 이는 상호견해가 다른 개인이나 집단 간의 의사소통과 타협을 돕는 것을 의미한다.

(3) 통합자/조정자(integrator/coordinator)

군 조직에서 군 사회복지사는 통합자/조정자로서 군인 개인, 가족, 집단의 옹호 또는 조정을 하고 지원 및 서비스를 연계하거나 직접 개입 등으로 돕는다.

(4) 관리자(manager)

관리자로서의 군 사회복지사는 군 사회복지기관이나 부서의 행정 책임과 관련이 있는 것으로 군 조직의 목표를 세우고, 군 사회복지서비스의 프로그램을 운영하며, 군 조직의 효과성과 효율성을 높인다. 이와 더불어 재정 자원을 확보하며, 지역사회의 지지를 얻고, 군 조직 실무자의 일을 조정한다. 군 사회복지사의 관리업무에는 프로그램 개발, 자원의 모금과 배분, 조직구조와 과정의 발전과 안정화, 프로그램 평가와 수정 등도 포함된다.

(5) 교육자(educator)

군 사회복지사는 군인 개인, 가족, 집단 등의 구성원이 모르는 새로운 정보나 지식을 교육하여 문제를 해결할 수 있도록 돕는다.

(6) 분석가/평가자(analyst/evaluator)

관련된 다양한 체계들이 어떻게 기능하는가에 대하여 폭넓은 이론적 기초를 가지고 있는 군 사회복지사는 군 사회복지의 정책, 서비스 프로그램의 분석과 평가를 통해 군의 모든 구성원들을 돕도록 한다. 또한 자신이 군 사회복지사로서 일하는 부분의 효과성도 평가하도록 한다.

(7) 중개자(broker)

군인 개인이나 가족, 집단, 군 조직 내에서 의·식·주, 법률적 도움, 기타 필요한 자원을 얻도록 도와주며, 또한 지역사회와의 상호 증진을 위해 교류하도록 돕는다. 미시와 중시체계에서의 중개자 역할을 위해 군 사회복지사는 군 조직 외부의 지역사회 서비스에 대해 자세히 알아야 하며, 서비스 자격 요건에 관한 지식을 갖추고, 군인 개인이나 가족, 집단, 군 조직 등 클라이언트의 욕구에 민감해야 한다.

(8) 촉진자(facilitator)

군 사회복지사는 군인, 군인 가족 및 군과 관련된 집단의 치료나 과업, 감수성 훈련, 교육, 자조, 그 밖의 각종 상황에서 촉진자 역할을 하는 등 집단의 변화를 이끌어내도록 하는 역할도 가지고 있다.

(9) 주창자(initiator)

주창자는 반드시 문제가 있는 곳에만 개입하는 것이 아니라 문제를 예방하거나 현재의 서비스를 향상시키기 위해 노력하는 역할을 담당한다. 군 사회복지사는 군의 정책이 특정 군인 개인, 가족, 집단 등에게 문제를 야기하는 경우, 이를 감독자에게 알려서 주의를 기울이게 해야 한다.

(10) 협상가(negotiator)

자신이 속한 그룹이 아닌 타 군인 집단이나 체계에서 무엇인가를 얻기 위해 협상하는 노력이 필요하다. 중재나 협상은 관련자 모두가 서로 간의 합의점에 도달할 수 있도록 중심적인 역할을 담당하는 것이다. 중재자가 중립적인 역할을 한다면 협상가는 관련된 집단 또는 개인과 더욱 밀접하게 연관되어 있다.

(11) 옹호자(advocator)

옹호자는 군인 개인이나 집단, 지역사회의 입장에서 그들을 대변하고 보호하며 개입 및 지지를 하는 것이다. 예컨대, 군인 개인이나 집단, 지역사회의 힘이 약하여 제대로 뜻을 펼치지 못할 때 군 사회복지사는 위험을 감수하고서라도 그들의 뜻을 제대로 주장할 수 있도록 돕는 역할을 담당한다고 볼 수 있다.

제 5 절 군 사회복지의 실천과 과제

1. 군 사회복지의 실천분야

최근 군부대에서는 병영 스트레스로 인한 사건 · 사고로 신세대 병사들이 겪고 있는 문제들이 매스컴에 심심치 않게 오르내리고 있다. 이는 개인주의적 성향, 집단생활의 어려움, 강한 자기주장으로 인한 상급자와 갈등, 권위주의적 리더십에 대한 강한 반발과 자유분방한 사고, 계급 및 조직체계에 대한 거부감, 법 · 규정 및 예의범절 의식 부족, 인내력 부족, 체력 및 정신력의 부족 등의 문제에서 발생하는 것으로 보인다. 그 밖에도 병영 내 상관으로부터의 성추행, 성희롱 등의 문제도 빈번히 발생하고 있으며, 군인 가족들의 문제로는 경제적 문제, 주거문제, 자녀양육 및 교육문제, 부부관계 및 배우자 간의 스트레스, 자녀의 적응문제, 지역사회와의 단절과 소외, 건강 및 의료관련 문제, 가정폭력 및 아동학대, 파병으로 인한 심리적 문제 등을 들 수 있다. 이는 향후 군인들을 위한 다양한 전문적 사회복지서비스가 실천되어야 한다는 것을 시사하기도 한다.

박미은(2005)은 사병을 위한 개입과 직업군인 및 가족에 대한 개입, 군 조직 및 군 사회복지정책에 대한 개입 등 구체적인 활동과 프로그램을 제시하고 있다. 사병에 대한 개입은 위기개입, 개인상담, 집단상담, 사례관리와 같은 활동과 프로그램이 제공되며, 직업군인 및 그 가족에게는 사병에게 제공하는 동일한 서비스뿐만 아니라 부부상담, 가족상담, 가정방문을 통해서 개입할 수 있다. 그리고 군 조직 및 군 사회복지정책에 개입으로는 군 사회복지정책 제안, 구성원 옹호, 자원개발 등을 제시하였다. 이를 정리하면 다음과 같다.

〈표 12-2〉 군사회복지의 대상과 주요 활동 및 프로그램

대상	주요업무	활동 및 프로그램
사병에 대한 개입	• 위기 개입 • 개인상담 • 사례관리 • 집단상담	• 성격검사 • 정신건강 상담 및 치료 • 전투 스트레스 관리 및 상담 • 의료 문제 상담 및 퇴원, 추후계획 • 알코올 및 약물 상담 • 군 생활 부적응 상담 • 가족문제 및 대인관계 갈등 상담
직업군인 및 가족에 대한 개입	• 위기 개입 • 개인상담 • 사례관리 • 집단상담 • 부부상담 • 가족상담 • 가정방문	• 군 생활 문제 상담 • 진로상담 • 정신건강 상담 및 치료 • 전투 스트레스 관리 및 상담 • 의료문제 상담 및 퇴원, 추후계획 • 가족 갈등 및 가정폭력 문제 상담 • 가족 강화 및 가족지원서비스 제공 • 자녀 발달 및 특수아동 상담 • 자녀교육 및 부모교육 • 지역사회 자원 연결
군 조직 및 군 사회복지정책에 대한 개입	• 군 사회복지정책 제안 • 군 구성원 옹호 • 자원 개발	• 군 사회복지정책 자문 및 건의 • 군인 및 가족의 권리 옹호 • 복지기금 마련 및 자원 발굴

출처: 박미은(2006)에서 재인용.

2. 군 사회복지의 과제

첫째, 군 사회복지관련 기구는 국방부 인사복지본부 산하의 보건복지관 내에 복지정책팀, 전직지원정책팀, 보건정책팀, 군인 연금팀이 있으며 각 군 본부의 인사참모부 인사 근무처 예하의 복지과, 제대군인지원과, 직업보도과가 있고 군인공제회, 국가보훈처, 국민건강보험공단 등과 같은 복지관련 업무 담당기구가 있다. 현재의 군 사회복지관련 기구들은 각 군별로 산재되어 있는 경향이 있어 보다 통합적인 복지기구가 필요하다.

둘째, 직업군인의 경우 보수, 사회보험지원, 군인자녀의 교육, 육아휴직, 업무의 특성으로 인한 별거가족과 그 가족들의 주거안정문제 등 일반 사회복지 문제와는 다른 점들이 많이 있다. 이를 고려한다면 군인에 대한 지원사항이 열악하므로 사회통합 차원에서도 지원제도의 재점검이 필요하다.

셋째, 군 고유의 경직적인 분위기와 그를 반영한 복지제도보다는 재정비 및 보완을 통해 신병훈련소 입소부터 제대에 이르기까지 사병들의 인권문제 및 다양한 젊은 병사들의 복지욕구를 반영하고 시대적 흐름에 유연하게 대처한 복지제도를 마련해야 한다.

넷째, 전역군인의 사회통합을 도울 수 있도록 재취업의 기회를 보장하고, 전역 전에 기술 또는 전문자격을 취득할 수 있도록 도움으로써 전역 후 사회적응에 문제가 없도록 하는 알찬 프로그램이 필요하다. 그 밖에도 지역사회와 적극 연계하여 전역군인들의 사회적응을 보다 적극적으로 도와야 할 것이다.

3. 군 사회복지의 발전방안

군 사회복지는 아직 제도적으로 완전히 정착되지 못하고 있는 상황이며 제한적이고 생계해결 수준의 수동적 복지에서 벗어나지 못하고 있다. 이와 같은 현 상황에서 군 사회복지의 발전을 위해 가장 중요한 것은 첫째, 군 사회복지의 필요성에 대한 국민적 공감대 형성과 사회적 승인이 있어야 할 것이다. 국민들이 군인을 특수 집단으로만 볼 것이 아니라 그들이 처한 특수 상황과 어려움을 이해하고 일반 사회로 진출하였을 때, 사회통합을 이룰 수 있도록 지지하는 분위기를 마련해야 한다. 군 사회복지는 이와 같은 국민들의 지지를 토대로 했을 때 총합적이고 완전한 형태로 이루어지게 될 것이다.

둘째, 군 사회복지제도 시행에 따른 관련 근거법령 및 기존 법체계와 관련규범을 정비해야 하며, 그 과정에서 시대적 흐름과 군인들의 욕구를 반영해야 한다.

셋째, 군 사회복지사들은 군 조직 내의 다양한 영역에서 사회복지의 전문성을 가지고 접근하여야 할 것이다. 이를 위해 사회복지 분야에서도 군 사회복지의 제도화와 전문화를 위하여 학문적 · 행정적 · 실천적으로 여러 분야의 근거를 마련해야 한다.

넷째, 군 사회복지제도의 실시를 위한 예산확보 및 다양한 프로그램을 개발해야 하며 이를 위해 유관기관과의 연계 및 해당 기관들의 적극적인 협조가 필요하다.

다섯째, 군 사회복지 관련학회와 협회, 사회복지계의 힘을 모으고 군 사회복지 전문가 훈련 및 군과 민간의 유기적 연계를 통한 전문적 서비스 교류를 하여야 하며 제도화를 위한 활발한 학회활동과 공청회 등을 개최하여 입법 제정을 위한 노력이 꼭 필요하다.

여섯째, 시대적으로 변화되고 이슈화되고 있는 군대 내 인권문제, 성관련 사건 · 사고와 같은 특수화된 문제에 대해서도 적절하게 대응을 할 수 있는 대책을 마련해야 하며, 이와 같은 노력을 통해 군 사회복지에 향상을 꾀해야 한다.

참고문헌

국방부(1992). 국방종합복지정책서.

국방부(2008). 군인복지실태조사.

국방부(2009). 국방기본정책서(2009~2015) 부록 #11군인복지기본정책서.

박미은(2005). 군사회복지제도 도입의 필요성과 전망. 계간 사회복지. 한국사회복지협의회. 6-15.

박미은(2006). 선진 병영문화를 선도하는 군사회복지사의 역할. 한국군사회복지학회 창립행사 및 포럼 자료집. 한국군사회복지학회.

서혜석(2008). 신세대 병사의 진로결정수준과 자기효능감이 군 생활적응에 미치는 영향. 청소년학연구, 15(5), 109-131.

원창희, 이원배(1994). 미국MWR(사기, 복지, 오락)제도의 한국군 적용방안 연구. 서울: 국방연구원.

유흥위(2006a). 군사회복지 실태와 추진방향. 한국군사회복지학회. 춘계학술대회 자료집. 339-341.

유흥위(2009b). 한국의 군사회복지정책 개선방안에 관한 연구. 한국군사회복지학, 2(1).

윤철수, 노혁, 도종수, 김정진, 김미숙, 석말숙, 김혜경, 박창남, 성준모(2011). 사회복지개론(개정판). 서울: 학지사.

이규명(1999). 제대군인 취업활성화를 위한 군사회복지 방안에 관한 연구. 상지대학교 학사학위논문.

이흥윤(2012). 한국 군사회복지정책의 형성과정에 관한 연구. 광주대학교 사회복지전문대학원 박사학위논문.

임춘식, 강원돈, 고수현, 김기덕, 김봉순, 김윤정, 김형수, 박근수, 박순우, 변보기, 성명옥, 신창식, 이민표, 이병록, 이양훈, 이영희, 이용환, 이창수, 이채식, 정연택, 조학래, 최명민, 표갑수, 홍숙자(2008). 사회복지개론. 경기: 공동체.

정무성, 나임순, 유용식(2014). 현대사회복지개론. 현대사회복지론. 서울: 신정.

정효원(2008). 군사회복지제도의 법적 체계화. 한국군사회복지학회. 한국군사회복지학, 1(1).

조흥식(2007). 군사회복지의 현황과 개혁과제. 서울: 나눔의 집.

조흥식, 이흥윤, 박미은, 김창곤, 박경일, 남미애, 김윤나, 서혜석, 이윤수, 오영훈, 이대식, 정효원, 한태근, 김근아, 오정은(2013). 군사회복지론. 서울: 동문사.

Daley, J. G.(1999). *Social Work Practice in the Military*. New York: The Haworth Press.

Daley, J. G.(2003). *Social Work Practice in the Military*. Haworth Press. Prenrice-Hall Inc.

한국군사회복지학회 http://www.kamtsw.org/
대한민국 국방부 http://www.mnd.go.kr
병무청 http://www.mma.go.kr
국방전직교육청 http://www.moti.or.kr

13

교 정 복 지

제 1 절 교정복지와 사회복지

1. 교정복지의 개념

교정복지(correctional welfare science)란 사회복지학의 기본방법론인 개별지도, 집단지도, 지역사회사업, 통합적 접근방법을 범죄인의 재활과 범죄예방활동에 개입하는 교정학과 사회복지학의 통합적 학문이라고 영역이라고 정의할 수 있다.

사회복지실천기술 방법론을 이용해 범죄인의 재활과 범죄예방활동에 개입하는 학문으로 미국과 유럽에서는 사회복지실천론의 한 분야로서 형사사법정책 또는 교정학의 한 분야로 패러다임이 구축된 분야이다.[1)]

교정복지는 교정학 · 형사정책 · 교정심리학 · 사회복지학 · 정신의학 · 경찰학 · 조사방법론 · 형사법 · 헌법 · 피해자학 · 인류학 · 행정학 · 정책학 · 생물학 등 교정복지의 성격은 여러 학문과의 학제적 성격을 가진 종합응용과학이다.

---

1) 교정복지학에 대한 저서는 이정찬 목사의 저서와 최옥채 교수의 교정복지론, 배임호 교수의 교정복지론, 홍봉선 교수의 교정복지론, 천정환 교수님의 교정복지학을 펴낸 바 있다. 교정복지가 통합적인 학문이기에 교정복지학이라고 하는 것이 저자는 타당하다고 본다.

이러한 교정복지는 교정복지 총론과 교정복지 각론으로 나눌 수 있는데, 교정복지 총론부문에는 기본이론인 범죄학이론, 교정복지, 교정심리학, 교정이념론 교정사회론과 각론부문에는 교정복지조사론, 교정복지유형론, 교정복지상담론, 교정복지인권론 등으로 분류된다.

교정복지의 연구자는 교정학자 · 사회복지학자 · 형사정책학자 · 범죄학자 등과의 종합협력연구가 필요하다. 한편 종합 응용과학연구인 교정복지의 접근방법에는 크게 교정학적 접근과 사회복지적 접근을 하고 있는데, 두 방향의 접근은 대립적인 접근이 아니므로 종합적으로 접근해야 할 것이다(천정환, 2005).

교정복지의 개념은 역사적 배경과 문화를 달리하는 국가와 시대에 따라 차이가 있을 수 있는데, 이정찬은 교정복지에 대해 범죄자와 비행청소년에 대해 국가와 공공단체 및 개인이 개별적으로 또는 집단적으로 시설 내에서 교정교육하고 사회 내에서 보호관찰하는 조직적 활동이라고 정의하고, 교정복지의 종류로 시설 내 처우인 교정적 복지와 사회내처우인 보호적 복지로 구분하고 있다.[2]

최옥채는 교정복지란 개별사회사업(case work)과 집단사회사업(groop work) 및 지역사회사업(community work) 등과 같은 기초적인 사회복지 실천방법론을 활용하여 범죄인이나 비행청소년이 심리적 · 사회적으로 가장 편안한 상태를 유지하면서 사회에 적응해 나갈 수 있도록 원조하는 활동이라고 한다.[3]

배임호는 교정복지란 범죄자와 피해자, 그들의 가족, 지역사회에서의 문제해결과 예방적 관점에서 범죄의 비행으로 인한 영향으로부터 정상적인 상태로 회복코저 행해지는 일체의 활동과 이들을 위한 정책을 수립하고 행정을 위한 전문적인 모든 활동을 포함하는 것이라고 하여 범죄인의 개인 차원만이 아니라 그를 둘러싼 환경에 개입함으로써 당면문제뿐만 아니라 재범예방 차원에서 효율성을 증진시키는 분야라고 한다.[4]

---

2) 이정찬, 교정복지학, 2000, 교정선교회, p.15.

3) 최옥채, 교정복지론, 2004, 학지사, p.63.

2. 사회복지와 교정복지의 차이

사회복지라는 용어는 영어로 Social Welfare '사회의' 또는 '사람들의'라는 의미이고, Welfare는 인간의 욕구와 열망을 충족시키는 사회적 노력이라고 한다. 사회복지라는 용어 사용을 미국과 영국이 약간 달리하고 있는데, 영국에서는 Social Service로 미국에서는 Social Work로 통용되고 있다. 사회복지와 사회사회사업의 두 가지 용어는 같은 의미로 사용되기도 하지만 때로는 여러 가지 면에서 다른 의미로 사용되기도 한다(Edward T. Dewine, 1922 : 17).

사회복지의 개념은 그 시대적 배경과 각국의 정치 · 경제 · 문화적 배경과 학자에 따라 다양하며 1950년 유엔보고서 중 사회보장제도에서 사회복지문제를 처음으로 깊이 있게 다루기 시작하였다.

교정복지와 사회복지는 서로 밀접한 관계를 가지고 있을 뿐만이 아니라 교정복지는 사회복지에서 분파된 것으로 범죄자[5]와 비행자[6]의 범죄예방과 범죄방지를 위한 복지서비스를 말하는 것으로써, 교정복지는 시설 내 처우로써의 교정기관에서 이루어지는 교정복지와 보호관찰이나 갱생보호소와 같은 사회 내 처우기관에서 이루어지는 복지 그리고 법원, 검찰, 경찰 등 형사 사법기관에서 이루어지는 교정복지 등으로 나눌 수 있다. 따라서 교정복지는 성공을 거두기 위해서 사회복지적인 접근과 더불어 범죄와 비행관련 기관 간의 상호 유기적인 협력이 필수적이라고 하겠다.

---

4) 배임호 외, 『교정복지론』, 2001, 학지사, p.35.

5) 범죄를 저지른 사람으로서 구성요건 해당성, 위법성, 책임능력이 있는 자.

6) 잘못되거나 그릇된 행위이기는 하나 범죄의 구성요건 해당성, 책임능력, 위법행위에는 해당되지 않는 자.

제 2 절 교정복지의 주체와 객체

제2차 세계대전 이후 미국의 행형사상의 발전은 교정이라는 새로운 개념을 등장시키게 되었다. 이는 범죄행위 등 사회규범을 일탈한 행위자에 대한 실증적 연구의 성과로써 범죄나 비행이 원인되어 사회로부터 낙오된 자의 사회에의 재적응, 재사회화를 목적으로 하는 정책적 의욕이 담겨져 있는 것이고 종래의 행형의 개념이 시설내 처우보다 훨씬 넓은 비행자에 대한 비형벌적 처우인 소년보호제도, 그리고 사회내 처우인 보호관찰제도, 갱생보호제도 등까지를 교정으로 보고 교정복지의 주체와 객체의 의미를 파악하여야 한다고 보며, 교정서비스를 제공받는 자를 교정복지의 객체라 하고, 교정서비스를 제공하는 자를 주체라고 할 수 있는데 다음과 같이 설명할 수 있다.

1. 교정복지의 실천기관

교정복지 시설로는 세 가지로 구분할 수 있는데, 첫째, 교정시설로는 교도소, 구치소, 둘째, 보호시설로는 소년원, 분류심사원, 치료감호소를 들 수 있고, 사회 내 처우시설로는, 보호관찰소, 갱생보호기관(한국갱생보호공단), 소년보호시설, 복지시설 등을 들 수 있다.

1) 교정시설

교정시설 중 교도소는 형이 확정된 수형자를 수용하는 곳으로 우리나라의 경우 2014년 현재 교정업무를 총괄하는 법무부 교정본부가 있으며 서울, 대구, 대전, 광주 등 4개의 지방교정청관 법무연수원교정연수부가 있고, 35개의 교도소와 11개의 구치소, 평택, 서산, 논산 등 3개의 구치지소와 1개의 민영교도소가 있으며, 소년교도소는 김천소년교도소가 유일하며, 청주에는 청주여자교도소가 운영되고 있고, 천안교도소의 외국인전담교도로서 운영하면서 SOFA(한미행정협정에 의한 미군수용자) 보호감호자와 미결수용자를 수용하고 있는 실정이다.

이곳에서 교정복지의 주체로서 모든 수용관리와 처우를 전담하는 교정직공무원과 교화위원이 구성되어 있는데, 이들은 수용자의 개인상, 생활지도, 교화공연, 취업알선 등 다양한 복지활동을 펴고 있으며 안동교도소, 제주교도소, 인천구치소, 안양교도소, 천안교도소에서 한문 및 명심보감과 예절교육을 통한 교양교육 프로그램은 수용자들이 출소 후 사회생활을 하는 꼭 필요한 교육이며, 천안교도소 국제협력과에서 실시하는 다문화수용자에 대한 한국역사와 전통, 일상생활에 있어서 타 수용자를 이해하고 협력하는 굿모닝코리아 교육은 다문화수용자들이 수용생활을 원활히 할 수 있도록 원조하는 교육이라고 하겠다.

2) 보호시설

보호시설로는 소년원, 소년분류심사원, 치료감호소가 있는데 소년원은 14세 이상 20세 미만의 범죄소년, 형벌법령에 저촉되는 행위를 할 우려가 있는 12세 이상 20세 미만의 우범소년을 수용하여 교정교화교육을 실시하는 국가특수교육시설이며 2014년 현재 전국의 소년원은 10개가 있다.

소년분류심사원은 법원소년부로부터 위탁한 소년을 수용·보호하고 이들의 분류심사에 관한 사항을 관장하는 곳으로 2014년 9월 현재 1개의 서울분류심사원이 있고, 부산청소년비행예방센터 등 13개의 청소년 비행센터가 있다.

여기에서의 교정복지의 주체는 소년보호직 공무원과 보호소년지도원이라고 볼 수 있는데, 보호소년지도위원은 종래의 소년원과 소년분류심사원 활동하고 있는 방문지도위원, 어머니회, 종교지도위원을 통합한 것이다.

(1) 경찰

경찰은 공공의 안영과 질서를 유지하기 위한 조직체로써, 주권자인 시민을 위하여 때로는 명령 · 강제 등 권력적 수단이나 수사권한을 동원하여 법을 집행하고, 때로는 서비스를 통하여 적극적으로 봉사하는 임무를 수행하는 조직이라고 정의할 수 있다. 경찰조직은 경찰청, 지방경찰청, 경찰서, 순찰지구대, 전국 233개의 경찰서에 866개의 순찰지구대가 소속되어 있다(한국공안행정학회, 2004, 제18호).

경찰서의 교정복지 주체는 경찰과 청소년지도위원이라고 볼 수 있는데, 경찰의 임무에 대하여는 앞에서 언급한 바와 같고, 청소년지도위원에 대하여 설명하면 청소년지도위원은 각 경찰서의 방범과 여성 · 청소년과에 소속되어 활동하면서 경찰서장의 지도 · 감독을 받는데 이들의 활동은 청소년의 비행과 범죄의 예방에 초점을 두고 있다.

(2) 치료감호시설

치료감호시설은 우리나라의 경우 충남 공주에 단 한 곳이 있는데, 치료감호소는 사회보호법 제8조에 의해 정신질환 범법자를 수용 치료하는 정신병원의 기능을 가진 수용기관이며, 법원 · 검찰로부터 의뢰받은 형사피의자에 대한 정신감정을 하는 곳으로 치료감호소에서의 교정복지의 주체는 정신과 전공의와 정신보건간호사, 정신보건임상심리사, 정신보건의, 치료감호직원 등의 다양하게 구성되어 있으며, 객체는 사회보호법 제8조에 의해 수용된 정신질환자와 법원 · 검찰로부터 정신감정을 의뢰받은 피의자라고 볼 수 있다.

(3) 보호감호시설

보호감호제도는 범죄인에 대한 이중처벌과 범죄인의 이권이 제대로 보장되지 않는다는 측면에서 일부 법조계와 시민단체로부터 강한 도전을 받고 있었으며 2005년 5월 보호감호자에 사회보호법이 폐지되기에 이르렀다. 보호감호처분은 사법경찰관이 검사의 지휘를 받아 보호감호사건에 대해 조사하고 검사에 의해 형사소송의 절차와 같은 순서에 따라 조사, 영장청구, 보호감호청구로 진행되며, 이후 절차는 보호감호재판, 집행, 가출소, 집행정지로 이루어진다.

피보호감호자의 출소 형태는 감호기간만료석방, 가출소, 집행정지로 이루어진다. 사회보호법은 보호감호기간을 7년을 초과할 수 없도록 규정하고 있다. 구사회보호법에 의하여 보호감호처분을 받은 수용자는 현재 청송3교도소에 200명 내외, 천안교도소에 30명 정도 보호감호수용자가 분산수용 되어 있으며, 성범죄, 어린이 약취유인범죄, 흉악범, 강력범죄 등에 대처하기 위한 일환으로 사회보호법 폐지 이후 다시 사회방위 차원에서 논란이 되고 있는 실정이다.

보호감호소의 주체와 객체는 일반교도소와 별다른 차이가 없다. 독일의 플롯프로젝트 등 외국의 여러 입법례도 있으므로 흉악범 누범자가 증가하고 있는 현실에서 인권침해를 구실로 개선 발전된 방향으로 사회에 적응할 수 있도록 도시 인근의 소규모 시설로 운영되는 것이 바람직하다고 본다.

2. 사회 내 처우시설에서의 교정복지의 주체와 객체

사회 내 처우시설은 범죄자나 비행청소년들에 대한 처우의 기초가 교정시설 밖의 장소, 즉 일반사회이고 처우 대상자는 사회에서 자율적인 생활을 하면서 처우를 받는 시설을 말한다. 그 대표적인 시설로는 보호관찰소, 갱생보호(한국갱생보호공단) 등을 들 수 있다.

1) 보호관찰소

보호관찰소란, 범죄인을 구금하는 대신 일정한 의무를 조건으로 자유로운 사회생활을 하면서 국가공무원인 보호관찰관이 직접 또는 민간자원 봉사자인 범죄예방위원의 협조를 받아 지도 · 감독 · 원호를 하거나, 사호봉사 · 수강명령을 집행함으로써 성행을 교정하여 건전한 사회복귀를 촉진하고 재범을 방지하는 선진형사제도를 실현하는 곳을 말하는 것으로 우리나라는 2014년 1월 현재 전국의 보호관찰소는 모두 18개이며, 5개 보호관찰 심사위원회가 있다. 보호관찰소의 교정복지의 주체는 보호관찰직 직원과 범죄예방자원봉사위원을 들 수 있으며, 객체는 보호관찰을 받고 있는 사람이 될 것이다.

2) 갱생보호제도

갱생보호란 그 발전과정과 보호방법 등의 차이에 따라 여러 가지 개념으로 나눌 수 있으나 일반적으로 말하여 유죄판결을 받고 출소한 자에 대하여 재범방지를 위하여 관찰 보호하는 한편, 자활을 위한 생업지도, 취업알선 등의 직접적인 보호를 베푸는 것을 말한다.

보다 구체적으로 말하면 갱생보호는 형의 집행유예 · 선고유예 또는 가석방처분이나 형기의 종료 등으로 출소한 자에 대하여 정신적 · 물질적 원조를 제공하여 건전한 사회인으로 복귀할 수 있는 기반을 조성하여 출소자들의 사회재적응을 보다 용이하게 함으로써 범죄의 위험으로부터 사회를 보호하고 재범을 방지함과 동시에 범죄자 개인의 복리도 증진시키는 사회 내의 보호활동을 뜻하는 것이다.

현재 갱생보호는 국가기관인 보호관찰소와 특수법인인 한국갱생보호공단, 법무부장관의 허가를 받은 갱생보호사업자에 의하여 갱생보호제도의 교정복지의 주체는 공단본부와 12개 지부 및 2개의 출장소로 구성된 총 11명의 직원과 범죄예방위원이라고 볼 수 있으며, 객체는 형사처분 또는 보호처분을 받은 자로서 자립갱생을 위한 숙식제공, 여비지급, 생업도구, 생업조성, 금품지급 또는 대여, 직업훈련비 및 취업알선 등 보호의 필요성이 인정되는 자(보호관찰등에 관한 제3조 3항)라고 볼 수 있다.

제 3 절 교정복지의 처우모델

1. 개선모델(Rehabilitation Model)

개선모델은 19세기의 교육형사상을 기초로 범죄자의 개선·교육형주의를 제창하여 범죄자의 개선 갱생 및 사회복귀가 처우의 기본개념으로 강조되어 그 실현을 이룩한 시대였다. 거기에는 응보사상을 기초한 가혹한 형의 집행을 타파하고, 범죄자의 개선·갱생에 의하여 범죄방지를 도모하는 것을 형벌 및 행형의 목표로 삼았는데 1890년의 미국의 신시네티(Cincinnati) 행형원칙은 이것을 단적으로 잘 나타내고 있다.

유럽에서는 이탈리아의 실증학파 및 그에게 계도된 근대학파가 범죄자의 과학적 분류에 기초를 두는 개선주의를 주장하였다. 실증학파는 범죄자의 개선·갱생에 얼마만큼 세월이 소요될 것인지 재판 시에 아는 것은 불가능하다는 이유에서 부정기형[7]을 채용하여야 한다고 하였다.

2. 의료모델(Medical Model)

부정기형의 착상은 교정의료를 비교함으로써 정당화되었다. 즉, 병자의 치료에 있어서와 같이 수형자의 개선에 있어서도 부정기형의 기간이 필요하다는 것이다. 이것은 의료모델이라고 부르는 처우방식의 사고이다. 치료모델의 생각은 19세기 후반 미국에서 Lombroso 및 정신의학자의 영향을 받아 점차로 확대되었다. 그들에 따르면 범죄자는 그의 인격결함 또는 사회화에 있어서의 어떤 결함에 있어 범죄를 하게 된다는 의미에서 병자로 보는 것, 즉 범죄행위를 치료 가능한 사회적 질병으로 보는 것이다.

7) 형기를 확정하지 않고 복역성적을 보아 형기를 결정하는 형.

따라서 의료모델에서는 재판관은 의사이며, 소송절차는 치료적 대화이며, 구금기간은 치료를 위한 입원기간이며, 교정직원은 치료요원이며, 수형자는 환자라고 한다. 따라서 범죄자는 동 종류의 결함에 따라 분류되어 치료를 받는다. 이와 같은 의료모델은 20세기 초에 미국의 교정계에서 정신의학자의 지위가 높았기 때문에 교정처우의 기준으로 널리 받아들이게 되었다.

그러나 의료모델에 대해서는 여러 가지 비판이 있었다. 일찍이 1916년 당시 신시네티의 교도소장이었던 Thomas Osborne은 "의료모델의 최대의 결함은 범죄자에게 그 행위의 책임을 면제함에 있다"고 하였고 최근에는 덴마크에서 의료모델의 기초가 되고 있는 부정기형을 폐지하였다.

3. 신 사회복귀모델

신 사회복귀모델은 사회복귀모델의 비판으로 나타났으며, 형의 집행은 사회복귀에 필요한 한도 내의 지도 · 원조를 내용으로 하는 처우의 이념과 방식에 따라야 한다는 주장이다.

이 모델은 1960년대 후반부터 사회복귀이념에 대한 새로운 의문의 제기에서 비롯되었는데, 도대체 어떠한 정치적 · 사회적 구조의 국가 또는 사회에 범죄자를 복귀하려하는가 라는 문제제기가 벨기에의 Versel 판사에 의하여 제기된바 있으며 또한 범죄자도 현 체제하에서는 재사회화되지 않을 신성한 권리가 있다고 한 P. Rey 교수 등의 주장이 바로 그것이다.

다시 말해서, 20세기 중반 양심범이나 외국인 범죄자문제가 제기되면서 개선, 교화사상의 일반화에 대한 반작용으로써 재사회화(在社會化)에서 말하는 바람직한 사회구조란 어떤 것인가 그리고 수형자는 재사회화되지 않을 권리를 가지는 것은 아닌가 하는 의문이 제기되면서 나타난 모델인 것이다.

이 같은 견해가 사람들의 지지를 받게 된 배후에는 다음과 같은 주요 사정을 들 수 있다.

첫째는, 사상·신조·정치적 의견 때문에 구금되어 있는 소위 양심수(Prison of consicience)가 현재 세계의 각처에 다수 존재한다는 사실이다.

둘째는, 구미의 문명국에서의 전피수용자 중 외국인이 20% 내지 27%에 이르고 그것이 과밀수용의 큰 원인이 되고 있고, 한편 그들의 개선사회복귀를 지향하는 처우는 의미가 없다는 생각이 높아지고 있다는 사실이다.

이와 같이 개선이라는 용어는 여러 가지 의미로 사용되고 있으며, 역사적으로 그 내용에 변천이 있다. 따라서 사회복귀에 필요한 지도·원조를 행함을 내용으로 하는 처우이념 및 방식을 신 사회복귀모델이라고 말할 수 있다.

피수용자의 자발적 갱생을 기대한 것이며, 그들에게 적극적 활동을 할 필요가 없다는 소극적 행형을 제창하는 자 또는 사상적 사회화가 용납되지 않은 것을 개인의 존엄이라는 존중원칙은 우리나라의 범죄자처우의 현실을 외면한 것이라 할 것이다.

4. 새로운 범죄자처우모델

수용자의 인권과 사회의 안전을 조화시키려는 새로운 범죄자의 처우로서 미국교정시설 내에서 이미 실험적으로 실시되어 어느 정도의 효과를 고양시키고 있는 모리스모델이 있는데, 이 모리스모델은 시카고 대학의 N. Morris 교수가 제안한 것으로써 폭력성 누범자에 대한 새로운 처우모델로서 현재 미국의 버트너(Butner) 연방교정시설에서 채용되어 실험처우가 실시되고 있다.

또한, 독일의 경우 빌레펠드(Bielefeld) 모델도 있는데, 이 모델은 빌레펠드 대학의 통합과학 연구센터의 재정적 원조 하에 일반사회의 시설이나 기관을 활용하여 그 사회복귀를 추진하려 하는 데 있다. 이 모델은 사회치료(Social therapy) 처우의 모델이 있다. 이 모델은 '사회치료전문가회의'의 연구프로젝트그룹에서 약 2년에 걸쳐 각각 분담하여 정보를 수집하고 독일을 비롯한 각국의 행형실무경험에서 제안된 것을 내용으로 하고 있으며 폭력, 상습범죄자, 중범자 등을 대상으로 하고 있다.

사회 내 치료는 독일 행형법 제 9조에 규정되어 있는데 이는 의학적, 심리학적, 사회학적, 교육학적 측면의 오늘날 생각할 수 있는 모든 방법, 즉 정신분석치료, 정신요법, 진단요법, 행동요법, 접촉요법, 작업요법, 약물요법, 음악요법 등을 사용하여 사회복귀를 적극적으로 돕고 재범방지를 목적으로 하는 것이다(김용준, 2005).

5. 모리스모델

시카고 대학의 N. Morris 교수는 그의 저서『형사구금의 장래』(1974)에서 D. Fogel의 사법모델의 제창에 앞서 이미 구체적인 새로운 처우모델을 제안하였다. Morris 교수는 형사구금(Imprisonment)을 부정하는 것은 아니고 오히려 그것을 합리적인 형사재판제도의 하나로 간주하고 형벌의 본래의 목적을 응보와 일반예방에 두고 있다. 그러나 그는 범죄자를 처우하기 위하여 단지 교도소에 보낸다든지 그들이 위험하다는 이유만으로 구금해도 좋다고 생각하지 않는다. 그들을 일반예방효과 때문에 필연적으로 처벌된 수용자에 대하여는 안전 확보 훈련 및 자기변혁을 위하여 협조가 주어지지 않으면 안 된다고 주장하고 있다.

또한, 그는 의료모델이 수형자에게 심리학적 변경을 강제적으로 요구하는 면이 있으므로 그것을 극복하고 수형자가 자기변혁에 책임을 지도록 하며, 또한 전문가에 의한 각종의 처우프로그램에 주체적으로 참가할 수 있도록 시설의 분위기를 조장할 필요가 있다고 주장하고 있다(이정찬, 2000 : 207 이하).

이 경우 처우프로그램은 항상 수형자의 사회복귀와 연결된다. 이 프로그램에 참가함으로써 수형자가 자기를 변혁해 보려고 결심하게 되는데, 이는 처우요원과 수용자의 협동작업에 의한 합작적 형식이 바람직하다고 하였다. 그리하여 Morris 교수는 구체적으로 폭력성 누범수용자에 대한 처우를 위한 Morris Model을 제창하였고, 이 모델을 Burter 연방교정시설에서 실험적으로 실시되어 그 성과가 보고되고 있다(김용준, 2005).

Morris 교수의 구체적인 처우모델은 다음과 같다.

첫째, 수형자가 각종 프로그램 중에서 자기가 좋아하는 것을 자유롭게 선택할 수 있도록 배려할 것, 수형자의 선택이 진실된 것임을 증명하기 위하여 각 수형자의 석방기일을 사전에 확정할 것, 그것은 석방을 조건으로 처우프로그램에 참가가 강제되는 것을 회피하기 위함이다.

둘째, 시설측은 수형자가 그 석방일을 사전에 알고 단계적인 석방계획에 의하여 자기인식과 자기억제의 힘을 획득할 수 있는 인간적이며 안전한 환경을 조성할 것, 예컨대 수형자는 소규모의 거주그룹 속에서 사회적인 역할을 다하여 체험하든지 여러 가지 인간관계를 통하여 신뢰를 얻도록 체험하여 인간으로서 책임 있는 행동을 할 수 있게 된다. 이렇게 함으로써 수형자는 다소의 갈등에 대해서도 과거와 같이 그것을 해결하는 것이 아니고 이성적인 방법으로 문제를 해결하게 된다.

6. 버트너(Butner) 연방교정시설

미국에서 모리스모델에 준용하여 1976년 중경비(Maximum Security)의 성인남자교도소에서 North Carolina 주에 건립된 것으로써 시설의 보안은 대단히 엄중하나 그 내용은 대학의 Campus류로 설계되어 대단히 아름답게 또한 자유스러운 분위기 속에서 거주사동, 체육관, 강당, 식당, 교회당, 교육관 등이 질서정연하게 배치되어 있다.

수용자 정원수는 330명, 직원 정원수는 200명이다. 이 시설의 수용자는 일반수용자, 누범성의 폭력범죄자, 정신장애범죄자 등의 3유형으로 분류된다. 시설 내의 처우환경으로 모리스 교수의 제안에 의하여 시설 내에서는 수용자에게 될 수 있는 대로 자유가 부여되도록 배려되어 있다.

Morris 교수는 전체 인원의 약 40~50%를 여자직원으로 할 것을 제안하고 있는바 이 시설의 직원구성을 성별과 인종별로 살펴보면 1979년 7월 현재 204명의 직원 중

흑인남자직원 33명(16%), 흑인여자직원 12명(6%), 백인여자직원 22명(11%)로 되어 있다.

여자직원은 전체의 17%, 흑인직원은 남녀 합하여 전체의 22%, 백인남자직원은 33%이다. 여자직원이 전체의 17%라고 하여도 현장을 담당하고 있는 보안직원 79명 중 불과 7명(9%)에 지나지 않고 Morris 교수가 말하는 모성적 감성에 의한 따뜻한 처우의 실시를 위해서는 아직 그 절대수가 부족하다.

그러나 시설은 예컨대 자원봉사자들의 활동과 이 시설을 방문하는 사람 중에서도 될 수 있는 대로 많은 여성을 포함시키는 방법 등으로 그 부족을 보충하고 있다. 사복의 착용은 시설 내의 분위기를 완화시킬 뿐만 아니라 수용자의 지위나 자존심을 육성함에 중요한 요소가 되어 있다. 또한 서신 등에 대한 검열제도의 폐지는 직원과 수용자 간의 신뢰관계를 확립하는 데 도움이 되고 있다.

예컨대, 수용자에 의하여 조직이 운영되는 '탈 범죄프로그램'에서는 그 활동의 일환으로써 선발된 수용자를 지역사회의 집회 등에 파견하여 교도소생활의 내용이나 범죄력 등에 대하여 지역사람들에게 말할 수 있는 기회를 줌으로써 교류를 촉진하고 있다. 또한 수용자가 조직하는 '프로그램검토그룹'은 각종 불만을 시설장에게 전달하는 역할을 하고 있다. 이와 같이 시설측은 수용자의 자치활동을 될 수 있는 대로 인정함과 동시에 여러 가지 공적인 관리상의 결정에 대해서도 수용자의 대표가 참가할 수 있도록 배려하고 있다.

분위기 조성을 위한 시설의 건축구조면에서 보면 수용자는 그 안전성의 범위 내라는 제한은 있다 하여도 거주사동 밖의 개방적인 공간에서 자유롭게 지내도록 되어 있다. 예컨대, 식사 시에 동행의 직원 없이 거주사동에서 식당까지 혼자서 가서 Self service방식으로 식사를 하고 식후 Community Green에서 친구와 놀면서 담소 · 산책 등을 자유롭게 할 수 있다.

이상과 같은 분위기 조성으로 이 시설에서는 도주사고가 1건도 없었으며 살인 등 중대범죄도 발생하지 않았다. 직원이나 수형자 사이의 중대한 폭력사건도 비교적 적다. 작업이나 식사에 대한 집단항의, 태업, 작업거부, 폭동, 마약 등의 범칙사고도 없다.

처우프로그램으로 Morris 교수는 강제적 처우를 배제하고 직원의 지나친 간섭이 수반되지 않은 처우프로그램에 대폭적으로 참가할 수 있는 기회를 수용자에게 부여하지 않으면 아니 된다고 제안하고 있다. 수용자는 희망하는 프로그램에 스스로의 의지로 참가함으로써 자기결정이나 자기책임의 중요성을 체험시키고 장래의 범죄와의 무관된 생활태도를 체득하게 해나가는 것이다. 그러나 위의 원칙에도 예외는 있다. 즉, 거주소그룹과 교도작업의 프로그램에서의 참가는 각 수용자에게 의무로 되어 있다.

제 4 절 교정복지의 발전과제

첫째, 교정전문인력의 양성과 그들에 대한 자질 향상이 요구된다. 미국의 경우 교정복지 종사자의 경우 자격은 적어도 대학에서 사회복지를 전공하여 인간의 행위에 관한 풍부한 지식을 습득하고 있으며 사회복지실천의 교육을 받고, 지역사회의 자원을 활용할 수 있고 정신과 의사나 심리학자 등과 협력할 수 있어야 하고, 일본에서도 의학, 사회학, 심리학, 교육학 기타 범죄인에 관한 학문에 일정수준 이상의 전문적 지식을 갖출 것을 요구하고 있다.

둘째, 교정복지의 객체인 범죄자와 비행자에 대하여 한문 및 명심보감, 생활예절 등을 포함한 교양교육 프로그램을 실시하여 수용생활중이거나 사회생활을 하는 데 있어 예절과 질서를 지킬 줄 아는 사람을 만들어야 할 것이다.

셋째, 지역사회와의 연계망이 요청된다. 비행청소년과 범죄자의 경우 그들의 행동 중 대부분은 부모나 가족과의 상호작용결과이며, 가정환경이나 학교환경 등에 영향을 받게 된다(류기형 · 박경일, 1990).

현재 청소년교정기관에서의 청소년당사자 중심의 프로그램이 여러 가지 운영되고 있으나, 부모와 학교가 연계된 프로그램은 미비한 실정이다. 범죄자와 비행자에 대한 학교와 사회 등 연계된 프로그램의 개발이 필요하다고 본다.

넷째, 교정복지 관련 연구의 활성화와 다양한 프로그램의 개발이 시급히 요구되고 있으며 이미 안동교도소 등에서 실시한바 있는 수용자에 대한 교양교육 프로그램, 천안교도소의 외국인수용자에 대한 굿모닝코리아교육은 좋은 예라고 본다.

인종적 · 문화적 다양성과 더불어 외국인범죄도 사회환경 등의 이유로 급격히 증가하고 있는 실정이다. 교정시설에서 의사소통이 가능한 교도관이 부족한 실정이며 이러한 상황에 대한 인식을 바탕으로 외국어특채 교도관의 확보와 다문화시대에 부합한 새로운 외국수용자의 수용생활에 대한 문제제기와 다문화 수용자들에 대한 연구가 필요하다고 본다.

또한 교정기관과 사회복지기관 및 대학은 서로 연계를 통하여 연구하고 프로그램을 개발하여야 할 것이다. 현재 진행되고 있는 약물 및 정신질환 수용자에 대한 정신보건센터의 프로그램 활성화 등과 아울러 꾸준한 연구와 프로그램의 개발해 나가야 할 것이다.

참고문헌

김용준, 최수찬, 문영희(2005). 교정복지학개론. 교학사.

배임호 외(2001). 교정복지론. 학지사.

보호감호제도에 관한 연구(2013). 한국교정학회.

이정찬(2000). 교정복지학. 교정선교회. 15면.

천정환(2005). 교정복지학. 대왕사.

최옥채(2004). 교정복지론. 학지사.

한국행정공안학회(2004). 제18호.

American Friends Service Committee(1971). 12-13.

경찰청 http://www.police.go.kr/

보호관찰 등에 관한 법률 시행규칙[시행 2014.7.8.] [법무부령 제821호, 2014.7.1., 일부개정

한국형사정책연구원홈페이지 http://www.kicjp.re.kr.

법무부 http://www.moj.go.kr/correction/index.

교정국홈페이지 http://www.corrections.go.kr.

국가인권위원회 www.humanrights.go.kr.

찾아보기

인 명

내 용

저자소개

심의보 학력) 고려대학교 박사
소속) 충청대학교 아동보육학과 교수

이민표 학력) 동국대학교 박사
소속) 대전보건대학교 사회복지학과 교수

장우심 학력) 대구가톨릭대학교 박사
소속) U1대학교 사회복지학과 교수

김준환 학력) 고려대학교 박사
소속) 충청대학교 사회복지학과 교수

오정아 학력) 충북대학교 박사
소속) 충북대학교 아동복지학과 시간강사

박봉정 학력) 목포대학교 박사
소속) 전남과학대학교 사회복지학과 교수

정상규 학력) 동국대학교 박사
소속) 법무부 교정본부 천안교도소

오호진 학력) 충북대학교 아동복지학과 박사수료
소속) 한국보건복지인력개발원 사회복지연수부장

배극수 학력) 백석대학교 박사
소속) 서강전문학교 사회복지학과 교수

정윤태 학력) 고려대학교 박사
소속) 건양사이버대학교 노인복지학과 교수

최태은 학력) 남부대학교 박사
소속) 전남과학대학교 사회복지학과 교수

사회복지개론

1판 1쇄 발행 2017년 2월 25일
1판 2쇄 발행 2021년 2월 15일

저　　자 | 심의보 이민표 장우심 김준환 오정아 박봉정
정상규 오호진 배극수 정윤태 최태은
발 행 인 | 박철용
발 행 처 | 양서원
주　　소 | 경기도 파주시 직지길 522 파주출판도시
전　　화 | 031-955-8000(代)
팩　　스 | 031-955-8005
홈페이지 | www.yswpub.co.kr
이 메 일 | yswgroup@naver.com
출판등록 | 1987년 11월 24일 제 406-2003-037 호

ISBN 978-89-994-0674-4

정가 19,000원